# 教育思想史で読む現代教育

［編著］
森田尚人・森田伸子

written and edited by
Hisato MORITA and Nobuko MORITA

keiso shobo

# はしがき

本書に収められた論文は、いずれも現代社会の抱える教育の諸問題に対して、教育思想史の研究成果を踏まえて、どのようにアプローチできるかを探求したものである。

明治初期に欧米から移入された教育学は、公教育制度の成立にともなう大量の教員養成という差し迫った必要に応えるという歴史的事情によって、当初から理論＝実践問題に向き合うことをいわば運命づけられていた。だが、敗戦から六〇余年を数える今日、かぎりなく複雑化し、高度化を遂げる現代の社会構造は、この学問にとっての実践的課題の意味を大きく変えていったように思われる。教員養成はいまだに中心的な課題でありつづけているものの、教育学の研究対象たる教育現実は学校内部の実践という枠をはるかに越えて、ボーダーレス化する国際社会において国民国家のありようを構想するという課題と切り離して論じることはできないからである。にもかかわらず、マス・メディアが日々報道するいわゆる教育問題は、子どもを襲ういたましい事件に満ちみちており、われわれは教育学の主題が依然として個別・具体的な人間関係のありようの輻輳するところに存在することを凝視しないわけにはいかない。このように教育という事実が、一方で現実的な生活世界に生きる諸個人の成長・発達に関わることがらであるとともに、他方で世界史的現実に規定された国家体制、あるいは社会構造の再生産過程に組み込まれているという両義的な性格をもつことが、教育学研究の困難さを如実に示しているように思われる。

われわれがこの学問において、とりわけ教育思想史という方法を選択したのは、現代の教育問題に対してありきたりの常套句でもって批判する教育専門家や、性急な問題解決を求めて場当たり的な教育改革を提起する政治家たちからは一線を画して、教育現実のもつ複雑さと重層性に迫るためには、これまでの教育の歴史と思想を振り返るという迂路を介さねばならないと考えるからである。情緒的な正義感を振りかざした教育批判は無責任な犯人探しに終始して、かえって事態の本質を見失わせることになるだろう。それに対して、われわれは教育問題を歴史のなかに投げ込んで相対化して捉えるとともに、現実分析のための概念枠組そのものも歴史的に検証する作業が必要だと考えるのである。他方で、教育問題を政治的争点に押し上げようとする右派（かつては左派の得意技であったが）の人びとに対して、教育的立場を標榜する人びとから投げかけられる「良心的な」議論は、たんに自らの視点を特権化しているにすぎないことが多い。いかなる主張であってもその背後にはなんらかの哲学が控えているのであって、論争においてはそうした隠された哲学的立場を可視化するところまで、批判の射程が及ばねばならないと考えるのである。

われわれの教育思想史研究は、「遅れた」日本社会の教育改革を導く理念モデルを西洋近代の教育思想のなかに求めてきた戦後教育学を、批判的にのり超えることをめざして進められてきた。編者のひとり森田伸子による「序」は、今日の教育学的営為の特徴を実証的な学知と規範的な学知の無自覚な融合と相互依存に見出して、こうした教育学者の研究行為を支える知の地平を構成している啓蒙思想の〈自然〉概念の再検討を試みる。そこで啓蒙の〈自然〉が神学的形而上学との対峙から生み出される過程で、実証性と規範性が分かちがたく結びついた新たな〈自然〉として再生されたものであることが示される。このような近代教育学の〈自然〉は、われわれの近代教育学批判にもそのまま受け継がれてきたのではないか。五五年体制の崩壊とともに戦後教育学が学問としてのリアリティを失った現在、戦後教育学の近代主義的偏向を批判してきたわれわれの教育思想史研究の道程もまた問い直されなければならないというのが、本書に通底する基調音となっているのである。

本書は、教育学の守備範囲を「システム」「知」「人間」という三部にわけて構成し、各部ごとに五つのテーマから組み立てられている。

第I部「システム」では、教育の制度的側面、あるいは教育と他の諸制度との関わりが論じられる。小玉重夫の「政治」は、政治が教育を構成する不可欠の要件であるとみなす立場から、「民主的な進歩勢力対反動的な保守勢力」という対立図式を支えてきた逆コース史観を批判的に検討する。「冷戦期教育学」に決定的な影響を与えたのは近代主義と親和的だった講座派マルクス主義だったが、小玉は労農派マルクス主義のなかに生まれた反スターリニズム左派という隠れた対抗軸に、「冷戦的思考」から脱却する可能性を見出そうとする。「大学」の歴史こそ思想史（intellectual history）研究の重要な一翼を担うべきだという松浦良充は、長きにわたってシカゴ大学の学長の座にあったハッチンズの足跡をたどり、その大学像と教育理念のゆらぎのなかから、大学統合の要として教育を位置づけたことの意味を抽出する。山名淳はジンメルの「都市」論を主題にして、家庭・学校・地域という教育体系からもこぼれ落ち、また国家の側にも市民の側にも単純に割り振られない、都市における人間形成のありようを描いている。それは〈自然／人工〉という単純な二項図式にはおさまらない空間として都市を捉える試みでもある。松下良平は「道徳教育」をナショナリズムと関わらせて論じる。教育勅語が求めた幾重にも折り重なった自己否定の道徳は、日本人の心の習慣をかたちづくって戦後にも受け継がれ、いまなおわれわれに解決を迫る課題を提起している。江口潔の「職業教育」論は、いったんは戦後史のなかで挫折した宮原誠一の生産主義教育論の再評価を試みている。職業教育より一般教養を重視した革新側の教育要求が、技術革新にともなう社会構造の変化のなかでむしろ経営側にとって有利に作用したというアイロニーが、その必要性を示唆しているのである。ここでの各論稿に共通する思想史的関心は、実際に起こった教育の実態とは異なる教育現実の可能性があったのではなかったかという問いであり、それを掘り起こそうという理論的姿勢である。

第Ⅱ部「知」では、学校に関わるキーワードが検討される。

綾井桜子はフランス語圏における「教養（culture）」の問題を、鳥光美緒子はドイツ語圏における「人間形成（Bildung）」の概念をそれぞれに論じている。広い意味では、両者は同一の概念を扱っているといえるが、アプローチは対照的で、思想史研究の手法の多様性を例示するものといえよう。綾井はフランスにおける言論と修辞学を柱とする教養形成の伝統が、第三共和政による国民国家の統一という課題にそって改革される歴史的過程を、デュルケームによる知的文化の再編を軸に描き出す。他方で、鳥光の主題は、戦後ドイツの教育学が規範的アプローチから経験科学的な一般的法則の追求へと推移するなかで、一貫して人間形成が教育学の基礎概念として論じられてきたことを、研究動向を追認するなかで明らかにしている。

「教科書」の北詰裕子が依拠する思想史方法論は、コメニウスという人物を主題とする点で前二者のいずれとも異なる。コメニウスが一般読書論との比較を通して、教科書の特質を「正しさ」と「信じる」ことに見出したことについて、北詰はそのことを前近代的な宗教性とみる通説的見解を斥け、歴史的文脈に即していえば、そこにこそ近代教育の構造が胚胎しているとみられる、と言うのである。欧米教育学の受容過程を研究してきた橋本美保による「カリキュラム」も、日本にカリキュラム理論を導入した及川平治を中心に据えた人物史的研究である。橋本は及川のカリキュラム概念の先駆性を指摘しながら、及川の用いる生活概念がデューイの生活概念と思想的共通性をもつのみならず、ベルクソンの生命概念によっても支えられていることを見出して、日本の教育思想を世界的な同時代性において捉えるという課題を提起している。渡辺哲男の「国語」は、わが国の国語教育の目標が言語に対する態度を養うという心理的側面に焦点化されている点で、戦前と戦後が連続していることを論じる。時枝―服部論争を主題的に取り上げながら、論争当事者たちもまた言語教育に対して、今日に通じるメンタリズムを共有していたことを明らかにする。

近年、教育学のなかで確実に地歩を固めつつある教育人間学の動向を、教育思想史の視点から考察するとどのような論点が浮かびあがるだろうか。それが第Ⅲ部「人間」の検討課題である。

矢野智司の「人間学」は、京都学派の哲学者たちが、大正新教育から戦時期の日本教育学、さらに戦後の教育科学運動や教育行政側の思想的ブレインとして、日本独自の教育学を形成する上で大きな役割を果たしてきたことを、ひとつの大きな思想的地図として描き出す。それは教育学の戦前と戦後をつなぐミッシング・リンクの発見にほかならない。「倫理」をテーマにした田中智志は、教育実践の倫理的基礎を論じて、道徳を超えるものとして愛にたどりつく。田中はベルクソンの〈開かれた道徳〉の概念を手がかりに、生命の根源にある愛は隣人への愛として、教育活動を成り立たしめる倫理的基礎となると論じる。田中毎実は大学教育の場における「臨床」的な教育学研究の草分けとして知られるが、そうした臨床教育学の思想的源泉を田邊元の影響を深く受けた森昭の仕事に見出す。森の主著『教育人間学』と遺著『人間形成原論』との間の理論的断絶に、臨床的な自己理解という京都学派の哲学的伝統が引き継がれているのである。下司晶は、現代の教育に顕著にみられる心理主義化の原因を、ピアジェ心理学の影響のもとに国民の教育権論者が「発達」を規範的概念として教育学のなかで特権的な位置を与えたことに求めている。だが、ピアジェの〈心〉の理解には人類の発展史を含む〈自然〉が含意されているのであり、そうした思想史理解を欠いたピアジェ心理学の受容が子どもの発達に即した教育という実現不可能な理念を喧伝させることになった、と下司は言う。今井康雄はこれまで教育学の基礎概念としてはほとんど論じられてこなかった「注意」を、子どもの自己活動と教師の統制のはざまに生起する現象として新教育の中心問題であったことを示し、それを一九二〇年代ドイツにおける映画教育をめぐる議論の展開のなかに跡づける。そうした思想史的考察の背後に、発達障害の問題化等によって、注意が現代教育の焦点に位置づけられるようになったことへのアクチュアルな問題意識をみることができる。

このように本書で取り上げたテーマは多岐にわたるものの、もちろんそれで教育学の主要概念が網羅的に検討されたというわけではない。と同時に、本書は教育思想史の方法論が多様であることを改めて示すことにもなった。これまでの教育思想史研究が方法論にさして関心を示さず、思想史研究一般の研究動向から孤立してきたことに対する批判が、本書の執筆者に共通するもうひとつの問題意識であった。森田尚人の「結」は、自らの発達概念の思想史的研究の試みを振り返りながら、思想史研究の方法論それ自体を主題的に論じる。ラヴジョイの観念史、フーコーの考古学、そしてスキナーの言説の思想史を順に検討しながら、発達という主に生物学や心理学によって研究されてきた概念が教育思想史の主題とされるとき、いかなる問題点が克服されねばならないかが問われる。教育思想史は、一方で他の学問領域の研究成果に依拠せざるをえないという意味での学際的な性格を免れないとしても、他方で、特定の学問分野の諸問題に即して研究対象が構成されるという意味での教育学の独自性をどのように位置づけるべきかが議論されねばならないだろう。

本書の執筆者は、あらかじめ与えられている結論に沿う研究ばかりが求められるイデオロギー過剰な戦後教育学のありように強く反発して、教育学の世界でゆるやかな研究運動を組織してきた仲間たちと、ふたりの編者のもとで院生として学んだ若い研究者たちである。われわれは自由な議論を何よりたいせつにしてきたが、それが実際に可能になったのはお互いの知的好奇心に対する感受性であったように思われる。二〇年余にわたる歩みを通して、われわれはいまようやく小さな峰に達することができたのではないかとの想いを深くする。若い世代の人たちが本書を踏み石にして、アクチュアルな教育現実と対峙しうる教育思想史研究へと、さらに高い峰をめざして進まれることを願っている。

森田　尚人
森田　伸子

教育思想史で読む現代教育／目　次

目　次

# 序　ふたたび近代教育を問い直す

# 第1章　近代教育と形而上学——啓蒙思想再論

森田　伸子

## はじめに

今、教育を考える視点として、あらためて形而上学の問題を取り上げることの意味について、最初に述べておく必要があるだろう。この問題については、すでに教育哲学会が間接的な形ではあるが、シンポジウムのテーマとして取り上げている。もっともそこでは、形而上学は前面に出されずに、それと同義の言葉として「宗教的なるもの」という用語が用いられていた。テーマは、「教育学的知の地平を問う——教育学における『宗教的なるもの』」というものであった。その趣旨は以下のように述べられている。

「本課題研究のテーマ設定の趣旨は、端的に言えば、今日の教育学的営為の問われざる背景、すなわち一方で実験的・実証的な学知と、他方で価値や規範の定立に関わる学知との乖離ないしは分裂と相互不信をいかに考え、もし可能であればどのようにそれを超克しうるのか、を問うことである。そのためには、教育学研究者の研究行為を支える知の地平ないし前理解にまで探求を進めること、つまりはメタ理論的考察が欠かせないことは言を俟たないであろう。そしてこのような探究は必ずや形而上学的問題群に突き当たるのではないであろうか。」（田代・舟山　二〇一一、五四頁）

以下では、こうした課題設定の仕方に対して私が感じる疑問を二点にわたって述べ、そのうえで、あらためて、本章の意図を述べたいと思う。

まず第一に、実証的学知と価値定立的な学知の間の乖離や分裂をめぐって。この分裂は、ただ教育学においてのみ見られるものであろうか。教育に関する知は、長い間、人間と社会のよりよいあり方を求める学知（広い意味での統治の学）の中に、経済学や政治に関する知とともに包含されていた。一九世紀以降、それぞれの知が実証科学として独立していく中で、かつての価値定立的な知と実証的な知とをいかに関係づけていくか、という問題は、共通の課題となったはずである。もしもこの問題が教育学において特殊な形を取るとしたら、それはおそらく、経済や政治の世界のリアリズムが、そのまま教育の世界には適用できないという事情によるにちがいない。経済や政治に関しては、そこで働くメカニズムを自然科学的手法によって解析するという実証科学的学知と、より良い経済や政治の在り方を提言する政策提示的な学知とは、両立しないまでも並立しうる二つの学知として位置づけることが可能である。政治や経済に関しては、良い政治や経済もあれば、悪い政治や経済もあるということが可能なのである。しかし、今日教育という言葉は、たとえば、「正義」という言葉と同様、良いものという価値をその本質として内在させた言葉として用いられている。かりに「悪い正義」という言い方をしてしまえば、そのときそれは「正義」とは別のものについて語っていることになるのと同様、悪い教育というのは、言語矛盾であって、「悪い教育」というのは、「教育」とは別のもの、たとえば「洗脳」とか「抑圧」とかという言葉で置きかえられるべきもの、ということになるだろう。社会が自らの持続と再生産のために行う次世代への様々な働きかけを、このような「善さ」を前提とする「教育」という概念によって語る様式こそ、近代教育学の学としての存立を支えている。だとすると、教育学において真に問われるべきは、実証的学知と価値定立的学知の乖離をいかに超克するかという問いより先に、むしろ、これら二つの学知が分かちがたく融合している教育学的学知をいかに反省的にとらえ直すか、という問いでなければならないのではないだろうか。

もとよりこの問いは、ここ二〇年余りの間、近代教育学批判として展開されてきた議論の中で繰り返し問われ続けてきたものである。しかし、問いは本当に深まったのだろうか。「批判（クリティーク）」の語源のギリシャ語κρίνωには判断する、裁くという意味と並んで、区別する識別する、という意味がある。近代教育を「抑圧」の体系として描き出し、それを善きものであるべき「教育」によって「批判」する＝裁くというスタンスがそこに見られるとしたら、教育学的学知は依然として不問に付されたままである。実証的教育学は、こうした手つかずの「教育」を前提として、社会的諸状況の中で展開されている様々な教育的事実を分析し、その実態と「教育」との間の距離を測定するか（社会学）、あるいは、「教育」が成り立つ科学的根拠を子どもの側の心理的生理的諸条件から提供する（心理学）。教育学において、実証的学知と価値規範的な学知はこうして、乖離・分裂しているというよりも、相互に分かちがたく依存しあい、しかもそのことが必ずしも自覚化されていない、というのが実情ではないであろうか。

第二の疑問点は、二つの学知の「乖離」を「超克」するものとして、ここに要請されているものに関わる。一般に、乖離や対立を超克する原理として要請されるものは、対立しあう両陣営のいずれの言語にも属さない、それらを超えた別の次元に属するもう一つの言語である。ここではそれが、「宗教的なるもの」「形而上学的諸側面」と表現されているわけである。「宗教」でも「形而上学」でもない、というところに注目しよう。これらの言葉が避けられたのは、おそらく、宗教や形而上学そのものは、近代によって克服されてしまった今や時代遅れの存在であり、近代教育学の困難を超克すべく援用するにはふさわしくないという、近代教育学のもう一つの暗黙の前提がそこにあったからではないだろうか。それはまさしく、テイラーがその浩瀚な書 *A Secular Age* で述べているような、「神への信仰が何ら問題のない自明のものであった社会から、それが他の様々な立場の中の一つの選択肢に、それもしばしば最も容認することが易しくはない選択肢である社会への変化（傍点強調は引用者による）」（Taylor 2007: 15）を背景にしているように思われる。しかし、どのように評価するにせよ、宗教も形而上学も、長きにわたる歴史の中で実践されてきた具体的な人間の営為である。このことをかっこにくくった上で、「…的なるもの」としてそれらを援用するとき、そこにはどのような事態が生じるだろうか。おそらくそれらは、近代教育学の学知を相対化するよりも、さらに様々な「…的なるもの」の形を取って回帰し、新たな教育言説を生み出していくことになるだろう。たとえばシンポジウムの報告者の一人である高橋は、以下のように述べている。

> 「したがって、人間形成論で重要なことは、単一な自己アイデンティティを目指したり、自立した「生活」を送るという閉じられた経験の地平で語ることではない。そうではなくて、様々な世界を生きる他者と関わりあう中で、自己の精神の地平が揺るがされたり、日常性に亀裂が入る経験をしたり、生き直したりしながら、受動的（パトス的）に生のかたちが組み換えられていく、そうした〈関係性と受動〉の人間形成の諸相を明らかにしていく研究が、今後ますます必要になるのではないかと考えられる。」（高橋　二〇一一）

こうして、「宗教的なるもの」や「形而上学的諸側面」を媒介として構築された新しい学知は、もはや「宗教」や「形而上学」といった前近代的なにおいを残すものを援用する必要のない、近代教育学の枠に収まりうる学知となるだろう。高橋の結びの文章はそのことをあますことなく表現している。

「その際には、あえて宗教、形而上学とは言わずとも、越境や超越を視野に入れた現象学的教育人間学が、重要なヒントを与えてくれることは疑いないと思われる。」（同）

本章は、宗教や形而上学を援用してさらなる新しい教育学の言説を積み重ねようとするものではない。むしろ、近代教育学が形而上学との対峙を通して自らの学知を構築していった、その過程（のごく一部）をもう一度たどり直してみることによって、近代教育学そのものを歴史的に相対化する、という、ごくありふれた、繰り返されてきた手法にもう一度戻るためである。それは、近代教育学の学知とはいったいどのようなものなのか、という、これまた語りつくされてきた感のあるテーマへのもう一度の回帰である。筆者自身、啓蒙思想研究を通してこのテーマに取り組んできた（森田　一九八六）が、今一度振り返ってみると、そこに決定的に欠落していたのは、啓蒙思想が批判してやまなかった「形而上学」そのものについての正面からの考察であった。啓蒙思想家たちは、宗教、あるいはより端的にキリスト教に対しては様々なニュアンスの異なるスタンスを示したが、「形而上学嫌い」という一点においては共通していた。宗教は、激しい宗教攻撃の時代を経て、その後再び様々な形で回帰したが、かつてキリスト教を支えていた神学的とともに形而上学は、一般的には、無意味な屁理屈という啓蒙思想家が流布したイメージをもって受け止められ、学問の世界では、高尚にして難解な学知としてごく一部の閉鎖的な言説空間に自足してきた。こうした歴史は同時に、宗教が理性の領域よりも感情の領域に属するものとみなされるようになった歴史でもあった。今日の日本の教育においては、宗教教育ではなく、「宗教的感情の涵養」が求められているが、こうした現象は、少なくとも教育の世俗化や中立性が制度的に確立している先進諸国においては多かれ少なかれ同様に見られることであろう。世界の究極的な意味を宗教の言葉で語る学としての神学的形而上学が撤退し、宗教が感情の領域に完全に移されるとき、そこに成立するのは、テイラーが「内在的」世界観と呼ぶものである。

「西欧の大きな発明は、自然の内在的な秩序という観念である。自然は、それ自身の言葉で体系的に説明され理解されることができると考え、この秩序全体が何かより深い意味を持っているのかどうか、もしそうだとしたら、その背後には超越的な創造者を想定すべきなのかどうか、といった問いはそのままにしておくような、そうした考え方である。」（Taylor 2007: 15）

自らの言葉で説明しつくされる自然、自らの意味を問われない自然。内在的な世界観が前提する自然がこのようなものだとしたら、ラッセルの次のようなものこそその最たるものといえるだろう。

「科学が我々の信仰に対して提起する世界は、およそこうしたもの、いやそれよりももっと無目的で、意味の空っぽな世界である。……人間が、何らの目指すべき目的のヴィジョンもない諸原因の産物であるということ。彼の起源、彼の成長、彼の希望や恐れ、彼の愛、彼の信仰すべては原子の偶然的な結合の結果でしかないということ。もえるような炎もヒロイズムも、思考や感情の激しさも、すべては個人の人生を墓の先にまで広げはしないこと。あらゆる時代の労作も、献身も、インスピレーションも、人間の天才が放つ昼の光も、すべては広大な太陽系の死とともに消え去る運命にあること、人間が作り上げた神殿全体が、廃墟となった宇宙の堆積の下に埋まるであろうということ、これらのことは、議論の余地がないとはいえなくとも、ほとんど確かなことであり、それを退けるいかなる哲学も擁立される望みはないだろう。」（Russel 1989: 10）

この暗黒の荒涼とした宇宙観の後には、次のような人間観が続く。「盲目の宇宙を前にした人間の無力さ、これらを魂の神殿に取り込むこと、これらを感じこれらを知ることこそ、これらに打ち勝つことである（傍点強調は引用者による）」。二〇世紀の論理実証主義者によるこうした世界観・人間観は、十七世紀の数学者にして敬虔なカトリックのパスカルのそれと奇妙な符号を感じさせる。一七世紀のパスカルの自然と（それはまたデカルトの自然とも重なる）、一九―二〇世紀実証科学の自然との間に、ちょうど挟まれる時期にあたる一八世紀啓蒙思想の自然は、そのいずれとも異なる自然である。この啓蒙の自然は教育思想史上の人物としてのルソーを通して、後の時代へと手渡され、実証科学と手を携えて近代教育学の「教育」という概念を形成する。こうした理解もまた、決して目新しい理解ではない。本章は、近代教育において用済みとされてきた形而上学にあらためて光をあてることによって、この理解にいくばくかのゆさぶりをかけ、出来ることならそれを一層深化させることを目指している。繰り返して言えば、この作業は、近代教育学の学知が生み出した「教育」という概念を批判する（すなわち一体となったものを分け、区別し識別する）ための一つの基礎的な作業として位置付けられている。

## 1　神学と形而上学

最初に、宗教と形而上学という二つの言葉について、本章のスタンスを確認しておきたい。すでに見たように、「宗教」と「形而上学」という言葉は、同義的に用いられることが多い。その背景には、西欧の思想史において、形而上学が席捲した時代がそのままキリスト教が社会全体の在り方を全面的に規定した中世の時代であること、従って形而上学と言えばただちに、キリスト教の神学的形而上学が広く想起されるようになったことがある。しかし周知のように、アリストテレスの著作集の編纂者が、一群のテクストに対して『形而上学（タ・メタ・タ・フィジカ）』という呼び名を与えたとき、そこに意味されていたのは、編集上、自然についての学（タ・フィジカ）の「あとに（メタ）」置かれた学ということであり、その具体的な内容は、アリストテレス自身が単に「哲学」あるいは「第一の学」とか「存在についての学」と呼んでいた学を意味していた。『形而上学』の一文を引用しておく。

「けだし、自然学に対しては、人は存在としてのではなしにむしろ運動にあずかるものとしての諸存在の研究にゆだねるであろう。しかしまた、弁証論だの詭弁術だのは、諸存在に付帯する諸属性を対象とはするが、それらを存在として研究しはせず、存在それ自らを存在である点に即して研究しもしない。したがって、残るところは、哲学者こそ前述の諸事物をその存在である点に即して研究するものである。」（アリストテレス　一九六八、三六七頁）

存在する諸事物を、そのさまざまな属性を対象とすることなく、まさに存在するものそのものとして研究すること、このような学がはたして成り立つのだろうか。しかしこのような学は、人間が抱く世界への驚異の念とともに「かつて、どの時代にも問われてきたし、今もやはり問われており、将来も問われるであろう」、と彼は述べ、それに続けて、この学はいつの時代においても「たえずアポリアに陥るであろう問題」を問う学であると結んでいる。このように、形而上学という語の始まりにおいては、この言葉は、決して何らかの信仰と結びついた言葉ではなかったし、また、特定の時代や文明とさえ結びつけられたものではなかった。どこでも、どのような時代でも、人間が抱く問い、しかも絶えずアポリアへと陥らずにいられない問い、それでもなお問われ続けるであろう問いという学を指していた。本章ではこの最初の語義に戻って形而上学という用語を用いることにしたい(1)。

形而上学と宗教あるいは神学とが同一視されるに至ったのは、先述したように、キリスト教神学の僕としての形而上学の歴史が長かったことによるのだが、両者の混同は、他ならぬキリスト教の神学者自身によって、厳しく批判されている。二〇世紀初めの新トマス主義運動の旗手とも言えるジャック・マリタンは、トマス・アクィナスにおいては、諸科学・形而上学・神学の三つの学の領域は明確に区別されていたと述べ、これらの学の混同が「一六、一七世紀の頽廃期スコラ哲学の『罪』」を生んだとしている。では、形而上学と神学の関係を彼マリタンはどのようにみているだろうか。彼は『形而上学序論』原著序文において、次のように述べている。

「しかし最後に一言せねばならぬ事は、よし聖トマス及びその学派によって採用され深められたアリストテレスの哲学は、教会がこれを唯一の真の哲学と推奨することに倦まず、而もこれが信仰の真理と完全に一致するが故に、正当にもこれを基督教哲学と呼び得るにしても、なお我々が此処にこの哲学を読者に提供するのは、それが基督教的なる故ではなく、真理なりと証明され得るが故であるということである。」（マリタン　一九四二、一三頁）

神学と形而上学の区別は微妙であり、彼マリタンは明らかにトマス主義の神学者でもあったわけだが、彼は哲学者として、さらに言えば、哲学を教える教師としてこの『形而上学序論』を書いたのである。(2)同書の原題は *Introduction générale à la Philosophie* であるが、訳者の吉満義彦があえて『形而上学序論』としたのは、同書中でマリタンが繰り返し、同書の扱う哲学は、存在についての学、アリストテレスの第一哲学であると強調していることをふまえたものであった。実際同書では神学上の議論はほとんど展開されることなく、アリストテレスの第一哲学の諸命題が描く全体図が極めて明快に描かれている。「哲学は、啓示によって示される真理とは別の、その自明性ゆえに理性に迫ってくる第一真理を原理とする」と彼はくりかえし強調している。哲学の問題の証明に啓示の権威を借りようとすることは、幾何学の定理の証明において物理学の方法に助けを借りようとするのと同じくらいばかげている、と彼は断じている。それでは、「真理なりと証明され得る」という形而上学的知の自明性、自己充足性とはいかなる性格を持つ知であろうか。同書の翻訳者である吉満は、この点について次のように述べている。書かれているのは、翻訳初版が出されてから一五年後の一九四二年改訂版に寄せられた訳者序文である。

「哲学を人間的情念から浄化せよ。哲学的知性の歓喜はかかる人間的情念からの浄化の後に、真理よりの歓喜として、寧ろ天使的ロゴスの歓喜につながるであろう。然しかかる天使的知性の透明につながらんとする知性の自己訓練は、それが如何に常識の実在的地盤に根差しているか、それが如何に、所謂独創的直感や懐疑的批判の立場と異なって、平々凡々の常識的リアリズムの形而上的反省思惟であるかを知って、通俗的哲学思想興味は再び躓くでもあろう。アリストテレス・トマス的形而上学知性は実はベルグソンが認めている如く、人間が自然的に考える限り、必ずそこにおちこんでいく『人間知性の本然的哲学』なのである。」（吉満　一九四二、二〇―二一頁）。

アリストテレスの第一哲学・形而上学は、この「平々凡々の常識的リアリズム」あるいは、「人間知性の本然的哲学」から出発し、しかもそれを、「科学者の如く冷静に理念のギリギリの精密な吟味を追求」していくその過程を克明に記したものだと彼は述べている。吉満が「形而上学」という言葉にかけた思いは、同書がまずカトリック神学者岩下壮一によって一九二〇年代末に我が国に紹介されてから、改訂版が出た一九四〇年代初めまでの我が国における思想状況を背景にして見るとき、いっそうリアリティを帯びてくる。改訂版が出された時代は、明治以降欧米の哲学思潮の輸入によって形成されてきた日本の思想界が、世界史的な大きな変化の中で、深い懐疑に陥りつつあった時期に当たる。その懐疑を超える方向を模索した知識人たちによって当時持たれた座談会のテーマが、「近代の超克」であったことは、何よりも日本の思想哲学の本質を端的に物語るものであった。吉満から見れば、日本において今超克の対象とされている「近代」は、その生成の過程から切り離された、一種の流行として導入された西欧思想の断片にすぎないものと見えたのではないだろうか。(3) 彼は、日本における西欧の精神文化の導入が抱え込んでいた「不幸」について次のように語っている。

「『哲学概論』に限らず、すべて西欧の精神文化科学については、わが国はいたって不幸な出発をなしたのであった。ベーコンやデカルトが伝統を脱却しようと宣言した、その伝統を知らずに、一種の破壊作用としての近代諸哲学の崩れた型から彼らの要求通りに始めさせられたのである。」(同、一八頁)

つまり、ベーコン、デカルト、カント以降の近代哲学の導入によって始まった明治以降の日本の哲学は、それらの近代哲学が、よって立ち、対峙していた伝統、しかもそれは容易に脱却することの困難であることを、他ならぬ彼ら自身が深く知っていた伝統に対して、彼らとともに真摯に向き合うことなく、ただ彼らの下した結論だけを歴史的文脈から切り離して受け止めたのである。もしも日本の哲学が、アリストテレス哲学にまでさかのぼる伝統とともに、その形成過程をも含めて西欧近代哲学を受けとめていたなら、そこに必ず、日本のそれまでの思想と何らかの形で通底するある種の普遍的な問題を見出すこともできたであろう。それこそが、ベルグソンの「人間知性の本然的哲学」とも言うべきもの、すなわち、普遍性を持った形而上学的知である。マリタンはこの点を改訂版に収められた最初の日本語版への序の中で次のように述べている。

「東洋諸国は最近に驚くべき変化をなせるにも関わらず、余の信ずる如くんば今日も猶深き伝統的精神を保存せるが故に、此の哲学の重要なるを理解する準備あるものと思う。それはともあれ、東洋諸国がその各相異なれる国民的文化の独創的にして且つ特殊的なるもののうちに所持せる事を意識しつつある叡知の遺産を全人類と交渉を保ちつつ維持し且つ利用し得るは、本質的に個別的なる西欧近代の哲学的諸体系によるに非ずして、本質的に普遍性を帯びたる前述の哲学的伝統によるべきは明らかである。」（マリタン、一〇頁）

マリタンがこのように書いたのは、一九二七年のことであった。しかしその後の日本の歴史が示したものは、本質的に普遍性を帯びた形而上学的知によって「全人類と交渉を保」つものとは逆の方向であった。それは、明治以来ひたすら日本に接木され同化されてきた西欧近代思想が、一転して、本質的に日本思想と異質なるものとして排斥される歴史を刻むことになったのである。

しかし形而上学が、神学と区別された「人間知性の本然的哲学」（さらに、吉満はそれを的確に思想の「文法」とも呼んでいる）としての立ち位置を確立することができないのは、日本の思想界に固有の現象ではない。それはすでに見たように、テイラーが、ほぼ三百年にわたる「世俗の時代」として描き出した西欧近代の歴史が生み出した現象の一つの帰結であり、マリタンがいかに神学と区別してその重要性を強調しようとも、形而上学がキリスト教神学の失墜とともに思想哲学の世界において後景に退いてしまったことは、否定しがたい事実である。以下では、その歴史の頂点とも言うべき、一八世紀フランスのフィロゾフとカトリック神学者たちの論争の状況を振り返ることで、世俗化と形而上学との関係の一端を明らかにしてみよう。

## 2　啓蒙の宗教批判

世俗化の歴史をたどるために、まずは、啓蒙思想の宗教批判の眼目が何であったかについて、もう一度振り返っておくことが必要であろう。一七世紀のデカルトの二元論とロックの経験論を受けて一八世紀フランスにおいて展開された啓蒙思想が、何よりもカトリック勢力、さらにはキリスト教勢力一般を第一の敵としていたことは広く知られるところである。彼らのキリスト教批判は、端的に次の二点に集約されると言っていい。第一は、社会的制度としてのカトリック教会、或いは教会一般に対する、その社会的機能をめぐる批判であり、第二は、神学と一体化した形而上学に対する理性の立場からの学問的な批判である。

第一の点については、およそ次のように要約することができよう。政治的社会的に不安定な状態が続いた中世の長い時代にわたって、カトリック教会は、地上の秩序を代表する唯一「普遍的な」制度として、人々の生活の、誕生から死に至るあらゆる局面に関わる唯一の実効性のある制度であった。古代末期のキリスト教創成期にアウグスティヌスが説いた、地上の国と神の国の厳格な二元論は、現実の歴史の中では、有力な世俗の勢力と教会とが互いに相手の力を利用しあいながら、時に抗争し、時に妥協や協働していく複雑な構図を描きつつ展開してきた。長い中世の時代を通して教会が強大な力を持つ巨大な組織へと発展していった歴史は、教会が限りなく神の国から離れ、地上の国に近づいて行った歴史とも言える。

他方、ルネッサンス、宗教改革を経た一八世紀は、ヨーロッパ各地で、地上の国としての国家がその体制を整えていった時代であった。それは、この新しい地上の国と、古くからのもう一つの地上の国とも言える教会との間に、従来以上に決定的な軋轢が生じ始めた時代にあたる。もはや世俗国家は、神の代理人としての教会に、その普遍性や正当性を保証してもらわなくてもよいまでに成長してきた。教会批判が最も鮮烈を極めたのが、フランスにおいてであったのは、フランスが、教会の長女と呼ばれたカトリック大国であったことと、前世紀以来の絶対王政による中央集権的な諸施策によって、国家としての成熟を他に先駆けて果たしていたことに由来すると言えよう。教会勢力の中でも特にジェズイット教団が批判の矢面にされたのも、彼らが最も強力な教団であっただけでなく、とりわけローマ教皇を頂点とする教会制度そのものに対して最も忠実な団体であったことによる(4)。教育の世俗化の歴史において、フランスの事例はこうした対立軸が鮮明に出ている最もわかりやすい事例である。ここでは、教育の近代化とは、何よりもまず、教育の担い手が教会から世俗国家の手に移ることを意味した。絶対王政の下での、王権主導による臣民の教化が、近代教育制度への第一歩である歴史がここには見られる。いわゆる旧制度（アンシャン・レジーム）に対する批判の中で、政治的経済的な側面からの批判にもまして、何よりも宗教批判というイデオロギー的な側面が強調されたのは、こうした歴史的背景を抜きにして考えることはできない。こうした攻撃に対して、教会側が、それまで教会が担ってきた様々な社会的機能を掲げて応戦したこともあっただろうが、時代の趨勢は圧倒的に教会に不利であった。

第二の点についてはどうだったろうか。ここでもフィロゾフの優位はある一点を除いて圧倒的であったように見える。人間の理性を超える存在である神を、ほかならぬ人間の言葉と理性によって論証しようとする神学は、本来的にアポリアを抱え込んでいる。このアポリアは究極的には、信仰という跳躍によってのみ超えられる。教会とフィロゾフの論争は、この信仰自体が急速にその生命力を失いつつある状況の中で展開された。この状況を生み出したものが何であったかを特定することは、本論の課題を超えている。むしろ本論で強調したいのは、こうした状況ゆえに、フィロゾフの教会批判が、この跳躍へと人間を促すものは何か、というといわば信仰の核心的な問題に触れることなく展開しえたということである。彼らの批判はたとえば、聖書に記された、世界創造の物語や、旧約の民に現れた様々な啓示と奇蹟の非合理性に向けられる。教会はそれに対して、それがいかに人間的理性によって説明不能なものであろうとも、それがかつて出来事として存在した、という事実こそが信仰の基礎をなすのだと応戦する。しかし、信仰という賭け金を欠くとき、この闘いの勝負は最初からついている。啓示や奇蹟を「事実」だと主張する教会に対して、ディドロは「五〇の事実よりもたった一つの論証の方が私を動かす」「私は自分の目よりも自分の判断力を信用する」（Diderot 1964: 14）と公然と言い切ることができたし、逆に、教会の目的論的自然観に基づく宇宙や自然現象の説明に対しては、それが実証された事実に基づかないと言って批判することもできた。こうしてフィロゾフ側は、ある時は合理論に、ある時は経験論に自由自在に依拠して、教会批判を展開することができたのである。しかし論争がかの賭け金そのものを直撃するものであるときには、フィロゾフの立場は微妙なものとなる。非宗教派に対抗するために、宗教派は、否応なく信仰の核心そのものへと迫らなければならなくなる。そこから、神学と形而上学の亀裂が生まれ、精緻な神学的議論とは異なるかの「平々凡々の常識的リアリズム」に依拠する普遍的知としての形而上学が意識化されるのが見られるのである。それは、啓蒙の宗教批判の本質的な欠落部分を直撃するものとなるだろう。

## 3　宗教論争から「形而上学的自己」へ

啓蒙思想の宗教批判において決定的に欠けていた一点について、カトリック神学者の側に光をあてて論じた研究としては、管見する所パーマーの古典的な研究（Palmer, 1939）が今なお最も重要なものであると思われる。パーマーは、フィロゾフが依拠した感覚論哲学にこそ、最も重要な missing element が潜んでいた、と指摘する。感覚論は、ロックの経験論のフランスにおける一つの受容の形である。ロックは周知のように一切の本有観念を否定し、すべての認識の起源を、外界からもたらされる感覚的印象に帰したが、同時に、感覚を能動的に受け入れる精神の「反省」の働きをそこに想定していた。フランス感覚論は、この「反省」を斥け、あらゆる精神の作用を、感覚の変容したものとする一元論を取った。経験論のこうした徹底化は、人間の間の原理的な平等性や、科学の普及による人類の無限の進歩に関するフィロゾフたちの思想を、強力に後押しするものであった。パーマーは、この感覚論が当代のフランスにおいて持った意味を強調して次のように述べている。

「感覚論は単に心理学の問題ではなく、形而上学の問題であった。またそれは単に認識の理論ではなく人間性についての理論であった。それゆえ、それが現れるや、宗教派と非宗教派をくっきりと分かつ分岐点になったのはまさに当然のことであった。」（Palmer: 131）

もしも感覚論者が主張するように、推理や判断もすべてが外部から来る感覚の変容したものであるとしたら、人間の精神は単なる感覚の受容器であるということになり、外界の変化によっていかようにも変化するきわめて頼りないものとなるだろう。のみならず、感覚がはたして外界そのものの正確な反映であるかを確認するすべはなく、こうして感覚論においては、精神も外界もともにその確実性を失うことになる。感覚論はこうしたヒューム流の懐疑論に行き着く可能性を持っており、それを避けることは、フィロゾフにとっても神学者にとっても最も重要な課題であった。フィロゾフにとっては、ヒュームの懐疑論は、人間の理性の限界を強調することによって信仰を強化するものとなりかねないものであり、他方、神学者たちにとっては、神の秩序そのものをも疑わせることによって信仰を掘り崩す可能性のあるものであったからである。パーマーは、こうした懐疑論を避けうる要素は、能動的な人間精神の他にはないとして、それを感覚論の missing element と呼ぶのである。

こうして感覚論が図らずも提起した、人間と世界の存在の確実性にかかわる形而上学的問題に関してみる限り、分は神学者たちの方にあった、というのがパーマーの立場である。人間の内在的な精神に訴えることを潔しとしないフィロゾフたちは、懐疑論を回避するために、別の原理に訴えなければならなかった。それが、フィロゾフたちが共通して掲げた、「自然」概念であった。この点についてパーマーは、きわめて端的に次のように述べている。

「哲学者たちは、自然と理性が同一であることを願った。しかしどちらかを選ばなければならないときは、自然の方を選んだ。彼らは、理性は自然を導き手としなければならないと言う。そして自然という言葉で彼らが意味していたのは、経験される事実である。もし彼らが純粋な経験主義者でいられたら、問題は何もなかっただろう。しかし、人は、何事も単に偶然に存在するにすぎないとみなす、純粋な経験主義者でいることはできない。……そこでフィロゾフたちは、自分たちの必要に合わせるために、ある自然概念にたどり着いた。この自然は、一部は自然科学のそれであり、そこでは自然的なるものは現実に存在するものを意味する。他方ではこの自然は、神学的なそれであり、ここでは、自然的なるものとは正しく正義にかなったものである。ただし残念なことにそれらはしばしば純粋に理念的なものでしかなかった。」（*ibid.*: 207–208）

自然を神の摂理のもとに見る、アリストテレス・トマス主義的な目的論的自然観が、前世紀以来の「科学革命」によって揺るがされていた時代にあって、時代の寵児たるフィロゾフたちは、自然を形而上学的な議論から解放し、それを実証的な科学の対象としてとらえなおす議論の先頭に立っていた。アリストテレスの権威に寄りかかりながら、煩瑣で現実離れのした議論を展開する形而上学こそ、彼らの攻撃の主要な対象であった。しかし感覚論哲学の原理を徹底させようとしたとき、感覚の偶然性や不確かさを補償するものとして、彼らは、感覚を産み出す「自然」そのもののうちに、ある調和や価値を付与することになった。感覚論が行きついた、このような絶対化され、価値化された「自然」観に対して、神学者たちは、自然を擬人化するものだという批判を投げつけたのである。

それでは、こうした感覚論の弱点に対して、神学者側が、神から賦与された内在的な理性、という伝統的なトマス主義の概念を持ち出して応戦することは可能だったろうか。アリストテレス・トマス主義的な目的論的自然概念が失効を宣言されつつあった時代にあって、彼らは、理性から信仰へという道とは別の道を選んだ。つまり、「自己」を通って神へという道を選択したのである。パーマーは、この道のことを、キリスト教と、デカルト主義と、そして普通の人の一般的な経験 common experience の混成体からなるものと呼んでいる (ibid: 133)。彼らがこの混成体から導き出した「自己」とはどのようなものだったのか、パーマーが紹介している当代の幾人かの神学者の言葉から、要約してみよう。(5)

「私は身体であり、かつ私は考える、それ以上のことは私にはわからない、と現代の哲学者ヴォルテール氏は言う。わたしは魂であり、そして私は身体を持つ、と古代の最も賢明な哲学者プラトンは言う。問題は従って、私の身体は私の全存在なのか、あるいは単に私に属する、私が所有するものなのか、ということになる。」(*ibid:* 139)

私の身体のどこかが「私」であるわけではない。この身体を所有する「私」が確かに存在するのだ。このことを別の神学者は、個々の感覚的印象から区別される、持続する「私」という自己の同一性の問題としてとらえて、次のように語っている。

「私は音を聴き、絵を見、そして悲しみを感じる。この三つの印象のうちのどれが私に個人としての私の存在を伝えるのだろうか。……私の人格の統一性を、私は別の形で知るのであって、これら三つの感覚から告げられるのではない。」(*ibid*: 141)

個々の異なる感覚的印象を同じように受け入れる「私」という「統一性」は、内的な感覚 sens intime によってのみ与えられると彼は述べている。これもまた感覚ではあるが、それは外部からの働きかけで生ずる感覚作用の結果としての感覚的印象 sensation ではなく、一切の原因を外部に持たない内的な感覚である。私たちは私たちが「ある」ということを証明することはできない。それを感じるだけである。私たちはそれを哲学的探究の目的にすることはできない。それは探求の始まりにあるものなのだ。と彼は言う。「したがって、彼は彼の哲学を、彼自身があること his own being の内的で親密な感覚の証言の上に築くのである」、とパーマーは要約している。

しかし同時に、この「内的で親密な感覚」が証言する「私」は、単に主観的な存在ではなく、自己意識からさえ独立した客観的な存在としても語られている。ある神学者は、その当人がたとえ知らないとしても、彼の「自己」はある目的と価値との不可避的な関係のうちにおかれている、という理論を展開している。自己意識からさえ独立している絶対的な「自己」というこの概念は、人間存在の根源的な特質、つまり、神の目的＝摂理の中で人間が占める特別な位置に関係している。この客観的な「自己」が伝統的なキリスト教における人間に固有の「魂」という観念に由来していることは明らかであろう。パーマーは神学者たちの擁護する「魂」について次のように要約している。

「魂は、目的へと差し向けられた存在であって、原因から結果するものではない。したがって、魂は生涯にわたって発達するものではなく、その受胎の瞬間からその全き形で存在するものであり、それゆえ、若い魂とか年取った魂、あるいは、未熟な魂とか成熟した魂といったふうに呼ばれることはありえないのである。魂が差し向けられている目的は、時間の外に存在するものであり、何らの盛衰に従うこともない。（中略）それは人生が目指すべき最終目的であって、人生が自ら作り出す諸目標ではない。」(*ibid*: 148)

神学者たちが援用する「自己」は、永遠の目的論の系譜に位置づく、それゆえ、時間の中での生成とは無縁の絶対的な存在である「魂」と同義のものである。(6) この論争において彼らがことさら「魂」を強調したのは、それを、時間の中で生成発達する「精神」と区別するためであったことを、パーマーは強調する。

「感覚論者たちは、精神の形成ということに多大の関心を持っているので、それの形而上学的な目的などについてはあまり考えない。科学的心理学に関心を集中させ、精神を時間の中の観察可能な一連の出来事で説明しようとし、魂といったものの概念を必要としない。精神を感覚と経験によって説明する彼らは、魂を人格や意識と同一のものととらえてしまう。ロックにとって、人格とは、連続的で一貫した経験を感じる意識である。」(*ibid.*)

時間的因果律の系譜に属する精神・人格・意識と、永遠の目的律に属する魂とのこのような区別は、さらに、道徳的自己と形而上学的自己との区別に結びつけられる。パーマーは、当代のフィロゾフたちが、(7) 道徳的自己にのみ関心を寄せて、その根底にあるより深い自己の存在、すなわち存在の基底 substratum を認めようとしない、と批判するある神学者の言葉を引用している (ibid., p.149)。こうした道徳的自己と形而上学的自己の区別は、道徳的教えと宗教的教えを一体のものととらえ、とりわけ民衆の道徳的教化の手段としての力を発揮してきた、従来のカトリック教会の立場をも危うくしかねないものであることは明らかである。実際、たとえばヴォルテールは、すでに、姦淫や盗み、殺人を禁じ、同朋愛をすすめる教えは、孔子やソクラテスはじめ古今東西の賢人の教えであると同時に、未開の人々にとっても単純明白な教えである、と述べ、キリスト教抜きの道徳について公然と語っていた(Voltaire: 144)。このような状況にあって、一八世紀の神学者たちは、失われつつあった宗教と道徳との一致を回復することよりも、むしろ、これら二つを峻別し、「道徳的自己」からも区別された「形而上学的自己」を救済するという方向を選択している。キリスト教神学は、世界=自然についての究極的な説明を与えることと、普遍的絶対的な道徳原理を与えることをその存在意義としてきた。(8) 一八世紀の神学者たちは、こうした神学を断念してでも、彼らの言う「形而上学的自己」を守ろうとしたのである。

## 4　一八世紀における二つのデカルト主義

一八世紀の論争の地平を形作っていたのは、前世紀のデカルトの哲学であった。フィロゾフたちも神学者たちもともに、ヒューム流の懐疑論を、「方法的懐疑」で知られるデカルトに依拠して乗り越える、という、今日から見ればアクロバティックな論法に頼った。それはおそらくは、デカルト哲学自身の中に、このことを可能にする要素が内在していたためであろう。そして実際、デカルトの形而上学は、しばしば、キリスト教形而上学におけるトマス主義とアウグスティヌス主義という二つの異なる系譜の中に位置づけられてきた。たとえば、マリタンとともに新トマス主義の一人に数えられている、エティエンヌ・ジルソンは、その詳細な『方法序説』注釈の中で、次のように述べている。

「トマス主義は、知性が与えられれば、我々は感覚的なものから出発して神と魂の概念を構成することができる、と教える。聖トマスは間接的な知識で事足りるとした。なぜなら、それがアリストテレスの認識論が与えてくれる唯一の知識だからであり、神と魂の観念が感覚的な起源をもつという考えは、彼の体系の中に位置づけられるものだったからである。対して、アウグスティヌスの伝統は（そしてここではそれはデカルトの思想でもある）、魂の中に純粋に知性的な実在、それゆえ神の純粋な知的観念を自らのうちに見出すことのできる実在を見ることを望んでいる。そこから必然的に、感覚的なものから借りることのできない、さらには、粘り強い努力で感覚から遠ざかることでしか得られないある種の観念が求められるのであり、それがデカルトとアウグスティヌスが求めたものであった。」（Giloson 1924: 356）

他方、このジルソンに献呈されたデカルト論において、アンリ・グイエは、ジルソンがアウグスティヌスとデカルトに見出した「純粋な知的観念」を、理性とは対置される「信仰の卓越性」と言いかえ、それを非デカルト的なものとみなす。

「一方は理性の限界を主張し、信仰の卓越性を強調する。彼らは、世界と生を啓示の教えの光のもとにとらえ、その確実性は他のいかなるものとも比べられないものとみなす。これが聖アウグスティヌスの宗教的な議論である。他方は、我々の知識に秩序をもたらし、我々が生きていかなければならない真理の世界に諸区別 distinctions をもたらすことに、何よりも腐心する。信仰と理性がそれぞれ異なる起源、性質、方法を持つことを強く感じていた彼らは、この二つの領域を慎重に区別する。これら二つの領域は互いに触れ合うものであるだけに、彼らはこの両者の間の良い隣人関係と相互協力の法則を、その境界線上に打ち建てようとする。これがトマス主義の立場である。（中略）デカルトは、今日いうところの実証主義的精神によって再考されたトマス主義に他ならない。」（Guhier 1970: 264）

トマス主義とアウグスティヌス主義の違いは、さらにテイラーによってより簡潔に次のように要約的に述べられている。

「トマスの証明は、創造された実在から出発して、神へと向かう。その証明はいわば諸対象の領域を通過して進む。アウグスティヌス的証明は、主体を通過し、さらにその主体が自分自身に現前するという否定しがたい土台を通過して進む。」（テイラー　二〇〇七、一六六頁）

テイラーは、世俗の時代の始まりに決定的な刻印をしるしたものとしてデカルトを位置づけており、その世俗化のもっとも重要なメルクマールは、世界認識における「一人称の視点」、すなわち主体の成立であるとみなしている。したがって、テイラーにおいては、デカルトは「多くの点できわめてアウグスティヌス的である」。（同、一六八頁）

いずれにせよ、キリスト教神学の歴史において、一方に、被造物としての自然の感覚的知識（フィジクス）から出発して神へと至る道を取るトマス主義と、もう一方に、フィジクスとは異なる道——自己——を通って神へと至る道を取るアウグスティヌス主義との二つの系譜が存在したこと、そしてそれらの二つが、啓蒙の前世紀のデカルトにおいて交差していたことを、我々は先行研究から確認することができる。そしてこの交差の中から、近代的自然科学と、テイラーの言う自己に現前する近代的主体とがともに立ち上がってくるのがみられるのである。

以上のような思想史の流れの中に、一八世紀のフィロゾフと神学者の二つの陣営を置いて見た時、私たちはそこに、それぞれの文脈において援用された、二つのデカルト主義を見出すことができる。周知のように、デカルトは、物体 corpus と心 anima とをはっきりと異なる二つの実在として区別し、それぞれの純粋性を主張した。この区別は人間そのものにも当然適用され、感覚作用自体も物体としての身体に帰せられる。アリストテレス・トマス主義のもとでは、感覚作用は、対象の似姿 imago を霊魂が受け取る、あるいは観る働きとみなされてきたが、彼は、そうしたスコラ的な伝統を否定し、感覚自体を自然現象として自然学の領域に位置づける。しかしこのことは、一方で同時に、いかなる物体的要素をも持たない純化された「心」を析出することと表裏一体のものであった。村上勝三はデカルトの形而上学を、身体・物体に起源をもつ「感覚」とははっきりと区別され、もっぱら「心」に由来する「観念」を扱う学としてとらえ直すことを提唱している（村上　一九九〇）。

物体と心の実在的区別を強調したデカルトが、そのことによって、究極的には何を目指したのか、霊魂の永遠性と絶対性を基礎づけることだったのか、それとも、スコラ的な自然観から解放された新しい自然学を打ち建てるところにあったのか。この点をめぐる論争はいまなお続くものであり、ここで論ずるべき事柄ではない。確認すべきことは、一八世紀の二つの陣営は、それぞれにデカルトの一方の側面を援用し、互いに対立しあうかに見えながら、ともにデカルトの非妥協的な方法的懐疑を緩和する方向へと道を開いたということである。神学者たちは、デカルトの思惟する私（コギト）を、伝統的なキリスト教の「魂」へとひきつけつつ、同時にそれを、絶対的で自明な、かつ「親密な感覚」によって知られる「自己」として継承した。他方、すでに述べたようにフィロゾフたちは、デカルトの徹底的に無機化された延長＝物質を、自らの内に調和と秩序を内包する「自然」として継承した、こうした二つのデカルト受容が一つに統合された形態を、我々はルソーの、「自然」のうちに見い出すことができる。

## 5　ルソーにおける「教育」と形而上学

ルソーの宗教思想を詳細に論じた書の中で、ピエール・マソンは、『エミール』に収められた「サヴォアの助任司祭の信仰告白」をデカルトの『方法序説』になぞらえ、新しい方法序説と呼んでいる（Masson 1970: 88）。それが方法序説になぞらえられるのは、ルソーがそこですべての認識を徹底的な懐疑にかけるというデカルトの方法を採用しているからであり、それが「新しい」と言うのは、ここでは人間の認識能力そのものが失効を宣言されているからである。世界と自己を存在せしめているものは何か、という究極の問いを自らに提起し、彼は「私はわからない」と答える。あるいは、形而上学的議論は何一つ明らかにすることはできない、と断言する。デカルトの懐疑は極限にまで徹底されたのだろうか。マソンはむしろそうではなく、理性の明証性が断念され、代わって心情・内的感情の明証性が導入されたのだ、と言う。確かにここには、一八世紀神学者たちの、あの内的で親密な感覚との類似性を見出すことができる。しかし神学者たちの「内的感覚」が、道徳から切り離された純粋に形而上学的な原理であったのに対して、ルソーの「内的感情」は、道徳を根底から支える原理＝良心であった。

理性の明証性から感情の明証性への転換は、同時に理性から自然への転換をも意味した。パーマーは、フィロゾフたちは理性と自然のどちらかを選ばなければならない時、自然の方を選択した、と述べ、さらに、その自然とは時に実証的な自然であり、時に価値的理念的な自然であった、と指摘していた。この指摘はルソーのとりわけ『エミール』に最もあてはまるものと言えるだろう。『エミール』で繰り返される「自然に従う教育」が可能なのは、そこで前提される「自然」がそれ自体に価値と秩序を内包する自然であるからに他ならない。同時にその自然は、時間の因果律に従う実証的な自然でもあった。子どもに対して適切な経験を与えることによって正しい「精神」

（神学者たちが、「魂」から慎重に区別した）を形成することを可能にしたのは、この実証的な自然である。こうして価値的自然と実証的な自然とは、互いに手を携えて、「教育」を支えるのである。このように位置づけてみるなら、『エミール』こそ、キリスト教形而上学における二つの道を共に完全に世俗化し、かつ、内在的な自然のもとに新たな教育の体系を構築することに成功した、旧勢力にとって最も手ごわい敵であったであろうことがあらためて理解される。

しかしルソーと形而上学との関係については、最後にもうひとつつけ加えておかなければ不十分であろう。断固として神学的形而上学を退けたルソーにおいて、形而上学的問いは同時に、もっとも先鋭に問われていた、ということを。問題は「起源」アルケーをめぐって展開されている。起源への問いはある物事の時間的な始まりを問題にするとともに、そのものがそもそも何であるかを問う。アリストテレスの『形而上学』は、「アルケー」の語義を六つあげた後で、次のように言う。

「さて、これらすべての意味のアルケーに共通しているのは、それらがいずれも当の事物の「第一のそれから」であること、すなわちその事物の存在または生成または認識が「それから始まる第一のそれ」であることである。」（アリストテレス　一九六八、一三二頁）

ルソーがものごとの起源を論ずるにあたってアリストテレスを強く意識していたことの証左としてラクー＝ラバルトは、ルソーが第二論文『人間不平等起源論』の銘句を、アリストテレスの『政治学』から取っていることをあげている。しかしまた彼は同時に、ルソーは、アリストテレスの政治学の基本概念である、「ロゴスをもつ動物」「ポリス的動物」としての人間規定の撞着語法を破壊することを自らの任務としたとも述べている（ラクー＝ラバル

ト　二〇〇七、四〇―四一頁）。アリストテレスとのこうした屈折した関係を手掛かりに、今まで見てきた啓蒙思想の自然とは微妙にずれる、ルソーにおけるもうひとつの「自然」の特徴についてふれておきたい。ルソーが銘句として引用しているアリストテレスの言葉は、次のようなものである。

「『自然においてあるもの』を考察しようとするなら、堕落したものにおいてなすべきではなく、自然に従っているものにおいてなすべきである。」（Rousseau 1964: 1009　原文はラテン語訳）

実際にルソーが第二論文で展開したのは、周知のように、歴史上のすべての人間の状態、すなわち一切の社会的なるものを、「堕落したもの depravatis」とみなし、第一部では、それらすべてを取り除いた状態を人間の自然状態として描き出し、第二部では人間が「その自然においてあるもの」から遠ざかり、堕落してきた過程を描き出す、というものであった。これはアリストテレスの「自然においてあるもの」とはまったく異なるとらえ方である。この点について、スタロビンスキーは「アリストテレスにとっては、「すべてのものの自然」は、そのものの終極achèvement のうちにある」と述べ、同じ『政治学』から次のような文章を引用している（Starobinski 1964: 1285）。

「かくして我々は次のように言うことができる。様々なものども、たとえば人間、馬、家族などはそれが、自らにふさわしい終極に達したとき、自然の状態にあると言うことができる。（中略）それゆえ、国家が様々な自然のものの一つであるということ、人間がその自然の状態においてポリス的動物であるということは明らかである。」（アリストテレス　一九六九、六頁）

このように、アリストテレスにおける起源アルケー（それから始まる第一のそれ）は終わり、すなわち終極目的テロスを含むものであったのに対して、ルソーはそれを文字通りの始まりの地点としてとらえ直し、歴史的生成の過程で生じたものをすべて厳密に消去することで彼独自の自然を析出した。こうした手法は、歴史を堕落の過程として断罪するという政治的な含意を感じさせるものを持っている。これは第二論文を、第一論文『学問芸術論』における文明批判の文脈に位置づけた時に、最も理解しやすい含意であり、実際ヴォルテールの揶揄に始まり、「幸福な未開人」というイメージとともにその後も広く流布したルソーの「自然」像であった。

しかしルソー自身が繰り返し反論したように、第二論文の第一部で描かれた自然状態は、決して本来あるべきものとしての、回帰すべきものとしての人間の状態ではない。そこにはアリストテレス的な目的テロスは一切含まれていない。ルソーは純粋に「始まり」を探求する。あたかも子どもが、世界の究極の始まりを無邪気に、非妥協的に問うかのように、彼は人間の究極の始まりアルケーを求めて、何処までも時間をさかのぼろうとする。感覚論哲学の論法で行けば、この遡行は、生物学的自然的存在としての人間へと行き着くはずであった。しかしむしろルソーが第二論文において提起したのは、それとは逆の人間観であった。究極の始まりアルケーにルソーが見出したものは、他のいかなる存在にも比べることのできない決定的に特異な存在としての人間であった。そこに立ちあらわれた人間の自然（本質）とは、自然の欠如という「自然」（「かつて存在したこともなく、今も存在せず、これからも決して存在しないであろう自然」）であり、「自然」を離れた時に、すなわち「脱自然化」した時に、はじめてそれとして認識されることができるような「自然」であった。彼が第二論文の第一部で描き出した、動物となんら区別されるところのない「自然人」とは、幸福な未開人でもなければ、オランウータンでもなく、こうしたアポリアの表現そのものであり、形而上学的存在であった。それをラクー・ラバルトは「超越論的な否定性としての起源」と呼ぶ。それは、いかなる時間のなかにも存在しえないという意味では、神学者たちの言う形而上学的自己や魂という存在に似ているが、同時に、いかなる目的論によっても繋留されえないという意味で、それとは最も遠い存在でもあった。

すでに述べたように、『エミール』における「自然」は、神学的形而上学との対決から導き出された啓蒙的な自然であった。しかし同時に、われわれはデリダに倣って『エミール』を第二論文の延長線上に位置づけてとらえることもできるのである（Derrida 1967 p.316）『エミール』が問題とするのは、もはや起源＝始まりへの問いではなく、脱自然化のプロセスそのものである。人間の「自然」が、脱自然性の中にしか存在しえないという第二論文のテーゼを「エミール」は刻明にたどり直す。そこにはもはや「自然人」は登場しない。そこに登場するのは、赤ん坊から青年期にいたるまで、その存在の全時期にわたってすでに脱自然化の過程に埋め込まれた、「自然ならざる人間」である。実証的な自然と価値的な自然とが統合された啓蒙の「自然」の根底には、こうしたきわめて不穏な、裂け目のような深淵としての「自然」が横たわっている。

『エミール』を、こうした視点からもう一度読みなおしてみるとき、そこに改めて見えてくるものは、人間という存在の、他のいかなる存在にも還元されえない特異性であり、この特異性を引き受けて生きるための、徹底したl'art の探求である。「人間を作る技術」というルソーの言葉は、近代教育学においては、精神形成の因果関係をいかにコントロールするかという方法論の文脈において受け取られてきた。そして作られるべき「人間」は、自然のなかに原型として内在することが前提とされてきた。

しかし『エミール』における技術は、そうした予定調和的な技術につきるものではない。教育は誕生とともに始まる、とルソーは言う。その一瞬たりとも遅れてはならないのだ。なぜなら、教育という技術無くして、人間の自然は存在しえないのだから。赤ん坊が泣くという、ごくありふれた現象に対して彼は数ページを費やす。なぜなら、赤ん坊が最初の泣き声を上げるときこそ、非自然という人間固有の自然が脱自然化を通して実現し始める時だからである。『エミール』全編にみなぎる、全てが無かの色調――子どもがもしも一度でも、人に害を与えようという意図を持つことになったら、その時「すべては失われる」（Rousseau 1964: 82）――は、しばしば読者たちを当惑させてきた。この切迫感は、常に自らの自然を反省的に構築し続けなければならない、形而上学的存在としての人間の固有性から必然的に導き出されたものとしてとらえることができよう。『エミール』全体を、啓蒙的自然とこうした形而上学的自然との二重の構造においてとらえ直す読解は、また稿を改めて試みてみたい。

注

（1）　もっとも、アリストテレスは、この第一哲学のことを、二重の意味で神的である、とも述べている。すなわち、それは神的なものを対象とする学であり、また神が所有するにふさわしい学であると（アリストテレス　一九六八、一一頁）。しかしG・マルティンはこのような表現が、のちに中世の神学と結びつく契機となったことを認めつつも、アリストテレスの形而上学の本質はあくまでもアポリアのうちにあるとして、次のように述べている。私も同様の観点からアリストテレス形而上学を捉えたいと思っている。「論理学や自然学や倫理学においてまで、アポリアに固執することが、ほとんど無意味であるのは言うまでもない。主としてこれらの分野に関心を持つ専門家が、そこからさらに、形而上学にまで、アポリアの意味をどこまでも否認するかもしれないが、筆者はそれが、アリストテレスの形而上学にとって、あくまでも根本的な意味を持つものと考えたいのである。」（マルティン　一九七八、一七一頁）

（2）　Jacques Maritain（1882 - 1973）は日本のカトリックにも多大の影響を与えた神学者である。教育基本法の作成にかかわった時の文部大臣、田中耕太郎の「人格」概念は、マリタンに負うところが大きい（荒木慎一郎　二〇〇四）。水波朗（二〇〇四）も参照。なお、神学者としてのマリタンの主張は、本文の中ではなく、註記として、たとえば次のように示されている。「然し乍ら、アリストテレスはかなり重大な誤謬を犯した（世界は永遠から ab aeterno ―存してゐた事を証明しようと欲した如き）。而して彼がなした多くの省略に就いて彼は責められるべきでもある。特に創造の観念は、それは彼の原理から厳密な必然性を以て演繹されるものではあるが、何処にも彼によって明白に立証せらてはゐない（中略）これ恐らく、それ自身賢明ではあるが、彼の著作に明白なる未完成の性格を与えるものである。」。（マリタン　同、一一八―一一九頁）

（3）　座談会「近代の超克」に、吉満も参加している。彼の発言は一貫して、西欧近代を中世との対比においてのみとらえようと

する他の出席者たちに対して、中世・近代を貫く普遍的なテーマを強調しようとするものとなっている。（河上徹太郎　一九四三）

（4）それゆえ、フランスにおける教育の近代化は、フランス教育に大きな力を持っていたジェズイット教団の追放から始まらなければならなかった。この間の経緯については、Kley（1975）参照。

（5）以下に引用する一八世紀神学者たちのテクストについては、Palmer によるもので、いまだ原文を確認するに至っていないことを断っておく。

（6）彼らがその影響下にあったデカルトは、フランス語 âme をラテン語に訳す場合に、anima（生気論的な内容までも広く含む）よりも、精神を意味する mens を用いることを好んだ。デカルトにおいては、âme や ésprit（しばしば、風や酒の精のような意味を帯びる）といった言葉は、「やむを得ない次善の策」として選ばれた言葉であった、とジルソンは述べている。（Giloson: 307-308）彼の一八世紀の弟子たちにおいても、âme、ésprit は用語上厳密に区別されているようには見えない。

（7）substratum は、アリストテレスの形而上学第1巻第3章に、質料と同義で出てくる *υποκειμενον* のラテン語訳であるが、ここでは一般的に、人間存在の根底に横たわっている最も本質的な部分、といった意味で用いられている。

（8）これら二つの機能を担うものである「宗教」と、存在の究極的な意味の源としての神への「信仰」とを区別する議論（Larmore 1996, p.43）に立てば、一八世紀神学者たちの試みは、「宗教」とひきかえに「信仰」を守ろうとしたものとしてとらえることができるかもしれない。

## 引用文献

Derrida, J.　1967　*De la grammatorogie*, Les Editions de Minuit.
Diderot, D.　1964　Pensées philosophiques, *Oeuvres philosophiques*, Garnier.
Gilson, E.　1967　Commentaire historique, Rene Descartes *Discours de la Méthode*, Vrin, 1925.
Gouhier, H.　1970　*La Pensée Religieuse de Descartes*, Vrin, 1924.
Kley, D. V.　1975　*The Jansenists and the Expulsion of the Jesuites from France 1757-1765*, Yale University Press.
Larmore, ch.　1997　*The Morals of Modernity*, Cambridge U. P.
Masson, P.-M.　1970　*La Religion de Jean-Jacques Rousseau*, Paris, 1916.
Palmer, R.　1939　*Catholics and Unbelievers in Eighteenth Century France*, Princeton University Press.

Rousseau, J.J.　1964　*Discours sur l'origine de l'inégalité*, Gallimard.
Rousseau, J. J. 1964　*Emile*, Garnier.
Russel, B.　1994　*Mysticism and Logic*, Routledge.
Starobinski, J.　1964　Notes et Variantes, J. J. Rousseau, *Discours sur l'origine de l'inégalité*.
Taylor, Ch.　2007　*A Secular Age*, Harvard U. P.
Voltaire　1966　*Dialogues et anécdotes philosophiques*, Garnier.
アリストテレス　一九六八　『形而上学』（アリストテレス全集一二巻）出隆訳、岩波書店
アリストテレス　一九六九　『政治学』（アリストテレス全集一五巻）山本光雄訳、岩波書店
河上徹太郎　一九四三　『近代の超克』創元社
ジャック・マリタン　一九四二　『形而上学序論』吉満義彦訳、甲鳥書林
G・マルティン　一九七八　『形而上学の源流』田中加夫訳、みすず書房
森田伸子　一九八六　『〈子ども〉の時代――エミールのパラドックス』新曜社
村上勝三　一九九〇　『デカルト形而上学の成立』勁草書房
フィリップ・ラクー＝ラバルト　二〇〇七　『歴史の詩学』藤本一勇訳、藤原書店
田代尚弘・舟山俊明　二〇一一　「研究討議に関する総括的報告」『教育哲学研究一〇三号』教育哲学会
高橋勝　二〇一一　「人間形成論における生・経験・形而上学」同右
チャールズ・テイラー　二〇〇七　『自我の源泉』田中智彦ほか訳、名古屋大学出版会
吉満義彦　一九四二　「改訂版訳者序――哲学序論とは何か？」ジャック・マリタン『形而上学序論』

# 第Ⅰ部　システム

# 第2章　政治──逆コース史観のアンラーニング

小玉　重夫

## はじめに

戦後日本の教育史で、私たちが通説として学んできたものに、「逆コース」というとらえ方がある。これは、一九四八年の南北朝鮮の成立を契機として米国の対日政策が転換し、戦後の民主化政策が、反共主義と結びつきつつ、戦前の復古主義的な政策へと反動的に後戻りしたとする歴史認識である。しかし、このような逆コース史観に対しては、以下のように、批判が提起されるようになっている。

たとえば羽田貴史は、逆コース史観を「一時的な政策的ぶれと構造的転換とを区別せず、一律に論じてきた」と批判する（羽田　一九九七、二二〇頁）。また、明神勲は、戦後の占領軍の教育政策を分析した論稿のなかで、「教員組合及び共産主義に対する対応においては一定の変化が確認されたが、基本的には占領初期の教育民主化政策の実施は継続しており、連続性が強い」ことを明らかにしている（明神　二〇〇五、一三一頁）。

さらに、森田尚人は、「『逆コース』という問題のたて方は、戦後教育改革の見直しを、戦前への回帰（軍国主義教育の復活）と結びつけて議論するという図式をうまくつくりあげることになった」と述べる（森田尚　二〇〇七、三八頁）。森田によれば、逆コース史観は、「『逆コース』を軍国主義体制の復活と結びつけ、戦後教育改革の修正を戦前のような国家統制の企てとして批判するスタンス」によって、教育が「『伝統対近代』というイデオロギー対立とリンクされて論じられる」という、戦後教育学の特徴と深く結びついていた（森田尚　二〇〇三、三〇―三一頁）。

戦後の教育学は、教育が「不当な支配」に服することなく、教育的価値を実現するための理論的根拠を提供してきた。そこでは、教育の政治的中立性が教育の非政治性として読みかえられ、国家と教育を対立的にとらえる前提を作り出してきた。上述の森田の指摘をふまえれば、逆コース史観をとらえ直すことは、とりもなおさず、こうした国家と教育を対立的にとらえるという、戦後教育学の前提それ自体を再審に付すことになる。

このように逆コース史観を問い直し、そこから戦後教育学の前提を再考することは、今日的に見ても重要な意義を有している。別のところでも論じたように、一九九〇年代以降、一方では、教育委員会制度の「見直し」を求める動きに象徴されるような、教育現場への民主主義的、政治的な介入の強まりがみられるようになっている。また、他方では、実践現場での政治的市民形成の要請の高まりに見られるように、教育と政治との結びつきを積極的なものと見なす動きが台頭している。これらの一連の動きは、戦後教育学が前提としてきた、国家と教育を対立的にとらえ、教育の非政治性を積極的なものと見なす前提それ自体を問い直すものであるということができる（小玉　二〇一二）。

そこで、本章では、逆コース史観を問い直す作業の一貫として、「逆コース」のはじまりとされる一九四七年から一九五二年にかけての思想史的な文脈を再検証するという課題に着手することにしたい。「逆コース」とされる時期の思想史的な文脈を問い直す作業は膨大であり、かつ、そのいくつかについてはすでに上述したような先行研究においても進められている。そこで、これら先行研究の蓄積をふまえつつ、本章での分析対象は、以下のように限定的に設定される。

まず、次の第一節では、戦後教育学が、これまで「逆コース」とされてきた一九五〇年前後の冷戦構造の形成期に「冷戦期教育学」（田原　一九九六）として発展してきた過程で、講座派マルクス主義が果たした役割に注目する。そのうえで、第二節ではこの講座派に対抗して形成された労農派が戦後再結集されたことに注目し、そこから、「逆コース」とされた時期の思想潮流内部で形成されていた、スターリン主義か、反スターリン主義かというもう一つの対抗軸を抽出する。

以上の作業を通じて、一九五〇年前後の対抗軸が「逆コース史観」が想定するような、反共主義と結びついた復古反動派と進歩派（民主派）との対立軸に還元されうるものではない、より複雑な様相を帯びていたことを明らかにしたい。それをふまえて、第三節以降では、逆コース史観を相対化することは、冷戦的思考枠組みをとらえ直すことにほかならないことに言及し、その今日的な意味を考えたい。

## 1　戦後教育学と講座派マルクス主義

### (1)　講座派マルクス主義とは何だったか

講座派マルクス主義という名称は、一九三二年から発行された野呂栄太郎らの『日本資本主義発達史講座』に由来するが、理論的にはそれに先立つ一九二七年のコミンテルン「二七年テーゼ」にもとづくものであり、日本資本主義の「半封建的性格」を重視し、ブルジョア民主主義革命から社会主義革命へという二段階革命を主張する日本共産党の綱領路線を規定した。これに対して、次節（第二節）で検討する山川均、荒畑寒村、向坂逸郎らの労農派マルクス主義は、二七年テーゼに反対し、共産党と袂を分かった非共産党系マルクス主義者たちによって展開され、日本資本主義が資本主義として成熟した段階にあることを重視し、即、社会主義革命へという一段階革命を主張した（石河　二〇〇八、二三一―二五三頁）。

このような講座派と労農派の論争について、松尾匡は以下のように述べている。

「はじめてこの論争の中身を聞いたかたは、アレッとヘンに思われなかったでしょうか。当時共産党は妥協を知らない強硬派だったのに、社会主義革命は後回しにして、まず民主主義革命が必要だと言う。それに対して、労農派は穏健派とも妥協して根気よく周りの考えを変えていこうという路線なのに、直ちに社会主義革命を目指すと言う。共産党の方は『二段階革命』、労農派の方は『一段階革命』と呼ばれます。一見、労農派の方がせっかちの急進派で、共産党の方が穏健派みたいで、実態とあべこべです。

ところが実は別にヘンなことはありません。欧米の資本主義を本来あるべき姿とみて、そうなっていない日本の資本主義を『遅れている』と裁断し、欧米並みにしようという志向は、共産党の『上から目線』の『嘉顕の道』の態度にぴったり合うからです。一方で、日本のできあいの資本主義のもとの労働者でも、社会主義の世の中を作ることができるという労農派の説は、大衆の実感に依拠する山川『方向転換』路線の『銑次の道』に合致します。」（松尾　二〇一二、一一八―一一九頁）[1]

以上のような特徴をもつ講座派マルクス主義が、なぜ戦後教育学と親和的であったのか、以下で検討することにする。

## （2）講座派マルクス主義と戦後教育学の親和性

冷戦期の教育学研究は、表面上は、政府・文部省を中心とした保守勢力と、教員組合運動や民間教育運動を中心とした革新勢力との間の激しい政治的対立の磁場において展開されてきたように見える。しかし、実態は、一九五〇年代末以降、いわゆる革新系の教育学のなかで、勝田守一に代表されるような教育的価値の中立性に依拠したリベラルな教育学が台頭し、それが教育学や教育実践の非政治化を促していった面があった。その際に、教育的価値の中立性を担保する理論的鍵として位置づけられたのが「子どもの発達」という視点であった。

つまり、冷戦期教育学は一方におけるイデオロギー的対立と、他方における「子どもの発達」をかかげた教育的価値のリベラルな中立性という、二重の文脈のなかで展開してきたととらえることができる(2)。この二重性の意味をどう考えたらいいのだろうか。

レオ・シュトラウス（Strauss 1959＝一九九二）の「公儀」と「秘儀」という議論をふまえれば、公儀とは、社会に対して学問の正統性を主張するために、「あらゆる読者に容易に近づきうる」仕方で公然と述べられる教説であり、戦後教育学はそのような公儀として、リベラリズムと、非政治的な「子どもの発達」を掲げてきたととらえることができる。これに対して、秘儀とは、学問研究に従事する当事者内部で共有され、「非常に注意深いよく訓練の行き届いた読者」しか知ることのできない教説である。戦後教育学はまさに、そのような意味での秘儀として、上述したような、「嘉顕の道」としての「優等生的」マルクス主義＝講座派マルクス主義（松尾　二〇一二）に依拠した日本社会の政治的変革の構想を持っていたのではないだろうか。

つまり、冷戦期の教育学は表向きの（公儀としての）「子どもの発達」に依拠した非政治的リベラリズムと、隠された（秘儀としての）マルクス主義的政治性の二重性において、展開してきた面があった。そして、そうした戦後教育学の二重性は、表向きはブルジョア民主主義を唱えつつ隠された本音は社会主義革命をめざすという講座派的なスタンスと、親和性を有していたということである。
しかし、一九六〇年代以降、公儀としての非政治性が前景化し、秘儀としての政治性の内実が十分に検討、吟味されることはなかった。その結果、本来批判的に再検討されるべき秘儀の政治性が、手をつけられることなく温存されてきた可能性を排除することはできない（小玉　二〇〇八）。

戦後教育学の成立が講座派マルクス主義の影響を強く受けていた点については、森田尚人の議論が参考になる。森田は、「ヨーロッパ近代を基準に日本社会の後進性を批判する近代主義の発想が、日本資本主義の現段階の『半封建的』性格を強調する講座派の見解と親近性があった」（森田尚　二〇〇三、二九頁）としつつ、そうした近代主義的、講座派的な発想が戦後教育学の枠組みを準備したととらえ、以下のように述べる。

「戦後教育学は、日教組運動を取り巻く政治状況を正確に反映して形成された。一九五二年六月、『逆コース』にタイミングをあわせるかのように刊行が開始された岩波講座『教育』全八巻は、教育の言説を冷戦の文脈のなかに埋め込むことによって、戦後教育学の原型をつくりだした。つまり、『民主的な進歩勢力対反動的な保守勢力』という対立図式を踏まえて教育の課題を論じる、戦後教育学に特有なスキームがここに定着をみたのである。」（森田尚　二〇〇三、三〇頁）

戦後教育学が「『民主的な進歩勢力対反動的な保守勢力』という対立図式」のうちの前者（民主的な進歩勢力）に自らを位置づけるうえで、ブルジョア民主主義革命を唱える講座派マルクス主義は有効な理論的根拠を提供していたといえる。

以上をふまえて、ここであらためて、「逆コース」とされてきた歴史の流れを概観しておくと、以下のようになる。

一九四七年　一月三一日、マッカーサー連合国司令官が二・一スト中止命令。三月、トルーマン・ドクトリンで、アメリカが、ギリシャとトルコの反共産主義勢力を支援することを宣言。
一九四八年　南北朝鮮の成立。
一九四九年　東西両ドイツの成立、中華人民共和国建国。
一九五〇年　朝鮮戦争（～一九五三年）、マッカーシズム（アメリカ国内での反共攻撃）。第二次アメリカ教育使節団が「道徳教育は社会科のみでは達成できない」と述べる。日本国内でのレッドパージ（日本共産党関係者の公職追放）。
一九五一年　日教組が、一月に開いた中央委員会で「教え子を再び戦場に送るな、青年よ再び銃を取るな」というスローガンを採択。
一九五二年　サンフランシスコ講和条約。
一九五三年　京都、旭丘中学事件。
一九五四年　教育二法（「教育公務員特例法の一部を改正する法律」および「義務教育諸学校における教育の政治的中立の確保に関する臨時措置法」）成立。
一九五六年　教育委員会法廃止。

以上のような流れについては、戦後、アメリカを中心とした占領軍主導で様々な民主的改革を教育でも政治でも行ったが、朝鮮戦争を境にしてそういう一連の民主的な改革の流れが止まり、その後、逆コースになっていった、というように教えられてきた。そうすると一九五〇年代からは、日本の戦後の歴史は全部反動の歴史ということになる。前述の森田がいう「『民主的な進歩勢力対反動的な保守勢力』という対立図式」を踏まえて教育の課題を論じる、戦後教育学に特有なスキーム」とは、まさにこうした逆コース史観にのった形で形成、確立していった。

しかし、一九五〇年前後の「逆コース」とされた時期の思想潮流内部で形成されていた対抗軸は、逆コース史観が想定するような民主的な進歩派と反動的な保守派の対抗のみに還元されうるものではなかった。次節では、講座派マルクス主義に対抗して戦後再結集した労農派の動きに注目して、この点を検討したい。

## 2　かくれた対抗軸——戦後の労農派再結集とその挫折

### (1)「政治教育同盟準備会」の結成と『前進』の創刊

森田尚人はすでに二〇〇三年の論稿で、戦後教育学のパラダイムが講座派マルクス主義の強い影響のもとで形成されたことを明らかにするとともに、それへの対抗勢力として、一九五二年に「文化自由会議日本委員会」に結集した荒畑寒村、小堀甚二ら、冷戦的思考の枠組みから比較的自由なところで、ソ連＝コミンフォルムの世界支配戦略とその全体主義的性格を批判した労農派マルクス主義の一分派に着目している（森田尚　二〇〇三）。

以下では、この森田の研究をふまえつつ、「文化自由会議日本委員会」が結成される以前の一九四七年から一九五一年にかけて、荒畑、小堀らの思想がどのような歴史的なコンテキストのなかで形成されていったものであったのかを確認しておきたい。それは、戦後の労農派再結集と、そこでの新党構想（山川新党構想）のなかで練り上げられていったものだった。

すなわち、一九四七年五月から、荒畑寒村らが呼びかけて「政治教育同盟準備会」が結成される。中心的なメンバーは荒畑寒村、向坂逸郎、山川菊栄、山川均、小堀甚二、平林たい子らである。その拠り所として同年八月に雑誌『前進』が創刊された（石河　二〇〇八、三四六頁）。

## （2）労働組合民主化運動と、日教組第六回臨時大会

この政治教育同盟準備会（山川新党準備会）が力を注いだ活動の一つに、労働組合民主化運動がある。労働組合民主化運動とは、共産党の影響力の強かった全日本産業別労働組合会議内に一九四八年二月に発足した産別民主化同盟（民同）などを中心として、労働組合での共産党のフラクション活動[3]に対抗して行われた運動であり、従来の逆コース史観では、「GHQも後押しした反共運動」の側面が強調されてきた。しかし、政治教育同盟準備会の人々にとって、民同派などによって行われた民主化運動は、「GHQの外圧だけに起因するのではない自主的な民主化運動の側面」があった（石河　二〇〇八、三六四頁）。この点について山川均は、以下のように述べる。

「組合によって意識水準の高い組合もあるし、低い組合もありましょうが、一般的にいえば意識水準が非常に低かったと思う。それは要するに外国の場合ならば、五十年も百年ものあいだの悪戦苦闘によってでき上った組織と同じようなものが、僅か二年のあいだにぽかりと出来上ったのですから、どうしても労働階級の訓練も、意識水準もはるかに遅れている。それが二年間の実践によっていまこの意識水準が飛躍的に発展してきて、これが民主化運動となって現れてきておる。共産党のフラクション活動に対する批判がおこったのも、これにたいする反発となったのも、根本的にはそこから起こっているものだ。こういう意味でこの運動を契機として日本の組合運動はもう一つ高い新しい段階に進もうとしているものだ、私はこういうふうに見ている。」（山川ほか　一九四八、三四頁）

以上のように、戦後における労農派再結集の母体となった政治教育同盟は、その名が示すとおり、労働者の「意識水準」を高める点が重視されていた。そして、民同派などによる組合の民主化運動はこの観点から積極的に位置づけられていた。

民同派の活動と影響力は、日本教職員組合（日教組）にも及ぶことになる。もともと日教組は、「はっきりと民同派を名のっている幹部のほとんどない」組合であったが、「民同をいちがいに悪いとは断定できず、民同が現状のごとく労働組合運動のイニシアティヴをとるようになった理由をよく考えあわす必要を論じる中央執行委員も多くなった」（日教組　一九五八、一五七―一六五頁）。この、民同派の影響がはっきりとした形で現れたのが、一九四九年一一月に塩原で開催された日教組第六回臨時大会である。この臨時大会では、西側（資本主義世界）の自由世界労連（後の国際自由労連）に加盟することが決定されるなど、「社会民主主義的な労働組合に塗りかえた転換の大会」として位置づけられることとなった。教研活動に関する件が採択されたのもこの大会においてであった（同、一六五―一七三頁）(4)。

### （3）スターリン主義か反スターリン主義かという、対抗軸の顕在化

このように、戦後の労農派が民同派の運動に関与した背景の一つに、スターリン主義に対する批判があった。一九五六年のフルシチョフによるスターリン主義批判以前の時代にあって、ソ連におけるスターリンの政治体制を全体主義として批判することはまだ必ずしも多くはなかった。もちろん、スターリン主義批判以前にも、トロツキーの影響を受けた反スターリン主義左派は存在していたし、また、スターリン主義を全体主義として位置づけるハンナ・アレントの先駆的な研究『全体主義の起源』が刊行されたのは一九五一年のことであった。アレントはそこで、以下のように、スターリン主義を全体主義支配として明確に位置づけた。

「スターリンがロシアの一党独裁を全体主義支配に変え、各国共産党を全体主義運動に変えるために使った技術的な方法というのは、党内分派と党内民主主義を抹殺し、各国共産党の自主性を仮借なく圧殺してモスクヴァに中央集権化されたコミンテルンの支部に変えてしまったことだった。もちろん革命政党の謀略機関のような秘密結社は、分派形成や意見の相違を一切認めることができないし、命令権の絶対的な中央集権化を固守せざるを得なかった。」（Arendt 1979: 379＝一九七四、一二六頁）

しかし、このアレントのような認識は、フルシチョフのスターリン主義批判以前にはきわめて例外的であった。そうしたなかで、一九五〇年に対馬忠行が刊行した著書『スターリン主義批判』は、日本のマルクス主義においていち早くスターリン主義批判を本格的に展開したという意味で、世界的にみても画期的なものであった。対馬はそこで、スターリン主義を「世界をスターリン政治局の支配と統制下におく」ものであるととらえ、そのようなスターリンへの信仰を「二〇世紀の政治的神話」として全面的に批判した（対馬　一九五〇、七二―七七頁）。また、小堀甚二は、対馬の著書に対する書評のなかで、「レーニンが死に、スターリン反対派が狩りつくされたほぼ一九二九年頃から以後のソ連――スターリン執政のソ連――の本質とその批判とその歴史的位置とを規定する」ことに着手したものとして、評価している（小堀　一九五〇ａ、六頁）。このような労農派のスターリン主義批判は、スターリン主義を二〇世紀の全体主義の一環として位置づけたという点で、前述したハンナ・アレントの『全体主義の起源』と、思想史的な文脈を共有するものであったといえる。

以上のようなスターリン主義批判を背景として、戦後労農派は、冷戦構造形成期におけるコミンフォルムの世界支配への強い警戒をあらわにしていった。たとえば、『前進』一九五〇年三月号に掲載された小堀甚二、岡崎三郎、荒畑寒村、山川均、大倉旭、高橋正雄、向坂逸郎による座談会「コミンフォルムと日本共産党」では以下のようなやりとりがある。

「小堀　コミンフォルムは日本の共産党に何を要求しているかというと、けっきょくアメリカの占領軍を撤退せしめよ、そのために闘えというのが、日本共産党にたいするコミンフォルムの要求だと思う。
山川　ソ連だって、日本の共産党にアメリカを追っ払う実力のないことくらい分っているんだから、アメリカの占領政策に少しでも摩擦を起こせばいいということになる。
大倉　端的にいえば、ソ連の機動部隊になれということだね。
小堀　日本共産党はやっぱり反米的であり親ソ的であったが、ソ連側からみて度合が足りなかったかどうか、だね。」（小堀ほか　一九五〇、一五―一六頁）

また、同号に掲載された小堀の論文「方向転換後の日本共産党」では、次のような記述がある。

「日本は新憲法で戦争放棄を規定し陸海の軍備を撤廃した。資本主義下において、したがってまた階級対立と民族的対立のもとにおいて、交戦権なしに国家的独立を保つというはなはだ空想的な憲法である。しかしながら、階級対立と民族的対立は厳としてある。国家権力（軍隊、警察、裁判所、監獄等）が階級対立と民族的対立の必然的な表現であるかぎり、観念においては軍隊を否定しても、事実においては何らかの形で復活して来る。警察の軍隊化、または他国の軍隊による自国の軍隊の代行、すなわち外国軍の駐屯とそのための基地設定である。」（小堀　一九五〇b、三二頁）

以上、本節の（２）と（３）で検討してきたことを小括しておくと、以下のようになる。従来の「逆コース史観」では、戦後改革を進めようとする左派とリベラルの「民主的な進歩勢力」に対する、反共を掲げる右派の「反動的な保守勢力」からのバックラッシュという構図が支配的であった。しかし、（２）と（３）で検討したように、左派（マルクス主義）の内部において、労農派を中心に、民同派の運動を推進し、反スターリン主義の方向を目指す流れが存在し、スターリン主義か反スターリン主義かという、対抗軸が顕在化していたことが明らかとなった。

この、労農派がめざす反スターリン主義左派結集の試みは、決してアメリカの意図のもとにのみ回収されるものではなく、むしろ、当時形成されつつあった冷戦構造の対立図式そのものを乗りこえようとするものでもあった。したがって、アメリカからもソ連からも自立した統治機構をどのように作り出すかという問いを生みださざるを得なかった。しかしそのことは皮肉にも、労農派のなかに、非武装中立をめざすのか、自主防衛を考えるのかという、生まれたばかりの一九四七年憲法体制の見直しをうちに含んだ、分裂の火種を創りだしていくことにもなった。

## （４）『前進』の廃刊と労農派の分裂

『前進』はその後、非武装中立を主張する山川、向坂らと、人民軍の編成を主張する小堀、荒畑らとに分裂し、前者は社会主義協会（社会党左派）結成（一九五一年）へ、後者は前述の文化自由会議日本委員会結成（一九五二年）へ向かう。『前進』は一九五〇年九月号をもって廃刊となる。[5]

冷戦構造形成期に脱冷戦的な政治を目指そうとした動きは、こうして挫折し、結局冷戦的な対立構造へと回収されてしまった。

左派（マルクス主義）の内部における講座派と労農派の対抗関係を図示すると、次の図のようになる。

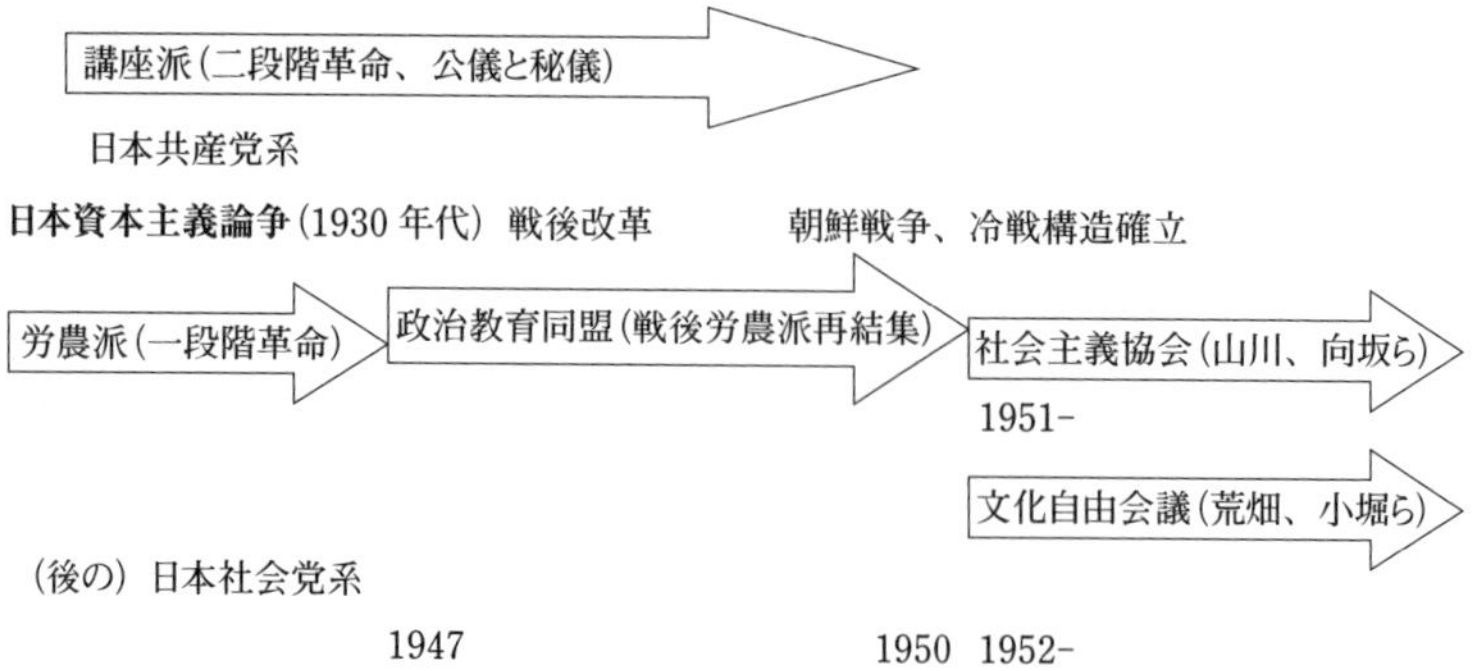


## 3　脱冷戦的思考をめざして

「民主的な進歩勢力対反動的な保守勢力」という逆コース史観の枠組みは、今日に至るまで、なお、私たちの国家と教育の関係をめぐる冷戦的な思考様式を強く規定しているのではないだろうか。戦後教育学は、講座派マルクス主義の強い影響下で、リベラリズムという公儀と社会主義革命という秘儀をあわせもち、国家との対抗関係において教育を戦略的に規定し、政治をそこから排除することを特徴としていた。その意味で、戦後教育学もまた、冷戦的思考の枠内にあったということができる。逆コース史観を問い直すことは、このような冷戦的思考枠組みを相対化することを要請せざるを得ない。

本章では、戦後労農派の再結集の動きに注目することで、冷戦構造が成立する当初の段階（一九四〇年代末から一九五〇年代初頭にかけて）に、そうした冷戦的枠組みに回収され得ない未発の契機が存在していたことを明らかにすることができた。この未発の契機から、今日私たちは、政治的なリソースを新しい形でくみ取ることはできないだろうか。

たとえば、戦後的な枠組みにおいて、教育への国家関与は、それ自体が、冷戦期リベラリズムに対する敵対イデオロギー（保守反動）としてとらえられる傾向があった。それに対して近年、教育における国家の役割を再定義することによって、冷戦期教育学の枠組みを組みかえる動きが顕在化しつつあるように見える。たとえば、批評家の宇野常寛は、以下のような挑発的な発言をする。

「軍事や外交、教育といった方面にもまず必要なのは、「戦後」を正しく忘れることだと思います。たとえば、僕はかつての戦争は明確に侵略戦争だったと思う。首相の靖国神社参拝にも、ぶっちゃけ天皇制にも反対ですが、その一方で軍隊は明確に必要で、改憲して自衛隊を国軍にしてもいいとすら思っている。」（宇野・濱野　二〇一二、一七四―一七五頁）

また、東浩紀らは「新日本国憲法」と題する憲法改正試案を公表し、冷戦期においてイデオロギー対立に還元される傾向が強かった改憲・護憲論争の枠組みを相対化し、「一九四七年施行の日本国憲法について、いままでのイデオロギー対立を離れ、まったく新しい観点と前提から再検討する」提案を、行っている。

「憲法を提案する、というのは危険な試みである。とりわけ戦後の日本では、憲法について修正の可能性を考えること、それそのものが特定のイデオロギーの表現とされる不自由な言論状況が続いてきた。本誌の試みは、そのような状況からまったく離れた場所で行われている――と記しても少なからぬ読者は信じてくれないかもしれないが、天皇を元首にし自衛隊を合憲化する一方で、前文で国家の開放を謳い、在日外国人参政権の大幅な拡大を認めているぼくたちの試みが、従来の革新対保守、護憲対改憲の対立のどちらにも収まらないものであることだけはまちがいないと思う。」（楠・境・白田・西田・東　二〇一二、一〇四―一〇五頁）

　これら、宇野や東の主張には、戦後的な枠組みを解体する志向性を強く含んだ、挑発的な、したがってまたある意味では危険な含意を読み取ることができる。しかし同時に、こうした発言が、前節で検討した小堀らの議論と、その論理構造において驚くほど類似していること、そして、これらが共通して、改憲＝右派的保守、護憲＝左派的リベラルという二項対立図式に回収され得ないものを含んでいることも事実である。そこに、冷戦的思考枠組みを超えた、教育をめぐる新しい枠組みを構想するてがかりを見つけることはできないだろうか。

## 結びにかえて

　二〇一一年から二〇一二年の滋賀県大津市でのいじめの事件や、大阪市での体罰の事件などを契機として、学校教育における教育委員会の役割の見直しが議論されている。特に、市民の直接選挙で選ばれた首長の権限との関係をどう考えるかが争点として浮上している。たとえば大阪市では、体罰事件が起こった高校の入試の中止を市長が主張したことが大きな議論になった。

　この論争で考えさせられる点は、そこに、「教育への政治介入を強調する保守派」対「教育の自律性を尊重するリベラル派」という典型的な戦後型の対立構図をみることができるという点である。「民主的な進歩勢力対反動的な保守勢力」という冷戦的枠組みが私たちの教育をめぐる思考様式を今なお強く規定していることを示す、一つの例である。しかし、教育への民主主義的統制を重視する立場から、上記の対立構図を超えて、政治が教育に影響をおよぼす回路のあり方を模索していく、という議論の余地はないのだろうか。

　これはあくまでも一例であるが、政治が教育に関わろうとするとき、容易にそれが、政治介入を肯定する右派あるいは保守派と政治介入に反対する左派あるいはリベラル派という対立構図に還元されてしまう例は、特に近年、数多く存在する。逆コース史観を相対化し、冷戦的思考枠組みから脱却することによって、かかる対立構図の作られ方それ自体を問題化し、政治を、教育を構成する不可欠の条件として積極的に位置づけ直す道が開けてくるのではないだろうか。

付記：本章は、二〇一二年九月一七日に行われた教育哲学会第五五回大会の課題研究「国家と教育――これまでの教育哲学、これからの教育学（2）」で筆者が行った報告「『国家と教育』における『政治的なるもの』の位置価――教育に政治を再導入するために」のうち、主として前半部分（日本に関わる部分）を中心に大幅に再構成し、リライトしたものである。本章を執筆するにあたり、法政大学大原社会問題研究所所蔵の向坂逸郎文庫・原資料を閲覧することができた。閲覧の便宜をはかって下さった同研究所に謝意を表したい。

**注**

（1）この、一方におけるイデオロギー的対立と、他方における「子どもの発達」をかかげた教育的価値のリベラルな中立性という二重性の矛盾が顕在化し、後者（教育的価値のリベラルな中立性）が前景化していく契機となったのが、一九五三年の京都旭丘中学校事件であった。この点の詳細については、森田伸子（一九九八）、小玉（一九九八）、森田尚人（二〇〇八）などを参照。

（2）この松尾の書において、「嘉顕の道」、「銑次の道」とは、一九八〇年のNHK大河ドラマ「獅子の時代」（山田太一脚本）のふたりの主人公、エリート官僚として改革を目指した苅谷嘉顕と、下級武士として自由民権に参加した平沼銑次をさしている。

（3）山川均によれば、フラクション活動とは、特定の政党が労働組合などに党員グループを作ってその政党の方針を浸透させようとする目的で行われる活動のことで、「フラクは党の方針を組合に持ちこみ、その組合を支配する目的でとくにつくったものですから、これは政党支持の自由ということとはまで《ママ》る性質が違う」と述べる（山川ほか　一九四八、二九頁）。

（4）　一九九一年に日教組から自立して結成された全日本教職員組合（全教）は、この塩原大会を、「日教組右旋回の決定的な転換点」と位置づけ、「戦後の労働運動、民主運動の高揚とともに前進してきた教職員組合運動のあゆみを全面的に否定するものだった」と評価している（全教　一九九七、八五頁）。

（5）　山川新党運動挫折の背景の一つとして、小堀らと山川らとの間の「感情の齟齬」があり、荒畑寒村は、両者の仲介を果たそうとつとめたが、うまくいかなかったようである（荒畑　一九七五、三九六頁）。

### 参考文献

Arendt, H.　1979　*The Origins of Totalitarianism*, A Harvest / HBJ Book（＝大久保和郎・大島かおり訳　一九七四『全体主義の起源 3 全体主義』みすず書房）

Strauss, L.　1959　*What is Political Philosophy?*, The University of Chicago Press（＝一九九二『政治哲学とは何か』石崎嘉彦訳、昭和堂）

荒畑寒村　一九七五　『寒村自伝　下巻』岩波書店

羽田貴史　一九九七　「戦後教育史像の再構成」『教育学年報6』世織書房

石河康国　二〇〇八　『労農派マルクス主義――理論・ひと・歴史　上巻』社会評論社

苅谷剛彦・小玉重夫編　二〇〇七　『報告書　教育研究の「失敗」』独立行政法人日本学術振興会人文・社会科学振興プロジェクト研究事業「日本の教育システム」（コア研究代表者：苅谷剛彦）教育研究の「失敗」サブグループ（代表：小玉重夫）

小堀甚二　一九五〇a　「対馬忠行著『スターリン主義批判』を推す」『労働者通信』第一一号

小堀甚二　一九五〇b　「方向転換後の日本共産党」『前進』第三二号

小堀甚二ほか　一九五〇　「コミンフォルムと日本共産党（座談会）」『前進』第三二号

小玉重夫　一九九八　「戦後教育学における子ども・青年把握を問い直す――保護と進歩のユートピアを超えて」日本生活指導学会『生活指導研究』一五

小玉重夫　二〇〇八　「教育学における公儀と秘儀」教育哲学会『教育哲学研究』第九七号

小玉重夫　二〇一一　「教育政治学の方へ――アルチュセール以後のイデオロギー論に着目して」『日本教育政策学会年報』第一八号

楠正憲・境真良・白田秀彰・西田亮介・東浩紀　二〇一二　「憲法2・0」『日本2・0　思想地図β』第三巻、株式会社ゲンロン

松尾匡　二〇一二『新しい左翼入門――相克の運動史は超えられるか』講談社
明神勲　二〇〇五「教育における『逆コース』論の再検討――占領軍地方軍政部月例活動報告の分析を通じて」『釧路論集――北海道教育大学釧路校研究紀要』第三七号
森田尚人　二〇〇三「戦後日本の知識人と平和をめぐる教育政治――『戦後教育学』の成立と日教組運動」森田尚人・森田伸子・今井康雄編『教育と政治――戦後教育史を読みなおす』勁草書房
森田尚人　二〇〇七「戦後教育学研究への一つの視角――教育世界のなかの冷戦体制」苅谷剛彦・小玉重夫編『報告書　教育研究の「失敗」』独立行政法人日本学術振興会人文・社会科学振興プロジェクト研究事業「日本の教育システム」（コア研究代表者：苅谷剛彦）教育研究の「失敗」サブグループ（代表：小玉重夫）
森田尚人　二〇〇八「旭丘中学事件の歴史的検証（上）」中央大学教育学研究会『教育学論集第五十集』
森田伸子　一九九八「戦後の終わりとティーンエイジャーの創出――子ども史の一九五〇年代」『日本女子大学紀要　人間社会学部』第八号
日教組　一九五八『日教組十年史』日本教職員組合
田原宏人　一九九六「規範的教育論の隘路」『札幌大学総合論叢』第二号
対馬忠行　一九五〇『スターリン主義批判』弘文堂
宇野常寛・濱野智史　二〇一二『希望論』ＮＨＫ出版
山川均ほか　一九四八「座談会　労組民主化運動の意義」『前進』第一〇号
全教　一九九七『教職員組合運動の歴史』労働旬報社

# 第3章　大学——脱・機能主義の大学像の構築に向けて

松浦　良充

## はじめに

大学の問題が、教育思想史の観点から考察されることは少ない。不思議なことである。大学は八〇〇年以上の歳月を経て世界各地に伝播してきた歴史的制度である。そしてその歴史を貫いて、人類の知的活動のための制度・組織体であった。知の伝達、保存、創造・発見、社会的普及など、それぞれの時代・社会においてその活動の性質や意味は異なっていたとしても、それが知をめぐる制度・組織体であったことは変わらない。その意味では、大学の歴史は Intellectual History の重要な一翼を構成するはずである。

もともと教育学自体において、大学教育への関心は総じて後発的であった。それには教員養成のための学としての教育学という基本的性格が、大きく影響しているだろう。他方で、大学は必ずしも教育に特化した制度・機関ではない。特に大学進学者が社会の少数者に限定されている場合、大学の「教育」が問題として認識される機会は限られる。

一九九〇年代以降日本では、大規模な大学改革に連動する形で、大学「教育」への関心が高まってきた。その後二〇年以上続く改革のなかで、新しい施策や試みが次から次へとめまぐるしく繰り出されてきた。その一方で、閉塞感も生じつつある。改革の全体的な方向性が見えにくくなっているのである。だからこそいま、改革の基盤となっている思潮を批判的・反省的に見直すことが必要になっている。知の組織体としての大学の歴史的文脈を視野に入れた上で、大学像の再構成や大学「教育」の再定義を試みる。それによって、これからの大学の有り様を考えるときである。本章はそのためのひとつの試みである。

現在の大学改革や教育の問題を直接的に扱った論考は、巷にあふれている。ここでは、あえて迂遠な方策をとろう。大学像の再構築は、いまの大学とその教育に関する根源的な再考を必要とするからである。そのための手がかりとするエピソードを二〇世紀のシカゴ大学に求めたい。まずは現在の日本の大学改革における問題を析出しよう。

## 1　大学改革の大学像

### (1) 大学の「教育」改革

日本で一連の大学改革が活発化してから、すでに二〇年以上が経過した。その端緒になったのは、一九九一年の大学設置基準（昭和三十一年十月二十二日文部省令第二十八号）の改定である。基準の大綱化とそれに伴う自己点検・評価を柱とするこの改定には、もうひとつの大きな特徴がある。それは、大学が教育機関であることを明示した点である。すなわちそこでは、従来の「授業科目」に代えて、「教育課程」という章（第六章）が設けられた。そして大学が、「教育上の目的を達成するために」「体系的な教育課程を編成する」と規定された。それは目的合理的な教育観にもとづいている。しかもその教育課程では、専門的な教育のみならず、教養や「総合的な判断力」の育成、さらに「豊かな人間性」の涵養にも配慮すべきことが示された。近代的な「教育」概念である（松浦　二〇〇三）。

もっとも一連の大学改革は、教育改革にとどまらない。大学組織やそのガバナンス機構の再編成、大学に関する評価システムの確立、専門職大学院制度の導入・整備、地域社会連携の促進、競争的資金に基づく研究拠点の形成など、多岐にわたる。それでも改革の中心的な焦点は、教育（主に学士課程、さらに最近では大学院課程の教育）に集まっている。

大学の教育改革は、主として海外事例からの強い影響を受けながら、さまざまな装置を導入しつつめまぐるしく進展してきた。たとえばシラバスや授業評価の制度化、ＴＡの活用、厳格な成績評価やＧＰＡの導入、マルチ・メディアや遠隔教育の革新的技術、ＦＤ・ＳＤの活性化、補習教育や導入教育・初年次教育や高大連携の試みなど、枚挙にいとまがない。

ただしこのように多彩に展開される改革のなかで、教育とはどのようなものとして捉えられているのか。大学教育の改善や強化が叫ばれているにもかかわらず、大学において、あるいは大学にとって教育とはなにか、が問われていない（松浦　二〇一二）。大学の教育は、初等中等段階における教育とどこが同じで、どこが異なるのか。大学が担っている研究や専門職養成、公益的活動と教育とはどのような関連にあるのか。それらの問題があたかも自明な解をもっているかのように、である。それはなぜか。その理由は、現在の大学改革が前提とする大学像・教育概念にある。それは、大学やその教育を社会的機能に還元して捉える観点に立つからである。それを「機能主義」と呼んでおこう。「機能」は、教育を独立変数（入力）と従属変数（出力）との間の合理的・効率的相関に還元してしまう。したがってわざわざ教育とは何か、という問いを立てる必要はなくなるのである。

## （２）機能主義の大学像・教育概念

機能主義がもっともよくあらわれている施策は、現在の大学改革における大きな政策課題のひとつである大学の機能別分化である。こうした政策動向は、大学審議会（一九九八）の答申「二一世紀の大学像と今後の改革方策──競争的環境の中で個性が輝く大学──」で明確に示された。社会の多様な要請に対して、大学はそれぞれの理念・目標に基づき多様化・個性化をはかることが重要であるとされたのである。

この考え方はその後、中央教育審議会（二〇〇五）の答申「我が国の高等教育の将来像」における「機能別分化」の推進という施策で引き継がれ、現在に至っている。同答申では、大学がもつ機能としてつぎの七点が例示された。①世界的研究・教育拠点、②高度専門職業人養成、③幅広い職業人養成、④総合的教養教育、⑤特定の専門的分野（芸術、体育等）の教育・研究、⑥地域の生涯学習機会の拠点、⑦社会貢献機能（地域貢献、産学官連携、国際交流等）、である。各大学の選択にもとづいて、これらのいずれか（複数の場合もある）の機能に重点を置くことが、それぞれの大学の個性・特色となる。そしてそうした機能の「比重の置き方の違い」によって、大学は「穏やかに機能別に分化していく」と考えられている。なおこの答申ではこうした「分化」が、個別的な「種別化」や政策的な義務づけとして捉えられることが慎重に回避されている。

ここで留意すべきは、大学の多様化や個性化、特色の発揮が、大学が社会に果たすべき「機能」の観点から捉えられていることである。答申では、「社会のニーズと高等教育の適切な対応関係の確保に資する」あるいは「学習者の多様なニーズに対応した教育サービスの提供を支援する」ということが繰り返し強調されている。「機能」とはこの「ニーズ」に応ずるものである。ニーズに対して効率的に機能する、という大学像・教育概念は、先に述べた目的合理的な近代的「教育」概念と親和的である。

## （3）機能主義を支える評価主義と成果主義

機能主義は、大学改革政策のもうひとつの特徴である評価主義に支持されている。一九九一年に自己点検・評価が導入（九九年に義務化）されて以降、外部評価や第三者評価が採用されるようになり、二〇〇四年には認証評価が制度化された。大学評価のあり方についてはさまざまな議論があるが、現在の大学評価を貫いている原理的な思考法は、いわゆるＰＤＣＡ（Plan-Do-Check-Act(ion)）サイクルにもとづくものである。このような評価システムを重視する観点から大学・教育を考える立場を「評価主義」と呼んでおこう。

評価主義も、設定目標の合理的・効率的達成を重視する、という点でまさに近代的な「教育」概念、そして機能主義と親和的である。しかも評価システムは、設定した目標の妥当性をその目標が（どれほど）達成されたか、という観点から判断する。しかしその目標を設定すること自体の妥当性は評価・判断できない。たとえばコンピュータで表計算ソフトの基本操作ができるようになる（する）という目標に対して、その達成度を評価することは可能である。そして達成度が低ければ、教育・学習の方法を変更して、より高い達成度をめざすことができる。しかしこのシステム自体は、表計算ソフトの操作法を教えることの妥当性は判断しない。いまこの教育にとって、それを教える・学ぶことが適切かどうか、ということは、このシステムとは別の（外の）価値観や判断基準にもとづかなければならない。すなわち評価主義自体は、教育目的・目標の設定ができないのである。したがって評価主義は、大学・教育の目的・目標を必然的に大学の外部、たとえば「社会のニーズ」に求めることになる。そしてそれに大学・教育がどのように応じて「機能」したか（しなかったか）を「評価」することになるのである。

こうした機能主義や評価主義は、大学改革政策のもうひとつの特徴である「成果主義」的な大学像・教育概念を前提にしている。教育の意図・目的や、その過程・プロセスよりも、結果としての学習や技能・能力獲得の「成果」が重視されるのである。

たとえば中央教育審議会（二〇〇八）の答申「学士課程教育の構築に向けて」は、各大学に「学位授与の方針」「教育課程編成・実施の方針」「入学者受入れの方針」の三つの方針の明確化を求めた。特に「学位授与の方針」については同答申は、国際的には「何を教えるか」よりも「何ができるようになるか」に力点が置かれているとし、「学生が修得すべき学習成果」の明確化を強調した。また同答申は「学位授与の方針の策定に当たって、PDCAサイクルが稼動するようにする」と明言している。達成度としての「成果」を明確化することによって、機能的・目的合理的教育とその「評価」が可能になるからである。

このように現在の大学改革・政策は、特にその教育活動に関して、クオリティ・コントロール（質保証）に自ら努めながら、社会のニーズに見合った製品（卒業生）を生産するための機能である、と捉える大学像・教育概念を前提にしている。こうした機能主義的大学像・教育概念は、現代社会における大学の役割を考えれば一定の妥当性をもつ。しかし大学とその教育は社会的機能に解消・還元されるものなのか。知的組織体としての大学が自らの進む目的や方向性を決められずに、外部からのニーズに規定される状況でよいのか。改革の先行き不透明感のなかで求められるのは、脱・機能主義的な大学像・教育概念の構築である。

## 2　ハッチンズの希望と失望

私たちの大学が直面する課題を明らかにしたところで、歴史のなかへ迂回を試みよう。

### (1) 就任演説

一九二九年、ロバート・M・ハッチンズ（Hutchins, R. M. 1899-1977）は、三〇歳でシカゴ大学の第五代学長

(president) に就任した。その後四五年に総長 (chancellor) 職に就任し、五一年に退任するまで、二二年間にわたって大学の最高責任者を務める。(1)

学長就任演説 (Hutchins 1930) は、一九二九年一一月一九日、大学チャペルを埋め尽くした二千名の出席者の前で行われた。世界大恐慌の引き金となった「暗黒の木曜日」(一〇月二四日) から一ヵ月も経過していなかった。ハッチンズは、アメリカ社会の不安をぬぐい去ろうとするかのように、シカゴ大学への希望と改革への意気込みを語った。その趣旨は、多機能的総合大学であるシカゴ大学を「教育」を軸として再統合することにあった。

「シカゴ大学に、そしてその過去に畏敬の念をもたずして本学の学長になるものはいない」(*ibid.*: 8) と彼は切り出す。そして創設以来のシカゴ大学の特徴を四点挙げる。①生産的学問研究の重視、②優れた研究者による自由な研究と破格の待遇の保証、③シカゴとその近郊のさまざまなレベルの教育改善への支援、そして④これらを貫くものとしての実験的な姿勢、特に自由の伝統のもとで共同的な実験を繰り返すという姿勢、である。このような特徴のもとでシカゴ大学はアメリカ教育におけるパイオニアとして影響力をもってきた。

なかでも最も傑出してきたのは研究活動である。特にその研究は、シカゴ市と近郊における実生活上の実際的な問題に取り組んできている。それは、教育学、商・経営学、社会福祉学、衛生・細菌学、地域コミュニティ研究などにおいて顕著である。実際的な問題にとりくむためには、旧来のデパートメントの枠をこえた共同的な研究が必要である。その意味で、プロフェッショナル・スクールの位置づけが重要になる。ただし教育学を除く多くのプロフェッショナル・スクールでは、専門職の訓練がうまくいっていないとの批判や自省がある。専門職の訓練の方法を確立するための実験が必要である。

彼によれば、実は学術大学院 (the graduate schools of arts, literature, and science) も大部分がプロフェッショナル・スクールである。カレッジをはじめとする教員を輩出しているからである。Ph.D. 学位取得者の大半は教員になる。研究者になるのは実は少数派である。よってシカゴ大学には二重の責務がある。第一に研究や創造的学問のために人物を育成する最良の方法、第二に教育（teaching）のために人物を育成する最良の方法をそれぞれ考案することである。現在の学術大学院は研究者養成を前提にしているが、将来の教員のためのカリキュラムを用意することが必要である。それには大学院生が「自分の専攻分野を知らなければならないし、それと知識全体との関係を知らなければならない。」（*ibid.*: 12）そのために大学院生は、所属するデパートメントの教員が学士課程でとりくんでいる実験（教育）をよく見ておく必要がある。またカレッジ教員に特化した学位を用意すべきである。

ハッチンズによれば、実生活上・実際上の問題を対象とするシカゴ大学の研究は、これまで特に困難な教育問題にもとりくんできた。よって学士課程教育の問題を実験的な姿勢のもとで解明することは、シカゴ大学の研究の重大な使命である。学士課程カレッジは、各専門デパートメントが教育について実験を行い、アイデアを練り上げる場になる。またカレッジを軸としてその前後、すなわち一方でハイ・スクール、他方で大学の上級部門（専門課程・大学院課程）との関係についても検証することが必要である、としている。

### （2）多機能大学の葛藤

シカゴ大学は、ロックフェラー（Rockefeller, J. D.）の莫大な資金提供のもとに、一八九〇年に設立（一八九二年開校）された。初代学長ハーパー（Harper, W. R.）は、時代の潮流を見据えて、この新しい大学に多彩な知的活動を盛り込もうとした。

一九世紀末から二〇世紀前半は、現在のアメリカの大学制度・組織の原型が成立する大きな転換期であった。すでに一九世紀の半ば頃には、植民地期以来の伝統的学士課程カレッジに加えて、さまざまな形態や目的をもつ大学が混生していた。古典的必修カリキュラムに代えて選択科目制度を導入し近代科学や現代外国語を採用する機関、農業・工業・商業などの実務や技術を教える機関、そして神学・法学・医学などの専門職養成をめざすプロフェッショナル・スクールなどである。一九世紀末にはこれらに加えて、創造的な学問研究・開発、さらには地域貢献や成人教育などの大学拡張・公益的活動（社会的サービス）を志向するようにもなった。こうして教育、人材（実務・技能者、専門職）養成、学問研究、公益的活動など、現在のアメリカの大学を構成する諸要素・機能が出揃う。それらが二〇世紀にかけて、単なる群生ではなく、組織的・制度的に構造化される。特に組織的には、多彩な知的活動を組み込んだ多機能的な総合大学が形成されてゆくのである。シカゴはその典型のひとつである。なかでも研究志向性が強く大学院課程を重視していた。

ちなみに二〇世紀への世紀転換期は、アメリカ大学・高等教育のみならず、アメリカ社会そのものにとっても大きな転換の時期であった。一九世紀の末、「フロンティアの消滅」によってアメリカはその資本主義的発展のまなざしを海外に向け、帝国主義的な拡張の道を進むようになる。世紀転換期にはアメリカの工業・産業の発展とその国際的な優位性は決定的なものとなり、南・東ヨーロッパからの「新移民」が増加する。こうしてアメリカでは、「国民国家」としての統合が強く求められることになる。産業・経済構造の変動、さらに社会構成の劇的な変化は、さまざまなレベルにおける知的活動・機能の拡張とその構造化を要請していたのである。大学制度・組織の再構築は、このような流れを水脈としている。

ハーパーは、大学拡張や後のジュニア・カレッジ制度の端緒を開くなど、広く大衆的な教育の整備にも意欲を示した。その一方で彼が強力に促進しようとしたのが、シカゴを超一級の研究大学にすることであった。国内外から学問的名声の高い有力教授を招聘し、彼らは各専門デパートメントの主任教授やプロフェッショナル・スクールの中核教授として研究水準の向上に務めた。ハーパーによる研究志向総合大学建設のリーダシップは、各部門・主任教授に大幅な裁量権や自律的な研究活動を保証することで発揮されたのである。

しかし多機能的総合大学は構造的な問題を孕んでいた。機能間の緊張関係である。実際、シカゴの強力な研究志向性は、特に学士課程教育との間に葛藤を生んでいた。各専門部門が自己の利害を優先させるあまり、共通的な教育を軽視する傾向が強まったのである。

これに対してハッチンズは先にみたように、教育を統合原理とした新しい大学像を提示しようとした。しかもその教育は学問研究の遂行と対立・矛盾するものとして捉えられてはいない。研究志向の大学だからこそ、必然的にあるいは本質的に教育の重視が求められる、という考え方である。実際上の重要問題である教育の問題、そして各専門分野の（学士課程）教育に実験的に取り組むことは研究の本質的な部分を占めるからである。各専門分野の研究成果の提供としての教育という意味だけでなく、大学教育の実際に実験的に取り組むことが、研究の重要かつ本質的な意味をもつ、というのである。そしてそれは同時に、大学教員の養成・教育の役割も担う。学問研究は、（大学）教員養成を媒介として、学士課程教育の機能やその改善と切り結ぶことになるのである。

この大学像は、多機能総合大学の知的再生産機能を強調することで、機能間の葛藤、特に教育と研究の緊張関係を克服・統合しようとするユニークな構想である。そしてここで示された大学の統合原理としての教育は、この知的再生産として再定義されている。研究者・教員・専門職の養成に、大学そしてその各部局が実験的・創造的にとりくむ（研究する）ことによって、この再生産が統合的に機能することが期待されているのである。

### （3）退任演説

一九五一年一月一〇日、ハッチンズは大学理事会で総長としての退任演説を行った。就任時、大学の統合原理として「教育」を据えた彼が、二二年近い任期を終えるにあたって吐露したのは、就任演説の時の希望に満ちた抱負とは対照的な失望感であった。彼は果たすべき課題を達成できなかった自分をスケープゴートにたとえ、演説を結んだ。「私は、積み重なった二〇年間の罪を背負ってゆく。それはみなさんの罪ではなく、私自身のものである。この重荷を私が持ち去ることで、シカゴ大学は他の大学に対するモデル、そして世界に向けての灯台を建設するという歴史的な課題に邁進するであろう」（Hutchins 1951: 2）と。

ハッチンズは何に挫折したのか。彼によれば、彼の任期は「専心的な（dedicated）共同体」（*ibid.*: 1）の創造に対する顕著な進歩がないままに終わった。大学組織全体が共有してとりくむべき目的を確立できなかったのである。彼にとって、大学の存在意義すなわち大学固有の目的とは、根本的な問題について思考を重ねることである。しかし極度の専門分化によって、「共通のリベラルな訓練を欠いた」（*ibid.*: 1）大学教員たちには相互理解ができなかったのである。学長・総長としての彼の使命は、大学組織が全体として共有するべき目的について考え、それがどのように達成されうるか、を思考することであった。しかし専門分化の壁に阻まれ、その壁を越えて架橋する方法をみつけることが彼にはできなかった。

ハッチンズは言う。思考は骨の折れるプロセスである。特に、教育について考えることはやっかいである。「なぜなら教育は二次的もしくは従属的な問題だからである」（*ibid.*: 1-2）。教育のあり方は、教育そのもの以外の要素に強く規定されている。教育についての思考は、人間や社会の性質をどのように考えるか、という前提に依存している。

教育は、社会から強い規定を受けている。大学の教育も同じである。一般に、大学の最高責任者の第一義的な責任は、資金調達や広報活動にあるとされる。しかしハッチンズにとってその責任とは、大学が根本的な問題を考えるなどの知的な問題への取り組みを先導することである。もちろん資金は重要である。しかし「資金は思想の代わりにはならない」（*ibid.*: 2）。広報活動は資金調達と関連している。そのため危険なのは、公衆が大学についてなにか好ましくないと考えていることが広報活動によってわかったとき、大学はそれに迎合して自らを変えようとする

教育なのである。

衝動に駆られることである。ハッチンズは、それは逆だと言う。「私たちの任務は、大学が行っていることを公衆が好むように公衆の意見を変えることにある」（*ibid*.: 2）。その意味で、彼によれば、大学の広報活動は一種の成人教育なのである。

このような考え方は、ハッチンズのアカデミック・フリーダム擁護の姿勢の基盤をなしている。大学の目的は、「自主独立思考」（independent thought）にある。それこそが、「専心的共同体」が共有すべき目的であるはずだった（*ibid*.: 2）。自主独立思考にもとづいて公衆や社会に自らの思想を示してゆく。それこそが大学の使命であって、その逆ではない。

就任時の希望と退任時の失望の間には何があったのか。ひとつのポイントになってくるのは、彼における教育概念の変化である。就任時、彼はシカゴ大学が研究志向大学であるからこそ知的再生産作用としての教育を中心として統合される必要があるとした。そして退任時に、彼は大学の統合的な目的を示し、大学組織において共有することができなかったと総括した。つまり、この教育による統合、という考え方がうまくはたらかなかった、ということである。実際彼は退任演説で、教育についてそれが「二次的従属的問題」であるとして、外部要因（すなわち一般的に「社会」といってもよいだろう）に従属している、と捉えている。一方で、大学の使命を「自主独立思考」に求める。教育が従属的であるのならば、それは自主独立思考と矛盾することになる。大学の教育が外部要因としての社会に大きく規定されるならば、知的「再」生産機能は円滑にはたらかないことになる。大学自身にその知的活動の主導権が認められないからである。

## 3　ハッチンズの大学像と教育概念

### (1) シカゴ大学の実験的改革

就任演説と退任演説の間、学長・総長としてのハッチンズの行動と思想の軌跡を丹念にたどることは、本章の主題ではない。ここではあくまでその間のギャップが、現代（大学）教育の問題になげかける意味を考えることに焦点化しよう。とはいっても彼の学長・総長時代のシカゴ大学は、学内外で強い注目と議論を集めるさまざまな「実験的」改革を経験した。その予兆は、彼の就任演説でも示唆されているが、ここで概略に触れておこう。それは大きく三つのフェイズにまとめることができる。

第一に、学際的研究教育の推進である。彼の就任直後に、当時四〇近くあった学術系（arts and sciences）デパートメント（専門学科）が四ディヴィジョンに再編成され、あわせて学士課程カレッジも独立したディヴィジョンとなった。さらにプロフェッショナル・スクールと学術系大学院の連携の促進によって前者の学術的高度化がはかられたほか、既存デパートメントの枠におさまらない学際的研究委員会が複数組織された。

第二に、学士課程教育改革である。組織的に独立したカレッジ・ディヴィジョンでは、全学共通の一般教育カリキュラムが開発・実施された。それは、学生の主体的で実質的な学習の推進をはかるため単位制度を廃止し、総合試験制度にもとづく概論科目から構成された。概論科目は講義と討論クラスからなり、リーディング・マテリアルを含む詳細なシラバスが用意された。授業出席は任意とされ、学生は自らの判断によって選択した時期に、科目内容に該当する総合試験を受験することになった。やがてカレッジは、学士号授与および学士課程入学の二年早期化を試みた。既存ハイ・スクールの後期二年間と既存学士課程前半二年間をあわせてあたらしい学士課程を構築しようとしたのである。それにともない最終的に学士課程は、四年間必修の共通コア科目によって構成されることになった。

第三は、大学ガバナンスの構築である。それは、まさに退任演説でハッチンズが吐露した学長（総長）のリーダシップの発揮をめざしたものであった。第一点のディヴィジョン制の導入も、この観点からの改革と位置づけられる。創設以来、強い独立性と自治権をもっていたデパートメントの再編成やカレッジの独立によって、大学の全体的運営に対する学長の行政的影響力の強化がはかられた。このほか彼は、正教授中心の教授会制度や教員の身分・待遇・職階などの変革を試み、彼の考える民主的で効果的な大学コミュニティを構築しようとした。しかしそれらは、多くの場面で、各デパートメントや教員集団との厳しい軋轢を生んだ。まさにそれが、彼の退任時の「失望」の主因であることは想像に難くない。その一方で、彼は大学の研究教育活動のアカデミック・フリーダムに対する学外からの干渉や侵害には、毅然として対応したことも特筆しておかなければならない。

多機能総合大学であるシカゴ大学のこれらそれぞれの改革が、どの程度ハッチンズの主導権によって進められたものなのか、については慎重な検討が必要である。彼の「失望」は、学長のリーダシップ単独で改革が進められなかったことの明確な証である。と同時に、二二年間という長期の在任期間は、彼の影響力とそれへの支持があったことを示唆する。

### (2)「教育」による大学の統合

こうした改革のなかで、彼はどのような大学像や教育概念を形成したのか。一九三六年の著書『アメリカの高等教育』(Hutchins 1936) を参照しよう。同書は講演録をもとにしているが、彼の最初の本格的著書として強い注目を集めさまざまな反響や議論をひきおこした。

ハッチンズはまず、大学をはじめとする各教育機関の目的が不明確で混乱が生じている、と指摘する。たとえば学士課程カレッジは一方でハイ・スクール、他方で大学院と区別される明確な目的をもっているであろうか。その目的は、一般教育と専門教育のどっちつかずになっている。それでも人々は教育はよいものであると信じ、教育を求める。

彼によれば、こうした混乱の原因は大きく三つある。第一は「拝金主義」である。大学が資金獲得に腐心すると、収入源である社会や学生・親からの要求を優先しがちになる。それによって、大学は「サービス・ステーション」と化す。第二は「民主主義に関する混乱した認識」である。それは、自主的な知的活動への興味や能力の有無にかかわらず、大学・高等教育を開放すべきである、との考え方につながり、その目的や機能をあいまいにする。第三は「進歩に関する誤った認識」である。より多量のデータや情報を集積すればするほど、科学や技術が発達し「進歩」が促進される、と考えられている。また「進化論」の影響によって、環境適応の観点が重視される。そのため教育・研究の基盤として、経験主義や職業主義が主流になる。このような「進歩」に関する認識は、人間が理性的動物であるということを否定する反知性主義をうみだすことにもなる。

こうした批判にもとづいて、あるいはこうした批判の前提としてハッチンズは、大学・高等教育の目的を、「知的優秀性」(intellectual virtues) の追求においている。自己目的的な知的探究である。その根拠についてここでは詳しく問わないが、ひとつには、しばしば指摘されてきたように、盟友アドラー (Adler, M. J.) を通して当時彼が強く引きつけられたトマス・アクィナス (Thomas Aquinas) やアリストテレス (Aristotle) の影響を読みとることができる。もうひとつは、彼の生涯に一貫すると言ってよい現状批判意識である。筆者は特にこの点を強調しておきたい。たとえば先にみた混乱についての三つの指摘は、いずれも当時のアメリカ大学・高等教育とそれをとりまく社会状況の趨勢を根本的に批判するものであった。彼の大学像・教育概念は、「金銭」「民主主義」「進化」というアメリカ社会のメインストリームやその発展を根底で支える信念への挑戦によって構成された。

こうした観点からハッチンズは、大学における専門（分化）志向や職業志向を批判する。そして職業・技能訓練や単なるデータや情報の収集にかかわる活動を、大学の役割から除外することを主張する。そうした役割は、大学組織の外部にインスティテュートを設置して委託する。大学本体は、アカデミック・フリーダムのもとでの、自由で自主的で自己目的的な知的探究に従事する。大学は、根本的な問題や原理の探究を志向する形而上学を中心として、社会科学・自然科学の自己目的的な研究に専念する。高度の知的専門職についても、単なる実務・職業志向ではなく、こうした知的探究を基盤にした養成が必要である。

またカレッジにおいては、すべての人のための知的優秀性の涵養をめざした一般教育がめざされる。その内容は彼によれば、普遍的学問すなわちグレイト・ブックスとリベラル・アーツから構成されるべきである。ここでも専門志向・職業志向が忌避されている。そしてそれは大学における自己目的的な知的探究の基盤をなす、共通の知的訓練としての意味をもつ。

このように彼は、アメリカの多機能総合大学において、その組織的統合の原理や目的を喪失していることを批判し、その克服のためのあらたな大学像を構築しようとしたのである。彼にとっての当時の大学は、学長ですらその相互関係と意味をみいだせないほど断片化した組織と建物の集成であった。その目的や統合の原理の再構築が彼の課題であった。

ここで指摘しておかねばならないのは、ハッチンズは、あくまで大学を「教育機関」と捉え、その統合の原理・目的を「教育」においていることである。それは就任演説を引き継いでいる。ただしここでの「教育」は、彼独自の概念構成による。それは「知的な訓練と開発」を意味する。すなわちこれまで述べてきた自己目的的な知的探究のことである。断片的なデータや情報・知識の収集や伝達も、職業・技能訓練も、「徳育」「体育」も含まない。ここでの「教育」は、研究や専門職養成と対立する概念ではなく、それらを含み込むものとして構成されている。ただしそれらは、自己目的的な知的探究という目的に沿うものに限定されている。自己目的的に知性化された教育・研究・専門職養成の統合体である。

先にも述べたように、こうした彼の大学像・教育概念は、当時のアメリカ社会のメインストリームに対する批判にもとづいていた。そしてそれに棹さして飛躍的な発展を遂げようとするアメリカの大学・高等教育の趨勢に真っ向から挑戦するものであった。しかも彼はその趨勢の主流にある多機能総合大学の学長・総長の職にあった。学内外からの激しい抵抗と議論をまきおこすことは想像に難くない。

現代の私たちからみても、なおさら彼の大学像・教育概念はアナクロニズムに見える。あるいは無邪気な理想主義というべきか。しかしこのあまりにもナイーブな思想は、非現実的であればあるほど、現状批判の強力な武器になるのかもしれない。そして注目しておきたいことは、彼が批判の対象にした社会と大学の情勢が、八〇年近くの歳月を越えて私たちのそれと驚くほど共通する要素があることである。機能主義的な大学像・教育概念は、二〇世紀のアメリカ社会が生成し、世界に伝播させたものだからである。

### （3）「教育」からラーニングへ

自己目的的な知的探究としての「教育」を大学統合の要として掲げ、学長・総長を二二年間勤めあげたハッチンズの結論。結局、教育は、自己目的的ではなく社会の要求に服従する二次的な主題である、との「失望」であった。私たちの文脈に引き寄せれば、彼は大学やその教育の機能主義的な傾向を認識し、それに挫折した、ということになる。

シカゴ大学を去った彼は、フォード財団で教育関係事業の支援に携わることになった。その後同財団の共和国基金の総裁となり、一九六九年からは同基金が設立した「民主制度研究センター」を主宰し、アカデミック・フリーダムや市民的自由擁護の運動を支援するとともに、社会や教育にかかわる根本問題を討議・探究する活動を展開していった。特に同センターは、自己目的的な知的探究をめざす彼の大学像のあらたな形態でもあった。

その過程で、彼の大学像や教育概念にはゆらぎや変容が生ずる。ハッチンズとの間にある種の共通の課題を確認した私たちにとっては、その内容に興味をそそられる。ただしすでに紙幅が尽きている。さらに、私たちの教育思想史のスタンスは、モデルとしての思想を安易に現代の課題に適用することにはない。歴史的問題状況の共通点と異質な部分を見極めながら、思想の歴史的展開を参照しつつ、私たち自身の課題に対する思想を展開することにある。またあえて付言するならば、知的組織体としての大学にこそ、そうした思想の歴史的展開を主導する使命があることはもっと強調されてよい。

彼の大学像と教育概念のその後の展開について、大きな流れを確認して本章を締めくくろう。シカゴ大学での任期末近くから、彼は自らの教育思想を「リベラル・エデュケイション」という概念で主張するようになる。それはまさに「自由人」のための教育であり、自己目的的な知的探究のことである。また彼にとって大学は、「自主独立思考のセンター」「批判のセンター」（Hutchins 1953: 62, 87）であった。ところが教育は社会の要求に左右される「二次的・従属的」ことがらである。この「リベラル」と「従属」の関係をどのように再構築し、「教育」概念を再定義すればよいのか。また大学とその教育が、社会からの意向に従属するものだとすれば、社会と大学の関係は循環論に陥る。大学は社会変革の主体とはなり得ないからである。また大学を自己目的的な知的探究の場に変革することも困難である。

このアポリアを解決しようとしたのが、晩年に彼が展開した学習社会（Learning Society）論（Hutchins 1968）である。それが私たちに示唆する意味は二つある。ひとつは機能主義的な教育概念の再定義を、学問・学識としての

「ラーニング」というより広い概念を触媒として試みること。もうひとつは、同様に機能主義化傾向を強める大学と社会との関係の編み直しを、教育やラーニングの、機能よりは意味を重視する生涯学習的な観点から再考することである。その具体的な考察は、今後の課題として別稿にゆだねたい。

**注**

（1）シカゴ大学の改革およびハッチンズの思想と行動については、次の文献を参照。松浦（二〇〇三a）、Ashmore（1989）, Dzuback（1991）, McNeill（1991）, Storr（1966）。

**文献**

Ashmore, Harry S.　1989　*Unseasonable Truths: The Life of Robert Maynard Hutchins*. Boston: Little, Brown and Company.
Dzuback, Mary Ann　1991　*Robert M. Hutchins: Portrait of an Educator*. Chicago: The University of Chicago Press.
Hutchins, Robert M.　1930　"President Hutchins's Inaugural Address." *University Record*, XVI-1. The University of Chicago.
Hutchins, Robert M.　1936　*The Higher Learning in America*. New Haven: Yale University Press.
Hutchins, Robert M.　1951　"Chancellor Hutchins' Farewell Address at the Trustees Dinner at the South Shore Country Club on January 10." *The University of Chicago Faculty News Bulletin*, Winter Quarter 1951.
Hutchins, Robert M.　1953　*The University of Utopia*. Chicago: The University of Chicago Press.
Hutchins, Robert M.　1968　*The Learning Society*. New York: Frederic A. Preger.
McNeill, William H.　1991　*Hutchins' University: A Memoir of the University of Chicago 1929-1950*. Chicago: The University of Chicago Press.
Storr, Richard J.　1966　*Harper's University: The Beginnings*. Chicago: The University of Chicago Press.
大学審議会　一九九八　「二一世紀の大学像と今後の改革方策——競争的環境の中で個性が輝く大学」（答申）、平成一〇年一〇月二六日
中央教育審議会　二〇〇五　「我が国の高等教育の将来像」（答申）、二〇〇五年一月二八日
中央教育審議会　二〇〇八　「学士課程教育の構築に向けて」（答申）、二〇〇八年一二月二四日

中央教育審議会　二〇一二「新たな未来を築くための大学教育の質的転換に向けて——生涯学び続け、主体的に考える力を育成する大学へ」（答申）、二〇一二年八月二八日
松浦良充　二〇〇三a　「シカゴ大学」有本章ほか編『大学のカリキュラム改革』玉川大学出版部
松浦良充　二〇〇三b　「戦後大学の『教育』化——遅れてやってきた近代化」森田尚人ほか編『教育と政治——戦後教育史を読みなおす』勁草書房
松浦良充　二〇一二「教育はどのように問われるべきか——大学「教育」概念の歴史的再構成に向けて」『教育哲学研究』第一〇五号、教育哲学会

# 第4章　都市——ジンメルの思想に内在する人間形成論を解読する試み

山名　淳

## はじめに——都市にまつわるエピソードからジンメルへ

一つのエピソードから始めたい。ドイツの教訓譚、とりわけ「わるい子」として登場する主人公たちが不幸になっていく物語をとおして読者である子どもたちをある規範の方へ導く絵本『もじゃもじゃペーター』（一八四五）の類似本を時代順に眺めてみると（山名　二〇一二a）、ある興味深い事実に目が止まる。車道や交通にまつわる教訓物語が、時代を経るとともに顕著に増加しているのである。

注目されるのは、まずは交通路に関する戒め物語の増加だが（Rühle 2002: 60ff.）、物語の内容が変化していることもまた指摘しておかねばならないだろう。初期の類似本では、馬車の荷台に乗っていた子どもが不注意でそこから落ちてしまう物語や、舗装されていない坂道を自転車に乗って猛スピードで駆け下りる子どもが負傷してしまう物語などがみられた。空間構成の機能分化とともに整備されていった舗装道路において、主人公が交通ルールに違反すること（たとえば信号無視など）によって不幸（叱責、怪我、命を落とすなど）に見舞われる物語が増えていく。

車が行き交う舗装道路によって網羅される近代空間が、そうした空間の日常活動に新たに参入する人々にとっていかに危険な環境であるか。また同時に、そのような人々がいかに近代空間の秩序を乱す要因になりうるか。「トラフィック・ペーター」と呼ばれる以上のような新たな教訓譚は、こうした双方向の危険に対する不安の表象であり、またそのような不安を払拭するための処方箋として創出された教育的媒介物である。『もじゃもじゃペーター』には、外を歩いているときに注意深さを欠いている主人公が川に落ちてしまう「お空眺めのハンス」という物語が収められている。それを受けていえば、現代のハンスは、蕩々と大河のように流れ行く車の動きに注意を払うように導かれるのである。

「複数の離散する地域や集団の間で、身体や物財や情報の交通を媒介して、それらを同一の社会の大きな広がりへと組み込むような関係の場に位置する定住」（若林　二〇一〇、一四六頁）の時空を今ここで都市と呼ぶならば、「トラフィック・ペーター」は、そのような意味における都市が人間形成の契機となるということを予感させる。身体や物財の量的拡大および移動速度の増大が生じると同時に、都市計画という空間のデザインによる量と速度の「整序化」（G・E・オースマンの言葉）が試みられるとき、いかなる人間の変容がそこでは促されるのだろうか。遅くとも一九・二〇世紀転換期には、そのような関心が社会に広まり、この問いをめぐってさまざまな議論が繰り広げられた。家庭・学校・地域が織り成す教育の体系からはこぼれ落ちるような、また国家の側にも市民の側にも単純には割り振られないような人間形成のエージェントとしての相貌を都市が有していることを、当時の人々はすでに感じ取っていたのである（山名　二〇〇〇a、二〇〇〇b、二〇〇三）。

ここでは、「トラフィック・ペーター」の物語が次第に創作されるようになった時代、つまり都市化の時代を生きた思想家にスポットライトを当て、同時代における都市の人間形成に関する思考の可能性と限界について考察を試みたい。都市について思索した同時代の最も重要な人物の一人として思想家ゲオルグ・ジンメル（Georg Simmel,

1858-1918）の名を挙げることに異論を唱える者は、おそらくいないだろう。ジンメルは、とりわけ小論「大都市と精神生活」（一九〇三）によって、世紀転換期における都市の卓越した観察者として、その後に続く都市論者たちの注目を集めてきた。都市という「構成体が個人に関する生の内実と個人を超えたところにある生の内実との間に創り出した方程式」（GSG7: 116＝一九九八、二六九頁）[1]を解くことは、彼の社会と人間に関する問題構成の中核をなしていたといっても過言ではない。

「大都市」という環境に囲まれた〈私〉は、いったい何ものに変容していくのか。この問題に対して、ジンメルはすでに一九・二〇世紀転換期の時点で何を予見しえたのだろうか。ここでは、ジンメルの「大都市と精神生活」を起点としつつも、その内容を彼が著した他のテクストと関連づけることにしよう。そうすることによって、ジンメルの思想に潜在する「都市と人間形成」に関する考察の奥行きを、とりわけアーキテクチャーとの関連性において浮かび上がらせることができると考えるからだ[2]。

## 1　ジンメルの都市論――「大都市と精神生活」にみる都市観

### （1）「神経生活の増大」と悟性の優越

一八五八年三月一日、ジンメルはドイツのベルリンで誕生した。彼の生家は、フリードリッヒ通りとライプツィッヒ通りが交差する場所にあった。一八七三年にベルリン最初のパッサージュがフリードリッヒ通りに設えられたことに象徴されるように、ジンメルが誕生した場所は、ベルリンの中心街に位置していたといえる。よく知られるとおり、欧米では、工業化の進展などを重要な背景として大規模な都市が次々と出現するという傾向が、一九世紀後半から二〇世紀前半を中心にみられた。従来の「都市（Stadt）」観では捉えがたいほどの量的大きさを誇る定住の場の叢生を受けて、「大都市（Großstadt）」という語が頻繁に使用されるようになったのも、この頃のことである。ベルリンはそうした時代に急速に発展した大都市の典型であった（山名　二〇〇〇a、四六頁）。一八七五年の時点ですでに一〇〇万人に手が届かんとしていたベルリンの人口は、一八九〇年には一五〇万人を超え、一九一〇年には二〇〇万人に達した。

ベルリンの大都市らしさを物語るのは人口増加だけではない。アーキテクチャーが一九・二〇世紀転換期を中心にその多様性を増していったこともまた、この都市が「発展」していったことの重要な側面である。ベルリンは、人間の身体と物財が迅速に集合しては移動するような交通空間としての色合いを次第に強めていった。ジンメルが生まれた頃、ベルリンではまだ乗合馬車が使用されていたが、彼が八歳になる頃には軌道馬車が導入され、その後、鉄道網が都市空間を覆うようになった。街路も時の経過とともに整備されて、沿道にはカフェや百貨店などが設えられていった。ジンメルはベルリンのそうした環境が人工物によって覆われていく時代の目撃者であり、またいわば大都市の内部観察者としての側面をもつ思想家であるといってよいだろう。

ジンメルの都市観が最も如実に示されているテクストとして名高いのは、すでに述べたとおり、一九〇三年にフランツ・ルードヴィヒ・ゲーエ財団に招かれて行った講演「大都市と精神生活」の原稿であろう。「大都市と精神生活」は、その軽妙な文章と分量的な小ささにもかかわらず、多義的な読解が可能な内容上の特性によって、都市に関心を寄せる者たちを立ち止まらせ、そして都市論の重要な礎をなすテクストとしての評価を彼らから受けてきた。以下、「大都市人」がいかに形成されるかという問いとのかかわりで、このテクストの内容を概観しておこう。

ジンメルによって把捉された大都市の外的な特徴は、めまぐるしい「街路の行き交い」や「経済、職業、社会に関する生活のテンポの速さおよびその多彩さ」（GSG7: 117＝二七〇頁）といった表現から読み取られるように、構成する要素の多様性、大量性、速度の大きさ、絶え間ない変化などに認められる。しかも、大都市は、慣れ親しんだ既知のものによってではなく、「見知らぬ」人とモノによって成り立っている。

そのような大都市の環境は、ジンメルによれば、そこに住む人々の性質に大きな影響を与えることになる。大都市では「神経生活の増大」(GSG7: 116＝二七〇頁)がみられ、「内的および外的な印象が素早くかつ絶え間なく切り替わること」(GSG7: 116＝邦訳 二七〇頁)が日常的に経験される。そのような経験が常態化すると、人間は往々にして「心情(das Gemüt)」よりも「悟性(der Verstand)」によって反応するようになるとジンメルは述べている。なぜなら、彼によれば、「心情」が「魂(die Seele)」のより無意識的な層にその根幹を有しているのに対して、「悟性」は「魂」のより表面的な層をなしているからだ。諸現象の変化や対立と折り合いをつける主観的な対応に優れているのは、悟性の層である。心情の層であれば、動揺や「内的な掘削」が生じてしまうような事態にも、悟性の層であれば耐えられる。彼はそのように考えた。

ジンメルによれば、大都市における多様性に富んだ諸現象に対する反応は、「感受性が最も乏しく、人格性の奥深いところから最も隔たった心的器官へと移されることになる」(GSG7: 117＝二七一頁)。その結果として生じるとされるのは、大都市における「反応の鈍化(die Blasiertheit)」である。“Blasiertheit”は、これまでたとえば「倦怠」と訳されてきた。だが、その内実は、「事物の差異に対する無感覚」(GSG7: 121＝二七五頁)であり、「新たな刺激に対してそれに見合ったエネルギーをもって反応することができない」(GSG7: 121＝二七四頁)状態であり、したがって日本語における「倦怠」のニュアンスとは異なっている。ジンメルにしたがえば、大都市の人間は、「急速に変化し対立しながら密集するあの神経刺激」によって「神経のあちらこちらが無残にも引き裂かれ」(GSG7: 121＝二七四頁)ることから自己を守護するために、神経を鋭敏にさせて反応することを回避しているとされる。

## （2）「純粋なザッハリッヒカイト」に支配される環境と人間

そのような「大都市人」が織り成す世界は、必然的に貨幣経済の世界に近似してくると、ジンメルはいう。「両者に共通しているのは、人間と事物の取り扱いにおける純粋なザッハリッヒカイト」（GSG7: 118＝二七一頁）であり、公平性の原理がしばしば冷徹なほどに完遂されるというのである。彼の時代観察によれば、貨幣経済は、多くの人々の日常を、計量、計算、分量上の確定、また質的価値から量的価値への縮減によって満たしていった。これと同様の変化が、大都市の生活にも見出されるというのである。

「純粋なザッハリッヒカイト」、つまり「事物（Sache）」の客観法則に統御される大都市の人間関係において支配的であるのは、ジンメルの見立てによれば、「控えめなよそよしさ（die Reserviertheit）」である。あたかも物と物との関係であるかのように、あるいはそれらの関係を貨幣というメディアによって繋いでいく経済的なコミュニケーションであるかのように、人間と人間が適当な距離を置きながら機能的に関与し合うような関係がここでは示唆されている。「事物」的な人間関係は、大都市という環境において自己を維持するための技法であるのみならず、全体の秩序維持のためにも必要とされるという。ジンメルは次のように述べている。

「典型的な大都市人たちの関係および彼らに関することがらは、つねに多様かつ複雑である。とりわけ異なる利害関心をもった多くの人々が寄り集まっていることによって、彼らの関係や営みは関連し合って多岐的に構成された一つの有機体となっているために、もし約束事や何かを行ううえでこのうえなく正確さが実現されなければ、全体は崩壊して収拾のつかない無秩序状態が引き起こされるだろう」（GSG7: 120＝二七三頁）。

貨幣経済に代表される近代における「純粋なザッハリッヒカイト」が支配する社会のシステムが生じたことによ

って「大都市人」の形成が促されたのか。それとも、「大都市人」が形成されたことが原因となってそうしたシステムが現実のなかで本格的に機能し始めたのか。ジンメルは、そのような問いには答えていない。ただ、大都市が「肥沃な培養地」（GSG7: 119＝二七二頁）となって、貨幣経済と大都市における人々の精神的態度とが接合したのだという。ここには、人間の身体と物財とが集中して複雑に関係し合う状況だけが「大都市人」を生み出すだけでなく、そのような量的増大がもたらす環境の複雑性を整序しようとするシステムもまた「大都市人」の形成に影響を与えているという見解が内包されているといえるだろう。

ジンメルは、以上のような大都市における人間形成（「大都市人」の形成）について、明確な価値判断をしていない。むしろ、彼が目指していたのは、人間形成に関する大都市の功罪を表明するような「裁判官の態度」（GSG7: 131＝二八五頁）を放棄しつつ、その両義性を徹底的に観察することにあった。彼の時代診断によれば、機能分化した社会を前提として多くの見知らぬ人々に依存しあう状況のなかで、人々は感情的な反応を抑え、貨幣経済に象徴されるような社会全体の「ザッハリッヒカイト」への従順さを求められるようになる。そのことは、ジンメルにとっては、一方において、個人が伝統的な共同体から切り離されて孤立の度合いを高めてしまう危険性を生じさせるが、他方において、そのような共同体から個人を解放すると同時に人間関係のより大きな連鎖のなかで大規模かつ予測可能な社会活動の可能性を開くための前提でもあった。

## 2　潜在的な「都市と人間形成」論としての〈アルプス／ローマ〉論

### （1）「都市と人間形成」論としてのジンメル教育学の凡庸

私たちの関心からは、「大都市と精神生活」においてほのめかされていた人間形成論の萌芽が、彼の教育学においてどのように発展的に継承されていたか、という点が注目されるにちがいない。だが、ジンメルの都市論に読み込むことができる以上のような一連の議論が彼の教育学において大胆に展開された形跡は、管見のかぎりみられない。(3)

しかし、ジンメルが残した実に多様なテクストを通覧してみると、狭義の教育学においては展開されることのなかった「都市と人間形成」に関する考察がどのようなかたちで体現されうるかを予期させるテクストに出会うことがある。ベルリンを故郷としてこの世に生を受けたジンメルは、少なくとも「大都市と精神生活」においては、都市のことを拒絶することのできない自らの故郷とみなしたうえで、「裁判官の態度」をもって都市を安易に断罪したり許容したりすることを戒めていた。だが、他のテクストにおいては、そうした彼のいわば中立的な立場からの都市観察という禁欲的な態度の弛緩がみられ、まさにそのことによって、人間形成にとっての都市について発展的に考察されているように思われる。しかも、「大都市と精神生活」においては必ずしも明確に対象化されていなかったアーキテクチャーとの関連性が、そこでは前面に押し出されているのである。

そのようなテクストとして以下で注目してみたいのは、ベルリンから遠く離れた二つの場所に関する論考、すなわち、一つはアルプス論であり、もう一つはローマ論である。(4) 前者においては、都市のアーキテクチャーによる人間形成上の隘路が示唆されている。だが、後者においては、逆にそのような隘路を潜り抜ける可能性がアーキテクチャーに託されている。

## (2) 都市の延長としてのアルプス地方——アーキテクチャーによる人間形成の危機

ジンメルは、外部との関係から閉ざされた状況で執筆活動を行うために何度もアルプス地方を訪れ、「日常の凡庸さから救済される感覚」(GSG14: 296) を山々から得ることができたと述べている。「日常の凡庸さ (die Flachheit des Alltags)」は「日常の平坦さ」と訳すこともできる。丘陵地を遠くに眺めることさえほとんどない彼の日常生活の場であった大都市ベルリンの空間が、アルプス地方の起伏ある状況とここで暗に対置されていたという読み方も可能であろう。

だが、ジンメルにとって、アルプス山脈は大都市の完全な対極の地ではありえなかった。なぜなら、一九世紀後半から大都市のアーキテクチャーの主要部分であった交通網が都市圏を超え出てアルプス地方で整備され、急速に発展を遂げたからである。ジンメルの時代には、車道を設えることができないような急激な斜面にも、鉄道が敷かれるようになった。彼は、「かつてはただ孤独な徒歩移動によって接近することができた目的地に、今ではみるみるうちに拡張していく鉄道が導いてくれる」(GSG5: 92) ことに注目し、都市のアーキテクチャーがあたかも神経組織のように都市からその外部へと伸びゆく事態を「自然を満喫するための大事業」(GSG5: 92) と呼んだ。

ジンメルによれば、そのような「アルプス山脈における交通の拡張によって喚起されるのは、われわれの文化がそのような拡張からいかなる効用をもたらすのかという問い」(GSG5: 92) である。私たちの観点から重要と考えられるのは、この問題とのかかわりにおいてジンメルが人間形成について言及していることである。彼は、アルプス山脈と人間形成の関係性についての通念を次のようにまとめている。「アルプス山脈を臨むことによって人間形成 (die Bildung) される、と人はいう。(中略) 深みのある精神的な人々がアルプス山脈に行くと、彼らは自らの深遠さと精神性が精錬されると信じている。身体的な休息としばしの快適さが得られると同時に、いわば道徳的な瞬間が生起する。それは、一連の個人本意の享楽とはまったくかけ離れたこうした喜びを生じさせるようにみえるような精神的な満喫の瞬間である、というわけだ」(GSG5: 92)。

ジンメルは、こうした一般的なアルプス観に対して懐疑的であり、むしろ今日の「アルプス旅行の人間形成上の価値は非常に乏しい」(GSG5: 92) のではないかと述べている。彼によれば、アルプス山脈において得られる「精神的な興奮と高揚はみごとなほどに束の間のうちに崩壊し、神経の通常の力を持続するよりも過剰に活発な感情的揺さぶりで神経を刺激する陶酔と同様に消え失せていく」（GSG5: 92）という。「アルプス山脈の光景によって与えられる高揚に継いですぐさま生じるのは、平地［＝平常］の気分への立ち戻り」（GSG5: 92）であり、人々をその根底から変容させるような環境の「豊穣さ、深遠さ、厳粛さ」は、アルプス山脈に認めることはできないとされる。

ジンメルは、「アルプス旅行の教育的価値は、そうした旅行を満喫するために外的にも内的にも自らを頼りにしなければならないことにあった」（GSG5: 92）と論じている。彼によれば、かつては新たな交通網の恩恵に頼ることなくアルプス山脈に個人の力で接近するために、身体的にも精神的にも自立的に行動し思考しなければならなかったのであり、まさにそこにこそ大都市においては見出すことのできない「教育的価値」があった。アルプス山脈における交通網の発展、すなわち都市のアーキテクチャーの延長は、たしかに一方において、自然環境に近づくことの喜びをより多くの人々にもたらしたが、他方において、かつてあった（とジンメルが想定する）「教育的価値」を解体してしまったのであり、そのような意味において両義的な作用を及ぼしたとされる。

もちろん、当時の状況において、自然環境を覆うアーキテクチャーの力に抗うかのような試みが存在することも、私たちは視野に入れておかねばならないだろう。自立的に外界に対峙しようとするかつてのアルプス旅行の喪失を埋め合わせるものとして、命を賭けて聳える山々に挑むアルピニストたちの営みが、そのような試みにあたる。ジンメルは、このことに対して自覚的であった。「アルプス登山クラブの人々にみられる通念とは、生命の危険をともなう困難さを克服することは、物質の抵抗に対して精神が勝利することとして、また倫理的な力の成果として、いってみれば道徳的に賞賛すべきことだ、というものである」（GSG5: 93）。だが、ジンメルは、ここに問題の決定的な打開策を見出しはしなかった。むしろ、近代におけるそのような埋め合わせのうちに彼が発見したのは、「たんなる享楽のために生命の危険を冒すという不道徳」（GSG5: 94）であり、「主観的・自己中心主義的な享楽」と

「人間形成上の価値」との混同の極致であった。(5)

## （3）都市ローマによる「自己活動」——人間形成の契機としてのアーキテクチャー

以上でみたとおり、ジンメルのアルプス論において示されていたのは、都市のアーキテクチャーの増殖が都市圏から隔たったところで先鋭化し、人間形成の問題を深刻化させているのではないかという、彼の時代診断であった。彼によれば、アルプス地方にまで伸びゆく交通網が伝統的な人間形成の契機を消滅させ、そのような喪失を埋め合わせるための試みもまた問題を解消させるどころか、新たな問題をより深刻なかたちで生じさせるというのである。

ジンメルのこうした観察の妥当性についてはここでは問うまい。それに代えて投げかけてみたいのは、彼が都市のアーキテクチャーについてもっぱら悲観的な側面だけを強調していたかどうか、という問いである。この問題に対する手がかりは、すでにアルプス論のなかでさりげなく与えられている。ジンメルは、「主観的・自己中心主義的な享楽」と「人間形成上の価値」との混同がアルプス地方の人間形成に関して看取できると指摘した後で、「とりわけイタリア旅行と比較したときに、このことは際立つ」（GSG5: 93）と述べている。

ジンメルは、アルプス論において、イタリアが「人間形成上の価値」を有した空間であることを暗示するにとどめ、それ以上のことについて言及してはいない。この先を知るためには、イタリアに関する別のテクストに目を向けなければならないであろう。それは、歴史の折り重なるより複雑なアーキテクチャーとしてのイタリアの都市に関する論考であり、具体的にいえば一八九八年に書かれたローマ論である。そこでは、人間形成の契機を奪うものとしてのアーキテクチャーという観点に代わって、そうした契機を与えるものとしてのアーキテクチャーという観点が前面に押し出されている。

ジンメルによれば、「何らかの生の目的のために創られたもろもろの人工物が、その目的を超えて一つに結ばれ、美の形式を形作る」（GSG5: 301＝二七頁）ことがあるという。そのような場合には、「さまざまな人間の営みが、個別的で限定されたそうした営みの諸目標に導かれ、またそれらを達成しているかにみえながら、それにもかかわらず、全体として、みずからは何ひとつ知ることのない神の世界計画の実現に参画してしまう」（GSG5: 302＝二七頁）かのように感じられるというのである。彼にとって、イタリアの都市ローマというアーキテクチャーは、そのような人工物の一つであった。ローマでは、「目的をめざす人間の構築物が幸運な偶然によって一体」となり、そのことが「予期せぬ新たな美を生み出すための最高の刺激を獲得している」（GSG5: 302＝二八頁）ようにみえるという。

ローマという空間の特徴は、ジンメルによれば、丘陵状の地形に規定された市街の光景にある。そこでは、さまざまな建築が上下に重なり合っている。しかも、そのような数々の建築は、多彩な要素によって成り立っている。ローマでは、「古い遺跡、遠い昔の遺跡が、後代の建築によって取り込まれて」（GSG5: 304＝三二頁）いることによって、都市に力動性が生み出されている。名所と呼ばれる美的空間をもつ都市は少なくないが、ローマはそのような名所を超越しているという。この都市では「いわゆる名所は全体の各部分なのであり、その一々が、ローマという包括的な統一によって結合され、たがいに有機的な連関を保って」（GSG5: 304＝三二頁）おり、「個々の部分は、ただ全体を捉え貫き支配する統一の一器官に過ぎないという生命現象そのもの」（GSG5: 304f.＝一九七五、三三頁）であるとされる。

ローマが統一的な美の形式を有しているというジンメルの指摘をそのまま受け入れるとしても、アルプス山脈にジンメルが見出すことができなかった人間形成にかかわる「豊穣さ、深遠さ、厳粛さ」がローマに存在するとは、いったいどのようなことを意味しているのだろうか。こうした問題関心からまず注目されるのは、ローマがさまざまな時代のアーキテクチャーの折り重なりによって構成されていることの効用をジンメルが指摘していることである。彼によれば、「ローマの全体像の中に身を置いたと自覚したとき、誰もが、歴史的・社会的に規定された自己の狭い閉鎖的な生活圏によって認められた地位を失い、思いもかけず、途方もなく多様な価値の体系のうちに組みこまれ、その中で生きている自分の姿を見いだすことになる」(GSG5: 306＝三六頁)。そのことによって、人は特定の時間に制約された印象から解放されて、「夢幻めいた、超主観的な静寂」(GSG5: 305＝三四頁) のうちに身を置くことになるという。

こうした解放感は、ただしローマという都市によって受動的に与えられるにすぎないものである。ジンメルのローマ論では、さらにそれを超えて、都市のアーキテクチャーが人間の能動性を引き出すという観点が導入されている。彼は、ローマという都市の統一性をたんに自己の外部に存在する客体の構造とみなしているわけではない。都市を「眺める精神」(GSG5: 308＝四〇頁) という主体の構造に注目して、彼は次のように述べている。

「同一の要素をおびただしい内的な対立へと、一方ではまた、いかにも雑多な諸要素を一様な内的成果へと展開しうるのが、魂の富にほかならぬ。しかしそうはいっても、ローマの美的な印象の意義が、なおあれこれのやり方で説明されうるとすれば、この可能性を生み出すのは、客体の構造と主体の構造との、まことに注目すべき出会いだといえる。」(GSG5: 310＝四三頁)

アルプス論においては、都市のアーキテクチャーによって人間の肯定的な変容の可能性が閉ざされていく方向に環境の力学が働くことが危惧されていた。それとは対照的に、都市のアーキテクチャーという客体とそこに身を置く主体との相互作用によって、「ローマでは抑圧を感じるどころか、まさしく自己の人格の頂点に達したと感じられる」(GSG5: 302＝四〇頁以下) 可能性が生じるという。そのような感覚の生起は、ジンメルにとって、「内部の人間の法外に昂揚した自己活動の反映」（GSG5: 308f. ＝四〇頁以下）であり、そのような自己活動こそが、「ローマの最も貴重な贈り物」（GSG5: 308＝四〇頁）であった。

「自己活動」。それは、よく知られるとおり、ジンメルの生きた一九・二〇世紀転換期に展開したとされる新教育運動のキーワードでもあった。同運動における代表的な学校として位置づけられるドイツ田園教育舎などにおいては、都市がありうべき人間形成を阻害してしまう要因とみなされたうえで、自然環境に設えられた学校において子どもたちの「自己活動」を涵養することが目指されていた（山名 二〇〇〇ａ）。その同じ時代に、ジンメルは、「自己活動」の可能性をその外部に――自然環境の外部に、そして学校という保護システムの外部に――みていたのである。

## 3　都市の人間形成に関する「文化の悲劇」を超える可能性
### ――結びにかえて

街路に象徴される都市のアーキテクチャーは、そこに住まう者に対して自己抑制と全体の秩序への従属を促すような人間形成のエージェントとしての側面を有している。そのような論点は、ミシェル・フーコー（Foucault, M.）などの理論に依拠しながら、やがて規律論的な教育学において強調されるようになるであろう（Kost 1985: 318, 山名 二〇〇三、二二七頁）。あるいは、ノルベルト・エリアス（Elias, N.）の理論を基礎として、都市のアーキテクチャーが「文明化」の装置として解釈される可能性が見出されるにちがいない（山名 二〇〇〇ｂ、四四頁）。

ジンメルは、「大都市と精神生活」において、都市に住まう人間も、またそうした人間を覆うシステムも、「純粋なザッハリッヒカイト」に馴化していくような傾向を見出していたのであり、そのかぎりにおいて、すでに先見の明によって規律化や「文明化」のメディアとしての都市の側面を理論的な眼差しで捉えようとしていたといえるだろう。だが、もし私たちが〈アルプス／ローマ〉論にまで視界を広げるならば、彼の都市論は潜在的にはそれ以上のものを含み込んでいたといわねばなるまい。都市は、そこに住まう者を規律化したり、「文明化」したりするだけではない。ジンメルが観察したのは、アーキテクチャーの次元における「都市と人間形成」とのより密接なかかわりであった(6)。

ジンメルがアルプス論をとおして都市圏から遠く離れた空間における都市的なるものの運命のうちに見出したことは、彼が「文化の悲劇」という表現を用いて展開しようとした近代批判と重なり合うように思われる。ジンメルにとって、文化とは、精神の発展に人間の知と能力が貢献する状況であり、またそのことによって「客観的精神」として生み出される何ものか（芸術、科学、宗教、法、技術、習俗および社会的規範）である。主体と結びついた生は時間的に有限であるが、そのような主体から生み出された客体の部分をも含む文化は時間を超えて不動のものとなる。本来、こうした文化は、人間の自己完成を促進するはずのものである。だが、「自己完成の前提条件をなしている精神自体によって創造された世界の固有法則のなかで、加速度をもって、かつしだいに距離を拡げながら、文化の内容を文化の目標から逸脱させてゆく論理と動力学が生み出される」という「悲劇的な巡り合わせ」（GSG14: 415f. ＝二八七頁）が往々にして生じてしまう。

アルプス地方の交通網は、ジンメルにとっては、まさにこうした「悲劇的な巡り合わせ」の結果として生じてしまう都市のアーキテクチャーの一部であった。だが同時に、「文化の悲劇」を克服する方途としての都市という観点もまた、ジンメルは用意していたといわねばならない。都市が客観と主観の相互作用を促す可能性、さらには超主観性へと誘う可能性が示唆されていたことは、彼のローマ論に関する言及のなかで示したとおりである。「大都市と精神生活」におけるジンメルの都市論は、その背後に「文化」としての都市のアーキテクチャーに対するより深い希望と不安を宿している。

今日、都市概念は拡張され、物理空間と電子空間との融合体として、また身体・物財と同時に情報が集中・移動する空間として再定義されつつあるようにみえる。たとえば、フリードリッヒ・キットラーによれば、現代社会においては、物理空間上（交通社会におけるアウトバーンのインターチェンジ）、電子空間上（コンピュータ・ネットワーク）、時間軸上（時刻表）においてエネルギーと情報の流れが集中する新たな「集結点」が構築されれば、「首都」がそこに建設されるという（Kittler 1995＝八四頁以下、若林　二〇一〇、一五一頁参照。また日本における歴史状況の俯瞰に関しては、磯崎　二〇一一、四八頁）。ここで示唆されているのは、物理空間における都市のアーキテクチャー問題が情報メディア上のアーキテクチャー問題と接続しうるということだけではない。むしろキットラーの論文名が端的に示しているとおり「都市はメディアである」という観点が導入されようとしていることがより重要であろう。そのような観点からみれば、本章で物理空間を人間生活の主たる舞台として想定して論じてきたことの多くが、電子空間をも含むより複雑で拡散的な今日の文化的日常にまで一気に射程を拡げることになる。

ジンメルは、〈自然／人工〉の単調な二項図式を絶対的な前提とせず、人工性・計画性を超えた奥行きのある空間として都市を眺めていた。彼が捉えた都市とは、個々の構成要素が有機的に連関し合うような生命現象であり、また人工的でありながら人間が見渡すことのできない「神の世界計画」の産物であった。ジンメルが期待を寄せた都市アーキテクチャーの奥行きは、現代の拡張されたメディアとしての都市に対しても想定されうるかどうか。そのような奥行きが人間形成の肯定的な側面を支える可能性を有しているかどうか。現代の都市は、美的な統一体としての認識と体験をもたらしうるものであるのかどうか。それとも、「文化の悲劇」とかかわるような都市の不安の方が、そこでは警戒されるべきなのか。時代を経て都市の形態が変容しつつある今日においてもなお、〈アルプス／ローマ〉論に見出される文化批判は、現代を生きる私たちの文化に対しても多くのことを問いかけている。

ところで、ジンメルの周辺を眺めてみると、「都市と人間形成」について彼とはまた異なる角度から議論が展開される可能性を示唆している人物がいることに気づかされる。在学中にジンメルの講義に参加したことがある演劇批評家ユリウス・バブ（Bab, J.）は、ジンメルが「大都市と精神生活」の講演を行った一年後、『ベルリンのボヘミア』（Bab, 1904）という著作を刊行している。そこでは、大都市の規律性に染まることのない「文化ジプシー（der Kulturzigeuner）」や「ボヘミアン」とバブが呼ぶような人々とその集団がまさに大都市を土台として登場してきたことが論じられている。ジンメルが伝統的な共同体の解体とそこからの解放を論じたのに対して、バブはそうした解放された後の行き先となる大都市という近代空間からのさらなる解放とその後に生じる新たな共同体の可能性をまなざしていた。大都市における「アジール」の問題にも発展しうるような彼の論考は、ジンメルの「都市と人間形成」論を批判し、また補完しうるものとして興味深い(7)。稿をあらためて検討したい。

注

（1）ドイツ語版ジンメル全集（Georg Simmel・Gesamtausgabe 24 Bd. Hrsg. v. Rammstedt.O., Frankfurt a.M.）はGSGという略式記号で示す。なお、参照したジンメル邦訳については該当頁を記したが、本章の文脈に合わせて訳文を変えたところがある。

（2）今日、「アーキテクチャー」という語は、現代文化について論じる領域においてより多義的に使用されている。だが、本章では、たとえば以下の引用文で説明されているような、物理的な空間の人工的な構成物という意味において、この語を用いることにしたい。「建築および都市計画は、私たちの文明の一部である。人間は、次第に環境そのものをつくりだしていくようになる。そのような環境は、人間が固有の象徴的な意味を付与するかぎりにおいて、さまざまな言語で〈アーキテクチャー〉と呼ばれてきた。アーキテクチャーの発展は、文明の経過の一部をなす特別な領域である」（Gleichmann 1987: 40）。

（3）たとえば、ジンメルは、『学校教育論』（一九二二）において、都市との関連で次のように論じるのみで、それ以上のことを語っていない。「田舎の子どもたちは、事物をより正確に知るという点において、まずは有利である。当然のことながら、都市の人々は、直接理解することが困難であるような、騒々しく複雑な出来事に取り囲まれている。それに対して、田舎の人々を取り囲んでいるものの多くは、基本的な構成要素である。さらにいえば、都市における諸事象は流動的であり、したがって、田舎の諸事象のように正確かつ長期にわたって観察することはできない」（Simmel 1922: 25＝四四頁）。

（4）この二つのテクストに目を向けさせてくれたのは、ヤツビンゼク（Jazbinsek 2001）の論考である。ただし、彼は人間形成やアーキテクチャーという観点からジンメルについて論じているわけではない。

（5）こうしたアルピニスト批判が、ジンメルの兄オイゲンへの対抗であったとするヤツビンゼクの指摘は興味深い（Jazbinsek 2001: 13）。カント研究者であったオイゲンは、『アルプス散策』（Simmel 1880）を執筆し、ベルリンにおけるアルプス登山クラブの冒険史を物語るなかで、登山を「無類の人間形成体験」とみなしていた。

（6）今日においては、ジンメルやその影響を受けた都市論者たちが大都市に対して下した診断のすべてが無条件で受け入れられているわけではない。アーバニズムが直接的に人々の社会生活や人格に影響を与えるとする立場（「決定理論」）とそうした見解を否定する立場（「構成理論」）の相克を論じたフィッシャーの著作（Fischer 1984）は、この点において大いに参照されるべきであろう。それにもかかわらず、本章において〈アルプス／ローマ〉論は、そのような論争を潜り抜けて、少なくとも人間形成論としては、今日においても検討に値するように思われる。

（7）教育学的議論に「アジール」概念を導入する萌芽的な試みとして、さしあたり山名（二〇一二b）を参照。

## 文献

Bab, J.　1904　*Die Berliner Bohème. Großstadt-Dokumente.* Bd.2. Berlin/Leipzig.

Fischer, C. F.　1984　*The Urban Experience.* San Diego; Tokyo: Harcourt Brace Jovanovich（2.ed.）(＝松本康・前田尚子訳　一九九六『都市的体験——都市生活の社会心理学』未來社)

Gleichmann, P. R.　1987　Architektur und Zivillisation. Eine Skizze. In: *archithese.* 17/2. S.40-46.

Jazbinsek, D.　2001　*Die Großstädte und das Geistesleben von Georg Simmel: Zur Geschichte einer Antipathie.* Berlin.

Kittler, Fr.　1995　Die Stadt ist ein Medium. In: *Das Magazin der Netzkultur.*（http://www.heise.de/tp/）(長谷川章訳　一九九八、「都市はメディアである」『10+1』第一三号、七八—八七頁)

Kost, F.　1985　*Volksschule und Disziplin.* Zürich.

Rühle, R.　2002　Schmutzige und naschhafte Kinder. Zur Motivgeschichte kindlicher Unarten in Struwwelpetriaden. In: Wiedermann,U.（Hrsg.）: "*Was? Walter! Sechzig!?*" Frankfurt a.M., S.60-65.

Simmel, E.　1880　*Spaziergänge in den Alpen*. Leipzig.

Simmel, G.　1992（Orig. 1896）　Alpenreisen. In: Ders. *Gesamtausgabe*. Bd.5. Hrsg. v. Dahme,H.-J. u.a., Frankfurt a.M., Suhrkamp, S.91-95.

Simmel, G. 1992（Orig. 1898）　Rom. Eine ästhetische Analyse. In: Ders. *Gesamtausgabe*. Bd.5. Hrsg. v. Dahme,H.-J. u.a., Frankfurt a.M.: Suhrkamp, S.301-310.（＝川村二郎訳　一九七五「ローマ　ひとつの美学的分析」『ジンメル著作集』第一〇巻、白水社、二六―四四頁）

Simmel, G.（Orig. 1903）: Die Großstadt und das Geistesleben. In:　Ders. 1995: *Gesamtausgabe*. Bd.7. Hrsg. v. Kramme,R. u.a., Frankfurt a.M.: Suhrkamp, S.116-131.（＝一九七六『ジンメル著作集』第一二巻、白水社、二六九―二八五頁）

Simmel, G.（Orig. 1910）: Zur Philosophie der Kultur. In:　Ders. 1996: *Gesamtausgabe*. Bd.14. Hrsg. v. Kramme, R. und Rammstedt, O., Frankfurt a.M.: Suhrkamp, S.385-416.（＝円子修平・大久保健治訳　一九七六「文化の哲学に寄せて」『ジンメル著作集』第七巻、白水社、二五三―二八七頁）

Simmel, G. 1922: *Schulpädagogik. Vorlesungen, gehalten an der Universität Strassburg*. Osterweck/Harz.（＝伊勢田耀子訳　一九六〇『学校教育論』明治図書）

磯崎新　二〇一一「建築＝都市＝国家・合体装置」『思想』第一〇四五号、四六―六八頁

若林幹夫　二〇一〇『〈時と場〉の変容』NTT出版

山名淳　二〇〇〇a『ドイツ田園教育舎研究』風間書房

山名淳　二〇〇〇b「都市と教育――〈都市の教育思想史〉序説」『近代教育フォーラム』第九号、四一―五六頁

山名淳　二〇〇三「都市空間の教育哲学」小笠原道雄編『教育の哲学』放送大学教育振興会、二二一―二三四頁

山名淳　二〇一二a『「もじゃぺー」から〈しつけ〉を学ぶ』東京学芸大学出版会

山名淳　二〇一二b「〈学校＝共同体〉に穴を穿つ――〈アジール〉論からみた「新教育」の学校」『近代教育フォーラム』第二一号、一一五―一二九頁

# 第5章　道徳教育——ナショナリズム／教育勅語がもたらす自己否定

松下　良平

## 1　問題設定——自己否定の道徳はなぜ受け入れられたのか

日本の学校はなぜ道徳教育を行っているのだろうか。人間には道徳が必要だから、ではない。共同体の生活の中に根づいている道徳、すなわち人びとが無意識のうちに身につけ従っている道徳は、学校でとりたてて教えなくても、先行世代や古参と共に生活し活動する中で若い世代や新参者に自然に伝えられていく(1)。だとすればそこには別の理由がある。これまで指摘されてきたのは、国家による国民統治の手段としての道徳教育の役割である。国家の方針や政策に国民が反抗することなく、むしろ自ら進んで従うようにすること、これが「教学聖旨」（一八七九年）や「教育勅語」（一八九〇年）に依拠した戦前における道徳教育の目的であり、戦後にもそのような道徳教育観は姿や形を変えて引き継がれてきた、というわけである。

たしかに、このような「愛国心」の教育は、修身科（戦前）や「道徳の時間」（戦後）だけでなく、学校全体あるいは学校外の諸実践を通じて行われてきた。そのような道徳教育が、自己主張を控え、国家に恭順であろうとする国民的傾向に深い影響を与えてきたこともまた否定しようがない。しかしここで疑問が生じる。いったいなぜ日本人は「自分の思いや考えを抑え・封じ込めよ」という自己否定の道徳を受け入れたのだろうか。戦前には少なからぬ日本人が、「天皇＝国家のために命を捧げよ」という究極の自己否定を命じる道徳までも自発的に受け入れた。さらに戦後の国民主権の時代になっても、学校の道徳教育には自己否定の道徳が色濃く残っている。今日では、ルール遵守や規範意識の強化が説かれる中で、自己否定の道徳はむしろかつて以上に学校や社会に浸透しているということもできる(2)。どうして自縄自縛のような事態が今なお続いているのだろうか。

一つの答えは、愛国心の道徳は近代社会の市場モラルと結びついて、否定しがたいものになっている、というものである。市場での自由な交換を推し進める社会では、利己主義の追求がゆきすぎて社会が混乱し崩壊しないように、利己主義に一定の歯止めをかける必要がある。その利己主義の否定としての自己否定の道徳が、愛国心の求める自己否定の道徳と結びつき、戦前・戦後をつらぬいて教えられるとき、人びとは反利己主義の道徳（市場モラル）に同意するがゆえに、愛国心の道徳もまた受け入れるということである(3)。

だが、それでもまだ疑問は残る。市場モラルはそもそも近代西欧が生んだもの。しかし欧米であれば、反利己主義（ルールや契約に従うこと）を説く一方で、自己肯定の道徳もまた教えようとするであろう。市場モラルと親和的なリベラリズムの伝統に立つ道徳教育論であれば、特定の生き方をよきものとして学校で教えることに異議を唱え、かわりに自分なりの「よき生き方」を選択する仕方について教えようとするだろう。一方、コミュニタリアニズムの伝統に立つ教育は共同体の共通善としての「よき生き方」を勧めるだろうが、それを身につけるのは自己を確立する土台を築くためでもある。それなのに、日本の学校はなぜ、戦前だけでなく今日でももっぱら自己否定の道徳を教えようとし、また受け入れてきたのだろうか。すべて「愛国心」のせいにすれば話は簡単だが、しかし学校で愛国心を培おうとし、愛国心が自己否定を求めるのは日本だけのことではない。であれば、日本の道徳教育が求めた自己否定とはどのようなものであり、なぜ人びとはそれを受け入れたのだろうか。

かくして本章ではその問題に迫ってみたい。そのさい手がかりとするのはナショナリズムである。ナショナリズムこそが道徳教育を要請してきたからである。以下では、まずナショナリズム一般と道徳教育の関係について確認する。さらに、日本のナショナリズムが教育勅語という道徳教育の立脚点を形成していく過程をふりかえることを通じて、日本の道徳教育がどのような意味の自己否定を促してきたかについて考察する。そのなかで、自己否定の道徳やその教育が日本社会で受け入れられてきた背景もより明確になろう。

## 2　ナショナリズムと道徳教育

### 国民国家が要請する道徳教育

日本のナショナリズムについて考察する前に、まずはナショナリズム一般と道徳教育の関係について簡単にまとめておこう。ナショナリズムの定義として最も包括的なのは、E・ゲルナーの「政治の単位とネーションの単位は一致すべき（the political and the national unit should be congruent）と考える」[4]思想・感情や運動という定義であろう。それをふまえてここではナショナリズムを、「国民」（nation）を創出し、それを権力機構としての「国家」（state）と一体化させようとする思想や運動として位置づける。もちろん、ネーションが「国民」ではなく「民族」であり、「政治的な単位」が国家ではない場合もある。典型的には、既存の国家からの独立や自治を求める場合のナショナリズムである。ただしここでは日本という国民国家の形成に焦点を当てるので、ナショナリズムをさしあたり「国民国家（nation state）の建設と維持・発展をめざす思想・運動」として位置づけておきたい。

したがってまず注意を促しておきたいのだが、このような意味でのナショナリズムは国家主義や国粋主義と同義ではない。ナショナリズムは、国民国家において国家が強権的な力を用いて国民を統制しようとするとき国家主義（statism）に転じ、自国の特権的な優秀性を主張して排外主義を説くときは国粋主義（chauvinism）、全体主義と結びついて外国侵略や国民弾圧のために武力行使も辞さないときには超国家主義（ultra-nationalism）に変容する。逆にいえば、ナショナリズムは対外政策や国内政治において協調や対話を重視する平和国家とも完全に両立しうるのである。

歴史的にいえば、国民国家は主権国家における主権の担い手が市民革命を通じて国王から国民に移ることによって誕生した。一六、一七世紀のヨーロッパでは絶対主義国家が成立し、特にウェストファリヤ条約（一六四八年）以降、官僚制と常備軍を備えた主権国家として互いに独立を維持しつつしのぎを削るようになる。国民国家ではその主権国家の枠組みを継承しつつも、王に代わって国民《ネーション》が主権の担い手になったわけだが、国民なるものが予め存在していたわけではないし、ましてや王とは異なり国民が一つのまとまった意志をもっているはずもない。そもそも絶対主義国家は他の国家による侵略や支配から領土内の人びとの生命を守る代わりに、人びとに「臣民」として国家への政治的服従を求めたものの、統治はもっぱら暴力的手段に頼っており、あえて文化的服従まで求める必要はなかった。それに対して国民国家は、政治の主体としての国民を必要とするために、国民の共同体を創出しなければならないし、さらには国民の意志を統合する仕組みを設けなければならない。そこで学校教育などを通じて――時間意識の変化や新聞や出版物等のメディアもまた大きな役割を果たしたのだが[5]――まずは国民をつくりだすことが、国民国家にとっては必須の課題となった。

こうして国民国家は国民教育のために学校教育制度を導入することになるが、その目的はまず、国家の言語、歴史、地理、道徳（宗教）、伝統といったものを共有させて、国民を形成することにあった。つまり、地域共同体に根ざした土着の言語、道徳、宗教、伝統を否定し剥奪した上で、新たに創造された国家の文化・伝統や建国の理念を人びとの中に植えつけることである。そのとき道徳教育——ここではことさらに「道徳教育」と呼ばれているものだけでなく、学校教育の全体や学校外の多様な儀式・祭礼等の道徳教育的機能をも含む広義の概念として用いる——は国民統合という固有の役割を担っていた。すなわち、生まれ育った郷土への愛（パトリオティズム）との類比で国家＝祖国への愛着（愛国心）を育成することや、「想像された共同体」（アンダーソン）の中の名も知らぬ国民との連帯意識や「博愛」（fraternité）の精神——時には死という自己犠牲をいとわぬほどの宗教的感情に塗り込められた同胞愛——を養うことである。

もっとも、道徳教育にはふつうそれ以上の任務も負わされている。すでに述べたように、主権者としての国民が自らの意志を決定する仕組みを国民国家は必要とする。そのために導入されたのが、いわゆる近代民主制（議会民主制）にほかならない。だが、古代ギリシアにおけるポリスの男性市民階級による直接民主制とは異なり、数的規模が巨大かつ多様な階級・階層の人びとから成る国民国家では国民の意志を一つに統合するのは容易ではない。フランスやイギリスやアメリカなど、リベラリズムに立脚し政教分離を志向する国民国家では、国民の統一された意志を決定することは（社会契約によって「一般意志」は決定できるという想定があっても）実際にはほとんど不可能だといってよい。そのためそこではヘゲモニーをめぐる権力闘争が横行し、ヘゲモニーを握った階級・階層が〈国民の意志〉を専断的に決定することが少なくない。そうでなくても、つまり多数者の意志を〈国民の意志〉とみなす場合でも、それに不満を抱く少数派はつねに存在する。そのため〈国民の意志〉に同意できない人びとはしばしば抵抗や反乱を企て、時に大きな混乱を引き起こす。こうして権力機構としての国家は、〈国民《ネーション》の意志〉に従わない国民《ピープル》を時に暴力も辞さず屈服させようとしたり、（非国民として）排除・抹殺したりしようとしがちになる。一方、そうした恐怖政治を避けようとして国民の意志が決定されない状態が続くと、混乱や停滞を避けようとして今度は独裁という暴力を人びとが容認するようになる。

近代民主制が陥りがちなこのような危機を回避すべく、道徳教育は〈国民の意志〉への自発的な同意を取りつけ、強制・排除の暴力や抵抗の暴力が顕在化するのを防いで国家の秩序や安寧を確保する役割も担うことになる。デュルケムが『道徳教育論』（一九二五年）で説いた「道徳性の三要素」（「規律の精神」「社会集団への愛着」「意志の自律性」）(6)も、まずはこうした文脈において理解する必要があろう。

## 国民国家の道徳的両義性

国民国家の建設や存続にとってこのような道徳教育に一定の必然性があることを認めたとしても、その教育が他方では大きな限界や問題を抱えているのもまたたしかである。すぐに指摘できるのは、政治の課題に教育が従属していることであり、人間形成や道徳的成長といった道徳教育本来の課題が考慮されていないことである。〈国民の意志〉が支配階級や特定集団の意志を色濃く反映している場合には、国民の意志への同意を取りつけるための道徳教育は社会秩序確保の手段であるだけでなく、支配や抑圧の手段でもあり、いわば「国家のイデオロギー装置」（アルチュセール）として機能する。

だが道徳教育の両義性《アンビヴァレンス》について議論する前に、さらに根源的な問題に目を向けてみたい。道徳教育によって擁護される国民国家そのものが道徳的な両義性をもっていることである。国民国家あるいはそれを維持・発展させようとするナショナリズムは、希望であると同時に失望である。国民国家は暴力によって平和をもたらし、救済のために罪を犯すからである。いわゆる「偏狭なナショナリズム」だけではない。「健全なナショナリズム」もまた多かれ少なかれ同様の病理を抱えているといえるのだ。

ナショナリズムは国の内部から出来してくるが、その背景にあるのは他の国家との緊張や対抗の関係である。国家が自立しようとして他の国を排斥・撃退するほどに、人びとは国民として統合され、国家に包摂される。ナショナリズムとはいうなれば、国家・国民の財（領土・資源からアイデンティティや自尊心まで）を保護するために、他国がその一端を掴んでいる綱を自国の周囲に張りめぐらし、その綱がゆるまないように緊張を与える思想・運動なのである。それゆえ、国の財を保護する綱がゆるんだ（と感じられる）とき、そこに張りを取りもどすために外国との緊張関係を煽る類のナショナリズムもある。規制緩和を進める新自由主義と自由を制限する国家主義は論理的には相容れないにもかかわらず親和的であるが、その理由の一端はここにあるといえよう。

だとすれば、国民国家やナショナリズムはさまざまな点で道徳的な両義性をもつ。まず、他国の支配力から自国民を保護し、身分制から解放された自由で平等な個人として国民を包摂しようとする一方で、国家の外部にいる他者（外国人・他民族・異人種）を「野蛮」「劣等」などとみなして排除しようとする（それゆえナショナリズムは他国への侵略にも、他国からの独立・解放にもつながる）。あるいは、地域共同体を解体し、土着の言語・宗教・伝統を否定して人びとの生の拠り所を奪い、生を同質化・規格化する一方で、「アイデンティティ」や生きる目的の根拠となる国民（民族）共同体を創出し、国家の「偉大な」物語を提供し、各人の自由な生き方を容認・奨励する。さらには、外国と対抗（典型的には戦争）して国家の富を増やすために科学的知識や技術の教育を推進し、国民を合理的・科学的な存在に仕立てようとする一方で、外国との対抗に国民を動員するときには非合理な感情に訴えかけ、国民から理性的に判断する力を奪っていく。国民を政治的自由や経済的自由の主体とみなす一方で、国家の秩序や安定を確保するために、あたかも臣民のごとく〈国民の意志〉への服従や忠誠を求める、という先述の点をここに加えることもできる。

このような両義性は一見したところでは矛盾や不整合でもある。だが国民国家というフィルターを通してながめると、そこには首尾一貫した論理が見いだせる。そのため、権力機構としての国家のあり方（政府や政策）を変えるだけではその矛盾は解消されない。国民国家の内部にとどまるかぎり、功罪や善悪の両面から功や善の面だけを取りだすのは原理的に不可能といわざるをえない。だとすれば、たらいの水と一緒に赤子を流すような乱暴な議論＝国家揚棄論に与しないかぎり、光と影の一体性を見据えつつ影の部分をいかに小さくするかが、国民国家に課せられた任務となる。健全な国民国家やナショナリズムをめざすなら、もつれた糸を丁寧に解きほぐす手つきでの批判や問題解決が必要なのである。

## 道徳教育の二重の両義性

こうして道徳教育は二重の意味で両義的なものになる。第一に、道徳教育が国家の秩序や安寧に貢献すると同時に国民への支配や抑圧の装置としても機能するからであり、第二に道徳教育が擁護する国家そのものが善悪や功罪の両面を抜き差しがたく伴っているからである。ナショナリズムこそが道徳教育を要請するのだが、ナショナリズムに拘束されているからこそ、道徳教育は非／反道徳的なものを二重にはらんでいるということだ。

このことは国民国家が行う道徳教育一般についていえるのであり、もちろん日本の場合も例外ではない。天皇制国家から国民主権の民主制国家に移行し、主権在民や平和主義を徹底させれば解決できる問題ではない。かつても今も政治的な立場の違いを超えて（ほぼ）すべての国民が（偏狭か穏健かはさておき）ナショナリズムを受け入れているかぎり、道徳教育はこの二重の両義性からは逃れられないのだ。たとえば、国家主義の道徳教育をラディカルに批判する民主主義者が提案する道徳教育であっても、ナショナリズムの磁場に拘束されているかぎりは、「日本人の生活水準や医療水準を引き下げてでも世界全体の貧困や病気の克服をめざすべき」と説くことはまずない。むしろ、諸外国の貧困や医療の低水準には（いくらか配慮しながらも）目をつぶって、日本国民の幸福や健康を増進するための教育を説き、時には国民の生活にパターナリスティックに介入しようとさえするだろう。道徳教育は、天皇制国家道徳の押しつけでないときでも、一定の望ましい人間像・期待される人間像の押しつけになり、道徳や生き方についての自由な探究を阻害しがちだとすれば、それもまた道徳教育にナショナリズムという磁場が作用していることの証だといえよう。

さてそうであれば、道徳教育は拒否したほうがよいのだろうか。ここでもまた国民国家やナショナリズムに処するときと同じように繊細な手並みが必要になる。ナショナリズムが要請する道徳教育に比べて、道徳や倫理をめぐる思考ははるかに長い歴史をもち、その射程もはるかに広くかつ深い。そのような思考がナショナリズムを相対化できるからこそ、道徳教育の二重の両義性もまた解明できるのだ。だとすると、道徳や倫理をめぐる思考〔学的遺産や民衆の知恵〕を前提にした道徳教育もまた構想可能である。国民国家の道徳教育から容易には逃れられないとしても、国民国家を相対化することによって道徳教育がその限界を超えていくことは可能なのである。

## 3　国体のナショナリズム

### 近代国家日本の建設と国体

ナショナリズムに呪縛された道徳教育は、国民を自己否定に導く傾向をもっている。近代的理性〔特に技術的理性〕を駆使しながら国家が自己保存のための覇権争いの道を突き進むとき、それを支持する〈国民の意志〉への服従や忠誠を国民に求めるからである。その結果、人びとは兵役や労働や就学を〔自発的に〕受け入れるだけでなく、国民〔民族〕共同体への同胞愛が強い場合や、感情や身体感覚に強く訴える生の拠り所を希求している場合などには、しばしば国家のために自らが犠牲になることもいとわなくなる。ところが、日本の道徳教育が求める自己否定はそのレベルにとどまらない。日本のナショナリズムの固有の性格を反映して、より重層的で根が深いのだ。以下ではそのことについて考えてみたい。

日本でナショナリズムが芽生えたのは、幕藩体制下において外国との緊張や対抗の関係が強まり、国（幕府・藩）の内部が政治的・経済的に混乱することがきっかけであった。いわゆる「内憂外患」状況である。幕末には、列強に強いられた不平等条約や治外法権を撤廃するとともに、内政の混乱を打破するためには、列強に倣いつつ、それに伍すことのできる近代国家へと幕藩体制を再編することが必要だと考えられるに至る。だが幕藩体制下の日本は、国家の担い手である国民《ネーション》を有していなかったばかりか、絶対君主を戴いていたヨーロッパ絶対主義国家のような主権国家でさえもなかった。そのため、主権国家の建設と国民の形成を同時に「上から」進める必要があった。そのとき、主権の拠り所であると同時に国民創出・統合の理念的支柱となったのが、ほかならぬ「国体」である。

このような意味での「国体」を最初に自覚的に追求したのは、後期水戸学の代表的なイデオローグ・会沢正志斎の『新論』（一八二五）だとされている。そこでは記紀神話や儒学や秀吉以来の「神国」論等々をいわばモジュールや部品として利用しながら、皇統一姓、忠孝一致、祭政教一致などの原理にもとづく「国体」（国の体）論が唱えられた[7]。徳川御三家の一つである水戸藩に仕えながら尊皇攘夷思想を説いた後期水戸学はその後、藩内部の分裂を引き起こし退潮していく。しかしながらその国体論は生きながらえ、「万世一系の天皇」の「臣民」としての国民を創出するための基礎を提供するなど、後に「帝国」日本の形成過程で非常に重要な役割を果たしていく。

## 公定ナショナリズムと国体

近代国家の基礎がないところで「上から」国民国家を建設しようとした日本は、近代化後発国の「公定《オフィシャル》ナショナリズム」（シートン－ワトソン／アンダーソン）の常として、先行する欧米の国民国家を「モデル」とし、その成果を「モジュール」として用いた[8]。ただその場合でも、主権国家や国民という考え方は模倣できても、それらの中身については国をつくる側が自前でこしらえるしかない。そのとき、後期水戸学由来の国体が召還され、日本固有の国体なる「作為的〈自然〉」[9]をいわばステップボードとして、主権国家と国民の両方を一気に創出し、結合しようとしたのである。あえていえばゼロからの出発であり、この点にかぎっていえば、建国＝革命の理念（「自由・平等・博愛」）によって主権者の再定義（主権者としての国民の創出）をするだけでよかったフランス共和国のケースと比べて、相当の難事であったことが想像される。そのとき、この前代未聞の難題を理論面で打開に導いてくれたのが国体だったのである。

だからこそ、復古派だけではなく開明派もまた、皇統としての国体を支持せざるをえなかったといえる。たとえば『文明論之概略』（一八七五）の福澤諭吉にとって「国体」は「ナショナリチ」のことにすぎなかった。「国体とは、一種族の人民相集て憂楽を共にし、他国人に対して自他の別を作り、自から互に視ること他国人を視るよりも厚くし、自から互に力を尽すこと他国人の為にするよりも勉め、一政府の下に居て自から支配し、他の政府の制御を受るを好まず、禍福共に自から担当して独立する者を云ふなり[10]」。しかし『帝室論』（一八八二）になると口振りが変わる。（神道の非宗教化を契機に）万世一系の皇統に国体があるとする見方に立ち、「我帝室は万世無欠の全璧にして、人心収攬の一大中心なり。我日本の人民は此玉璧の明光に照らされて此中心に輻輳し、内に社会の秩序を維持して外に国権を皇張す可きものなり。其宝玉に触る可らず、其中心を動揺す可らず[11]」と主張するようになったのだ。こうして『尊王論』（一八八八）の福澤は、「思想浅薄度量狭隘、曾て自尊自治の何ものたるを解せざる日本国民」を前にして、日本社会の「無偏無党の一焼点」としての「帝室」を「万民和楽の方向を定め、以て動かす可らざるの国体と為さんと欲する[12]」に至る。

その後、国体は、仮借なき国家エゴイズムが跳梁する国際政治のリアリズムの中で、近代国家日本の排他的正統性や特権的優秀性を説明する原理になっただけではない。ナショナリズムにつきものの国家への献身＝自己犠牲を要求する道徳を根拠づけるとともに、パトスに塗り込められたロゴスとしてその国家道徳を感情的に煽るようになっていく。

そのような国家道徳の典型はいうまでもなく教育勅語である。けれども勅語は、起草時点ではそのような役割を期待されていたわけではなかった。教育勅語が後に演じた狂信煽動の役割ではなく、当初それに込められていた意図に目を向けると、そこで説かれた融和の精神や融合の論理こそが戦後社会を生き続けて今日に至るまで深い影響を残し、皮肉にも冒頭で述べた自己否定の道徳教育を支えてきたと考えられるのである。

## 4　教育勅語の政治学

### 立憲「帝国」が求める国体の教育

国体を礎石として「上から」国民国家を建設しようとした日本は、先行する西欧の国民国家と比べたとき、大きなねじれを抱えていた。先行モデルの国民国家が主権国家と主権の担い手としての国民を一致させようとしたのに対し、日本では主権国家、主権をもった君主、国民の一致がめざされたからである。

「帝国」日本は、天皇の「臣民」として平等な国民という論理を採ったことの裏返しとして、主権はもっぱら天皇にあるとした。帝国憲法発布時の内閣総理大臣・伊藤博文と法制局長官として憲法を起草した井上毅は、立憲君主制を前提としつつ、明治一四年の政変で大隈重信や福澤諭吉らによる英国型の議会民主制を斥け、プロイセン型の議会制国家を構想した。そのとき、憲法によって国民に「所有権」や「居住及移転ノ自由」「言論著作印行集会及結社ノ自由」等を認め、「国ノ元首」である天皇の権限を憲法によって制限する一方で、天皇主権の原則を採用したのである（大日本帝国憲法・第一条「大日本帝国ハ万世一系ノ天皇之ヲ統治ス」）。そのさい井上は、絶対君主制を避けるかのように、天皇の「統治」を「治《しら》す＝知らす（しろしめす）」こととしてとらえていた。国土国民を私有物の如く占領し奪うことを意味し、「occupy」や「govern」に相当する「うしはく」とは異なるものとして「しらす」を位置づけ、「君徳」による天皇の統治をめざしたのである。[13]

だがそうであれば、主権は実際には天皇にも国民にもないことになる。君主の意志が絶対ではなく、かといって民主制も導入しないとすれば、いったいだれがどのようにして〈国家・国民の意志〉を決定するのか。制限選挙下の議会、議院内閣制に拠らない（議会・国民から自立した）政府、憲法上の主権者としての天皇、未だ日本人という自覚に欠ける多くの国民はどのような関係の中でどのようにして意志を一つに統合していくのか。それは政治的責任主体の不定に伴う問題であり、近代民主制の国家における意志決定の困難や権力分立に伴う問題とはまったく別種の、当時の日本に固有の問題であった。

そのとき、内政が収拾のつかない混乱に陥るのを防ぎ、軋轢や対立を弥縫して一致をつくりだす仕掛けの役割を期待されていた、とみなせるのが教育勅語である。そのことを裏書きしてくれるのが、帝国憲法と教育勅語の両方の作成に携わった井上毅の言行である。

八木公生は、教育勅語の成立過程についての諸研究をふまえ、勅語の下賜方式をめぐる井上と元田永孚との対立問題にも言及しながら、立憲主義の国家体制を擁護しようとする井上の意図が反映されたものとして教育勅語を位置づける。地方長官たちの徳育強化を求める声に応じる形で作成された教育勅語は、井上にとっては「無ければそれに越したことはない文書」であったが、「立憲政体之主義」の側から元田らの「〈儒教主義〉」に「抵抗」するために、あえて「次善の策」として自ら教育勅語の原案作成に関与した、とするのである。[14]

しかしながら、近代国家史というより大きな政治的文脈に明治前期のナショナリズムを位置づけ、それに関連づけて教育勅語を読み解くと、井上の企ては八木が考えるよりももっとしたたかで深謀に満ちていたとみなすこともできる。日本の立憲政体には「相譲ル」や「仁」の「徳義」が必要と考える井上は、[15]教育勅語の起草に際しても、

「君主は臣民之良心之自由に干渉せず」という「立憲政体之主義」に立つ一方で、「哲学上の理論」や「漢学の口吻」「洋学の気習」に拠らず、儒教等の宗教にも拠らず――教義を欠き祭祀を行うだけの神社神道は教派神道と区別されて非宗教とされていた――、「政事上之臭味を避け」、「世にあらゆる各派の宗旨の一を喜ばしめて他を怒らしむる」ことを避けることを基本方針としていた[16]。だとすると教育勅語は、議会民主制に拠らない立憲国家日本が直面している先の難問を前にして、〈国家・国民の意志〉を一つにまとめていくのを精神的に支える装置としてみなすことができる。だからこそ井上は、文部省＝中村正直原案をあえて批判して、自ら教育勅語を起草しようと決意したのであり、その冒頭部に「我力臣民克ク忠ニ克ク孝ニ億兆心ヲ一ニシテ世々厥ノ美ヲ済セルハ此レ我力國體ノ精華ニシテ教育ノ淵源亦實ニ此ニ存ス」という文言を置いたのだといえよう。

このような見方が正しければ、教育勅語は復古派による保守反動政策の成果として片づけるわけにも、復古派への懐柔策・妥協策としてみなすわけにもいかない。教育勅語はむしろ、復古派と開明派の対立を超えて、「帝国」日本の特殊な立憲政体が混乱や危機に陥るのを回避する装置としての役割を期待されていたということができるのである。

もっとも、「忠孝」の道徳にもとづいて「億兆心ヲ一ニシテ世々厥ノ美ヲ済セル」ことが「國體ノ精華」であるとき、国体は一つの逆説を抱え込むことになる。日本国の不変で絶対不可侵の根拠でありながら、国家の存続のために国民の一体性や統一を確保できさえすれば、国体はその根拠を問われないからだ。君民一体の家族のような国民共同体を形成・維持する媒介の役割を果たしさえすれば国体としては十分だとなると、「自由・博愛・平等」[17]のような理念とは異なり、国体概念が矛盾を抱えるほどに多義的であっても不思議ではない。「無限定的な抱擁性」「曖昧模糊」[18]「シニフィエの空虚」[19]といった表現からうかがえる国体のとらえどころのなさには、逆説的だが一定の合理的な理由があったともいえるのである[20]。

## 自己犠牲と反利己主義の融合

教育勅語に描かれた国体は、相容れないもの・矛盾しているものを超論理的に一つに融け合わせる。そこで次に、反利己主義の思想と自己犠牲の思想を、両者の原理的な違いを無視して融合してしまうものとしての国体に目を向けてみたい。

教育勅語をめぐる井上毅と元田永孚の関係に立ち返ってみよう。元田が起草した教学聖旨に対して伊藤博文（井上原案）が「教育議」（一八七九）で異議を唱えたように、元田の儒教主義や徳治主義や「教学」の思想と伊藤・井上の開明的な「教育」政策との間にはそもそも大きな隔たりがあった。[21] ところが明治一四年政変を境に、立憲主義の立場を堅持しながらも、井上の考え方に大きな変化がみられるようになる。「歴史、文学、慣習、言語ハ国体ヲ組織スルノ元素ナリ」[22] とする「教育議」の立場を踏み越えて、帝国憲法や教育勅語では「忠孝一致」「万世一系の天皇」「億兆心を一にする」といった後期水戸学的な国体論を支持するようになっただけではない。「教育を近代化に対応する人材の養成と位置づける井上と忠孝にもとづく道徳共同体を近代国家の前提に置く元田」[23] という対照的な二人であったが、教育勅語で井上は、「忠孝」の道徳を共有する〈一つの家族のような道徳共同体としての国家〉という国家観を支持するようになり、天皇徳治を説く元田に接近するようになったのだ。もっとも、すでに示唆したように、その背景にあったのは自由民権運動が引き起こしかねない内乱や社会的混乱の回避を優先する井上の徹底したリアリズムである。[24] 井上が元田ら復古派の主張に乗じた側面はあっても、復古派に妥協したとまではいえない。

ところが、ここで重大な問題が生じる。〈自由で平等な個人という人間観を前提にして交換と契約の原理に立つ近代国家の道徳〉と、〈祖先―親―子の間での贈与交換の原理に立つ近代以前からの家族共同体の道徳〉とが、〈皇祖皇宗を祖先に、天皇を親に、臣民を子になぞらえて忠孝一致を説く国体〉を媒介として超論理的に融合してしまったのである。その結果、教育勅語の世界では致命的ともいうべき錯認が生みだされていく。

まず、①（ホッブズ以来の）近代国家が命じる反利己主義の道徳と、②天皇制家族国家からいわば自然に湧出してくる自己犠牲の道徳が、互いに原理的に異質であるにもかかわらず、癒着して見分けがつかなくなった。すなわち、①各個人の利己主義（市場での自由な交換）を肯定するがゆえに、利己主義の暴走による社会の自壊を防ぐべく、社会契約にもとづいて命じられる反利己主義の近代道徳と、②〈皇祖神を祀る神として天皇が臣民を心にかけて世話してくださる（＝「しらす」）とき、臣民は天皇を現人神として祀らないではいられないのであり、「国に報ゆるの心」（『軍人勅諭』）や「天にまつろう真心」（本居宣長）をもって、天皇の徳治に報いないわけにはいかない〉という、贈与交換の精神にもとづく近代以前からの自己犠牲の道徳とが、国体を介していわばシームレスに接合されてしまったのだ。にもかかわらず、国体は国家の絶対的根拠であるために、木に竹を接ぐかのように反利己主義と自己犠牲を接合する理不尽な試みに疑念を差しはさむことは許されない。

その結果どういうことが起こるのか。教育勅語の「一旦緩急アレハ義勇公ニ奉シ以テ天壌無窮ノ皇運ヲ扶翼スヘシ」に関していえば、「義勇公ニ奉シ」ようとする動機に強力な〝興奮剤〟が注ぎ込まれる。利己主義（個人主義や自由主義）を追求する〝野蛮な〟西洋諸国への（儒教の道徳観や「近代の超克」論とも結びついた）道徳的批判が、利己主義の抑制や制御ではなく、すぐさま「没我献身の心」（『国体の本義』）に転じて、いわば自然に公＝国家への自発的な自己犠牲を呼び起こす。いうなればエゴイズム批判がただちに「滅私奉公」に転じていくのだ。そしてその自己犠牲や滅私の道徳が、帝国主義という圧倒的な現実の中で、皮肉にも国家の飽くなき利己主義追求のために利用されていくのである。そこでは天皇崇拝は出発点というよりも帰着点である。自らの利己主義・エゴイズムの罪咎を見つめる人が、自己を超えた〝大いなるもの〟への献身（自己犠牲）を希求し、その〝大いなるもの〟を天皇＝国家＝民族共同体と同一視するとき、その人は自ら進んで戦争へ動員されていく。

しかも、そこにある自発性の脆さを補強するかのように、国家＝天皇のための自己犠牲は、自己犠牲を美的に賞揚する儀式や教育を通じて国民に勧められ、命じられていく。特に男子の場合には「死は鴻毛よりも軽しと覚悟」（『軍人勅諭』）せよ、とまでいわれて。だが、〈第三者が贈与を勧め命じること〉と〈契約が法として命じること〉はまったく異なる。前者は自己抹殺の勧めや命令であり、不平等の強制以外の何ものでもないが、後者は逆に平等の維持のためになされる。前者は勧め命じる者にとっての〈よき生き方〉の押しつけであるが、後者は各人にとってのよき生き方の自由を確保するためにこそある。けれども、①と②の道徳の融合・癒着のせいで、国家が自己犠牲を勧め命じることの問題に人びとは気づきにくくなったのである。

## 5　自己否定の重層化

### 教育勅語がもたらす「心の習慣」

井上毅は教育勅語を「政事上之命令」と区別された「社会上之君主の著作公告」[25]として位置づけようとしたが、事態は井上の思惑通りには進まなかった。周知のように教育勅語は、憲法を超越する不可侵の聖典、天皇を現人神として奉戴する国家宗教の教義のようなものに祭り上げられ、国民を戦争へ動員する翼賛体制を支えていった。「国体」についていえば、後に治安維持法では「国体ヲ変革スルコト」を企図するだけで重大な犯罪とされるようになり、国体のとらえどころのなさは逃げ場のない恐怖政治をもたらした。

否定する正式な回路をもたず、一九四八年に衆参両院で「排除」「失効」が確認された教育勅語であるが、民主制の平和国家になった戦後社会にもそれは深い影響を及ぼしているとみなすことができる。「帝国」日本の不安定さを「億兆心ヲ一ニ」することで乗り越えようとする姿勢は、先に述べた近代民主制の不安定さを取り繕おうとする政治意識や道徳意識に転じたともいえるからだ。国家と国民（公と私）の間の矛盾や対立、あるいは統治機構内のセクショナリズムが「政治的なもの」（シュミット／ムフ）としてあらわになるのを抑え、責任ある主体や公共的議論に耐える理由を欠いたまま、それらの矛盾や対立を融通無碍に呑み込んでいくという意味での国体のナショナリズムは、戦後もまた健在だったといえるのである。

矛盾や対立を個人や組織の上下関係や損得関係に置き換えること、だれかが理不尽な自己犠牲を引き受けること、「上」に決定を一任すること、「玉虫色」の決着をすること、何も決めないまま状況の変化によって一致の空気が醸成してくるのを待つこと。あるいは、矛盾や対立が生じないよう、自己主張を（「和」を乱す自分勝手や我がままとみなして）避けること、「上」の意向をあれこれ忖度すること、周囲の「空気」や「流れ」に従うこと、裏取引や擦り合わせによって「癒着」「談合」すること、等々。これらはいずれも、国体のナショナリズムを身にまとった国民（の集合的無意識）が、近代以前の社会の慣習をモジュールや部品として適宜利用しながら編みだし、普及させた合意確保の技法だといえよう。さらにいえば、「上」が設けたルールや指令に、生の美学的実践であるかのごとく身を投げ打って付き従う姿勢や、贈与（ボランティアや残業）の強制を従順に受け入れる姿勢や、「しらす」天皇をモデルにしたかのように、（何もしないまま）人柄や曖昧模糊とした玉虫色の国体のコミュニケーションで組織を治めようとする姿勢もまた、教育勅語の精神の名残だということができよう。

もしそうであれば、教育勅語の影響力は教学聖旨よりもはるかに深甚といわなければならない。教学聖旨における「忠孝」の道徳は、天皇の侍講という元田の立場を強く反映しており、西洋かぶれの「まつろわぬものとも」（『軍人勅諭』）への旧体制側のいらだちの色が濃い。もちろん、この教学聖旨のスタンスも戦後の民主制国家の中で、日本国憲法に従って「国家」に反抗・抵抗しようとする「国民《ピープル》」に対する排除のスタンスに姿を変え、今でも間歇的によみがえる。けれども、立憲国家体制を維持するために復古派におもねることを慎重に避け、「不党不偏の精神」やある種の「普遍性」をもっていると評されることもある教育勅語は、単に「国家」の利害を反映したものとはいえない。だからこそであろうか、教育勅語における「忠孝」の道徳は、すでにみたような形であらゆる階層の国民に広く浸透し、互いの自己犠牲に共感し合う「審美的な感傷の共同体」[27]の中で育まれて、近現代日本人の「心の習慣」（トクヴィル／ベラーら）になっているとさえいえる。学校の「道徳の時間」は今なお、子どもたちが教師の意図を付度し、周囲の「空気」を読んでそれに同調する時間になりがちだが、その背後にあるのもまた、教師の下で子どもたちが争いや対立を避けて「心を一つに」し、〝仲よし共同体〟[28]を教室内に築きたいとする当の教師やそれを取り巻く人びとの意志であろう。

## 自己否定の道徳教育の歴史性

ここにあるのは幾重にも折り重なった自己否定である。どのような国民国家であっても、〈国民の意志〉への服従や忠誠という形で国民に一定の自己否定を求める。しかしながら日本では、戦後においても、教学聖旨や教育勅語が説く忠孝の道徳や国体の精神が、それ以上の自己否定を国民に求めてきた[29]。戦前は時に狂気をはらみ、戦後は概ね穏やかであるが、いずれにせよその自己否定は人びとの心髄にまで達し、生き方と一体になって、もはや自覚困難なほどに根深い[30]。

なるほど、このような道徳教育にも利点はあった。たとえば国家のための自己犠牲を甘受し、政府がめざす方向に国民の意志を結集しようとする教育勅語の精神は、戦後の急速な経済成長の下地になったといえるし、日本人の〝やさしさ〟や秩序正しさにもつながっていよう。けれども他方では、その教育がもたらす負の側面もまたけっして小さくない。特に近年はいっそうそれが目につくようになっている。何よりも政治的主体としての（政治家や官僚に代表される）国民の無責任さ・事なかれ主義や、公共的な議論を通じた意志形成のできない政治の危うさの下地になっていると考えられるし、昨今いわれる自尊心や自己肯定感の欠如とも底のところでつながっているのかもしれない。

近年、グローバル化の進行に伴って、世界各地で国民国家の主権国家や福祉国家としての機能不全が目立つようになっている。それに呼応するかのように、自在に国境を越えて市民として連帯し協同し合う人びとが増え、国家の政策に一定の影響を与えるようになっている。それに伴い日本では、日本のナショナリズムが求めてきた自己否定を拒否し、あえて政治的な自己主張をしようとする傾向と、社会的混乱を恐れてこれまで以上に国民に自己否定を求めようとする傾向の両方が勢いを強めている。双方にさまざまな支流があり、それらが互いに対立したり協調したりしながら、新たな希望と困難を生みだしつつある。このような時代には、これからの国家をどのように構想するにせよ、道徳教育もまた大きく変わっていかざるをえないのである。

注

(1) 松下良平　二〇一一『道徳教育はホントに道徳的か?——「生きづらさ」の背景を探る』日本図書センター、特に第六章。
(2) 同上書、第八章。
(3) 同上書、第三章、第八章・4。
(4) Gellner, E., 1983 *Nations and Nationalism*, Blackwell, p.1. 加藤節監訳　二〇〇〇『民族とナショナリズム』岩波書店、一頁（ただし文脈上引用は翻訳通りではない）。
(5) B・アンダーソン（白石さや・白石隆訳）一九九七『増補　想像の共同体——ナショナリズムの起源と流行』NTT出版、Ⅱ章。
(6) E・デュルケム（麻生誠・山村健訳）二〇一〇『道徳教育論』講談社。
(7) 辻本雅史　一九九〇『近世教育思想史の研究——日本における「公教育」思想の源流』思文閣出版、第六章。
(8) B・アンダーソン、前掲書、Ⅵ章。
(9) 姜尚中　二〇〇一『ナショナリズム』岩波書店、第三章・1。

(10) 福澤諭吉　一九八一「文明論之概略」『福澤諭吉選集　第四巻』岩波書店、三三頁。
(11) 福澤諭吉　一九八一　「帝室論」『福澤諭吉選集　第六巻』岩波書店、五四頁。
(12) 福澤諭吉「尊皇論」同上書、一五一頁。
(13) 島善高　一九九二「井上毅のシラス論註解——帝国憲法第一条成立の沿革」梧陰文庫研究会編『明治国家形成と井上毅』木鐸社。
(14) 八木公生　二〇〇一『天皇と日本の近代（下）——「教育勅語」の思想』講談社、特に七八—七九頁。
(15) 森川輝紀　二〇一一『増補版　教育勅語への道』三元社、第四章。
(16)「山県有朋宛井上毅書簡」（一八九〇）山住正己校注　一九九〇『日本近代思想体系六　教育の体系』岩波書店、特に三七五—七六頁。
(17) 丸山眞男　一九六一『日本の思想』岩波書店、三三頁。
(18) 山住正己　一九八〇『教育勅語』朝日新聞社、一四三頁。
(19) 松浦寿輝　二〇〇〇「国体論」小林康夫・松浦寿輝編『表象のディスクール　第五巻　メディア——表象のポリティクス』東京大学出版会、三一六頁。
(20) 松浦寿輝は「国体論」を「表象を表象として機能させずにおくこと、ないし機能の完遂をどこまでも遅らせつづけることの、高度な政治性を戦略的に体現した概念装置」として位置づける（松浦寿輝、前掲論文、三三〇頁）。ただしその国体とは、「共同体の無意識」が「『自己組織化』（プリゴジン）に似たメカニズムによって創出され進化していった観念」のことであり、個々のイデオローグが思い描いた国体のことではない（三三一頁）。
(21) 森川輝紀、前掲書、第二章。
(22) 伊藤博文「教育議」（一八七九）山住正己校注、前掲書、八二頁。
(23) 森川輝紀、前掲書、二四四頁。
(24) 田嶋一「井上毅の教育・学問論と教育政策——伝統と近代のはざまで」梧陰文庫研究会編、前掲書、二。
(25)「山県有朋宛井上毅書簡」、三七五頁。
(26) 家永三郎　一九四七「教育勅語成立の思想史的考察」『史学雑誌』第五六巻第一二号、一二頁、一四頁。
(27) 姜尚中、前掲書、一四七頁。
(28)「最高の価値は絶対的全体性であり、それへのaspiration（上昇衝動、熱望）が『善』なのである。だから古来、神あるいは全体の権威に対する従順、すなわち個人の独立性の棄却、あるいは愛、献身、奉仕などが常に善とせられた」ことを根拠に、「人倫的合一の実現」＝「仲ヨシ」を最高の価値とみなす和辻哲郎の倫理学を、酒井直樹は「『仲ヨシ』の倫理学」と呼び、形象としての天皇を媒介として国民共同体への同一化・一体化を促すことにより「『一億玉砕』の倫理学」へと展開することを指摘する（酒井直樹一九九七『日本思想という問題』岩波書店、特に一〇七頁、一四〇頁）。和辻の「『仲ヨシ』の倫理学」（と同類のもの）が日本の学校や会社の「仲よし共同体」を支えているとすれば、そこには自己犠牲（その究極としての死）へと巧みに誘導する教育勅語の論理や精神が組み込まれていることになる。

（29）　山本正身によれば、後期水戸学や元田永孚の「儒教主義」は、伊藤仁斎ら江戸前半期の儒学思想がもっていた「人間形成における成長主体の側の自律や自発という契機」を欠いているという（山本正身　二〇一〇『仁斎学の教育思想史的研究――近世教育思想の思惟構造とその思想史的展開』慶應義塾大学出版会、五九七頁以下）。この指摘は、近代日本の道徳教育が自己否定に根ざすことを裏書きするとともに、自己否定の道徳が近代国家日本の伝統にすぎず、それとは異なる伝統が儒学や日本社会に潜伏している可能性を示唆している。

（30）　教育勅語の次の箇所は共同体の共通善を表現しているとみなすことができる。「父母ニ孝ニ兄弟ニ友ニ夫婦相和シ朋友相信シ恭倹己レヲ持シ博愛衆ニ及ホシ学ヲ修メ業ヲ習ヒ以テ智能ヲ啓發シ徳器ヲ成就シ進テ公益ヲ廣メ世務ヲ開キ」。コミュニタリアニズムの観点からみればこの箇所は自己確立の基礎になりうるが、逆にそのことが教育勅語のもつ自己否定の側面の自覚化を妨げているともいえる。

# 第6章　職業教育——戦後教育における一般的教養と技術

江口　潔

## はじめに

近年、学校から仕事への移行過程に対する関心が高まっている。こうした中で、普通教育を中心にした現在の教育が、将来の生活に対して抽象的なものにとどまる傾向が強く、学ぶべき意義を見いだせないということが問題視されてきた。このような学校の在り方は、高度経済成長期の社会の変化に影響を受けてきたことが指摘されている。乾彰夫は、企業の賃金制度が職務給から職能給へと変化するようになったことが、学校から企業を結ぶ一元的能力主義をもたらしたと指摘している（乾　一九九〇）。また、本田由紀は、高等教育への進学者の増加が普通教育を重視する学校制度をもたらしたことを指摘した（本田　二〇〇九）。

このように企業の能力評価方法の変容や、高等教育への進学者の増加が学校教育にもたらした影響を取り上げた研究に比して、戦後の教育学者による職業教育や一般的教養の職業的意義に関する考察を扱った思想史的研究はそれほど多くはない。こうしたテーマを扱った近年の研究には寺田盛起の研究がある。寺田は、日本において普通教育が重視されるようになったルーツを、教育学界で影響力を持っていた勝田守一の考察から明らかにしようとした。そこでは、勝田の考察を職業教育否定論として紹介している（寺田　二〇〇九、三六―四〇頁）。

しかしながら、単に普通教育と職業教育を対立させた枠組みでは、学校などで身につける能力と職業において求められている能力との関わりの多様性を明らかにすることは難しい。上記の勝田の考察についても田中萬年は、勝田が職業に関わる問題を論じていたことを指摘している。田中は、勝田の能力観に言及する中で、他の能力と並んで「労働の能力」を位置づけていることを重視して、寺田とは逆に職業と教育の関係を扱った勝田の考察が継承されなかったことに問題を見いだしている（田中　二〇〇七、二二一―二二四頁）。勝田が戦後の教育学に与えた影響についてはその限界をふまえた検証が必要であるが（森田　一九九二）、田中の指摘からは戦後の教育学において職業と教育の関係が重要な課題として取り上げられてきたことがうかがえる。

本章では、戦後の教育学者の中でも宮原誠一を中心に検討していくこととする。宮原を取り上げるのは、彼が戦後の復興期から高度経済成長期において一般的教養と職業とを結びつけるという課題を追求していたからである。こうした課題については、すでに佐々木輝雄や藤岡貞彦による研究がある（佐々木　一九八七［一九七五］、藤岡　一九七六a、藤岡　一九七六b）。近年でも山田正行は宮原の思想形成の過程を丹念にたどる中で、上記の課題に関しても詳細に論じている（山田　二〇〇七）。本章ではこれらの先行研究をふまえた上で、この時期の職業教育政策をめぐって示された政治的な対立に着目し、それが一般的教養の位置づけに与えた影響を明らかにしていくこととしたい。

ここで断っておきたいのは、ここで述べている一般的教養とは人文社会的教養に限定されるものではなく、自然科学的な教養を含んだものである。また、ここで言及している職業教育は、それぞれの学校段階や教科の区分に対応した具体的な内容を指し示しているわけではない。ここでは特に、学校などで身につける一般的教養と、職業で必要とされる技術との関係に焦点を当てているのである。

先に述べた課題を明らかにするにあたって、ここでは、先ず、宮原の生産主義教育論について取り上げて、一般的教養と職業を結びつけることを課題とした教育内容の改革と教育計画論について見ていくこととしたい。次に、宮原の生産主義教育論の転換点として、政治的な対立が深まったことをきっかけに教育計画論から後退する過程を見ていくこととする。そして、最後に、教研集会における一般的教養と職業技術教育に関する議論をふまえて、一般的教養に対する評価の変容について検討していくこととしたい。

## 1　生産主義教育論と教育計画論

ここで取り上げる宮原誠一は、一九四〇年代後半に戦前からの課題を引き継いで生産主義教育を提唱し、生産力の向上によって日本の自立をすすめようとした教育学者である。彼は戦前からマルクス主義の影響を受けており、同時に研究をすすめたデューイの理解にもその影響がみられることが指摘されている（藤岡　一九七六b、四一七―四一八頁、山田　二〇〇七、九二―一〇三頁）。このようなマルクス主義の影響は一般的教養と技術とを積極的に結びつけた宮原の教育内容論だけでなく、彼の教育計画論にも反映している。

宮原は、一九四七年一一月の「教育の計画化」において「産業の必要に応じる教育ということは、専門化されたせまい職業人をつくることか。そうであるならば、そういう教育には私は真向うから反対である」として、特定の技術を身につけるだけの教育を批判した。それというのも、「精神と物質、理論と実践、頭脳的労働と身体的労働、一般的教養と職業的教養という相互に関連のあるこの一連の二元的対立を超克することが、問題の焦点であり、われわれの希望の一切であるといってもよい」と述べていたように、宮原は一般的教養を職業的教養と結びつけることを課題としていたのである（宮原　一九七六［一九四七］、一〇七―一〇八頁）。

このような立場から宮原は、従来の教育学の一般的教養の捉え方を批判した。一九四八年九月の『教育』に掲載された丸山眞男との対談において、宮原は生産的労働と教育との結びつきを重視する立場から、いわゆる一般陶冶を批判して、以下のように述べている。

「この一般的な教養というものを従来の教育学の考え方では職業陶冶にたいする一般陶冶というように考え、この両者は内容的にはなんの関係もない別なものなのです。このいわゆる一般的教養はアカデミックな人文的な教養で、それは特殊な職業にかたよらない普遍的な人間的教養であると考えられていた。（中略）ところが特殊な職業にかたよらないということは、ここではすべての職業から遊離する。いいかえればすべての生産的労働から遊離することで、つまり非生産的な、閒暇的な生活に人間の理想をもとめている考え方が根本にある。」（丸山・宮原　一九四八、五頁）

宮原の批判の矛先は従来の教育学にのみ向けられていたのではなく、生活経験を重視した戦後の新教育にも向けられていく。宮原は、「本世紀初頭以来のいわゆる新教育ではこのアカデミックな教養がこんどは子供の生活とか経験に置きかえられ、問題解決の能力ということをいうのですが、そういうものを職業的活動から切離して考えている点ではやはりアカデミズムと同じ根本的性格をもつ」のだと指摘したのである（丸山・宮原　一九四八、五頁）。宮原は戦後の枠組みから戦前の教育を批判したのではなく、戦前から説いてきた生産主義教育の枠組みから職業と切り離された教育を批判したのである。

このような批判は、学校の教育内容だけでなく、それに影響を与えた社会の在り方にも向けられた。宮原は、問題解決学習の考え方には「社会体制のワクの意識がなく、従って歴史の意識が欠けている。（中略）部分的な改善・進歩をつみかさねてゆけば、それで社会の進歩も個人の幸福の増大も無限に可能であるという楽天主義が、ここにはひそんでいて、そこから極端な児童中心主義も生まれた」と指摘した。彼はこれに続けて、アメリカにおいて、一九二九年の恐慌以降、問題解決学習が批判の対象となり、カウンツ（Counts, G. S.）のような社会中心的な考え方が登場したことを指摘して、社会改造を前提とした教育環境を構成するよう主張したのである（宮原　一九五三、二二一―二二三頁）。

このような考察には、アメリカのニューディール以降の経済政策に対する宮原の理解が反映している。彼は、アメリカ進歩主義教育を取り上げた論考において、ニューディールの経済政策が自由放任主義経済を修正して、「プランニングによる政府と生産の協同体制」を確立させたことが、デューイ（Dewey, J.）の考察にも決定的な転回をもたらしたと指摘した（宮原　一九七六［一九五二］、三三二頁）。このようなデューイ理解の妥当性に関しては異議が示されているが（森田　二〇〇三、四一頁）、宮原の解釈からは、彼が教育への政府の積極的な介入を評価していたことがうかがえる。

宮原は戦前から関心を持っていた統制経済の考え方を引き継ぎつつも、戦時下のような急場しのぎの統制ではなく、復興を目的とした計画的な教育の統制を促した。彼は、先の「教育の計画化」において「教育と産業とを連結する体制を、いまこそ考えなければならないのではなかろうか」と問題提起し、「考えられなければならないのは、いかなる意味においても学徒動員的なものではなく、今後数年ないし十数年にわたる産業の再建の必要に応じる学校教育の計画化である」と述べたように、生産の復興と結びついた教育計画論を展開していた（宮原　一九七六［一九四七］、一〇四頁）。彼は、そこで次のように述べている。

「戦後の歴代内閣はなにをしてきたか。社会主義的計画経済をうたう社会党主班の内閣でさえ、すこしも生産復興の方向にむかって教育政策を推進しなかった。社会主義には反対の人でも、日本の経済の全面的な崩壊を食いとめ、産業の再建を軌道にのせるまでのあいだは、統制経済でやってゆかねばならぬということに反対する人は少ない。まして産業の再建の必要に応じるためにここしばらくは教育を統制し、経済復興計画の線に沿って学校教育を計画化しなければならぬということに反対する者は誰もいないだろう。これは民族的な必要であるから、何党が内閣を組織してもおこなわれなければならないことである。」（宮原　一九七六［一九四七］、一一一頁）

宮原自身、一九四九年に『中央公論』に掲載された「生産主義教育論」において、教育の計画化について論じている。そこでは「少なくともいくつかの主要産業部門において今後五年ないし十年間に最低限必要とされる主なる技術者およびその他の専門職員の種類および数を測定」し、どのような産業の部門でもかまわないので「手のつくところから最低限に必要な技術者の養成計画を樹立して、これに応じる職業教育機関を着実につぎつぎと確立してゆくべき」だと主張した（宮原　一九七六［一九四九］、一二七―一二八頁）。それに続けて、宮原は「下級の技術者養成機関としての新制高等学校と、上級の技術者養成機関としての新制大学とを、計画的・重点的に配置してゆく」よう促した（宮原　一九七六［一九四九］、一二八頁）。このように、調査に基づいて各産業ごとに必要な技術者の養成計画を作成し、必要とされる能力の程度に応じて分かれた技術者養成機関として高校や大学を位置づけたのである。

このような宮原の見解に対しては、すでに当時から戦前の複線型の教育システムと同様の問題を見出す意見も示されていた。ある座談会において、都立第一商業学校長の武市春男は、「宮原先生の御趣旨には賛成ですが、ただそこで下級とか上級とかいうような差別をつけることはどうでしょうか」という疑義を示していた。武市は、戦前の制度の下で生じた問題を例に挙げて、学校の種別化をすすめることによって生徒たちがリベラルな教養を学ぶ学校に流れてしまうことに対する危惧を示したのである（宮原ほか　一九四九b、一九頁）。

宮原も武市も一般的教養と職業教育を結びつけようと考えていた点では一致していた。しかしながら、宮原にとって学校の種別毎に人材育成の目的が異なることは、武市が述べた「差別をつけること」になるとは考えていなかった。彼は「自由放任的資本主義経済はゆるされず、日本全体の経済力・資源力・技術力・労働力をもっとも合理的に総合・調整」することを課題として、教育計画論を展開した（宮原　一九七六［一九四九］、一一四頁）。このように宮原は、教育内容の改革を促すだけでなく、それぞれの職業技術に応じた養成機関を整えることによって職業と一般的教養との結びつきを強めていこうと考えていたのである。

## 2　教育計画論の後退

終戦直後の産業と教育をめぐる議論の中では、何よりも遅れた日本の国民を啓蒙して、自立した経済を建設していくことが優先されていた。宮原は、そのために必要とされる技術者の養成を、国家が中心となって計画的にすめるべきだと考えていたのである。ところが、次第に日本の教育を取り巻く国際関係が問題視されるようになる中で、教育計画論は後退していくこととなる。

宮原は一九四〇年代後半の時点では、学校と企業との連携も積極的に評価していた。一九四九年に行われた「新制中学校の再検討」という座談会において、工場に学校を設置することが話題となった。牛込第一中学校校長の牛山栄治は戦前の青年学校が資本家に利用されていたことに言及して、「いま労働組合が非常に盛んになつておりますして、ああいうふうに資本家の走狗になつていたような機関をつくる必要はないじゃないかという意見が相当強い」と報告した（宮原ほか　一九四九ａ、一五―一六頁）。これに対して、宮原は以下のような見解を述べている。

「単に会社側の経営だから、ということだけで、資本家の走狗だというふうなことではなく、一定の条件のもとにおいては組合としても立派にこれを活用してゆける、経営者と労働者という双方の立場をはつきりさせた上で協力点をみいだしてゆくということが、技術教育の面などでは現実にありうることを知らねばならぬと思います。」（宮原ほか　一九四九ａ、一六頁）

ここからうかがえるように、この時期の宮原は企業の取り組みを何が何でも批判していたわけではなかった。彼は先に見た新制高等学校を取り上げた座談会において「われわれの考えているのは科学的な生産人、つまり自然の法則や社会の法則を認識して、合目的的に活動できるような生産人、教養ある新しい生産人の育成ということですから、これは工場に委せきりでは駄目です」と述べていたように、工場ではすぐに役立つもの以外の事柄を教えていくことが難しいので、学校において科学的な教養を教えるべきだと考えていたのである（宮原ほか　一九四九ｂ、二〇頁）。

また、宮原は「アメリカのように産業技術が順調に発展した国とはちがつて、日本では低水準にある産業の要求をそのまま教育の上にとり入れたのでは仕方がないのである」と述べていたように、日本の産業技術の水準を問題視していたこともあって、現時点での必要性に応じた特殊な技術だけでなく、将来の発展に必要な科学的な知識を教えるべきだと主張したのである（宮原　一九五〇、一一〇頁）。このように宮原は、企業の意図を問題にするのではなく、啓蒙的な立場から一般的な教養の習得を促していた。

ところが、一九五〇年代には、国家が教育政策に介入することや企業と協力することを評価することがなくなっていく。宮原も積極的に関わっていた日教組では、国際的緊張が高まる中で、活動上の目的を教員の待遇改善から、政治闘争へとシフトしていくようになっていく（森田　二〇〇三、一九頁）。宮原自身、一九五一年一一月の論考において「われわれはつくづく教育にたいする政治の決定的な意義をおもわざるをえない。われわれは日本をアジアにおける平和な産業国として独立させるために、正しい合理的な政策を実行してゆくような政治勢力の成長をねがわずにはいられない」と述べるようになっており、統制経済を主張していた頃とは異なり、政治的な対立を前提とした見解を示すようになっていた（宮原　一九七六［一九五一］、二四六頁）。

このような政治的対立を前提とした主張は、一層厳しいものとなっていく。一九五二年度の日教組の第二次研究集会第八分科会「平和と生産のための教育の具体的展開」では、平和と生産とが結びつくと考える立場と、生産を外して、「平和と独立のための教育」に改めるよう求める立場との対立が見られた（日本教職員組合編　一九五三、四一二—四一五頁）。例えば、新潟は、後者の立場から、生産主義教育が「生産教育を生産構造の問題から切り離された技術教育としてとりあげる考え方」を持っていると指摘して、次のような批判的見解を示している。

「今日の国内的・国際的な政治経済関係を考えるならば、このことから切離して唱える生産教育＝技術教育がどういう意味をもつことになるであろうか。完全に外国の軍拡経済の一環に編みこまれた日本の産業の下での単なる生産教育＝技術教育は、かつての勤労教育や増産教育と変りないものとなるか、あるいは今日の工場で直ちに間に合う「職能人」を作ることになる。」（日本教職員組合編　一九五三、四一七頁）

ここで問題となっているのは、生産力を向上させるだけでは、日本の自立は達成できないという点である。宮原も、一九五六年に発表した論考の中で、一九五二年の教研集会において示された生産主義教育論に対する批判をふまえて、自身の生産主義教育論の不十分さについて次のように述べていた。

「私自身の生産主義教育の提唱についてみても、たしかに民族の独立ということを第一の根底としてはいるものの、朝鮮戦争以前の四八年から四九年にかけてのころにあって、日本がやがてひき入れられるべき国際関係のきびしさにたいするみとおしを欠いており、そうした甘さにもとづく一脈の安易な考えかたが底にながれていたことを否定することはできない」（宮原　一九七六［一九五六］、二七〇―二七一頁）。

ただし、宮原は、先の厳しい指摘をプラスの側面として受け取る一方で、「生産教育という近づきかたでようやく労働と科学と生産技術のことに向けられようとしていた、教師たちの、とくに、すぐれてまじめな教師たちの関心が、「批判」によってはぐらかされてしまった」ことをマイナスの側面として指摘していた（宮原　一九七六［一九五六］、二七三頁）。こうした批判が、具体的な実践や研究を用意していなかったことを批判したのである。このように宮原は、体制選択については受け入れてはいたものの、経済的な諸関係や国際関係によって教育の全ての内容が規定されてしまうとは考えてはいなかった。このような具体的な生産教育に対する関心は、労働者の自己教育運動に向けられていくのである（山田　一九八二、四―六頁、山田　二〇〇七、七七―七八頁）。

その一方で、「日本全体の経済力・資源力・技術力・労働力をもっとも合理的に総合・調整」することを目的とした教育計画論からは後退していく。次々と長期の経済計画や教育計画が発表される中で、宮原はかつては自身が主張していた教育計画論を批判するようになる。一九六六年に発行された『青年期の教育』では、一九六〇年に発表された経済審議会の教育訓練小委員会の報告に見られた教育計画論について、以下のように評していた。

「向う一〇年間の計画期間中の雇用について、ハイ・タレントである大学の理工学関係卒業の「科学技術者」を頂点とし、工業高校卒業の「技術者」がこれにつづき、第二次産業労務者を底辺とするピラミッド型の需要推計がしめされており、労務者については技能工・熟練工・半熟練工が区分され、それぞれについて数量がだされている。そこでこの数量にみあって、再訓練計画がたてられるとともに、新規中卒者がいたずらに高校進学を望むことなく、適宜に長短各種の教育訓練をうけるように配分されることになるという、いわば予定調和的で楽観的なみとおしがたてられていた」（宮原　一九六六、五二頁）。

このような見解は、いわゆる多元的な能力主義に基づいた中等教育に対する批判として展開されていく。以前には、生産主義教育論を展開する中で、教育の計画化を強く求めていた宮原であったが、ここではそうした教育計画論を批判したのである。

宮原をはじめとして、職業と教育とを結びつけることに関心を持っていた教育学者は、教育計画論からは後退する一方で、新しい技術の導入や、職場環境の改善のために一般的教養を学習する必要性を論じることとなった。それというのも、職業教育はこの時期の政策や企業の社内における訓練において与えられていると捉えるようになっており、そこで十分に身につけられない一般的な教養の必要性を説くことは、文部省や経営者層がすすめる政策に対抗する主張になると考えたからである。

## 3　変容する現場の職業教育

一九五〇年代から一九六〇年代においては産業構造が大きく変化していく中で、工業教育に力を入れた教育政策がすすめられた。羽田貴史は、国民所得倍増計画では格差の是正を「産業構造の近代化、第一次産業の縮小と総合地域開発計画による第二次産業の拡大による労働力の吸収、農業の大規模化に生産性の向上などに求めた」ことを指摘している（羽田　二〇〇四、二九頁）。こうした計画に基づいた教育政策は工業高校を拡充する方向で展開していくこととなる。

このような教育政策に対し、日教組では厳しい批判を示した。その矛先は、文部省だけでなく、日経連（日本経営者団体連盟）にも向けられた。第六次研究集会では、前年に示された日経連による「新時代の要請に対応する技術教育に関する意見」に、「普通課程の高校はできるかぎり圧縮して、工業高校の拡充を図るべきである」という見解があったことを問題視して、経済界からの要求に対し、「目先きの役に立つ教育に引きずられてはならない」と批判した東京の研究集会の様子について報告していた（日本教職員組合編　一九五七、二四〇―二四一頁）。

日経連を対象とした批判は、学習指導要領の改訂の際にも見られた。第八次研究集会においては、一九五八年の学習指導要領改訂において、工的課目を必修とし、農的課目が選択になったことが問題となった。講師をつとめていた清原道寿は、学習指導要領の改訂には、日経連の要求が反映しているとして、以下のように述べていた。

「もともと日経連の考え方は、普通教育における技術教育は無視して、選択制を強く表面に押し出し、場合によっては複線コースを考えているのである。そして、その教科の内容は物を作る学習というところから出発している。また教職員の養成についても、工的の方面からやって行くことにしたのである。」(日本教職員組合編　一九五九、一五二頁)

清原は中学校の産業教育について論じる中で、「中学校教育における技術の基本的分野は、工業的技術の基礎を中核としてとりあげなくてはならない」と述べていたように、工業化の下で要請される技術を軽視していたわけではない(清原　一九五九、五〇頁)。ここで問題となっているのは、そうした改訂から見いだせる文部省や日経連の意図である。ここでは上記の指摘に続いて、高知や新潟が文部省に対する批判を展開した(日本教職員組合編　一九五九、一五二―一五三頁)。このように教研集会においては、講師を中心として文部省や経済界との対決姿勢を明確にする立場が現れていたのである。

ただし、こうした見解を研究集会に参加した教員たちが一枚岩で支持していたわけではない。この時も北海道や秋田は、工的に整理された文部省の改訂に賛意を表明している(日本教職員組合編　一九五九、一五四頁)。また、この部会のまとめを担当した福島要一は、農的なものを教えた方が好ましいとする地域が少なくないことや、工的なものを指導するための設備が整っていないことを指摘する一方で、「道徳教育とか、社会科になると、改悪といえる面がかなりはっきりしている。ところがこの技術科になると、先生方自身も、工的部面を重視することは、やはり一歩の前進」だととらえる見方があったことを紹介していた(日本教職員組合編　一九五九、一四七頁)。組合の教員たちの間では、工業に重点をおいた政策をすすめていくことにおいては、イデオロギー上の争点となった領域ほどには文部省との対立は明確にならなかったのである。

こうした中で文部省の政策に対する批判的な視点は、中等教育の複線化に向けられた。そこでは宮原の教育計画論に見られたような、学校種別に対応した特定の技能の養成について積極的に論じることはなくなっていくのである。一九六一年の技術教育に関わる分科会では、技術革新と工業教育の関係が問題となった。この分科会においては労働運動に関わり、総評などで活躍していた清水慎三が講師を務めている。清水は、企業の規模によって学校教育に求める内容が異なるのだとして、「独占資本は、学校教育に自己完結をもとめていないが、中小企業ではすぐに役だつ教育を学校にもとめている」と指摘した。その一方で、「高校教育までに新憲法の感覚の定着した青年たちは、支配階級のもつ矛盾と、それへの抵抗の精神から、かれら青年層の組織は強くなってきている」ということを報告している。そして、それらの点をふまえて、「教師は支配階級が学校教育に求める、不平をいわない〝人格教育〟に対決して、教育内容の自主的編成を大胆にやる必要がないだろうか」という提案を示した。それというのも、文部省が示す政策の枠内で研究をすすめるのであれば、それがコース制を前提とした「二重構造の底辺に仕える技術教育」になると考えたからである（日本教職員組合編　一九六一、一六九頁）。

また、宮原も一九六〇年代に入ると、技術革新下における労働者の学習機会を重視する立場から、基礎的な学力の必要性について論じている。一九六四年には一六名の団員とともに、現場作業員の学力に関する調査に取り組み、共著で「技術の高度化と現場作業員の学力」という論文をまとめている。調査対象となった現場作業員のうち、ラインの操作工などから学力の必要性に関して否定的な発言も見られたものの、現場では高校卒の作業員の学習意欲の高さや、外国の技術の導入の必要などから基礎的学力の習得が必要視されるようになったことを報告している（宮原ほか　一九六四、一五二―一五五頁）。このような調査を通して、宮原は「技術革新と現場作業員の学力との関係というようなことはわが国ではまだ企業の側からは本気で問題にされてはいないらしいという印象を得た」と述べ、経営者側の姿勢を批判したのである（宮原　一九六六、一二二頁）。

しかしながら、一九五〇年代半ば以降、新しく職場に入ってくる高卒労働者の多くは、従来の熟練形成への違和感を持つようになっており、昔とは異なる管理体制を取るようになった会社に「なびいていくよう」になっていた。

清水が後の回想で技術革新下での熟練形成について「機械の仕様書とくに横文字の多いものなんかは、古いおっさんはなかなかつき合いにくい。熟練の年功序列は現場で権威を失ってくる。そういうのには、新高卒労働者の方が馴染みやすい」と指摘したように、職場特有の技術の熟練度を高めるだけでなく、職場の外から入ってくる技術を使いこなすことが求められるようになっていた（清水　一九九五、一九六頁）。こうした中で、企業においても一般的な教養が求められていたのである。

清水は、そのような動きが一九五〇年代後半に既に出てきていたにもかかわらず、「そこのところをつい新憲法感覚という方にのみ気をとられ、有利に働く面ばかり見て取ったところが、あの時点で言うと大きな手ぬかりだったなと、いまでは自覚しています。組合指導が感覚的に技術革新に追いぬかれた」と振り返っている（清水　一九九五、一九六頁）。このことは、技術革新がすすむ中で、一般的な教養を身につけることの意味づけが、政治的な対立を前提とした枠組みでは十分に捉えきれなかったことを示している。

教研集会においても一部には、企業で一般的な教養が必要とされていることを指摘する見解が示されていたものの、多くの場合、宮原と同様に企業が一般的な教養を軽視しているという見解を示していた。一般的な教養を身につけるように学習の環境を整えていくことは、中等教育が職業上の技能に応じてコースに分化し、「労働力の階層型構成」（持田　一九六五、八八頁）となることに対抗するという意味づけがあった。しかしながら、技術革新が進む中で、一般的な教養を身につけることは企業の熟練形成にとっても重要視されるようになっていた。この点においては、企業の要求も教員組合の指導にあたった講師たちや、研究集会に参加していた教員たちの主張と同様のものとなったのである。

## おわりに

本章で見てきたように、職業上必要とされる技術から切り離された一般的な教養の方が、職業教育で身につける技術よりも崇高であると位置づけられたわけではない。戦後の職業教育と普通教育をめぐる議論は、精神労働と肉体労働との分離、分業化における労働者の主体性の喪失、さらには階級対立の問題が根底にあったのであり、一般的な教養を学ぶことは、職業の在り方を規定する社会構造と深く関わるものであった。

そこでは、労働者が一般的な教養を身につけることによって、自分に割り当てられた役割だけでなく、社会構造全体を把握し、それを作りかえる活動に参加することによって主体性を見出せるようにしようとした。しかしながら、技術革新がすすむ中で、一般的な教養を身につけていることが、経営者に対抗する労働運動においてのみ有用なのではなく、企業においても有用であると評価されるようになっていた。技術革新は、当時考えられていた以上に求められる技術を高度化させていたのである。

このことは熟練形成の在り方の中で、一般的教養を必要としない、特殊な熟練形成が、その役割を失ってきていたこととつながっている。宮原らからすれば、技術をカンやコツだけで伝えるようなやり方は克服されるべき方法であったが、実際にそうした方法が後退していく中で、技術に基づいた職場のアイデンティティが崩れていくようになっていた。そのことは清水が指摘していたように、労働運動において、新しく職場に増えつつあった高校卒の労働者が、熟練に支えられた技術を有する従来の労働者のように労働運動の主体にならなくなったことに示されている（清水　一九九五、三〇六―三〇八頁）。

こうした点をふまえるのならば、戦後の教育学者を取り上げるにあたっては、普通教育と職業教育とを対立させる枠組みだけでは十分でない。経営の側の技術革新や、労働運動の変容、さらには政治的な対立軸の変化などが組み合わさって、職業教育を語るまなざしが形成されてきたということに留意する必要があるといえよう。このことは教育の職業的意義をめぐる問題が、今日の学校と職業との関係だけでなく、その前提となっている歴史的な背景を問う必要性を示しているのではないだろうか。

**参考文献**

藤岡貞彦　一九七六ａ「城戸＝宮原教育計画論の構造素描」城戸幡太郎先生八〇歳祝賀記念論文集刊行委員会編『日本の教育科学』日本文化科学社、六六―八〇頁
藤岡貞彦　一九七六ｂ「解題」『宮原誠一教育論集』第一巻、国土社、四〇八―四二〇頁
羽田貴史　二〇〇四「日本型福祉国家論の形成と教育」広島大学高等教育研究開発センター編『高等教育システムにおけるガバナンスと組織の変容（ＣＯＥ研究シリーズ八）』一九―三七頁
本田由紀　二〇〇九『教育の職業的意義』ちくま新書
乾彰夫　一九九〇『日本の教育と企業社会』大月書店
清原道寿　一九五九「中学校の産業教育」海後宗臣ほか編『産業教育の基本問題』東洋館出版社、二九―五二頁
丸山真男・宮原誠一（対談）一九四八「教育の反省」『教育』九月号、世界評論社、二―一七頁
宮原誠一　一九四七＝一九七六「教育の計画化」『教育と社会』一一月号。『宮原誠一教育論集』第一巻、国土社に収録、以下『論集』と記す。引用は同書、一〇一―一一一頁
宮原誠一　一九四九＝一九七六「生産主義教育論」『中央公論』七月号。前掲『論集』に収録、引用は同書、一一二―一三〇頁
宮原誠一　一九五〇「生産主義教育の立場」日本農業学会編『農村教育の新構想』文教書院
宮原誠一　一九五一＝一九七六「生産教育」『教育』国土社、一一月号。前掲『論集』に収録、引用は同書、二四〇―二四八頁
宮原誠一　一九五二＝一九七六「アメリカ教育学の自己批判」鶴見和子編『デューイ研究』春秋社、前掲『論集』に収録、引用は同書、三一九―三四三頁
宮原誠一　一九五三「職業・家庭科のあり方について」『産業教育』第三巻第七号、一四―二三頁
宮原誠一　一九五六＝一九七六「生産教育の意義」宮原誠一編『生産教育』国土社。前掲『論集』に収録、引用は同書、二六三

―二八二頁
宮原誠一　一九六六『青年期の教育』岩波新書
宮原誠一ほか　一九四九a「〈座談会〉新制中学校の再検討」『教育』七月号、世界評論社、四―二六頁
宮原誠一ほか　一九四九b「〈座談会〉新制高等学校の再検討」『教育』八月九月合併号、世界評論社、四―二〇頁
宮原誠一ほか一九六四「技術の高度化と現場作業員の学力」『東京大学教育学部紀要』第七巻、一一一―一五五頁
持田栄一　一九六五『日本の教育計画』三一新書
森田尚人　一九九二「教育の概念と教育学の方法――勝田守一と戦後教育学」森田尚人ほか『教育学年報1　教育研究の現在』世織書房、三―三四頁
森田尚人　二〇〇三「戦後日本の知識人と平和をめぐる教育政治――「戦後教育学」の成立と日教組運動」森田尚人・森田伸子・今井康雄編『教育と政治――戦後教育史を読みなおす』勁草書房、三―五三頁
日本教職員組合編　一九五三『日本の教育』第二集、国土社
日本教職員組合編　一九五七『日本の教育』第六集、国土社
日本教職員組合編　一九五九『日本の教育』第八集、国土社
日本教職員組合編　一九六一『日本の教育』第一〇集、国土社
佐々木輝雄　一九七五＝一九八七『職業訓練大学校調査研究報告書　第三六号　高等学校制度改革の今日的課題――職業教育からの接近』。佐々木輝雄『佐々木輝雄職業教育論集　第二巻　学校の職業教育』多摩出版、に収録、七一―四三〇頁
清水慎三　一九九五『戦後革新の半日陰』日本経済評論社
田中萬年　二〇〇七『働くための学習』学文社
寺田盛起　二〇〇九『日本の職業教育』光陽書房
山田正行　一九八二「戦後日本労働者教育研究における自己教育論の展開と意義――東京大学社会教育学研究室労働者教育共同研究の場合」『社会教育学・図書館学研究』第六号、一―一二頁
山田正行　二〇〇七『平和教育の思想と実践』同時代社

# 第Ⅱ部　知

# 第7章　教養——ヨーロッパ的人間形成と知的文化

綾井　桜子

## はじめに

今日、教養という概念ほど一般的に用いられながら、内実において一義的な答え方を許さないものはないだろう。教養について語ることの困難さは、教養という言葉そのものに起因するというよりは、これをとりまく文化的、歴史的、社会的状況が大きく変貌したことに因る。近代を正当化してきた大きな物語（主体、自由、人間の解放など）の失墜をもって、現代をポストモダンと称し、人口に膾炙したリオタール（Lyotard, J-F.）の『ポストモダンの条件』の一節をみる限り、教養は過去の遺物でしかない。

「知の習得が精神の形成、Bildung（教養）、さらには人格の形成と不可分であるという古い原理は、すでに、そして今後は一層、衰退し、顧みられなくなるだろう。」（リオタール　一九九四、一五―一六頁）

リオタールがここで述べているのは、いまや私たちにとっては、すでに到来している情報社会、消費社会においては、知そのものが変容を被らざるを得ないこと、つまり知は情報に翻訳され、難解なものではなく容易に解読しうるものであることが求められ、商品として交換されるものとなるということだ。これら〈翻訳可能性〉、〈透明性〉、〈交換可能性〉をもたなければ、知は容易に見捨てられることになるという。このような三つの原理を、リオタールは知の顕著な外部化といい、かつて信じられてきた知（savoir）と人間形成（formation）の連関の崩壊について指摘しているのである。リオタールの言明は、今日、教養について論じることには少なからぬ困難が伴うことを端的に示している。加えてポストモダンにおける「他者性」への関心は、ヨーロッパにおいて教養と結び付いてきた、普遍主義的な人間概念を疑問視するものであるだけに、教養について語ることを一層、難しいものとしている。

本章では、副題にあるように、ヨーロッパ的人間形成と知的文化という観点から「教養」について論じる。とくにフランスを対象としながら、「教養」はヨーロッパ発祥の理念であり、変容を遂げながらも今日まで引き継がれてきたという、改めて問うまでもない事実に着目し、議論を展開したい。そのことが示唆するのは、ヨーロッパ的な「教養」をモデルとして提示することではなく、「教養」を異なる文化としてみる姿勢である。近代以降、現代に至るまで、日本は欧米の「教養」概念を移入してきたことを考えるならば、ヨーロッパに起源を有する「教養」は私たちにとって完全に異なる文化であるとは言えない。しかし、ヨーロッパ的人間形成の柱を成し、現代ヨーロッパにおいても引き継がれているとされる教養の伝統のうち、言葉（ロゴス）の練磨と弁論を中心におく「教養」は、ソクラテス（Sōkratēs）やプラトン（Platōn）に比して十分に着目されてこなかった（沼田　二〇〇〇、廣川　二〇〇五）[1]。このようなことからみても、言葉（ロゴス）を柱におく「教養」は、私たちにとって同一化不可能な、普遍化しえないものとして残るのである。

本章では、「教養」を論じるにあたって、今述べてきたところの文化的な視点とあわせて、歴史的な視点からアプローチしたい。先んじて言えば、本章での「教養」についての検討は、知識の獲得に終わらない知の習得とはどのようなものであったのか、知を通じての人間形成とは歴史のなかでどのようなかたちをとったのか、という問いに向けられる。これらの問いについて考えることによって、現代の私たちが直面する教養の問題に、比較の視点（文化的にも歴史的にも）を提供することをもって、本章の課題としたい。

以下においては、まず、現代日本において、主に高等教育をめぐって展開されている教養論のいくつかをとりあげ、私たちが直面する課題を明確化する（第一節）。次に、ヨーロッパにおける教養と教育について、教養の語義および教養形成の伝統、近代における「教養」の主題化という観点から扱う（第二節）。そのうえで、教養と人間形成の連関を、現代に至るまで行われている、フランス中等教育における哲学教育を中心に検討する（第三節）。

## 1　現代日本における教養の模索——高等教育論のなかで

教養の失墜が指摘されて久しいなか、現代日本の教育、とりわけ近年の高等教育において、教養というテーマはかなり広範に論じられている。いわゆる一九九一年の「大綱化」によって、戦後の大学における「一般教育」が解体されて以降、新しい教養教育をめぐる議論が開始されるが、二一世紀型の教養とはどのようなものか、についての議論は、今日に至るまで、一致をみることなく続けられている。

一方では、現代における教養概念が混迷をきわめているという状況認識にたちながら、新しいリベラル・アーツとも呼べる、大学における知のありかたが提案されている。野家は（野家　二〇〇八）、人文知を柱とした人間形成のありかた（教養）が現実性を有していたのは一九六〇年代までのことであると指摘したうえで、人間の生き方、社会のあり方を考えるにあたっては、発展を遂げた生命科学、情報科学、脳科学などの知見なしにはもはや不可能であるとし、人文知に限られない新しい現代のリベラル・アーツを「科学技術リテラシー」と「社会文化リテラシー」を柱に提案している(2)。

他方で、産業界の要請を意識した提言もみられる。飯吉（飯吉　二〇〇九）は、中央教育審議会による答申「学士課程教育の構築に向けて」（二〇〇八）のなかで提示された「学士力」をふまえつつ、二一世紀型の教養について提案している。飯吉は、「学士力」にも含まれているところの「汎用的技能」（コミュニケーション・スキル、数量的スキル、情報リテラシー、論理的思考力、問題解決力）に加え、自発的に課題発見し、解決する能力、批判的思考力、自己相対化の力を、今後の教養教育に求めている。確実に成果を生みだすために必要な技能、スキル、特定の分野に限らず多様な状況に用いることのできる汎用性を重視する現代の教養論は、競争原理を前提とした新自由主義社会における人材養成の考え方と強く結び付いている（上垣　二〇〇九）。知識ではなく、力というメタファーが多用されるのも、現代の教養論の特徴である。このような文脈のなかで語られる「教養」とは、機能的かつ功利的に理解され、様々に分断された諸能力に他ならない。

グローバル化をむかえ大学の質的変化が求められている今日、日本の高等教育が担うべき「教育力」について論じている金子は（金子　二〇一二）、既成の考え方を批判的に理解し、論理的な思考枠組みを形成する「論理系」、関係を構築する「伝達系」、行動する能力と人間、自然、社会についての興味からなる「意欲系」の三つを、大学で形成されるべき「基礎能力」であると位置付けている。金子は、この「基礎能力」が個別の能力や技能にとどまらず、人格のなかに一貫性をもって構成されていることが肝要であるとし、この観点から、あらためて、伝統的な教養を見直している。ギリシア・ローマの古典を中核においたかつての「教養」（リベラル・アーツ）は、これらの基礎能力（「論理系」、「伝達系」、「意欲系」）を統合する論理としてあった（金子　二〇一二）。ただし、金子の論においても、「教養」は、理論的体系的基盤となる一連の知識・態度・考え方としての「基礎能力」、「コンピテンシー」と、それほど異なった概念として用いられてはいない。

これら今日的な議論の数々が照らし出しているのは、「教養」が拡散し、知と人間形成との関わりを問うものではなくなったという状況に他ならない。以上のことを確認したうえで、ヨーロッパにおける教養概念の検討に移ることとしよう。

## 2　ヨーロッパにおける教養と教育

### （1）フランスにおける教養（culture）概念について

教養という言葉は、広範な意味および文脈を網羅しているだけでなく、どのような言語で言い表すかによっても、ニュアンスが異なってくる。日本語の「教養」、ドイツ語の「Bildung」、英語の「culture」、フランス語の「culture」は完全に同義ではない。ここでは、対象をフランス語の「culture」に限定することにしよう。

「教養」についての辞書的定義は、「教養」を歴史的な観点から検討するうえで十分なものではないが、日本とは異なるフランス的な用法を知る助けになる。主要なフランス語辞典の一つ、ロベール社によるフランス語文化辞典（Rey, A. Morvan, D. 2005）における culture の項目をみてみると、第一に、ラテン語に由来する元来の語義、すなわち土地を耕すという行為、農耕にまつわる概念が挙げられている。これに続いて第二に、フランスでは一五四九年以降に認められるようになった用法として、「適切な訓練による個人の知的諸能力の発展」、「判断、趣味、批判的感覚を発展させることのできるような知識の総体」という意味が挙げられている。

もっとも、この二つのイメージ（農耕と、知的諸能力の発展）は全く別のものではない。culture とはもともと耕された土地を意味するが、動詞形の「耕す cultiver」は転じて、精神を耕すという意味においても使われる。「耕された土地に播かれた種子のように、広い教養を身につけた精神が抱く思想は、たやすく発芽し、成長する」（フルキエ『哲学講義1　認識Ⅰ』一六頁）。このフランス的用法は、教養を、知性や精神に関する事柄において用いたとされる、キケロ（Cicero）の教養理念に由来する（Forquin, J-C. Paturet, J-B. 1999）。

このような「教養」のフランス的用法から分かることは、教養（culture）という言葉が持ちえる、知的鍛練のイメージである。日本においては、とくに「大正教養主義」のもと、教養は人格の練磨に直接に結び付けられてきたが、フランスにおいて教養（culture）は、「知的諸能力の発展」、「知性（精神）の働き」、「知性（精神）の一般的形成（formation générale de l'esprit）」と同義に用いられてきたのである。

古代の教養史研究で知られるマルー（Marrou, H-I.）は、教養（culture）とは「知的成果を産み出す能力を知性にもたらす活動」であるとし、この意味では教授、教育、形成といった概念と明確に峻別することは難しいとしながらも、「教養とは、豊かな成果をもたらす成熟した標準的な知的生活に向けて精神を準備する努力である」と述べている（マルー　二〇〇八）。この教養概念は、さらに二つの意味において理解することが可能であるとマルーは指摘する。一つは、内容面に関わるものであり、後に取り出して活用できる素材全体、一定量の知識（「百科全書的な教養」、「広い豊かな教養」と表現されるところの）のことである。もう一つは、活動的、形式的な意味であり、内容よりも、これを修得するために課せられる育成的な訓練、つまり「知的機能の鍛錬」のことである（マルー　二〇〇八）。

本章では、マルーが指摘する用法のうち、とりわけ第二のそれに注目することにしたい。この第二の用法は、「教養」を人格形成に直接に結び付けることなく、知性の働きそのものへ着目することを可能にする。それは、将来に向けて、精神を鍛練する準備活動としての行動的意味合いを示すものでもある。教養（culture）を「知的諸能力の発展」ないし「精神（知性）の働き」という意味において解するこの用法は、近代においても引き継がれ、メリトクラシーが社会構成原理のモデルとして考えられるようになる一八九〇年から一九二〇年において顕著であった（リンガー　一九九六、一四一頁）。

## （2）言論・修辞学を柱とする教養形成の伝統

では、フランスにおける伝統的な教養形成、およびこれを支える理念とはどのようなものであったのだろうか。教養形成を大学にて行ってきたイギリス・アメリカとは異なり、フランスにおいて教養形成を担ってきたのは、（高等教育ではなく）中等教育であった。先述のマルーにみられるように、知性（精神）の働き方を重視する教養観は、内容そのものよりも、一定の話し方、書き方、思考の仕方を身につけることを教育の柱におき、言葉や思考の基本の型を古典古代の作品を摸倣しながら学ぶことに力点がおかれてきた。

知性の練磨として、とくに、言葉の教育を重視する伝統は、ヨーロッパ的人間形成の源泉たる古代ギリシア・ローマの二大教養理念（プラトンのもとで取り組まれていた「数学的哲学的教養」と、イソクラテス（Isokratēs）によって確立された「文学的修辞学的教養」）のうち、「文学修辞的教養」の影響を大きく受けたものであった。「数学的哲学的教養」は近代の科学革命の時代に大きな評価が与えられたとはいえ、イソクラテスの「文学的修辞的教養」の影響ははるかに広大で、キケロ、そしてルネッサンス期のペトラルカ（Petrarca, F. 1304-1374）を経て、イエズス会の教育計画法 Ratio studiorum（文法、弁論・修辞学、古典文学、道徳哲学）に引き継がれ、一九世紀を通じて中等教育に影響を及ぼした（廣川　二〇〇五）。

この「文学的修辞的教養」においては、よき言論は、よき思慮のしるしであるとされ、「立派に語ることの知」（言論）と「賢明に思索することの知」（哲学）は一体を成していた（廣川　二〇〇五）。加えて、言論の練磨を中心とするこの教養理念は人間の生と切り離されたものではなかった。言論の練磨は、人間的生において部分的、一面的（学識、経済的）に秀でることではなく、人間的な営み全体を視野に収め、徳を前提としていた。イソクラテスの教養理念は、キケロにおいて〈人間的教養 humanitas〉として継承される。

言論、言葉を中心にすえる教養、すなわち「文学的修辞学的教養」が大きな見直しを迫られるようになるのは、フランスでは産業革命を経たあとの一九世紀末になってからのことであった。国民国家形成のもとで進められた公教育政策は、国民共通の初等教育を制度化しただけでなく、エリートを対象とする中等教育においても抜本的な改革を行った。方法面では、摸倣と記憶による教育から帰納重視の教育への転換、内容面では、フランス文学を素材としたテクスト解釈を取り入れ批判的精神の形成を図ったこと、ラテン語学習（ラテンの詩作、仏羅訳）をなくし羅仏訳を重視したこと、制度面では弁論の学習にあてられてきた「修辞学級」の廃止、ラテン語のない課程の設置（一九〇二年改革）などである。

### (3) 近代フランスにおける教養の主題化——デュルケームにみる知的文化の再編

では、言論と修辞学を柱とする教養形成に代わる新たな教養とは、いかなるものとして考えられたのだろうか。新しい教養の模索は、中等教育の混乱と危機という状況の只中から始められたことに注目しよう。

「中等教育はすでに五〇年以上前から一つの重大な危機に直面している。しかもこの危機はまだ解決点に到達していない。まだそれどころではないのである。すべての人が中等教育は今日のままであってはならないと感じている。しかし、今後どうなるべきなのか、まだ明らかな見通しもつかない状態である。（中略）それらの改革は問題の困難さとその緊急性を同時に証明するものである。もとより問題はわが国だけの特殊のものではない。ヨーロッパの大国でこの問題が提起されていない国、しかもほとんど同一の条件で提起されていない国はない」（Durkheim

1990: 14＝一九八一、二九頁）。

ここに引用したのは、フランスにおける大規模な中等教育改革（一九〇二年改革）の直後に、デュルケーム（Durkheim, E. 1858-1917）がパリ大学にて行った「フランスにおける中等教育の発展」と題する講義（『フランス教育思想史』）の一節である。ここでデュルケームは教養がフランスに限らず、ヨーロッパにおける同時代的な課題であることを示唆しているのである。

現に、隣国ドイツでは、ニーチェ（Nietzsche, F.W. 1844-1900）が「教養俗物」批判を展開し、すでに一八七〇年代には「われわれの教養施設の将来について」（ニーチェ、一九六六）にて、ドイツの中等教育機関、すなわちギムナジウムにおける教養についての批判的考察を展開していた。分業化と教養の大衆化を眼前にして、ギムナジウムにて当時行われていた古典語教育が「教養の怪物」しか産み出さないと認識したニーチェは「教養施設とは何を意味しなければならないのか」、「真の古典的教養」とは何か、と古代ギリシャ的精神を引き合いにしながら問うたのであった。(3) また、英語圏では、一九世紀半ばの政治的、社会的無秩序、精神的無秩序を背景として、一八六九年にアーノルド（Arnold, M. 1822-1888）による「円満な人間的完全の追求」（アーノルド　一九七〇）としての教養概念が現れる。「世界中で最高のものと考えられ、示されてきたもの」を知ることによる教養形成というアーノルドの考え方に対して、ハクスレー（Huxley, T.H. 1825-1895）は一八八〇年に「科学と教養」という講演のなかで異論を展開する。自然はなにものにも干渉されない一定の秩序の表れであり、人間はこの秩序を学びとり、それに従って身を処するべきであるとして、ハクスレーは科学の教養としての意義を主張した（一九六九、七六頁）。(4)

一方、国民国家統一を最大の課題としていたフランス第三共和政は、普仏戦争敗北をはじめとして、当初より、教育制度の遅れが強く認識されていた。道徳だけでなく、知の統一化が焦眉の課題であった。公教育の制度化は、宗教的世界観から科学的世界観への転換を図ったが、その際、中等教育の知的、道徳的統一は、民衆を対象とする初等教育以上に、国家的課題とされた。中等教育は将来の指導者を育成する役割を担っていたが、中等教育全体のなかで修道会系の中等学校は依然として大きな割合を占めていたからである。

中等教育における知的形成の問い直しの機運は、こうした状況のなかで生まれた。加えて、教育システムと職業システムとの相互浸透が進んでいた（リンガー　一九九六）。デュルケームは、職能の専門的分化が進む近代にあってもなお、中等教育の本質的原理は、職業への専門的準備にあるのではなく、「知性の一般的形成」にあるとし、思考、判断、推理といった一般的諸能力の訓練を柱とするかぎり、教育は必然と形式的であると述べる。しかし、その場合においても、内容と切り離されてはいないことを強調する。

「中等教育の究極の目的たる知性（精神）の形成とは、知性（精神）を形式的な訓練によって抽象的に鍛えることでなく、現実の種々の局面によりよく取り組み、健全な判断ができるよう、そのために不可欠な態度、習慣を習得させることなのである。精神は、これらの態度を事物そのものと直接、関わるなかで、かつ事物のはたらきのもとで、得ることができるのである。」（Durkheim 1990：383＝一九八一、六六四頁　訳は一部変更）

ここで注目したいのは、マルーによって提示された教養の一つ、「百科全書的教養」に別の意味づけが与えられている点である。「百科全書的」とは、いわゆる修得可能とされる知識の全体を意味しているのではない。「百科全書的」とは、可能な限りの人間的知識をつめこむことではなく、「様々な種類の事物に取り組むことができるよう、必要とされる種種の精神的態度のすべてを知らせること」（Durkheim 1990：398＝一九八一、六八八頁）なのである。

では、「知性の一般的形成」はいかにして可能だと考えられたのだろうか。この問題は、当代の中等教育論争のなかでは、古典語・古典文学の役割を強調する伝統派と、近代諸科学を支持する近代派（改革派）との論争として展開された。教養をめぐる、いわゆる伝統―近代論争である。しかし、教養の問題において、より本質的なことは知的文化の再編、言い換えると、知性、思考が向かうべき対象となる現実の再構成にあった。

デュルケームが注目しているように、歴史を遡れば、知性、思考が向かうべき対象となる世界は、ヨーロッパでは五世紀頃に「自由七科」というかたちで確立された。「自由七科」は、「三科」すなわち「言葉に関する学科 artes sermonicinales」（文法、修辞学、論理学）と、「四科」すなわち「事物に関する学科 artes reales」（算術、幾何、天文学、音楽）から構成されていた。「三科」は、推論の一般的形式にのみ、いわば言語にのみ関係するものであり、「知性を一般的に形成し、知性に然るべき形式、態度を与える」ことを役割としていた。他方、「四科」は、「事物に関する知識の全体を志向し」、「知性の内容を豊かにし、知性に素材を与える」ことを目的としていた（Durkheim 1990 : 59＝一九八一、一〇六―一〇七頁）。「三科」と「四科」はこのように異なった志向をもっていたが、中世の神的秩序のもとで統一性のある、まとまりのある知を構成していた。

この連関が失われた近代において、デュルケームは「三科」・「四科」といった知の枠組みと志向性、すなわち言葉と事物、人間と自然、形式と内容を、それぞれ吟味することで、新たな知のまとまりを見出そうとした。

具体的にみてゆこう。まず、言葉に関する知についてである。ここでは古典語の位置づけが大きな焦点となる。中等教育の近代化のなかで、古典語にあてられる時間は削減され、一九〇二年の大改革においては、ついに古典語のない課程が中等教育に設けられることになるが、デュルケームによれば、古典語は、やはり知的訓練において大きな役割を担っている。古典語は、構造上、現代語と大きく隔たっており、「われわれとは異なる思惟分析の仕方」を知ることを可能にするからである。ラテン語とフランス語の語順転換、古典語の作文と解釈は、現代語間のそれ以上に大きな労力を必要とする。明瞭で厳密な思考、つまり「論理的思考」において古典語は特別な利点を有していると考えられた。「古典語の練習に対しては有用な代替物を見出すことはできる。しかしそれだからといって、いろいろの意見はあろうが、この訓練のため現代語に多くの期待をかけてはならない」（Durkheim 1990: 396＝一九八一、六八四頁）。古典語は、かつての修辞学的教養にみられたような美文のために向けられた訓練ではなく、論理的分析と総合のための複雑な知的訓練として見直されることになる。この観点からいえば、古典語はそれまでのように人文学科にのみ関係するのではなく、「科学的文化」にとっても不可欠な思考、つまり「論理的思考」の習慣を与える。

次に自然および事物に関する知、つまり科学についてみてみよう。これは、いわゆる「科学的文化」を構成する。科学は、人間をして、異教的世界とは別のかたちで「普遍的、非人格的悟性」に対峙させるだけでなく、言語と同様、「論理的文化」（論理的思考）の貴重な手段である（Durkheim 1990 : 383＝一九八一、六七五―六七六頁）。科学は、自然科学にしろ、実験科学にしろ、数学にしろ、それ固有の論理的メカニズム、推論のかたちを有している。中世以来のキリスト教秩序のもとで、言葉に関する知（三科）が精神の形成、知の形式に関わるものとして重視されてきたが、自然および事物に関する知もまた、知の形式をかたちづくり、精神の形成に大きく関わることをデュルケームは示したのであった。

デュルケームが新しく提示した知的文化においては、言葉に関する知と自然に関する知が、論理文化によって相互に関連づけられている。論理文化の強調は、近代社会の秩序の再構成に向けられた彼の課題意識と無縁ではない。近代が生み出す病理現象を伝統的な宗教的秩序の衰退と、個人化、産業化の進む社会の構造変容として分析したデュルケームにとって近代社会は「長引けば危険をまねきかねないような危機と混乱の状態」（Durkheim 1999 : 423＝一九九四、四七一頁）にあった。加えて教育および道徳のヘゲモニーをめぐって教会と国家とのあいだで闘争が繰り広げられていた。社会が存続可能であるためには「道徳的調和性」のみならず、知性間の一致、コミュニケーションを可能にする概念の一致、すなわち「論理的な調和性」が必要であった（菊谷　二〇〇五）。「徳の共和国」ではなく、「知の共和国」の建設（北川　二〇〇五）という時代的課題に、社会学という諸科学の総体としての学を構築することで応えようとしたデュルケームにおいて、個人の知性の練磨における論理性（つまり論理的思考）の強調は、近代社会そのものを支える原理へと繋がっていたのである。

## 3　教養としての哲学と人間形成――思索の訓練を通じて、生き方を考える

では、知性の練磨を柱にすえる「教養」は、いかなるかたちで人間形成、なかんずく生き方を考えることに結び付くと考えられているのだろうか。フランス中等教育における哲学の教育は、部分的でありながら、この問いについて答えることを可能にする。

フランスでは現在も変わらず、後期中等教育の最終学年において哲学の学習が行われている。中等教育の最終年に哲学を学ぶという制度そのものは、具体的な中身を別とすれば、実に二〇〇年もの歴史があり、ナポレオン学制の誕生と同時期にあたる、一八〇九年の法改正にて設けられた。中等教育における哲学教育は、バカロレア（中等教育修了資格と高等教育入学資格を兼ね備えた国家資格）と呼ばれる資格制度とも結び付き、フランス固有のシステムとして、今日にまで引き継がれている。大学や長期高等教育への進学を希望する者は「普通バカロレア」を受験するが、自然科学系、人文科学系、社会科学系のいずれを専攻するにせよ、哲学の試験を受けなくてはならない。中等教育の最終年における哲学教育はバカロレアに備えさせるものであるが、哲学教育が行われている理由はそれだけではない。哲学の教育については、目的、意義も含めて、現在に至るまで数多くの議論が展開されているが、国民教育省が示すところによれば、次のような固有の目的を持っている。

一つは、生徒一人一人が訓練を重ねて自らの判断を吟味できるようにすること、そのために、初歩的な哲学的素

養を与えること。二つには、生徒自身が分析的態度、正確な概念、知的責任をもてるようにすること、三つには、現実の複雑さをよく理解し、現代世界に対する批判的意識をもつことのできるような、自律した精神を形成することである（*Bulletin officiel*, 2003, no.25）。

ここには哲学の教育が、自律した精神の形成と具体的な哲学的素養の習得、つまり形式的な面と内容面、いずれに偏ることなく、ともに含むことが示されている。しかし、目的は、あくまでも生徒において哲学的な判断や思索ができるようにすることにある。したがって内容面においては、初歩を与えることにとどめられるべきで、哲学上の問いのすべてを網羅することが問題なのではないことも、繰り返し強調されている。

具体的に言えば、哲学の学習は、主要概念の習得およびテクスト解釈、小論文（ディセルシオン）を中心に構成されている。主要概念とは、〈主体〉、〈文化〉、〈理性と現実〉、〈政治〉、〈モラル〉といった五つの問題領域のもとに構成されており、これら五つは、いずれの専攻（自然科学系、人文科学系、社会科学系）においても共通である。それぞれの主要概念において問題を明確化するために、複数の諸概念が扱われる仕組みになっている。例えば、〈主体〉については、「意識」、「無意識」、「他者」、「欲望」などであり、〈モラル〉については「自由」、「義務」、「幸福」などである。これら諸概念の数を比べると、自然科学系が一番少なく、人文科学系において一番多い。加えて、哲学上の概念の使い分け（絶対／相対、抽象／具象、説明／理解、理想／現実、義務／強制など）を学ぶ。

では、なぜ、これらの概念を学ぶ必要があるのだろうか。今日の議論では、上に挙げた具体的な内容は、哲学上の概念についての正確な知識の詳細を知ることや歴史そのものを理解することよりも、「各人が自らの世界をどのように経験するかを理解する」（Thierry. Y. 2008）ために不可欠であると考えられている。例えば、「仕事」という概念一つをとってみても、「辛い活動としての労働(5)（例　カント）」、「生きる手段としての労働」「生産・創造としての仕事（例　ベルクソン）」、「社会の源としての労働」といったように、文脈によって世界の区切り方は異なってくる。このようなかたちで知識を吟味することは、自身の直面する課題に明晰に対処するのに役立つとされ、哲学の教育は知性の練磨に向けられながらも、生徒自身の生き方を問うことに結び付いているのである。そのため今日では、哲学教育は、「哲学を学ぶ」（哲学を体系として学ぶこと apprendre de la philosophie）ではなく、「哲学することを学ぶ」（apprendre à philosopher）と表現されることが多い（Engel, P. 1998）[6]。

判断や思索の訓練は、小論文（ディセルシオン）に結実化する。二〇一二年度実施のバカロレアにおいて出題された小論文課題は、（人文科学系）「仕事によって得られるものは何か」、（自然科学系）「ルソーの『エミール』を解釈せよ」、（社会科学系）「自然の欲望というものは存在するか」などである。小論文では、問いに対し、自身の思索の筋道を、引用、例示をしながら思考を十分に構造化することが求められる。小論文は、自分の意見を示すのではなく、問いについて、異論も含めて合理的に論証すること、問いが、なぜ問いが慎重な検討と議論を要するのかを考える点において、複数の見地にたった思索の訓練となる。その際、プランと呼ばれる図式（弁証法）を踏まえなければならない。そこから、小論文が形式的な技巧の訓練に陥りやすいことも争点になってきた。今日では、生徒の自発的な表現を重視する傾向にあり、生徒たちの言語能力、すなわち思考を文字によって表し、構造化する能力の著しい低下と、バカロレア受験者の増加などにより、小論文は大きな困難を抱えていると言われている（Pouchet, B. 2006: 300, Ferry, L. 1999: 40）。それでもなお小論文は、思考するとは、自分一人きりの頭のなかで考えるということではなく、他者の信念に揺さぶりをかける「論証 argumentation」（Tavoillot, P-H. 1999）を含む点において教育上の意義が認められている。

今からおよそ一世紀前（一九二五年）にモンジー（Anatole de Monzie 1876-1947）文相によって示された「哲学教育指導要領」は、次のような意味で、いまなお参照されるべきものとされている。それは、「哲学的思索が科学や人生の諸問題と無関係に別の世界で営まれているのではない」（フルキエ　一九七七）ということを、時事問題に取り組むことを通して生徒に印象づける重要性を指摘した（Tavoillot, P-H. 1999）。「要領」は「人生の途上で精神的・社会的・経済的生活が彼らに課すであろう現実的諸問題を哲学的教養と結び付けて考えておく機会」（フルキエ　一九七七）として哲学教育を位置づけるとともに、思索の訓練を通じて、民主主義社会に必要とされる見識豊かな自主的判断力の形成に哲学教育が寄与することを明確にしたのである。

## おわりに

以上、私たちはフランスにおける教養形成が、知性の練磨を柱とする伝統を引き継ぎながら、そのための具体的なありかたを言葉、論理、自然、社会、そして哲学教育に至っては徳に関する知を教育のなかに位置づけるものであることをみてきた。そこに一貫してみられるのは、知の形式を問う姿勢である。知的教育を、活動や経験と対置し、既存の知識の獲得とみなす私たちにとっては異質であろうが、ヨーロッパの教養形成にみられる、形式への関心は、世界（自己、社会も含め）との向き合い方を知ることに向けられた、知性の訓練に結び付いているのである。この種の知性の訓練は、スキルの獲得にみられるような知の道具化と相いれない側面をもつ。メディアと情報社会の進展によって、知の形式を問う姿勢は、ますます後景に追いやられるであろうが、現代の私たちにとって、知と人間形成の関わりを捉えなおす契機を与えるであろう。

注

（1）キンバル（Kimball, Bruce A.）やミラー（Miller, A.）は、このような観点から、リベラル・エデュケーションの系譜の一つとしてイソクラテスやキケロに代表されるレトリックの伝統を再評価している（Kimball 1995, Miller 2007）。

(2) 松浦（二〇〇四）は、現代日本の高等教育における教養論議のなかで、「リベラル・アーツ」は文脈に応じて様々な使われ方がなされ、歴史的な語義とは矛盾する捉え方もされていることを指摘する。なお、戦後日本の大学における教養教育の誕生については、松浦（二〇〇三）に詳しい。

(3) ニーチェの教養論については、竹内（二〇〇四）、曽田（二〇〇五）。

(4) 教養をめぐるアーノルドとハクスレーの見解は、当時、アメリカで広く引き合いに出され、リベラル・エデュケーションの二つの系譜を代表するものであったとキンバルは指摘している（Kimball 1995: 171）。

(5) ここでは、柏倉（二〇一一）により紹介されている模範解答を参考にした。

(6) 二〇世紀後半以降、フランス内外ではじめられた「哲学することを学ぶ」新しい実践については、森田（二〇一一）に詳しい。

## 参考文献


Durkheim, E.　1990 (1938) *L'évolution pédagogique en France*, PUF＝一九八一『フランス教育思想史』小関藤一郎訳、行路社

Durkheim, E.　1999 *Le suicide*, PUF＝一九九四『自殺論』宮島喬訳、中公文庫

Engel, P.　1998 "Réinventer la philosophie générale," *Le Débat*, no.101, Gallimard, pp.157–164.

Forquin, J-C. Paturet, J-B.　1999 "Culture," Houssaye, J. *Questions pédagogiques*, Hachette, pp.109–122.

Kimball, Bruce A.　1995 *Orators & Philosophers: A History of the Idea of Liberal Education*, New York: The College Board.

Miller, A.　2007 "Rhetoric, *Paideia* and the Old Idea of a Liberal Education," *Journal of Philosophy of Education*, Vol.41, No.2, pp. 183–106.

Lyotard, J-F.　1979 *La condition postmoderne*, Edition de Minuit＝一九九四『ポストモダンの条件』小林康夫訳、水声社

Ministère de l'Education national, Bulletin Officiel du n° 25 juin 2003 programme de l'enseignement de la philosophie en classe terminale des séries générales.

Vial, S.　2009 *Prépabac, Philosophie*, Hatier.

Tavoillot, P-H.　1999 "L'invention de la classe de philosophie," Ferry, L. Renaut, A. *Philosopher à 18 ans*, Paris, Grasset, pp.154–184.

Thierry, Y.　2008 "La philosophie au lycée: le cas de français," Sabouret, J-F. Sonoyama, D. (ed.), *Liberté, inégalité,*

*individualité*, Paris: CNRS＝二〇〇九『日仏比較　変容する社会と教育』秋葉みなみ訳、明石書店、一二五―一三五頁
アーノルド、マシュー　一九七〇『教養と無秩序』（多田英次訳）岩波書店
アーレント、ハンナ　一九九六『過去と未来の間』（引田隆也・齋藤純一訳）みすず書房
中央教育審議会　二〇〇八「学士課程教育の構築に向けて」
フルキエ、ポール　一九七七『哲学講義　行動Ⅱ』（支倉崇晴・広田昌義訳）筑摩書房
ハクスリ、トマス・ヘンリ　一九六九『自由教育・科学教育』（佐伯正一・栗田修訳）明治図書出版
廣川洋一　二〇〇四『ギリシア人の教育――教養とは何か』岩波書店
廣川洋一　二〇〇五『イソクラテスの修辞学校　西欧的教養の源泉』講談社
飯吉弘子　二〇〇九「「二一世紀型」教養教育の再検討――日米比較と産業界要求・教育実践の視点から」『教育学研究』、七六巻第四号、四三八―四五一頁
柏倉康夫　二〇一一『指導者はこうして育つ』吉田書店
金子元久　二〇一一『大学の教育力』筑摩書房
キケロー　一九九九「弁論家について」『キケロー選集7　修辞学Ⅱ』（大西英文訳）岩波書店
菊谷和宏　二〇〇五『トクヴィルとデュルケーム　社会学的人間観と生の意味』東信堂
北川忠明　二〇〇五「エミール・デュルケムと共和主義的「国民統合」」『日仏社会学叢書』恒星社厚生閣、六九―九八頁
マルー、アンリ・イネレ　二〇〇八『アウグスティヌスと古代教養の終焉』（岩村清太訳）知泉書館
松浦良充　二〇〇三「戦後大学の「教育」化」森田尚人・森田伸子・今井康雄編『教育と政治　戦後教育史を読みなおす』勁草書房、一六七―一九四頁
松浦良充　二〇〇四「「リベラル・アーツ」をめぐる理解と誤解――比較大学・高等教育史の視点から」『同志社大学文学部教育文化』一三巻、一六―四〇頁
森田伸子　二〇一一『子どもと哲学を』勁草書房
ニーチェ、フリードリヒ　一九六六「われわれの教養施設の将来について」『ニーチェ全集　第三巻』（渡辺二郎訳）理想社、三三―一六七頁
野家啓一　二〇〇八「科学技術時代のリベラル・アーツ（特集　二一世紀の大学教育を求めて――新しいリベラル・アーツの創造）」『学術の動向』一三（五）、二六―三〇頁

沼田裕之　二〇〇〇「古代ギリシアとロゴスの教養教育」沼田裕之・加藤守通編『文化史としての教育思想史』福村出版、一九—四一頁
リンガー、フリッツ・K　一九九六『知の歴史社会学——フランスとドイツにおける教養 1890-1920』（筒井清忠訳）名古屋大学出版会
曽田長人　二〇〇五『人文主義と国民形成』知泉書館
竹内綱史　二〇〇四「大学というパラドクス——《教養施設》に関する若きニーチェの思索をめぐって」『宗教学研究室紀要』京都大学文学研究科宗教学専修、一巻、一二三—一二五頁
上垣豊編　二〇〇九『市場化する大学と教養教育の危機』洛北出版

# 第8章　人間形成——教育科学の基礎概念としての Bildung

鳥光　美緒子

## はじめに

人間形成（Bildung）[1]というテーマについて多少なりとも限定して語るために、人間形成という概念に対する二つのアプローチを描くことからはじめたい。

一つは、人間形成という概念によって、学校教育をふくめて教育という営みの全体を規範的に方向づけようとするアプローチである。そのようなアプローチは、教育思想史のテキストに登場するコメニウス（Comenius, J. A.）やルソー（Rousseau, J.-J.）、ペスタロッチ（Pestalozzi, J.H.）などの思想の中にしかないと思うかもしれない。だがわが国においてもそう遠くない過去に、平和と民主主義を人間形成の目標として掲げそこに向けて教育的営みの全体を方向づけようとする努力がなされた時期があったことを想起してみよう。人間形成の概念によって教育を方向づけるというアプローチが、必ずしも現実離れした構想ではないことが納得できるのではないか。

今一つは、実態としての人間形成をどうリアルに把握するのかというアプローチである。このアプローチはこれまで心理学的な発達理論や社会学的な社会化理論にもとづいて試みられ定着してきている。

しかし、たとえば就学前教育の現場などでしばしば観察されることなのだが、保育者たちが嬉々として○○ちゃんの「育ち」について語るということがある。それはおそらく、社会性の発達と呼ばれているものに近いのだが、心理学領域で一般的に定式化された発達の指標にはおさまりにくい。それは、リアルな状況下での子どもの日々の関係とそこに垣間みられる成長をさしているとみた方がいいのではないかと思う。たとえばそのような「育ち」を教育科学的な研究の対象とすることはできないか。

この二つのアプローチの区別を、私は戦後ドイツ教育学の議論から学んだ。

おおまかにいってドイツ教育学における議論は前者、つまり教育的営みを人間形成という規範的概念によって方向づけようとすることから後者、つまり規範的な含意をもはやもたない人間形成の一般的法則の追求へと推移してきた。ドイツにおけるこの議論で特徴的であるのは、人間形成の概念についての議論が、教育学の学的理解や思想研究、哲学研究のあり方についての問題提起と不可分に進行したことである。

人間形成という視点から規範的な含意をとりさったとき、そのような人間形成概念に対して、思想研究は、あるいは哲学的分析は何を提供できるのだろうか。

## 1　予備的考察――教育科学の基礎概念と一般教育学

人間形成というテーマは、戦後ドイツ教育学においてとだえることなく論じられ続けてきた。

人間形成の危機や終焉が、あるいはその再生が専門的議論の焦点とされ、専門雑誌において人間形成が特集のテーマに取り上げられたことも一度や二度ではない。さらに人間形成をタイトルに掲げる書物は近年でも引きも切らずに出版され続けている。

このように、教育学の専門的議論において人間形成概念に熱い視線が投げかけられていることは、教育科学の基礎概念の解明をもってその中心的な課題とする、「一般教育学」というドイツ教育学に固有の学科領域の存在なしには理解しにくい。

一般教育学という学科領域はもともと、一八〇六年に出版されたヘルバルト（Herbart, J. H.）の『一般教育学』に由来する（1806［1968］）。そこにおいてヘルバルトは、教育学の学としての自律には教育に固有の概念、つまり基礎概念を提示することが必要であると述べた。

この基礎概念についての捉え方に関して、二〇世紀の教育学的議論における支配的な考え方のラインを決定したのは、フリットナー（Flittner, W.）の『一般教育学』だった（Flittner 1950［1988］）。「二〇世紀のドイツでこの種のテーマのために執筆された最も名高い研究書」（テノルト　一九九九、一五六頁）といわれるこの書において述べられているところによれば、一般教育学が解明すべきことはとりわけ次のことであるという。一つには、基礎概念を根拠づけられたものとして提示すること。このとき、基礎概念とは「教育に固有の思考と行為」のあり方である。そして第二にその基礎概念が、実践に対しても研究と理論形成に対してもその双方に対して規範的な含意をもつこと。

フリットナーのこの書物はもともと一九三三年に出版された後、第二次大戦後の一九五〇年に加筆修正されて再刊された。一般教育学をめぐるその後のドイツ教育学界における議論展開からみて、フリットナーの考え方は一九七〇年代ころまで有力な議論として機能していたとみることができる。

これに対して一九八七年、フリットナーの構想からの決定的な転換を示す一般教育学構想があらわれる。ベンナー（Benner, D.）の『一般教育学』である（Benner 1991$^{2}$）。そこにおいてベンナーは、基礎概念が教育的判断の基準を提示することができなければならないとしたフリットナーの考え方をもはや現実的ではないとして、基礎概念を規範的な概念ではなく、分析概念として捉え直した。

こうしてベンナーが体系的構想という戦前以来の一般教育学の課題に取り組んでいたのと同じ頃、基礎概念を体系的構想と切り離してその機能を捉える構想が形をとりつつあった。テノルト（Tenorth, H.-E.）による基礎概念についての捉え方がそれである。テノルトは基礎概念を、一般教育学構想とは別途に、教育現実における人間形成を捉えるための基礎概念として捉え直した。

その提案は現在、ヴィガー（Wigger, L.）によって、古典的人間形成論を理論的枠組みとする経験科学的研究の構想としてその実現が模索されている。

注目すべきであると思われるのはこのように基礎概念に求められる機能が、規範的方向づけから分析的概念へ、さらに体系的構想の基礎概念から経験的研究のための基礎概念へと変化したにもかかわらず、基礎概念として求められてきたのはその間一貫して、人間形成という概念であったことである。

以下では、まず、人間形成がどのようにして基礎概念として定着していったのか、この概念が教育学的概念として成立した一八〇〇年前後に遡ってそのプロセスを描き出すところから記述を開始する。具体的にはとりわけ、戦前の精神科学的教育学における人間形成概念と批判理論の影響を受けた戦後の「成人性への教育」に、人間形成によって規範的方向づけられた教育学構想をたどる（第二節）。続いて、規範的含意をもつ人間形成概念そのものが変容していくプロセスを、節目となる特徴的な考え方を提示したベンナー（第三節）、テノルト（第四節）、ヴィガーの試み（第五節）に着目して記述する。

## 2　人間形成概念によって方向づけられた教育学構想の成立と展開

Bildung、人間形成という概念がヘルダー（Herder, J. G.von）、フンボルト（Humboldt, W.von）、ヘーゲル（Hegel, G.W.F.）らによって人間学的、教育学的な概念として形成されたのは、一八〇〇年前後のことである。フンボルトがプロイセン学校改革に関与した際、改革をこの理念によって方向づけたことによって教育界にこの概念は急速に広まった。

とはいえ、それによってただちに人間形成概念が、教育科学の基礎概念としてその地位を確立したわけではない。そのことはヘルバルトが『一般教育学』（一八〇六）において基礎概念として提示した「管理」「訓練」「授業」が、「人間形成」（Bildung）にではなく「教育」（Erziehung）に帰属するものであったことからも推測できる。

人間形成の概念を教育学の中核概念に高めたのは、二〇世紀に入って、一九二〇年代から三〇年代にかけて教育学の学術界においてその支配を確立した精神科学的教育学だった。

第一次大戦後の経済的危機、ハイパーインフレ、相次ぐ政治的転覆の試みなど政治的な死ともいえる状況が続く中で、西欧文化とアメリカ文化とに対抗して、固有にドイツ的なものを強調する精神史的風土が形成されていく（cf. Tröhler 2003）。一方にあるのは、西欧的合理性であり技術とデモクラシーと大衆文化である。他方にはドイツ固有の精神性と人格が対置される。人格とはこのとき単なる個人のことではない。それは内なる精神性のあらわれであり、民族という全体性を反映するものであるとされた。

人間形成の学としての教育学という、精神科学的教育学の自己理解は、この精神史的風土において有効に機能した。その代表的なものとして、ノール（Nohl, H.）が掲げた「新しい人間」のヴィジョンの実現をめざす教育学をあげることができるだろう（Nohl 1926）。ノールにおいて教育学は、「新しい人間形成の統一と新しい人類の形式」を達成し、それによって民族の「精神化」と「より高次の生の統一」を達成することを課題とするものであるとされたのだった（cf. Horlacher 2011: 68）。

このような精神科学的教育学の人間形成概念は、第二次大戦後、厳しい批判にさらされた。第一に、それは民主化や学校改革、社会化理論、さらには経験科学的な研究といった時代の要請にもはや対応できないという点において、だが第二にそれ以上に、その人間形成概念が国家社会主義の理念に無矛盾に接合するものであったという点において、批判された（Wehnes 1991: 256）。

だがそれにもかかわらず、人間形成概念によって規範的に方向づけられた教育学という構想が放棄されることはなかった。むしろそれらの批判の背後にあったのは実は、人間形成概念の再生への熱い期待であったとの指摘もある（*ibid.*）。

一九六〇年代、ドイツ教育学界の話題をさらった実証主義論争において、精神科学的教育学が依拠してきたところの解釈学的研究方法が、激しい批判の矢面に立たされたが、その際にも人間形成概念の価値が疑問に付されることはなかった。

少なくとも実証主義論争の主要な仕掛け人の一人であり、「現実主義的転換」（一九六二）の主唱者であったロート（Roth, H.）にとって、人間形成概念の重要性は疑いえないものだった（Roth 1967）。ロートが問題にしたのは、古典的なテクストの再解釈に依拠した精神科学的教育学の現実離れした研究方法であって、人間形成概念そのものではない。もちろん人間形成の概念は、解釈学とはことなる科学的に確証された方法によって分析され検証されなければならない。だがそれでも、人間形成と結びついた規範的方向づけに対する期待は、ロートにおいては維持されたのだった（cf. Horlacher 2011: 88ff.）。

さらに実証主義的な立場の研究構想とならんで、解釈学的方法に対する第二の批判者であった批判理論もまた、人間形成概念に対して破壊的にというよりも救済的に作用した（cf. Horlacher 2001: 81ff.）。

一九五九年、アドルノ（Adorno, Th.）の『半人間形成論』（Theorie der Halbbildung）（Adorno 1979）が公刊された。そこにおいてアドルノが論じたのは、人間形成全体が包括的で根本的な危機に囚われているということだった。それはたんに「教育学科という専門学科」の責任に帰することはできないし、「教育社会学」的に克服できるものでもない（Adorno 1979: 92）。むしろ小手先の介入はそれ自体、啓蒙の反対物へと転化する。介入はもっぱら「自己反省」においてのみ可能であり、そのような反省の手がかりとされたのが真の意味での人間形成という視点だった。だが、教育科学者が批判理論の人間形成概念に結びついた時、アドルノの消極的な批判のテーゼは積極的な改革のテーゼへと転換する。一九六八年、アドルノの死後に出版された講演集のタイトル『成人性への教育』（邦題『自律への教育』）が、批判理論の立場をとる教育科学者たちのスローガンになった（Adorno 1968［2011］）。

一九七〇年代、解放的教育学と総称される教育科学者たちによって「成人性への教育」の可能性が、職業教育を通して、教授学的な構想を通して、さらにはまた社会教育領域において等々さまざまに模索された。民族共同体を志向する「新しい人間」（ノール）の創造から「成人性への教育」（解放的教育学）へ。人間形成概念のめざすところは、国家や社会権力的なイデオロギーに対する関係に関していえば戦前から戦後にかけて一八〇度転換した。だがいずれも、人間形成概念によって規範的に方向づけられた教育学構想をめざしていたということにおいては、共通している。「新しい人間」であれ「成人性」であれ、そこには教育学構想全体を方向づける規範的な価値が期待されていたのであった。

## 3　一般教育学構想の変容と分析概念としての人間形成
### ――「形成可能性／形成」

一九八七年、人間形成概念についてのある論考で、解放的教育学の主要な提唱者の一人であるモレンハウアー（Mollernhauer, K.）は、一九八〇年代に展開されたさまざまな新しいタイプの社会運動の展開やポストモダン文化においては、啓蒙が反啓蒙に、そしてさらには再神話化へと移行しつつあると述べ、それによって人間形成という概念そのものもまた崩壊の危機にさらされているとした（Mollenhauer 1987: 3f.）。

これは、一九七〇年代の改革多幸症の季節の終わりを告げる宣言だった。だがモレンハウアーにとってはそれでも――ここで彼が依拠している否定の弁証法の提唱者であるアドルノにとってそうであったのと同様に――人間形成という概念は手放してはならないものであった。それは西欧近代の理性のいわば砦ともいうべきものだったからである。

一九八〇年代から一九九〇年代にかけてのモレンハウアーの関心は、人間形成可能性における美と身体性のテーマ群に移行する。それによって彼は、ニーチェ（Nietzche, F.）やハイデガー（Heidegger, M.）に連なる人間形成の存在論的次元についての長い伝統の中に位置づくことになる。

同じ頃、体系的構想の基礎概念としての人間形成概念を捉え直す試みが、ベンナーによって試みられていた。一九八七年に公刊された彼の『一般教育学――教育的思考と、行為の基礎構造への体系的―問題史的導入』において人間形成の概念は、規範的なものから分析的なものとして再解釈されることになる。ベンナーはその書の冒頭で、フリットナーの『一般教育学』における基礎概念の捉え方に言及している。フリットナーによれば一般教育学には基礎概念が必要であり、その基礎概念は、「教育実践のあらゆる領域に妥当性を要求することができなければならない」し、「あらゆる教育科学の理論展開と教育の領域において承認されるものでなければならない」と、ベンナーはそこで述べている（Benner 1991²: 9）。そしてそれは、教育的判断規準を与えるものでなければならない。このようなフリットナーの捉え方に対してベンナーは、判断基準を与えることのできるような基礎概念は今日ではもはや問題にならないという。

とはいえベンナーにおいても、多様化し拡散する教育学的な知を体系的にまとめることのできる基礎概念の可能性が放棄されるわけではない。そのような体系的構想が必要であることは彼にとっては自明のことだった。

フリットナーの場合とことなるのは、一つには基礎概念がベンナーにおいては規範的なものではなく分析的な概念として捉えられていること、そして第二にはそれが歴史をこえて普遍妥当的なものではなく、近代の教育に固有のものであると考えられていることである。

このような基礎概念についての捉え方をベンナーは、教育思想の問題史的考察を通して導きだした（Benner 1991², Benner 1991, Benner 2004, Benner 2008）。その考察の示すところによれば、教育という実践領域が固有の秩序をもつものとして自律するのは近代以降のことであるという。それ以前にあっては、プラトン（Platon）の『国家』が示すように、教育という実践領域は政治的実践の一部として機能していた。教育とは、国家的な秩序であれその背後にある宇宙論的秩序であれ、自明のものとして前提とされていた秩序へと後続世代を統合するものだったのである。

これに対して近代以降になると教育という実践領域は、政治的宇宙論的秩序に存在根拠を見いだすことはもはやなくなり、政治的実践の一部であることから脱して、経済や倫理、政治等々のほかのさまざまな実践領域とならぶ、固有の基礎的構造をもつ実践領域として姿をあらわす。

このようなベンナーの説明は、ルーマン（Luhman, N.）のシステム論における機能分化システムとしての教育の成立過程についての説明を連想させる。だがベンナーにおいては実践領域としての教育は、機能分化諸システムが進化論的図式にそって自動的に発展するルーマンのシステム論の場合とはことなって、その領域において働く実践理性を前提とし、それにより規制されることによってはじめて正常に機能する。

そのような実践理性としての基礎概念をベンナーは、人間形成の次元と教育的相互作用の次元、制度化の次元の三つの次元に区別してそれぞれに展開しているのだが、ここではその全容にふれるかわりに人間形成の次元における基礎概念だけをとりあげよう。

「形成可能性／形成」Bildsamkeit ／ Bildungという概念がそれである。この近代教育に固有の基礎概念をベンナーは、とりわけルソーの思想との対峙を通して、近代に固有の教育という実践領域の構造を示す仮説的概念として取りだした。

形成 Bildung ではなく、形成可能性／形成 Bildsamkeit／Bildungとされていることに注意したい。ベンナーによればルソーにおいては成長する者は、生来身についた規定（Bildung）のみに拘束されることのない、自己を規定しうる存在、つまり形成可能性（Bildsamkeit）として捉えられる。近代以前にあっては、もっぱら他者形成、つまり政治的社会的要請にもとづく人間形成が教育の課題であったのに対して、近代以降は他者形成とは次元をことにする自己形成が教育の重要な課題として意識されるようになる。その事態がルソーの思索を通して反省的に解明されているとベンナーは捉えるのである。

この形成可能性／形成の概念は、フリットナーの一般教育学構想の場合におけるように教育的判断の規準を直接に指し示すことはないが、そのかわりに、教育的判断に際して、自らの判断の根底にある考え方をそれに照らして反省するための概念として、いわば間接的に作用する。

「実質陶冶」と「形式陶冶」という、現在でも教育史や教育思想史の教科書的なテキストでしばしば取りあげられる問題について考えてみよう。形成可能性／形成という近代に固有の基礎概念に照らしてみれば、実質陶冶はこのとき人間形成過程を社会による規定に、つまり形成に切り詰めてしまう考え方であるし、他方形式陶冶はそれを個人の形成可能性に切り詰めてしまう。いずれも近代に固有の実践領域としての教育にはふさわしくない判断であるということになる。

## 4　経験的教育研究と人間形成理論をつなぐ
### ――社会と個人の相互作用としての人間形成

人間形成の基礎概念という観点から教育思想の問題史的解読を行うベンナーの試みをさして、テノルトは、人間形成についての教育哲学的、哲学的な問題設定としてはこれが唯一、妥当なものであると指摘した。

一九九七年に公表された「人間形成――それは教育科学においてどのように主題化され、どのような意味をもつのか」においてのことである（Tenorth 1997）。これは小論だが、経験的教育研究と古典的人間形成論を接続するという今日の研究動向の出発点となったものである。そこにおいてテノルトは、人間形成の概念についての問題設定の仕方を次の四つに分類している。

第一に「古典作家の保存と解釈」。古典作家とはこの時、フンボルトやヘーゲルらを念頭においているのだが、これに従事する人びとはこれらの著作家の作品のテキスト批判と解釈による「真の」人間形成概念を、テノルトによれば「無駄に」追求している。とはいえ、この種の問題設定にはとくに害があるというわけではない（Tenorth 1997: 976）。

第二に「人間形成概念の、歴史哲学的、世界観的、ユートピア的利用。特権化された知への逃亡」。このようなテーマ設定はテノルトによれば、いずれにしろなくなることはないので「我慢するしかない」という（Tenorth

1997: 976f.)。

第三に、経験科学的な研究方法そのものを批判し、経験的手法をもちいてえられた所与のかなたに「真の」人間形成の可能性を語ろうとするもの。これについては科学領域で言論を行うことにおける論理矛盾であり、排除されなければならないとして厳しく論難する（Tenorth 1997: 977f.）。

そして最後に、唯一、積極的に意味があるとされるのが、ベンナーのように基礎概念としての人間形成の解読を目指して、そのために思想と対峙することである。

ただしこのときテノルトが基礎概念として考えているのは、ベンナーにおいてそうであったように何らかの体系的構想の基礎概念としてのそれではない。テノルトにおいてもまたベンナー同様、多様化し拡散する教育学的知の産出の現状に対して、なんらかの「一般的なもの」はあってしかるべきものであると考えられていた。だがそれは体系的構想の司令塔としての基礎概念に求められるべきものではなく、むしろ、「教育活動の具体的実践においてのみ」解明されるべきものであった（Tenorth 1988: 242）。この側面を彼は、人間形成についての経験的、教育科学的研究に固有の課題であると述べている（Tenorth 1988: 242, cf. Prondczynsky 2009: 16f.）。

テノルトにとって、人間形成という基礎概念が放棄されてはならないものであるのは、それなしには「主体が世界を習得し、この習得において個人として構成されるとともに、個人が世界を再生産する」プロセスを解明することはできないからである（Tenorth 1988: 242）。基礎概念としての人間形成は、経験的研究との接続のための理論的な枠組みとして機能するものでなければならない。そのようなものとしての基礎概念を抽出することが、古典的思想の解読に期待されるのである。

テノルトの一九九七年論文はもともと、経験科学的教育研究の牙城の一つであるマックス・プランク教育研究所において行われた彼の講演を原稿におこしたものである。経験科学的教育研究の隆盛はドイツにおいては、連邦政府主導のもと、政策的に引き起こされ推進されてきた。

一九七五年ドイツ教育審議会は、それまでもすでに長く行われてきた授業研究にくわえて、国家的な教育制度、また学校内外での教育（Bildung）過程をふくむ理論的経験的研究の推進を提言する（Deutsche Bildungsrat 1975）。その際教育審議会は、経験的教育研究の中核である教育概念については明確に規定しないままに、精神科学的教育学から経験的研究に方向づけられた教育に関する社会科学への方向転換を推進した。つまり、経験的教育研究は、精神科学的教育学においては中心的な概念であった人間形成の概念とは、切り離されて成立し展開していったのである（cf. Prondczynsky 2009: 30ff.）。

テノルトはすでに見てきたようにこの講演において、古典的な人間形成理論（Bildungstheorie）の研究における「経験嫌い」ともいうべき現状を厳しく批判する。だが同時に彼は返す刀で、経験的教育研究に従事する人々に対しても、それらの教育研究において教育に固有のものについての理論的問題設定が欠落していることの問題性を指摘し、あわせて、経験的教育研究と古典的人間形成論とのディスコミュニケーションの克服が双方にとって有益であることを次のように強調する。すなわち、「経験的教育研究者は……敵の無知を嘆き、自らの理論、モデル、データを組み立てる。だが、今日なお、経験的教育研究において、古典的人間形成理論的考察から学ぶことはあるといっても不適切ではない」と（Tenorth 1997: 982）。

## 5　経験的研究の基礎概念としての人間形成——人間形成論的伝記研究

古典的人間形成論と経験的教育研究をつなぐというテノルトの呼びかけはその後、ヴィガーによって引き継がれ、古典的人間形成理論にもとづく経験科学的研究という研究構想として、その実現の可能性が模索されている（Wigger 2004, Wigger 2009, Wigger 2011）。その際、古典的人間形成論にもとづく経験科学的研究という理論的要請を具体化するべく、そのてがかりとしてヴィガーが結びつけたのは、教育科学者によって一九八〇年代以来すでに二〇年以上前から行われてきた人間形成論的伝記研究の試みである。それらの伝記的研究は、ナラティブ・インタビューによって得られた生い立ちに関するデータを、古典的人間形成論の理論的枠組みを使って読み解き再構成するものだった。

ヴィガーはそれらの研究成果を、彼自身の企ての理論的根拠にもとづいて、批判的に吟味する。結果として明らかにされるのは、従来の研究成果は、「十分に人間形成論的ではない」ことだった（Wigger 2004, 486）。つまりヴィガーの観点からすると、それらの研究においては、主体と世界の媒介という人間形成論に固有の人間形成プロセスについての理解が十分に生かされていない、というのである。

先行研究の一つとしてヴィガーが詳細に検討している、マロツキー（Marotzki,W.）による事例研究をみてみよう。国家公務員資格者の、ある若いドイツの女性がその資格を放棄して、未婚で出産した娘と二人、ドイツを離れアイルランドで、文筆業で生計をたてるにいたるという事例である（Marotzki 1990）。

そのプロセスをマロツキーは、（両親によって）「負わされた人生設計」「否定的様式の生起」「立て直された人生設計」という三つの「構造」として描き出す。それによって彼女の人間形成過程は「他者規定」から「自己規定」へという自己規定の上昇過程として、つまり当該インタビュイーの心理学的アイデンティティがより自由に柔軟になっていくプロセスとして捉えられる。

このような人間形成過程の再構成に対してヴィガーが問題として指摘していることは、つぎの二点に要約できる。

一つには、そこにおいて、自己参照（自己の自己に対する関係）と世界参照（自己の世界に対する関係）の双方の関わり合いにではなく、もっぱら自己参照のみに焦点をあわせたデータ解読が行われていることである。これに対してヴィガーが強調するのは、自己参照のあり方を、その文脈をなす世界像、切り取られた世界のあり方との関係において解読することの重要性である。

さらに第二に、自己規定の自由に向かう上昇として人間形成過程を捉えることの妥当性の問題が指摘される。個性の伸張のプロセスとして人間形成過程を捉えるという視点は一見理想的であるが、現実を振り返ってみればごく自然に納得されるように、人は社会的制度への適応なしに自己のありようを見定めることはできない。

これにかかわってヴィガーが示唆するのは、ヘーゲルの人間形成論を参照することの重要性である。ヴィガーの解釈にもとづいていうと、ヘーゲルにおいて人間形成過程はおよそ次のようなプロセスをたどる（ヴィガー　二〇一一、六頁以下）。まず主観的なイメージや見解に囚われている人間の段階、これに続くのが「思考する」人間、つまりものごとを客観的に判定し、そのような客観的判定にもとづいて自分なりの目標を設定することができる人間である。そして最後に、もっともよく形成された人間の指標とされるのが、「人倫的な」人間である。このとき人倫性とは、個人の側の思考や行為の合理性と社会的制度への適合とが関連づけられることを意味する。したがってもっぱら個人的な思考や行為の合理性のみを追求する人間は、いまだ十分に人間形成されていない人間である。

とはいえ、ヘーゲルにおいては理想主義的に解決されている個人の側の合理性と社会的制度の側の合理性の関係は、現実にはさまざまな葛藤と矛盾として個々人においては経験される。経験的なデータの解読にあたってはまさに、この矛盾と葛藤こそが解読の焦点とならなければならない。すなわち、世界と自己との関係が緊張をはらむような構造に着目すること、そしてその上で当該人物にとって世界はどのようなものとして映っているのかを明らかにすること、そしてそのような世界の見え方との関連においてその人物の立ち位置や道徳的決断のありようを明らかにすることが、解読の中心に置かれるのである。

このような視点にもとづいていえば、マロツキーのように心理学的なアイデンティティ理論にもとづいて人間形成過程を再構成することは、自己参照の文脈をなす世界参照への視野を解読に際して切り詰めることを意味することになるだろう。また逆に、社会学的な社会化理論にもとづいて、社会化と再生産のプロセスとして人間形成過程を再構成することは、そのような世界の切り取り方の背後にある決断や立ち位置の決定にかかわる契機を、経験的データの解読に際して切り詰めることを意味する。

人の経歴を人間形成論的に捉えることは、このとき、世界参照と自己参照との関わりをそのどちらか一方に抽象化させることなく、可能なかぎりその具体的な相にそくして解読することを意味することになる。

## おわりに

ここまで戦後ドイツ教育学における人間形成論をたどることで以下のことが明らかになった。

一つは、規範的な人間形成概念にかわって、実態としての人間形成を捉えるための基礎概念をこそ思想との対峙を通して模索すべきであるという提案が次第に確立されていったこと。そして第二に、一般教育学という、基礎概念をつかさどる司令塔による統制機能のついた科学という、教育学に独特の自己理解から、理論と研究とが相互に影響を与えつつ進展する諸社会科学としての教育科学という自己理解へと学的理解が変化しつつあること。

このような人間形成概念の変化をどのように評価するのか。

一九九一年に出版されたハンドブックの「人間形成」の項目の執筆者は、人間形成は今なおアクチュアルな問題であると述べていた。もしこの概念が放棄されたら、そこに含まれていた問題意識はほかのどんな概念によって考えたらいいのか。「自己規定と判断力、解放と批判能力、自律と責任」、さらにいえば「『真の人間形成』にもとづく教育科学的な基礎づけ」、これらの問題はなくなってしまったわけではないのであるから、と（Wehnes 1991: 256）。

それでも、専門的な議論は概して、規範的な方向づけを語ることには禁欲的である。だが一般世論に眼を向ければ、上記の項目執筆者に代表される主張は、今日ではむしろ一九九〇年代当時以上に声だかであることが報告されている（Horlacher 2011, 92ff.）。ドイツではとりわけ二〇〇一年のＰＩＳＡショック以降、教育改革を方向づける理念としての人間形成に対するニーズはきわめて高い（Horlacher 2011: 8）。同様の事態はわが国に対しても指摘できるだろう。

だがそのニーズに答えることをもって人間形成論の理論家の課題と考えるとすれば、そのときわたしたちは、テノルトがヴィトゲンシュタイン（Wittgenstein, L.）の言葉を援用して述べているように「いいえること」と「いいえないこと」との境界線をこえることになる（Tenorth 1997: 982）。

だが、実態としての人間形成を問うとはいったいどういうことなのだろうか。発達とも社会化ともことなる人間形成という視点から人の成育過程を問うとは、成育過程のどの側面をどのようなカテゴリーにもとづいて問題にすることなのか。

この点に関してヴィガーの研究構想から引きだすことのできる仮説は、それは当該主体の道徳的判断を主題化することである、というものである。

ひと言で社会的適応といっても、適応すべきであると想定される世界のありようはその当該主体に応じて、またそのときどきの問題状況においてさまざまである。人が社会的諸制度に適応する過程には、世界がその主体によってどう認識され切り取られ、そしてそのように切り取られた世界地平を前提にその主体がどう判断しているのかという、認識と判断の過程が不可避に入り込む。社会的再生産や社会化を主題化するときにも、また主体の心理的なアイデンティティを主題化するときにも視野から欠落しがちなその部分に焦点をあてることにこそ、人間形成という視点のもつ独自性がある。

この仮説は有効だろうか。また、このような視点にもとづくデータ解読をうながす、どのようなカテゴリーがあるだろうか。

近年、人の成育過程については、多様な質的方法によって獲得されたさまざまな経験的データが蓄積されてきている。まずはこれらのデータの調査が必要だろう。過去の教育思想家の残したテクストのいくつかは、広い意味での経験的データとして捉えることができるかもしれない。それらのデータに即して考えたとき先の仮説は妥当性をもちうるだろうか。

注

（1）Bildung の訳語として、わが国の教育界で戦前以来用いられてきた「陶冶」ではなく「人間形成」をここでは採用した。もともと「陶冶」という訳語は明治期のヘルバルト主義の全盛時に「品性陶冶」「陶冶性」などのヘルバルトの概念に対して、形作るというニュアンスを強く含む「陶冶」という訳語があてられたことに端を発し（諏訪内　一九九〇）、その訳語がそのまま、その後日本に導入された精神科学的教育学の Bildung の概念にも適用されることで一般化した。今日「陶冶」は教育学的な専門用語として使用される傾向が強く、広く一般的な概念としても使われているドイツ語圏における Bildung の訳語としては、「人間形成」のほうがふさわしいと考えた。ただし「実質陶冶」と「形式陶冶」など、専門用語として定着している語についてはそのまま踏襲した。


引用文献

Adorno, Th. W.　1959　Theorie der Halbbildung. In: Ders.: *Soziologische Schriften I*. Frankfurt a. M. 1979. S. 93-121.

Adorno, Th. W.　1968［2011］Bildung zur Mündigkeit. In: G. Kadelbach（Hrsg.）, *Erziehung zur Mündigkeit: Vorträge und Gespräche mit Hellmut Becker 1959 bis 1969*. Frankfurt a.M., 1971.（＝原千史・小田智敏・柿木伸之訳　二〇一一『自律へ

の教育』中央公論新社）

Benner, D.　1991² *Allgemeine Pädagogik.* Weinheim/ München.

Benner, D.　1991　Systematische Pädagogik: die Pädagogik und ihre wissenschaftliche Begründung. In: Roth, L. (Hrsg.), *Pädagogik. Handbuch für Studium und Praxis,* S.5–18.

Benner, D./ Brüggen, F.　2004　Bildsamkeit/ Bildung. In: D. Benner/ J. Oelkers(Hrsg.), *Historisches Wörterbuch der Pädagogik,* Weinheim/Basel, S.174–215.

Benner, D./ Brüggen, F.　2008　Bildung – Theorie der Menschenbildung. In: U. Frost/ W. Böhem/ L. Koch/ V. Ladenthin/ G, Martens（Hrsg.): *Handbuch der erziehungswissenschaft, Bd.1. Grundlagen allgemeine Erziehungswissenschaft.* Paderborn/ München/ Wien/ Zürich, S.209–226.

Deutsche Bildungsrat（Hrsg.）　1975　*Bildungsforschung. Probleme-Perspektiven-Prioritäten. Tl.1, Bildungssemantik.*

Flitner, W.　1950［1988］　*Allgemeine Pädagogik.* Stuttgart.（＝島田四郎・石川道夫訳　一九八八『一般教育学』玉川大学出版部）

Herbart, F.　1806［1968］　*Allgemeine Pädagogik. Aus dem Zweck der Erziehung abgeleitet.*（＝是常正美訳　一九六八『一般教育学』玉川大学出版部）

Horlacher, R.　2011　*Bildung.* Bern/Stutgart/Wien.

Marotzki, W.　1990　*Entwurf einer strukturalen Bildungstheorie. Biographietheoretische Auslegung vom Bildungsprozessen in hochkomplexen Gesellschaften.* Weinheim.

Mollenhauer, K.　1987　Korrekturen am Bildungsbegriff? In: *Zeitschrift für Pädagogik,* 33Jg., Nr.1. S.1–20.

Nohl, H.　1926　Die neue deutsche Bildung. In: Hermann Nohl: *Zur deutschen Bildung.* Göttingen. S.5–15.

Prondczynsky, A. v.　2009　Bildungstheorie-Bildungskritik-Bildungsforschung. Zum Wandel der Bildungssemantik. In: Wigger, L.（Hrsg.): *Wie ist Bildung möglich?* Bad Heilbrunn. S.15–33.

Roth, H.　1967　Die realistische Wendung in der pädagogische Forschung（1962）In: Heinrich Roth: *Erziehungswissenschaft, Erziehungsfeld und Lehrerbildung. Gesammelte Abhandlungen 1957–1967.* Hannover.

Tenorth, H.-E.　1988　Das Allgemeine der Bildung. Überlegungen aus der Perspektive der Erziehungswissenschaft. In: O. Hansmann/ W. Marotzki（Hrsg.), *Diskurs: Bildungstheorie I. Systematische Markierungen.* Weinheim. S.241–267.

Tenorth, H.-E.　1997　Bildung: Thematisierungsformen und Bedeutung in der Erziehungswissenschaft. In：*Zeitschrift für*

*Pädagogik* 43 Jg., S.969–984.
Tröhler, D.　2003　The Discourse of German *Geistwissenschaftliche Pädagogik*: A contextual Reconstruction. In : *Paedagogica Historica*. Vol.39, Nr.6, S.759–778.
Wehnes, F.-J.　1991　Theorie der Bildung: Bildung als historisches und aktuelles Problem.: In : Roth.L. (Hrsg.), *Pädagogik. Handbuch für Studium und Praxis*, München. S. 256–270.
Wigger, L.　2004　Bildungstheoire und Bildungsforschungen in der Gegenwart. Versuche einer Lagebeschreibung. In : *Vierteljahrschrift für wissenschaftliche Pädagogik*, 80 Jg. H.4, S.478–493.
Wigger, L.（Hrsg.）　2009　*Wie ist Bildung möglich?* Bad Heilbrunn.
諏訪内敬　一九九〇　「品性論（一）――近代日本における出発と展開」『モラロジー研究』三〇、一〇三―一三〇頁
テノルト、H-E（山名淳訳）　一九九九　「教育学および教育科学における『一般的なるもの』――あるいは教育に関する基本的思考の現在」小笠原道雄編著『精神科学的教育学の研究――現代教育学への遺産』玉川大学出版部、一五五―一七〇頁
ヴィガー、L（山名淳訳）　二〇一一　「ヘーゲルの人間形成論と現代の人間形成研究」（原題は'Hegels Bildungstheoire und die moderne Bildungsforschung'）、京都大学グローバルCEO主催講演原稿（二〇一一年一〇月一九日）

# 第9章　教科書――コメニウス『汎教育』における書物一般と学校用書物

北詰　裕子

## はじめに

現代に繋がる近代教育学の流れの中でコメニウス（Johannes Amos Comenius　チェコ語名コメンスキー Jan Amos Komenský, 1592-1670）は、近代教育学の「祖」として位置づけられ高く評価されてきた。戦後日本を代表する西洋教育史研究者の梅根悟は、コメニウスの『大教授学』（*Didactica Magna*, 1657）を、全民就学の普通学校の理念を説いた学校改革構想書であり「近代教育方法学の開拓的な名著として教育史上に不朽の名を誇っている」と高く評価した(1)。

梅根に代表的なように、近代教育学においてコメニウスは特に方法論的観点からその教育思想の特徴を読み解かれ、「祖」として評価されてきたといえる。例えば、教師一人に生徒多数という一斉教授、発達段階に即した学年構成やクラス編成を含む学校構想、学年毎・教科毎の学習内容の組み立てと、それに即した教科書の作成と発案等々。なかでも強調されてきたのは、観察可能な対象としての客観的事物を、実物によって教える「事物主義」の教育方法である。

とはいえ、こうした従来の位置づけや評価は、抽象的な言葉による教育を批判し、子どもの感性的認識や経験を重視した教育こそが、近代的かつ進歩的な教育であると捉えたうえで、その源流を過去の教育思想家に求める近代教育学の志向性の中でなされてきた。「事物主義」という解釈はその典型であり、その場合コメニウスは近代以前の書物中心主義的教育の強烈な批判者として位置づけられてきた。しかし当然ながら、コメニウスにおける事物の重視は素朴に書物そのものの批判を意味しない。むしろ、書物という発想こそが教育という営みを成り立たせる基盤であった。本章では従来焦点化されてこなかったコメニウスの書物論を検討することで、コメニウスにとって学校用の書物（教科書）がいかなる書物であったのかを明らかにする。それによって、特に方法論的観点に回収されがちな教科書という書物を歴史的文脈において相対化することを目指す。

彼は興味深い書物論を二つ残している。一つは、後に『世界図絵』（*Orbis Pictus*, 1658）や『遊戯学校』（*Schola Ludus*, 1656）を著すこととなるハンガリーのサロシュ・パタクにおける汎知学校設立にあたって、コメニウスがその地の庇護者や父兄に向けて講演した「書物について De Libris」（1658）である[2]。これは書物を「読むこと」が主題とされた一般的読書論である。

もう一つは、コメニウス晩年の著作である『人事の改善に関する総勧告』（De Rerum Humanarum Emendatione Consultatio Catholica, 一六四五—一六六〇頃執筆。以下『総勧告』と略記）、第四部『汎教育 Pampaedia』第六章「汎書籍論 Panbiblia」である[3]。「汎書籍論」は上の講演題目と同様に、「書物について」という副題をもつ。これは、書物を「書くこと」を主題として論じた執筆論である。

本章では紙幅の関係上、主に後者の「汎書籍論」から、コメニウスの書物執筆論と教科書論との関連を検討する。最後の第三節において、講演「書物について」の一般的読書論の特徴と教科書の特徴を比較考察することで、コメニウスにとって教科書がいかなる書物として捉えられていたのかを解読する。

以下では第一に、コメニウスによる書物執筆の具体的法則を明らかにする。この法則は、一七世紀当時の書物に関する状況を「書物の氾濫」と捉える彼の問題意識に呼応して提出されたものである。第二に、個別的に生み出される諸書物を更に相対化し、分類し、総合しうる普遍的書物の執筆法則を明らかにする。コメニウスにとって、人間が書き記す個別的な一般的書物と、それら一般的書物について更に書いた普遍的書物とに通底する／とを相対化する強力な指標は「神の三書」というモチーフであった。第三に、コメニウスにとっての教科書が「神の三書」の手引き書として位置づけられた特殊な書物であることを論じる。その際、教科書は、書物としての書かれ方という点では、個別的書物や普遍的書物執筆法則と重なりつつも、一方で、それらがいかに読まれるのかという点では、講演「書物について」における一般的読書のあり方とは異なることを指摘し、コメニウスにとっての教科書の特徴を考察する。

## 1　汎書籍論における個別的書物の執筆法則——書物の氾濫に抗して

コメニウスの「汎書籍論」には、「書物の氾濫」というモチーフが繰り返し登場する。

一七世紀当時、コメニウスは未だかつてなく書物が溢れ、情報や知が錯綜する社会状況に一つの危機を見ていた。「書物の氾濫は、才能を助けるのではなく、それを埋め尽くす」。時に人間は、哲学、医学、政治、宗教の多様な誤りによって痛手を被り、またある時には、真の事柄を伝えようにも伝え方が錯綜するゆえに利用できない状態にある。「書物というこの人間を培う道具を改善し、どんな国民にもそれが欠けることがないようにすると同時に、無限の量の書物は数えられるものだけにするべきである(4)」。

これ以上人間が書物を好きに勝手に書くことは更なる世界の混乱を招きかねない。ゆえに「書物を執筆する個別的な法則が作成されるべきだろう。そしてその法則に、光の協会であれ、今後書物を執筆すべく努力したいと思っている人々であれ、留意するべきであろう[5]」。コメニウスは、書物の執筆や出版に関して、第一に書き手個人を対象として執筆法則を具体的に提示する。

### (1) 引用の禁止、既知と未知との区別

コメニウスは執筆や出版に関する法則を述べる冒頭で、「良書の改善と悪書の排除」という「汎書籍」におけるモチーフを繰り返し強調する。「この啓蒙の時代には、書物を増やすことではなく、有害な書物を消滅させ、無用な書物を廃棄し、しかし良い書物は取り寄せるようにするべきであろう[6]」。「書物の多さ」を繰り返し批判したうえでコメニウスは、書物執筆の基本法則を論じる。

第一に、無意味な引用の禁止について。他人の書物から言葉を移して自分の書物にすること、更にそれが読み手を混乱させることを批判し、コメニウスは「書く人は、継ぎ剥ぎ細工ではなく、書物を書くべき」と主張する。「現代には、様々な書物の縫い合わせが無限にあり、またそこから大量の新しい書物が無限に生まれている」。コメニウスが特に批判するのは、様々な著作家の書物からの引用が、単なる書き手の保身のために為されている場合に、かえって読者を混乱させる点である。「すなわち、ある面では臆病からまた別の面では自慢から、あらゆる著作家の書を引用するという風習は消滅させるべきである[7]」。

第二にコメニウスが主張するのは、「新しいこと」のみを公刊すべきという法則である[8]。新しいことは、既知の事柄とは明確に区別されることが望まれる。既知と未知とを判然と分け、書くこと。コメニウスによれば、こうした自覚的な書き分けが、書物の氾濫＝知の混乱に対する有効な手立てとされる[9]。

とはいえ、単なる「新しいこと」は出版に値しない。それが人類の知恵の増大に繋がらなければ世界に向けて公刊されるべきではないとコメニウスは主張する[10]。「人間を無知という闇から、妄想という煙から、分裂という渦から解放し、光のひらめき、魅惑、力強さへと運んで行く書物のみを公刊すべきである[11]」。

### (2) 書物執筆の四法則

無意味な引用を避け、新しい知見で人類の知の光を増大させる書物を書くためにコメニウスは、具体的な執筆法則として以下の四点を挙げる。

第一に、内容を書く際に可能な限り「実証的に書く」こと。「数学的な方法だけで、新しい書物が執筆されるべきである。すなわち、何一つ論争によることなく、すべてが実証によって執筆されるべきである。様々な事柄、秩序、文体に関して、すべてのことが太陽の光線によって書かれたもののように見えるようになるべきである[12]」。

第二に、コメニウスが主張するのは、実証的に書くことが出来ない場合の補充策として、可能な限り「問題提起的」に書く、というやり方である。実証的に書くことが、精神の眼に明瞭に事柄を示すのと同様に、問題提起的な書き方もまた、何が問題なのかを偏り無く提示する書き方として勧められている。「もしも、そのように［実証的に――引用者］書けない事柄があるならば、肯定的ないしは否定的に書くのではなく、問題提起的に書くべきである[13]」。

問題提起的な書き方には、それ相応の時間がかかる。そこで第三に、コメニウスが主張するのは、「急がずに、じっくり書く」ことである。「誰でも書物の出版を急かして流産させてはならない。そうではなく、すべての人が自分のすべての事柄を形作り、作り直し、舐めるように改造し、改造し直すことに慣れる」ことが求められる。コメニウスは、画家や詩人の例を引きながら、即席に創られたものが長くもつことはなく、逆に、時間をかけて創られたものは年月に耐えうると主張する。「速く生み出されたものは速く消滅する。長い間かけて正確に加工されたものは年代を耐えうる[14]」。

第四に、コメニウスが勧めるのは、書いた書物に「索引」をつける、という作業である。特に厚い書物にはこの作業が不可欠とされた。「大きな書物はいかなるものでも、索引なしに出版されるべきではない。索引のない書物は、窓のない家である。目のない肉体である。目録のない財産である[15]」。

新知見を数学的明証性に則って、あるいは問題提起的な手法で吟味して書き、その書物には内容が一目で明示された索引を付す。こうした書き方の対極にあるのは、それまでの修辞学的文彩や隠喩、また論争を旨とする伝統的論理学である。シャピロは、一七世期における叙述形式の特徴が事実に基づく陳述や表現法、推論ではなく証拠に立脚した書き方の模索にあったことを、またノウルソンは、言語表現の矛盾、例外、非論理性が当時問題とされたことを明らかにしている[16]。コメニウスの執筆法則は、同時代において実験的科学の牙城であったロイヤル・ソサエティのトマス・スプラットが望んだ「敷衍、余談、文体の誇張をことごとく否定[17]」し、数学的平明さに文体表現の理想を求める地平と問題を共有しているといえよう。

### （3）書物執筆の最重要項目——「神の三書」の手引き書

しかしながら、以上の執筆法則は、「神の三書」の手引き書以外は出版すべきではない、という最後の法則に比べれば弱い法則にすぎない。

「新しい書物は、どんな類のものになるとしても、自然と聖書と自分の推理という神の書物に入るための、鍵や手引き書以外のものであっては決してならない[18]。」

コメニウスにおいて「神の三書」とは、神に由来する三つのものを指す。第一に、神が創造したこの世界そのもの、第二に、神の似姿であり良心や精神を有する人間、そして第三に、神の言葉・啓示が記された聖書である[19]。「神の三書」の鍵、あるいは手引き書、という指標に基づくことでコメニウスは、書物の氾濫に歯止めをかけようと試みる。「個人的願望で、どんな用紙でも良いから公刊して撒き散らしたいというあの慢性の悪癖は、言わばすべての混乱の痛みを永遠に紛れさせるため、直ちに終らせなくてはならない[20]」。書物を「神の三書」と「人間の手による書物」とに区別して捉えれば、当時の「書物の氾濫」はあくまでも人間の手による書物の問題となる。コメニウスは、書物の改善や精選を行うための指標を、人間の手による書物全体を相対化しうる「神の三書」に求めた。

以上、コメニウスにおいて書き手となる諸個人に向けた具体的な執筆法則を検討してきた。引用の禁止や未知と既知の書き分け、数学的明証性の重視など、後の時代にも通用しうる書き方に関しての認識論的な整序の方向性が示される一方で、それらを駆使して書かれる新書物の指標は「神の三書」に強力に引きつけられていた。

自著の出版によって世界に何らかの知の光をもたらすことが、書物時代を生きる書き手としての人間に委ねられている。とはいえ、こうした個々人による知の光の伝達は、同時に、書物を生み出し続けることによって可能となる。書物の氾濫という言葉でコメニウスが批判したこの世に溢れんばかりの書物とそこから否応なく伝わってしまう様々な妄想や誤謬を回避するために、コメニウスがとった手段は、書物を書くことの禁止や書物をこれ以上出版しないことではなくむしろ、書き方や内容を限定した上で、より一層書いていくというやり方であった。

## 2　普遍的書物の執筆法則――光の協会が用意する書物

コメニウスは、以上で検討した著者個々人による個々の書物の執筆のみならず、これまでに書かれてきた数多の諸書物を更に分類し、相対化し、撒き散らされた知を総合しうるような大きな書物を執筆することを勧奨する。それらは「公の書物」、「普遍的書物」と呼ばれ、書き手は個人ではなく、知識人共同体である「光の協会」とされた。

### (1) 普遍的書物

各個人による書物の書き方に加えて、もう一方でコメニウスが推奨するのは、この世界の書物の氾濫を食い止め、より大きな知の光を世界にもたらすべく書かれる普遍的書物の編集と出版である。

「普遍的書物とは、以下のようなものである。『汎宇宙学』、『汎年代記』、『汎歴史』、『汎教義』、『汎知』。また、神の書についての『汎調和的な注釈書』。(中略) 予言者の書に入って行くための『開かれたヘブライ語の扉』と、使徒の書に入って行くための『開かれたギリシア語の扉』。最後に、完全な『処世訓』と『難問の総体的な解明』と『誤りの倒壊』、もしそれ以外にその時代として総体的に探究されることが明示されるものがあれば、そういう書物もである[21]」。

ただし、普遍的書物は個人の力量を超えるため、書くにあたっては、コメニウスが理想とした知識人共同体である「光の協会」が行うことが望ましいとコメニウスは論じる。これらの執筆計画こそ世界の状況を改善する「汎改革の最も本質的な部分」とされた[22]。

とはいえ、コメニウスは上で挙げた普遍的書物すべてに関して詳細を明らかにしているわけではない。この後に詳述されるのは、主に四種類の書物である。

## （2）四つの書物

第一に、『汎宇宙学』とは、すべての人々が自分の居る場所を知ることに寄与する、普遍的書物である。まず諸地誌の一覧を作成し、更にその一覧から要約を作成する。その要約を使用することで各々の人は「自分が何処に居るのか」、地上における自分の位置とともに、その他の場所や諸民族との比較から、自らの特徴を知ることが出来るとされる[23]。

第二に、『汎教義』とは、これまで人間が為し考えてきた事柄をすべて集めた、人間の見解を列挙した大きな書物である。「すべて」の中には、当然誤りや闇の部分も含まれる。その部分さえも、「光の中で正確に配置されれば」真理を補完するものとみなされる。誤り（誤謬）とは、正しく受け取られなかった真理の何らかの歪みであり、誤りは真理に関わって生まれてくる。この発想からコメニウスは、真理を誤りから区別し、確固としたものにするためには、誤りを回避するのではなく、むしろ知ることが重要であると主張する[24]。

第三に説明されるのは、『誤りのカタログ』である。取り上げられるのは、誤りに端を発する諸々の論争に関する事柄である。内容の無い弁解の応酬や無意味な議論の長引きこそ、誤りを固定させ、増殖させる温床である。これ以上無駄な議論を積み重ねないために、何が問題かをそれぞれの立場に即して立証的に書くことが求められる。ここで指摘されるのも、誤りは何らかの真理に依存しているという論点である[25]。

コメニウスにとって『汎教義』や『誤りのカタログ』は、人間がこれまで行ってきたことや考えてきたことについて、正誤も含めて（それらは何れも真理に関わるものであるため）人間が再度書く書物であるといえるだろう。『汎教義』が、これまでの人間の行為や思考のすべてについて人間が〈書き直す〉書物だとすれば、最後に説明される第四の書物『汎知』とは、神の業について人間が〈書き写す〉書物である。コメニウスは『汎知』という書物が、あらゆる個別的な書物の規範となるような書物であると述べる。

「『汎知』を完成させ、それに比べればその他のものはすべてカオスと見なすことができ、ただそれのみが、世界という機械に、つまり神の充実した体系に似ているようにする必要がある。そうなれば、自然の業が、技術の業のすべての規範であるのと同じように、（完全なものに仕上げられた）『汎知』も、個別的なすべての書物の規範になり得るだろう。(26)」

### （3）「神の三書」という指標

コメニウスが示すように、「神の充実した体系」を模すということは、この世界がどうなっているのかを模すだけでなく、そうなっているこの世界をそのようなものとして成り立たしめている構造をも模す、ということである。その構造を、コメニウスは事柄の体系（システム）の連鎖的系列そのものに見る。「汎知の形式と規範と土台は、精神の光、すなわち、最高の種から下位の類へと下降していく、諸々の事柄の連鎖的系列となろう(27)」。

コメニウスは、「事柄の連鎖的系列」の確かさを「人間の系譜」との比較によって論証しようと試み、聖書に記された創世記以来の人類の系譜を以下のように解釈する。(28)

人類は、最初かつ最高の種であるアダムから、ノアを経て現在に至るまで、歴史の中で分岐し続けてきた。だがこの過程において、実際どのように分かれて人間が増えていったのか、定かではない。聖書に記されるほどの歴史的人物達の家系図は残っていてもその先はやはり分からない。まさに個々の人間の連鎖的系列は「過去」に埋もれてしまっており、この歴史は今を生きる人間の手の中にはなく、調べることはできない。ゆえに、人間の連鎖的系列は不確かなものに過ぎない。しかし、とコメニウスは翻す。それに比べて、この世界、諸事物／事柄の体系は、神の創造以降そのままに常にその通りに存在する。

「様々な事柄の統合的体系は（イデアの世界においても実在的世界においても）神によって創造された通りに常に存在しており、精神に見えるようにもなっている。（中略）人間の系統図を考え出すのは不可能であるとしても、様々な事柄の種や類を、その序列や連鎖的系列に基づいて再招集することは可能である。もしもそれをなし遂げることができれば、それは信じられないほど快くかつ有用なものとなるだろう。(29)」

失われた人間の系図。一方で、創世記以来変わらず存在する事柄の連鎖的系列。神の充実した体系。不確かな世界の状況において、確かさを求めるのであればそれは、人間の側ではなく、神の創造に直結した事物の側に寄り添うしかない――ゆえに、その連鎖的系列に従って、様々な事柄を再び呼び集め、確固とした系統的序列の中にもう一度、この世界を位置づけし直すこと。こうしたコメニウスの汎知的発想が、一七世紀における普遍言語構想と見事に呼応することはいうまでもない。同時に、創世以来の諸事物の連鎖的系列という秩序のもとで、すべてを数え上げ、列挙し、整理するコメニウスの世界の再配置の思想は、ルネサンス研究家のガレンや、科学思想史家のロッシが描き出したようなこの世界のあらゆる知を総合していく百科全書的発想と重なり合うものである。(30)

『汎知』という書物そのものが、すべての事柄に関する連鎖的系列の構造に基づく書物として、百科全書的構造をもつにもかかわらず、コメニウスはそれとは別にもう一冊、汎知についての『百科辞典』を作成するように薦めている。その書物では特に「神の三書」における「世界という書物」に関して扱われるとコメニウスは述べる。(31)

こうしてコメニウスにおける普遍的書物は、再び神の三書という指標にひきつけられることとなる。さらに、この他にも、聖書に関する注釈書や、著作家の名文や格言を集めた『汎華詞集』、『人類の無知の一覧』等々の書名が並べられ、そうした誰もが知るべき内容を詰め込んだ普遍的書物が読まれることによって、「すべての人が至る所に散在している神の真理と知恵とを見て取れるようになる」(32)とコメニウスは述べる。

以上論じてきたように、コメニウスは当時の書物の氾濫とそれに伴う知の混乱を問題視し、第一に、様々な書き手が生み出す個別的な諸書物にとっての、第二に、それら個別的書物を相対化し総合する普遍的書物にとっての執筆法則を掲げ対処しようと試みた。

書物の氾濫という問題のモチーフが繰り返し提起され、それを抑制するための法則であるとコメニウスは主張していたが、しかしコメニウスが論じれば論じるほど、人間の手による新たな書物が必要とされるという逆説がそこにはあった。そしてその逆説を正統化する根拠として機能していたのは、人間の手による書物とは区別される「神の三書」という指標であった。そしてこの「神の三書」に最も引きつけられて論じられる書物こそが、コメニウスにおける「学校用の書物」、つまり「教科書」という書物である。

## 3　「神の三書」とその手引き書としての教科書

以下では、『汎教育』の「汎書籍論」における教科書論の特徴を検討する。具体的な執筆法則として教科書を「いかに書くか」は、上で検討した書物一般の執筆法則と呼応する。しかし、教科書を「いかに読むか」という点に関しては、コメニウスの講演「書物について」で展開された一般的読書論とは異なる点が見いだせる。

では、書物一般と区別される教科書とは、コメニウスにとっていかに書かれ、いかに読まれる書物だったのか。

## （1）「神の三書」の手引き書としての教科書

『汎教育』の「第六章　汎書籍論」には、次のような副題が付されている。「すなわち、書物について。また、才能の普遍的な啓培 Culturae に奉仕するその他の道具について[33]」。とはいえ、ここで実際に論じられているのは「書物」に関してのみであり、「その他の道具について」は触れられていない。まさに主題は、「学校で使用するためにどのような書物が準備されるべきか[34]」である。

学校用の書物を論じるためにコメニウスが引き合いに出すものは、第一に「神の三書」であり、第二にそれと比較される、人間の手による書物である。「神の三書」とは、書物執筆の文脈と同様に、神が創造した「世界」、神の似姿としての「人間」、そして神の言葉が記された「聖書」を指す。

さて「学校」を、『汎教育』で展開される大きな軸に当てはめ、この世界は神の知恵の学校である、つまり、地上世界そのものが、そこで過ごす一人一人の人生の時間そのものが学校であるという意味で捉えれば、「人間は学校で何を学ぶべきか」という問いに対するコメニウスの答えは極めて簡潔である。「神は、すべての事柄を学ぶに十分な三冊の書物を、私たちに引き渡した[35]」。対して、人間の手による書物は、神の書物に比べれば、あまりにも断片的で不完全な、取るに足らないものにすぎない[36]。

にもかかわらず、人間の手による書物がなかったならば、この神の三書の知を十分に汲み尽くすことは出来ないのだ、とコメニウスが論じる地点において、いわゆる児童期・青年期・若者期という公の学校教育のための教科書論が成立することになる。

「神聖なる知恵の三書は、人間にとって、この世でも永遠の世でも知り、信じ、行い、期待するのに必須とされているすべての事柄の、真のかつ充実した図書館であり、この上なく充実した規範である。しかし、それは完全な知恵にすでに導かれた者にとって、規範となっているのである。ゆえに、今なおその途上にある者にとっては、何らかの指針となる小冊子、すなわち神のあの充実した図書館へ入る手引き書が必要なのだ。それらを適切に準備するということが、今、ここで問題となっているのである。[37]」

## (2) 教科書の作成条件

では、どのように手引き書を作成するのか。コメニウスは学校教育用の小冊子――今でいう教科書――のために幾つかの具体的作成条件を挙げる。彼が強調するのは、以下の四点である。

### ①簡潔さ

第一に、教科書の数や量が少なく、簡潔であること[38]。ここでは特に二つの簡潔さが求められている。一つ目は、内容の簡潔さである。問われるのは、それが読み手に「確実な知」をもたらすかどうかである。「私たちの小冊子は、（中略）才能が不確かなものへ導かれる前に、確実に知ることができる事柄、曖昧な所が無い事柄を知ることができるように寄与するものである[39]」。

コメニウスが指摘するもう一つの簡潔さは、印刷の視覚的効果によるものである。彼は、一つの文章に複数の異なる印字体を用いることで、段階の異なる学習者に対応可能となる書き方の様式を例示する。

「初心者に読ませたり記憶させたりしようとする事柄は、やや大きなアンシアル体で印刷する。進歩している者には古典的な字体で、そして最後に、完成者には速記体で、印刷する。一例を挙げよう。DEUS, *principium illud sine principio, fonsque omnium essentiam,* cùm vellet manifestam reddere infinitiae potentiae, sapientiae, bonitatisqve, majestatem suam, CREAVIT ex nihilo, *decoravitque formis pulcherrimis infinitâ varietate,* visibilem hunc MUNDUM, *ut amoenissimum aeternae pulchritudinis suae, divitiarumque ac svavitatim, spectaculum.*」[40]

異なる字体の見え方そのものが、それぞれの学習者に応じて、一つの文章を三段階に分けて読むことを可能にする（文章全体の基礎である三語「神は地上を創造した DEUS CREAVIT MUNDUM」から入り、次の段階の者は、それに一三語の字体を加え「神は自らの卓越性を明白にさせたいと思召したとき、無から目に見えるこの地上を創造した」と読むように）。さらに字体を変化させることで、言葉、事柄、概念のうえで、本質的なもの、副次的なもの、修飾的なものは何かに気づき易くなるとコメニウスは述べる。

**②段階的構成**

第二点目は、小冊子が異なる年齢に応じて段階的に複数作成される必要があること。「これらの小冊子はすべて段階づけられ、（中略）後に続く事柄はすべて先行する事柄から生じるようになっている」[41]。こうした構成に関して、コメニウスはまさに知恵の樹のイメージを伴いつつ「一本の樹木の場合、すべての新しい小枝、葉、花、果実が、その継ぎ目から出てくるようなもの」[42]と説明する。

学校用の書物は、一定の秩序によって、内容そのものが既に構造化されているため、その外側から、何が書いてあるのか、それがいかに正しいかを説明する必要はない、とコメニウスは述べる[43]。

ここでは、コメニウスの書物一般の執筆法則と教科書との相違が際立つ。というのも、書物一般の執筆においては、何が何処に書いてあるのかが分かるように、索引をつけることが推奨されていたが、教科書は段階的構成にそって内容が記されているため、ページを繰り読み進めれば全体も部分もひと繋がりに分かるようになっているのである。

③独学者への適合性

第三に、独学者にも通用する書物であること。秩序の光に従って書かれた学校教育用書物は、内容が明瞭に構造化されているゆえに、独学者にも資するとコメニウスは述べる。「とりわけ留意するべきこととは、これらの小冊子がすべて、ある明瞭な方法に則って書かれるようにすることである。であれば、学校で解説された事柄が容易に理解できるようになるだけではなく、学校の外で自学する者にとっても役立つだろう(44)」。

④対話形式で書かれていること

そして第四に、対話体で書かれること(45)。その理由は、対話体で書かれることによって、教える者と学ぶ者、質問者と回答者という役割を入れ替えつつ、書かれてあるすべての事柄について質問し、答えることに習熟することになるからとされる。

学校用の書物とは、工夫された見え方とともに、秩序に則った簡潔な内容を、読み手に与える。その内容は「問い」と「答え」という形式のなかで示されることで、曖昧さのない確実な知を重ねることを約束する。

以上、教科書を「いかに書くのか」については、確実性へのこだわりや簡潔さ等、コメニウスが「書物の氾濫」に抗して提案した書物一般に関する執筆法則と通底する部分も多い。しかし、教科書は特に「神の三書」の「手引き書」であると強調される点に関しては、それ以外の書物とは一線を画すといえよう。そこで次に、コメニウスの一般的読書論と教科書論とを比較し、その特徴を浮上させる。

### （3）書物一般と教科書との距離――「読むこと」から

コメニウスの講演「書物について」は、書物一般を「読むこと」に主眼を置いた書物論である。この一般的読書論の特徴は、第一に、書物を「神の三書」（世界・人間・聖書）と、人間の手による書物一般に大きく二分していることである。第二に、神の三書を「読むこと」は、人間の手による書物の圧倒的多読と、知の取捨選択と獲得とによって導かれるとされることである。それを受けて第三に、読み手自身を書き手へと移行させることである。コメニウスにとって「読むこと」は、神の知恵、神の手による書物、全知の理想という絶対的な知恵の審級に引き付けられたものであった。その一方で、コメニウスの薦める一般的読書は、人間の知恵、人間の手による書物、選択された知に自己限定されたものだった。一七世紀的な汎知や百科全書的理想は、ありとあらゆる知を蒐集し、再構成し、一つの法則の下に体系化するものだったが、それを現実の一般的読書に落とし込むとき、「汎知」の理想は、現実的な「選択された知」へと変容を被らざるを得ない。そこでは、様々な時代のテクストの重なり合いを積極的に受け入れ、「読むこと・選択すること・知をわがものとすること」が称揚された。

以上のような一般的読書論の観点と教科書執筆に関して強調された「限定／簡潔さ」や「段階的構成」とを擦り合わせることで、以下の二点が指摘できる。

第一に、一般書と教科書とでは数量において大きく異なる。コメニウスが一般的読書論において読者に勧めていたのは、古今東西のあらゆる書物を時間がある限り読み耽るという圧倒的多読であった。しかし、コメニウスが学校教育の書物について語るとき、勧めるのはあくまでも厳選された読書である。学校で読まれる書物は少量で、内容は簡潔でなければならないとコメニウスは主張する。

第二に、教科書で目指される段階的構成に関しても差異が目立つ。一般書では圧倒的多読を通じて、読者が自分にとって重要な部分を取捨選択・抜粋し「あなたの書物」を作成するため、索引を付すことが推奨されていた。すなわち、何が重要であったのか、何を抜粋したのかは、抜き出した「あなた」の手元で集積され、そこにある個々の断片的文章を、まさに「あなた」自身にとって意味ある順序で並べ直すことで、「あなた」にとっての秩序が事後的に形成されていた。

しかし、学校用の書物は、初めから「秩序とその光」に依拠して書かれるため、索引は必要ないとされる。学校教育の書物にはすでに、読み手に対して何らかの一定の秩序が準備されている。こうした多読ではなく限定的読書を、内容の事後的整理ではなく事前的構造化を意識した書物論は、まさに学校教育用の書物論の特徴であるといえる。

## （４）教科書のための、公の書物――「秩序とその光」の模索

学校用の書物（教科書）によって確実な知を得た後に待っているのが、「すべての著作家の書物という野原」(46)である。この一般書の世界は、学校教育の後に開けてくるが、そこでは自ら選択して多読していかねばならない。換言すれば教科書は、一般書以前の段階に設定された特殊な書物なのである。

コメニウスが教科書の特徴として強調するのは、それが初めから「秩序とその光」に依拠しているがゆえに、内容が明瞭に構造化され、独学者にも使用可能なものであるという点である。そしてこの点こそ、コメニウスによる一般的な読書論――圧倒的な多読の勧め――とは区別される、学校用の書物とその読書という教育的営みを形作るものであるといえる。

では、学校教育用の書物が依拠する「秩序とその光」とは一体何か？　コメニウスは『汎教育』で、「地上のすべての事柄は神の知恵を通して整えられているため、秩序を維持していれば」各々の人間の生の目的は達成されるという。すなわち、コメニウスにおける「秩序」とは、神の知恵に繋がるものである。むしろ、学校教育用の書物

がその「秩序」に則っていなければ、そもそもの動機である「神の三書」の「手引き書」としての教科書という役目を果たしえない[47]。コメニウスによれば学校教育用の書物とは、「世界・人間・聖書」という「神の三書」の「写し」である。忠実に写し取ってあるがゆえに、「神の三書」を読むための、「真の鍵」となる書物なのである[48]。

ここで、神の三書を「写し出す」という表現は、コメニウスの普遍言語像と重なり合う[49]。コメニウスにおいて普遍言語は、何よりも、神が創り出したこの世界そのもの、すなわち存在そのもの＝事物を透明に映し出すことが目指されていた。その理由は、事物こそが、創造者である神の知恵や真理に繋がるものだからである。ゆえに、それをそのまま透明に「映し出す」ことが――一七世紀的な視覚の強調と重なり合いながら――事物の伝達、真の知の獲得に最も寄与する。すなわち、コメニウスの普遍言語論と、「写し」としての学校用の書物論とは共通に、伝達する／知るべき内容としての「神の三書」を最上位の目的として措定するがゆえに、機能しているといえる。そしてこの設定こそが、コメニウスにおける世界＝学校というメタファーに学ぶべき内実を与え、同時に、文字の読み書きに始まるいわゆる学校教育の内容（読ませる書物）を限定させる。

学校用の書物は、神の三書を読むための「写し」であり、その同型縮小でもある。コメニウスは、学校教育の書物が従来言われてきたような「学識と知恵の宝庫ではなく、むしろ、それらを注ぎ込む漏斗」であると述べる。「その漏斗を通って神の知恵の三書から流れ出す事柄は何であれ、注意深く読んでいる者の魂の中に注ぎ込まれるだろう。学校教育の作業とは、教える者の場合でも学ぶ者の場合でも、光を、明瞭な書物から明瞭な精神へと移し替えるということ以外の何ものでもない[50]」。

学校用の書物を通して、「神の三書」から流れ出す事柄が読み手の精神へと注ぎ込まれることを、コメニウスは「光」の移し替えと捉えている。

とはいえ、この学校用の書物は、「神の三書」から直接的に構成されるわけではない。むしろ、コメニウスが勧めるのは、学校用の書物を書くために、「神の三書」と学校用の書物の中間に位置するような別の書物に則って、学校用の書物を作成することである。現実には書物は氾濫し、言葉は溢れ、何が事実なのか、何を信じるべきかが不明瞭になっているからこそ、学校用の書物には精選や改善、限定が必要となる。そのために必要とされるのが、「神の三書」と「学校教育の書物」の中間に位置する「汎 pan(m)」の名を冠した一連の書物である。コメニウスは述べる。「ところで、どのようにしたらそういう書物になるのか？　回答しよう。「汎知」「汎教育」「汎言語」「汎改革」という、世界圏の改革のために定められた公の書物を完成させることによって為されるだろう(51)」。

すなわちそれらは、前述した一連の「普遍的書物」と重なるものである。普遍的書物は、幾多の書物に記された人間の行為や思考について、更にもう一度人間が書き直す書物であった。また、全ての書物の規範とされる『汎知』は、神の業について、人間が書き写す書物であった。

書物の氾濫という状況のただ中において、コメニウスは、大量に増えていく書物に書かれた人間の言葉や知見を、さらに人間の手によって比較検討し、整理し、書き直して、出版していくことを推奨する。学校用の書物は、その精選作業を経て成立する書物である。この「世界という学校」のなかでこれまで人間が学んできた様々な知見を含み、なおかつそれを、神が造ったこの世界そのものの事柄の連鎖的系列という、人間を超えた「秩序」に引き付けて整理し直した新たな書物（理想的には『汎知』という書物）をもとにして、学校教育用の書物は書かれる。それは例えば、『世界図絵』に典型的なように、「神」に始まり「最後の審判」で終わる一繫がりの世界円環を体現するものであった。

## 結びにかえて

学校用の書物は、読むことの難しい／しかしそれを読むことこそが人間の生における学びの全てである「神の三書」の入門書として、世界の正しい繋がりのもとへと読み手である子どもを連れて行く。『世界図絵』の最後の「結び」では、「学識があり、知的で、敬虔であるために、さらに進みなさい。そして良い書物をたくさん読みなさい」と述べられる。[52] コメニウスは、『世界図絵』をはじめとした「神の三書」の手引書であるような、各学校段階における学校教育用の書物を次々と準備し与え続けることを前提とし、様々な教科書を構想した。神の三書について、人間が様々な文字で書いてきた／書き続ける書物によって、人間は学び続けるのである。

こうしたコメニウスの教科書論は、教科書の「正しさ」と、それを「信じること」という論点とも深い関わりをもつと考えられる。

『汎教育』で展開される誕生から死に至るまでの段階別学校論では、生誕期・幼児期の学校は家庭という私的領域とされていた。続く児童期・青年期・若者期の学校がいわゆる「公の学校」で、文字の読み書きと教科書を軸とした教育を受ける段階である。その後、壮年期・老年期の学校は社会における各個人の領域とされた。そのなかで、コメニウスがいわゆる「教科書」を使用すると明示していたのは、幼児期後期・児童期・青年期と若者期の最初までである。それ以降は、神の三書を読むべく、専門書や著作家の書物を軸とした、いわゆる一般的な書物の読書が中心となる。この教科書を使用する時期と、著作家等の書物を読む時期を、「信じること」の論点と重ねると、何が見えるのか。

コメニウスは、人間が神の三書を読み通せるほどの多知者になるには、第一に、多くの書物を読むこと（他人の証言を信じること）、第二に様々な経験をすること（自分の感覚の適用）、第三にイデアを理解すること（神の知恵・諸事物の抽象的理解の形成）が必要であると述べている(53)。

「信じること」を起点とするこの論点は、コメニウスが措定する「人間の認識の段階」とも重なり合うものである。

幼児期～若者期前期は、教科書が明示的に使用される時期である。第一段階は、幼児期・児童期の「直観」による認識段階である。この段階は、ほぼ無条件に、他人を信じることが直観の契機に含まれていた。例えば、星を見ている人（イメージする者）は、傍らの他人が「木星だ」と名指すことによって（そのイメージを得て）、その星（イメージされた対象）を木星であると認識する。第二段階は、青年期と若者期前期の「比較」による認識の段階である。ここでの比較は、それまでに獲得した新旧の複数の直観による認識を、自分自身の想像力によって比較検討する段階である。ゆえに、直観の契機に含まれていた他人の言葉を信じることに加えて、自らの判断が必要となる(54)。とはいえここまでは、他人を「信じること」という契機は認識を支えており、その他人の言葉そのものを徹底的に相対化する比較は行われない。いいかえれば、教科書は「信じること」が前提にされた書物であるともいえよう。

他方、第三段階は、若者期後期・壮年期のイデアによる認識の段階である。ここではそれまでの個別具体的な直観による認識や比較を内包しつつ、さらに抽象度の高い認識がなされるという(55)。この若者期後期以降は、いわゆる「教科書」は使用されない。むしろ、哲学・神学・医学等の専門分野の書物や、様々な著作家の書物を読み、吟味し、知を系統的に内在化することが求められる。様々な問題を検討するため、それ以前に獲得した「信じること」そのものを相対化しうる機会もあるだろう。また、壮年期以降は、様々な書物を読むという一般的読書の領域に入ることになる。神の三書の手引き書として企図された教科書が「信じること」を前提とする書物であることに比べれば、それ以外の書物に対しては、読み手の擬議と判断が必要となる。というのも、コメニウスが警告するように、生み出され続ける書物の多くは、神の三書の手引きとは言い難いからである。その場合には、一般的読書論のように、圧倒的多読の中から自分にとって必要な知を選択していくことが必要となる。

コメニウスの教科書論は、確かに、一七世紀特有の世界観や宗教性を背景とするものであった。しかし、若者期前期までは教科書の内容をまずは「信じる」必要があり、それ以降は自ら一般の書物を多読するなかで、真実性を判断していかなければならないという図式は、現代にも通底するようにも見える。

コメニウスは初期近代において、書物の氾濫を嘆き、具体的かつある意味近代的な書物の個別的執筆法則を論じていた。しかしそれら諸法則は、あくまでも「神の三書」の手引きとして、「光」を増大させる知のあり方に引きつけられていた。溢れる諸価値のただなかから何らかの指標を事前に選び出してモデル化し、その同型的縮小を「正しさ」の保証とともに与えるという構造や、モデル化の際につねに指標としての理想が――人間の生と死を意味づける存在論的観点と共に――教育を構成する個別的な事柄（例えば教科書）の認識論的整序に関わらざるを得ないという点は、教育という営みを考えるうえで非常に示唆的である。従来の研究が、コメニウスの宗教性や前近代的なるものとして近代教育から引き剥がしてきた歴史的文脈に内在する部分にこそ、実は私たちに馴染み深い近代教育の構造が胚胎していたのではないか。

注

（1）梅根悟『コメニウス』牧書店、一九五六年、一二二頁。

（2）講演「書物について」に関しては、別稿にて詳しく分析した。北詰裕子　二〇一三「コメニウスにおける読書論の諸様相――中世／ルネサンス／近代」森田伸子編著『言語と教育をめぐる思想史』勁草書房、参照。

（3）J.A.Comenius, *De Rerum Humanarum Emendatione Consultatio Catholica*, Tomus II, Academia, Praha, 1966, *Pampaedia*. 以下、*Pampaedia* と略記。同書は、一九三五年にハレにある孤児院の文書館から草稿として発見され、一九六六年、プラハ

のアカデミアから出版された。なお、訳に関しては、藤田輝夫訳私家版を参照したが、本文中の訳文は筆者が訳出したものであり、文責はすべて筆者にある。

（4）*Pampaedia*, p.53.

（5）*Pampaedia*, pp.71-72.

（6）*op. cit.*, p.72.

（7）*ibid.*

（8）*Pampaedia*, p.73.

（9）*ibid.*

（10）*ibid.*

（11）*Pampaedia*, p.74.

（12）*Pampaedia*, p.74-75.

（13）*op. cit.*, p.75.

（14）*ibid.*

（15）*ibid.*

（16）Barbara J. Shapiro, *Probability and Certainty in Seventeenth Century England*, Princeton University Press, 1983, pp.13-15, ジェイムス・ノウルソン　一九九三『英仏普遍言語計画』浜口稔訳、工作舎、六三頁。

（17）Tomas Sprat, *History of the Royal Society of London*（1667）, Routledge and Kegan, 1966, p.113.

（18）*Pampaedia*, p.76.

（19）*op. cit.*, p.66.「神の三書」については、北詰裕子　二〇〇七「透明な言語・不透明な知性――コメニウス『光の道』における光のメタファー」教育哲学会編『教育哲学研究』九六号、二二頁―四一頁参照。

（20）*op. cit.*, p.76.

（21）*op. cit.*, pp.77-78.

（22）*Pampaedia*, p.78.

（23）*ibid.*

（24）*Pampaedia*, pp.77-79.『汎教義』や『誤りのカタログ』といった書物は、コメニウスの一八世紀的な啓蒙への親近性を感じさせる。この点に関しては今後の課題としたい。

(25) *op. cit.*, p.80.
(26) *op. cit.*, pp.80-81.
(27) *op. cit.*, p.81.
(28) *ibid.*
(29) *ibid.*
(30) E・ガレン　一九七四『ヨーロッパの教育』近藤恒一訳、サイマル出版会。P・ロッシ　一九八四『普遍の鍵』清瀬卓訳、国書刊行会。
(31) *Pampaedia*, pp.81-82.
(32) *op. cit.*, p.83.
(33) *op. cit.*, p.66.
(34) *ibid.*
(35) *ibid.*
(36) *Pampaedia*, pp.66-67.
(37) *op. cit.*, p.67
(38) *ibid.*
(39) *Pampaedia*, p.68
(40) *op. cit.*, pp.69-70.
(41) *op. cit.*, p.70.
(42) *ibid.*
(43) *Pampaedia*, pp.76-77.
(44) *op. cit.*, p.70.
(45) *op. cit.*, p.71.
(46) *op. cit.*, p.69
(47) *op. cit.*, p.55.

（48）*op. cit.*, pp.67-68.
（49）北詰裕子　二〇〇一「コメニウスにおける事物主義と図絵――一七世紀普遍言語構想に於ける言葉と事物」『教育哲学研究』八四号、八七頁―一〇三頁。
（50）*Pampaedia*, p.71.
（51）*ibid.*
（52）コメニウス　一九九五『世界図絵』井ノ口淳三訳、平凡社、三三四頁。
（53）*Pampaedia*, p.99.
（54）*Pampaedia*, p.112.
（55）*ibid.*

# 第10章　カリキュラム——及川平治教育思想の生命概念

橋本　美保



## 1　カリキュラムの基礎

### (1) 日本における「カリキュラム」誤解

日本の教育界で「カリキュラム」という言葉が広く使われるようになったのは、第二次世界大戦後にアメリカの教育制度が日本に移入されてからである。それ以降、多くの場合「カリキュラム」は「教育課程」と訳され、一定の規準によって編成配列された知識技能という意味で用いられてきた。この「教育課程」としてのカリキュラムは、その内容が教える側によって用意され配列されているという意味では、戦前に用いられていた「教科課程」とあまり変わらない。そして現代においても、私たちは、カリキュラムを学習指導要領のように明文化された「コース・オブ・スタディ」として捉えがちであり、「教育課程」を意味する言葉として用いている。

しかし、一九九〇年代以降においては、「カリキュラム」を本来の意味、すなわち子ども一人ひとりの「学びの道程」という意味で用いることが提唱されるようになった。たとえば、佐藤学は、カリキュラムを子どもの「学びの総体」と定義している。彼は「学びとは、対象世界の意味と関わりの編み直し（認知的・文化的実践）、他者との関わりの編み直し（社会的・政治的実践）、自己の内的世界の編み直し（倫理的・実存的実践）を遂行する活動」であると述べ、「この三つの次元にわたる学びの総体がカリキュラムと呼ばれる」と述べている（佐藤 一九九八、二一二頁、二〇〇〇、一二六頁）。この「学びの総体」としてのカリキュラムの場合、子どもの学びの歩み、すなわち履歴がカリキュラムである。つまり、子ども一人ひとりの学びの経験、不断に更新される道程がカリキュラムである。

さかのぼっていえば、こうした「学びの道程」としてのカリキュラム概念は、大正期の新教育思想のなかにすでに見出される。最も早期のそれは、及川平治によって唱道されたカリキュラム概念であろう。及川は、一九二八（昭和三）年の「学級経営の実際」という論説において、カリキュラムを次のように定義している。

「カリキユラムとは、児童の生活を分析して教材に到達する活動を組立てたものである。教材とは、児童の経験の生長を［教師が（以下、［　］内は引用者）］予想し［導こうとする］望ましき智識、習慣、態度、理想をいふのである」。（及川 一九二八、九頁　以下、句読点引用者）

及川によるカリキュラムの定義は、戦前の「教科課程」の概念とも、戦後広まったカリキュラムの概念、すなわち「教育課程」とも異なっている。及川によれば、カリキュラムとは「児童の生活を分析して教材に到達する活動を組立てたもの」である。「教材」は「教える材料」ではなく、個々の児童の成長に資する望ましい「知識・習慣・態度・理想」である。そして、この「教材に到達する活動」の主体は「児童」であり、その「組立て」を行う主体は教師である。ただし、この「組立て」は、「単元」という、いわば部品を組み合わせて「教科」の「体系」を作ることではなく、「児童」それぞれの「活動」を設え助けることである。及川は、以下のように、当時の日本における「カリキュラム誤解」を指摘し、教師がカリキュラム開発の主体となるべきだと主張した。

「先づカリキユラムの誤解について述べよう。世にはカリキユラムの構成を以て文部省のすることで、我々実際教育家には研究の必要がないと考へるものがあるが、決してさうではない。国定の教科課程があつても之を生かしてゆくには、実際教育家の研究に待たなければならぬ。カリキユラムの研究なくては教育を効果的にすることは出来ぬ。」（及川 一九三四、一六頁）

## (2) 課程か道程か

カリキュラムを、既定の知識技能の配列、すなわち所与の教育内容と見なすべきか、それとも個々の子どもの「学びの道程」と見なすべきか。この問いに語源史にもとづいて答えることは難しい。英語で「履歴」のことを curriculum vitae（「人生行程」「人生遍歴」）というように、カリキュラムの語源は、もともと「走る」「道程」「行程」を意味するラテン語「クレレ（currere）」である。つまり、カリキュラムは、はじめから用意されている道（コース）という意味でも用いられうるし、「人生行程」「人生遍歴」のように、人が実際に生きた後にはじめて生じる軌跡という意味でも用いられうる。いいかえれば、カリキュラムは、当人がたどる前から設定され用意されているものともいえるし、当人が自ら切り開き、事後的に確認するものともいえる。同じように、学校カリキュラムも、あらかじめ用意され配列された「課程」ともいえるし、学習者一人ひとりが学び進んだ「道程」ともいえる。

さて、一九〇〇年代のアメリカの教育界で「カリキュラム」という言葉が広く用いられ始めたとき、この言葉は「教育課程」を意味していた。しかも、カリキュラムは、子ども中心的であるべきか、教科中心的であるべきか、と対立的に論じられていた。そうした対立的な考え方に異を唱えた人物がデューイ（Dewey, John）である。デューイは、一九〇二年に出版した『子どもとカリキュラム』において「学校のなかの、形骸化し・機械的で・形式的なものの発生源は、子どもの生活・経験がカリキュラムに従属させられていることに、間違いなく見いだされる」と述べている（Dewey 2008: 277）。ここでいわれる「カリキュラム」は、子どもの具体的な生活から切り離された教科の知識技能を指している。ただし、デューイは、子どもの生活経験は教科の知識技能に連なっているはずであるという。すなわち「私たちがここで理解することは、子どもとカリキュラムが単一の過程と定義できるものに記された両極であるということである」と（Dewey 2008: 278）。後述するように、デューイにとって、この「単一の過程」こそが子どもの「学びの道程」であり、この学びの「道程」の出発点が現在の子ども、到達点が子どもが習得した知識技能なのである。

### （3）子どもの生活世界と学校的な知識技能のずれ

厳密にいえば、デューイは、この「学びの道程」を「カリキュラム」とは呼んでいない。しかし、この「学びの道程」としてのカリキュラム概念においては、これまでの「教育課程」に付帯してきた対立はことごとく止揚される。デューイの時代と同様近年にいたるまで、「教育課程」としてのカリキュラムは、「子どものニーズ」を編成原理とする「子ども中心カリキュラム」、ないし「子どもの生活経験」を重視する「経験（中心）カリキュラム」と、「学問の専門性」を編成原理とする「学問中心カリキュラム」、ないし「教科の体系性」を重視する「教科（中心）カリキュラム」に大別され、それらは対立的に捉えられてきた。この対立は、カリキュラムを「教育課程」として捉えるかぎり生ずるが、カリキュラムを「学びの道程」として捉えるなら、成り立たなくなる。

また、子ども中心／学問中心、経験中心／教科中心といった二項対立の考え方は、子どもの生活世界と学校的な知識技能に関する根本的な「ずれ」を生み出してきた。このずれは、田中智志（二〇〇九）が強調しているように、学校で教えられる学術的な知識技能が、子どもの日常生活からずれてしまうという事実である。教科書の内容は、どんなに子どもの生活現実に傾こうとも、厳密な知識技能を伝えようとするかぎり、知識技能の一般性、専門性、論理的形式性を重視せざるをえないからであり、子どもの生活現実は、つねに意味形象の固有性、連続性、情感的関係性に満ちているからである。そうした子どもの生活世界と学術的な知識技能とのずれをできるだけ小さくするための教育的努力が、近代における様々な教育方法を生み出してきたのである。そうしたなかで、二項対立の考え方を止揚し、そのずれを解消するためにデューイが考案したのが「オキュペーション」を核とした「プロジェクト活動」という授業形態である。それは、一つのテーマのもとにいくつかの課題を設定し、その達成を教師の支援とともに、子どもたちの主体的で専心的な問題解決活動を通じてはかるというカリキュラム実践であった（田中・橋本　二〇一二）。

## （4）本章の課題と構成

本章の課題は二つある。第一に、及川が「学びの道程」としてのカリキュラム概念を形成していたことを明らかにすることである。ここでは、及川が欧米教育視察以前にすでにデューイの「学びの道程」を受容していたことを指摘し、日本にカリキュラム理論を導入した及川の教育思想とデューイのそれとの共通点を確認する[1]。第二に、子どもの生活世界と学術的な知識技能とのずれを可能なかぎり縮小するための思想的基底を、及川の教育思想に見いだすことである。それは、及川の生命概念がベルクソン（Bergson, Henri）の「生命の躍動」の概念と結びついていることを確かめること、いいかえれば、及川の教育思想が、デューイの進歩主義教育思想のみならず、ベルクソンの「生命の哲学」の影響を受けていたことを示すことである。

以下、第二節において、及川が理論的主柱となって展開された明石女子師範学校附属学校の実践理論を紹介し、続く第三節において、及川の教育思想の特徴、すなわち動的教育論の特徴を説明する。そして第四節において、及川の生命／生活概念とベルクソンの「生命の哲学」とのつながりを示す。その上で、及川の動的教育論の教育思想史的意義について言及したい。

## 2　及川平治と明石女子師範学校附属学校の実践理論

### (1) 教育実践家としての及川平治

及川平治は戦前の新教育運動を代表する教育の理論家、実践家の一人であり、昭和初期にアメリカのカリキュラム理論を導入して本格的なカリキュラム研究を始めた人物である。及川は、主著『分団式動的教育法』(大正元、一九一二年)によって大正新教育の中心的存在となり、一九二五(大正一四)～一九二六年の欧米教育視察以降、「カリキュラム」を「児童の生活経験の総体」と再定義して「生活単位」に基づく独自のカリキュラム改造論を展開した。及川に関する従来の研究は、主として学級経営の視点から「分団式動的教育法」に注目したものと、欧米教育視察以降のカリキュラム論を扱うものとに大別される。しかし、筆者はこれまで、「分団式動的教育法」を生み出した彼自身における方法的価値の実相や、やがてそこから教育内容そのものへ関心を移していく契機や過程、そして及川のカリキュラム論のモデルや独自性を明らかにし、彼が一貫した教師論と実践課題を有していたことを指摘してきた(2)。ここでは、及川を中心とする明石女子師範学校附属小学校・幼稚園での共同研究の成果として提唱された「分団式教育法」と「生活単位」(＝生活単元)について概観しておこう。

## （2）分団式教育と生活単元

兵庫県明石女子師範学校附属小学校・幼稚園においては、主事及川平治の指導の下、子ども一人ひとりの個性に応じた教授法、プロジェクト・メソッドを共通原理とした幼小連携のカリキュラムの研究・開発、また生活単元を中心としたカリキュラムの研究・開発が、教師たちによって行われた。及川平治は、大学や高等師範学校ではなく、教育現場に身を置きながら教育実践の理論的研究を行い、カリキュラム開発の担い手としての教師の役割を刷新しようとした。一九一二（大正元）年、及川が著した『分団式動的教育法』は、一九二三年の関東大震災で紙型焼失のため絶版となるまでに、実に二五版を重ね二万五千部を売り尽くして、教育書としては空前のベストセラーとなった。続いて一九一五年に『分団式各科動的教育法』が刊行されてこれらの書が流布すると、明石女子師範学校附属小学校には、年間一万人を超える参観者が訪れたといわれている（橋本　二〇一二b を参照）。

及川が推奨した「分団式教育」は、教師が一人ひとりの児童の習熟度や興味関心の差異などに応じて臨機応変に一時的な「分団」すなわちグループを作り、それぞれの状態にあわせて指導を行うという方式である。それは個別化教授法といってよい。具体的には、教師がまず新しい内容について一斉教授を行ったあと、テストによって内容を理解した児童と内容を理解していない児童という二つの「分団」をつくる。内容を理解した児童の「分団」は、さらに習熟するためのドリルを行い、内容を理解していない「分団」には、教師による再教授が行われる。この後、もう一度テストをして最も進度の遅い児童からなる三つめの「分団」が作られ、この「分団」に対してさらに指導が行われる。その間、他の二つの「分団」はドリルを続ける。最後に、各「分団」を集めて、まとめの一斉教授が行われる（橋本　二〇一二a、田中・橋本　二〇一二）。

また、及川が提唱した生活単元は、児童の「生活」に即した「題材」を用い、児童の興味関心に訴える授業である。及川にとって「単元」は、知識のまとまりではなく、児童が「必要を感じてより満足するまでの心身活動の分量」である（及川 一九一六［一九一五］、一一五頁）。また「題材」は、中心的にとりあげる事物ではなく、何らかの問題解決のための方途を編みだし学ぶ過程である。たとえば、及川の指導を受けた西口槌太郎訓導は、一九二八（昭和三）年に「電車乗り遊び―明石から兵庫まで」という授業を行っている（西口 一九三〇、一七九―一九〇頁）。当時、須磨公園では、日光博覧会が開催されて多くの見物人で賑わっていたことから、博覧会に対する児童の興味を活用し、電車に乗車するという活動を通して、乗車に必要な知識・習慣・態度を形成することが、この授業のねらいであった。当時の一般的な授業方法は画一的な一斉教授であったが、及川は、児童に受動性を強いる一斉教授のかわりに、児童一人ひとりの自発的な専心活動、とりわけ児童の「生活」の中にある問題解決のための活動をうながす方途として、生活単元を提唱したのである。

次に、及川のこうした教育実践論、すなわち学級編成としての分団式教育論、教育課程としての生活単元論を、思想的に支えていた「動的教育論」について論じたい。

## 3　及川平治の教育思想

### (1)　動的教育論の要点

及川の「分団式教育」「生活単元」を思想的に支えていたものが、彼の「動的教育論」である。「動的教育論」の要点は次の三点にまとめられる。第一に、「静的教育を改めて動的（機能的）教育となすべきこと」すなわち問題解決という機能性を重視すること、第二に、「教育の当体（児童）に存する事実を重んずべきこと」すなわち子どもも一人ひとりの差異・特徴を大切にすること、第三に、「真理そのものを与ふるよりも真理の探究法を授くべきこと」である。及川は、児童一人ひとりが自発的に学習する「動的教育」の方途として、個々の児童の能力や興味の違いを重視すること、そして児童自身が自分の生活を高められるように学習を深化させていけるような学習法を身につけさせることを説いたのである（及川　一九一六［一九二二］、一一一七頁）。

及川が「動的教育」というときの「動的」は、次の四つのことを意味している。第一に、「人間の本性」が「生命」のなかに見いだされること。第二に、子どもの「活動」は、学術的な「知識」を踏まえつつも、主観的な「情意」に彩られ、具体的な「身体」を伴い、「理想」を含みもつこと。第三に、子どもの「活動」は、子ども本人の「学習動機」に裏打ちされたものであり、また子ども自身の「題材」（＝事物材料に目的を与えること、問題解決の方途を編み出し学ぶこと）であること。第四に、そうした子どもの「活動」は、子どもの「生活」と一体であり、子どもが「自学」（＝みずから学ぶこと）を身につける主要な契機であること、この四つである。以下において、こうした「動的教育」の特徴を、「学びの道程」に引き寄せて説明しよう。

### （2）子どもに寄り添うこと

まず、「動的教育論」における教師の主要な役割は、子どもの「学習過程」、すなわち「学びの道程」をより善いものへと変えることである。「教育とは、児童が生活の価値を評定し、之を統御することを輔導するにある」（及川一九二三、一六二頁）と考えた及川にとって、教師の主要な役割は、国家が定めた教育内容をできるだけ忠実にかつ効率よく伝達することではなく、まず児童一人ひとりの「学びの道程」を理解し、それに沿った教授を行い、彼らの理解を助けることである。定められた内容をただ教えるのではなく、児童の「学びの道程」が自発的に展開されるように輔導することである。及川が奨励した教育方法としての「分団式教育」も、教育課程としての「生活単元」も、子ども一人ひとりの「学びの道程」をしっかり把握し、より効果的に働きかけるために考え出されたものである。

「動的教育論」における基本的な問題関心は、デューイのそれと同じである。先述したように、デューイにとってカリキュラムの最も重要な問題は、学術的な知識技能が子どもの生活世界からずれていること、すなわち、学問（教科）と子ども（経験）をどう結びつけるか、であった。デューイは『子どもとカリキュラム』のなかで「子どもの生きている世界は［大人が知っている］事実・法則から構成されている世界ではなく、それぞれの個人的な興味関心から構成されている世界である」と述べている（Dewey 2008: 274）。一方、及川は、一九一五年の『分団式各科動的教育法』において『子どもとカリキュラム』を直訳して用いていたが、一九二三年の『動的教育論』ではデューイの思想を咀嚼した上で自分の言葉を使いながら、同じことを述べている(3)。

「一体、今日の教材はあまりに論理的秩序に拘泥し、児童生活に於ける意味の系統を無視してゐる。……学習動機を喚起する場合の根本的問題は唯一つ［で］ある。所謂教材は、人類種族の需要興味から発生したにしても、［それが］児童の需要興味とは一致し難いといふ点にある。」（以下、傍点原文のまま、及川　一九二三、一八九―一九〇頁）

及川のいう子どもの「需要興味」は、子どもそれぞれの価値観に規定されている。たとえば、「子供の図画は［子ども自身の］価値［観］によつて支配され［てい］る。子供が家を描くには先づ透き通つた壁を描き、其の中に父母兄弟、椅子、腰掛、人形、猫などを充たすものである。これ［らが子どもにとって］家の重［要］な意味であるから」である（及川　一九二三、八二頁）。子どもはそれぞれに、他者・事物との交わりに満ちた生活世界を生きている。及川によれば、「実際、子供の［抱く］概念は、自分が見聞した一匹の犬から得た意味を以て始め［られ］るのである。一物の経験を以て次の経験（一定様相の行動の期待）に運んで概念をつくるのである」（及川　一九二三、八九頁)。「子供は決して既成の事物から共通意味を抽象しようとして推理するものではない。[子どもそれぞれの需要興味とともに] 旧経験を新経験に応用しようとし、絶えず仮定と実験とを繰り返」すものであるという (及川　一九二三、九〇頁)。及川もまた、子どもそれぞれの「価値」に直接・密接に結びついたなかでこそ、知識技能が学ばれると考えていた。

### (3)「題材」を踏まえた「教材」

学問 (教科) と子ども (経験) とを結びつけることは、デューイにおいても、及川においても重要な教育課題であった。デューイの場合、学問 (教科) と子ども (経験) をつなぐものは「教育内容に [子どもの] 生き生きとした個人的な経験を含める」ことであった。いいかえれば、「[学術的な] 諸事実を、子どもの生活においてすでに有意味な位置を占めている何かに結びつけること」であった (Dewey 2008: 286–287)。そして、それは及川においても同様である。及川は「随伴的研究から体系的研究に進」むことを推奨し、「児童の興味ある問題を随伴的に [=その問題に沿いつつ] 研究させて資料を豊富にし、次に資料を組織する動機に転じて分類彙類させればよい」と述べている (及川　一九二三、一九〇―一九一頁)。子どもにとって身近なことであるが不思議に思えることをとりあげ、その成り立ちや組み立てを子どもに研究させ、子どもの経験を豊かにしたうえで、その事象の「形態、習性、種類、効用」を学ばせればよいという (及川　一九二三、一九一頁)。

及川においては、学問 (教科) と子ども (経験) を結びつけることは、子どもの「題材」を教師の働きかけによって「教材」へと高めることである。及川のいう「題材」は、何らかの問題解決のための方途を子どもが編み出すという「学習過程」である。そして、この「学習過程」をより効果的・実効的に構成することが「構造する」(=実効的に構造化する) ことである。たとえば、「子供が魚を釣る場合に魚の釣り方、即ち魚を釣るための行動を、子供の題材といふのである。［そして］よく魚を釣り得るやうに行動を組織することを構造とい」うのである（及川　一九二三、一七九頁）。「教材」も、いわゆる教材、すなわち学術的な知識技能を伝達するための諸媒体ではなく、「子供の題材構造（学習過程）よりもより善き学習過程」である（及川　一九二三、一八〇頁）。つまり、「教材」は子どもによってより善く構成された「題材」（学習過程）であって、それは、教師が所有するものではない。教師は、個々の子どもの「題材」に即して子どもがそこへ至るように指導することがその役割である。その意味で「子どもの題材がなければ教材はないのである。従つて子供の学習の仕方の進歩に伴うて教材も成長する」と、及川は捉えている（及川　一九二三、一八〇頁）。

「教師の輔導は、児童の学習を中心として回転するのである。子どもの行動［の］組織［化］が一歩一歩に成長するやう［教師が］予見して与える暗示は教材である。故に教育には教材に到着するやう子供の経験［を］させることはあるが、教材を伝達し得る場合はないのである。……所謂教材（既成存在）は子供の経験［を］組織［するため］の資料となつたり、其の証明に使はれたりすることはあるけれども、そ［れ］は行動［を］組織［するため］の存在［＝契機］として役立つのである。……子供の学習過程を精錬したものが教材であると考へなくてはならない。」（及川　一九二三、一八一頁）

「（真の教材は）単に成長するといふ意味で動的たるのみならず、各児の学習の流儀によつて異なるといふ意味に於ても動的である。」（及川　一九二三、一八二頁）

このように、及川のいう「題材」の「教材」化が、デューイのいう「学びの道程」である。デューイは、子どもが現在の知識技能から教科の知識技能にいたることを「学びの道程」と呼んでいる（Dewey 2008: 278、田中　二〇〇九、四八—五〇頁）。それは、探検家が未踏の土地を行くときのように多くの試行錯誤を含んでいるが、同時にガイドブックが存在している。ただし、それはあらかじめ用意されるものではなく、個々の必要に応じて創られるガイドブックであり、及川のいう「教材」と同じものである。したがって、及川の「児童の生活を分析して教材に到達する活動を組立てたもの」というカリキュラムの定義は、教師が、子ども一人ひとりの生活を踏まえつつ、その「題材」（学習活動）を「教材」へと高めるように働きかけることである。

## 4　生活概念と生命概念

### （1）生活と教育の関係

先述したように、及川にとって教育の目的は、「児童が生活の価値を評定し、之を統御する」力を形成することであるが、それは、けっして「遠いところに目的をおいてそれに達する準備」ではない。子どもが、自分の将来を見通しながらも、自分の抱いている問題をよりよく解決すること、置かれている情況をより善く変えること、そうした活動を継続可能にすることである。及川によれば、「教育の唯一目的は経験の連続的改造にある。教育には固定した限界はない。故に現在の地位［＝情況］より更に進まうとする所に［は］必ず教育がある」（及川　一九二三、一六三頁）。教育の目的は「連続発展それ自身」である。したがって、教育の目的は「現地位を改造する発動的過程である。……是れが生活の目的である」（及川　一九二三、一六四頁）。すなわち、子どもが自分の置かれている情況をより善いものへと変えるための契機・支援を創出すること、この営みの実現が教育の目的である。

こうした教育目的論からも看取されるように、及川においては、「生活」の意味内容と「教育」の意味内容とが重なっている。及川のいう「生活」は、「或る地位［＝情況］に於て或る形に行動を組織する事」である。いいかえれば、自分の行動を評価し制御すること、彼のいう「評定統御」ないし「価値創造」であり、より善く生きるという「人生観」を抱くことである（及川　一九二三、一六四頁）。つまり、及川にとっての「生活」は、いわゆる職業生活、家庭生活、国民生活を指しているのではなく、それらに通底している、より善く生きることを学ぶという志向性であり、「教育」はそうした倫理的な学びへと子どもを導き、またその学びを支援することである。

及川の言に沿って詳しくみれば、「評定統御」の「評定」は、「過去を回想し未来を予見して現在の意味を増大するやう計画立案する［という］機能で［あり、その基礎は］動作の中に回転する［＝行動の中で主軸となる］理想である」。また「統御」は、「計画通りに動作［＝行動］を組織することである」（及川　一九二三、一六七―一六八頁）。「評定」は「鑑識」と「批判」から成るが、及川はどちらの言葉も、以下のように現代のそれらとは異なる意味で用いている。「生命が、あるものを愛護し、あるものに親しみ、重んじ、尊ぶといふ行動」が「鑑識」である。そして「価値を比較して見積ること、その性質分量を判断する行動」が「批判」である。「鑑識」は「本然的価値」すなわちそれ自体が目的であるような本来的価値にもとづく行動であり、「批判」は「方便的価値」すなわちそれが手段であるような道具的価値にもとづく行動である。たとえば、「親友との快談、音楽の享楽」などは「本然的価値」であり、ある情況において「親友との快談」をとるか、「音楽の享楽」をとるか、それを判断するとき、とられた価値は「方便的価値」である（及川　一九二三、一六五―一六六頁）。

こうした「評定統御」[4]と「価値創造」の考え方を、及川はデューイの『実験論理論集』（*Essays in Experimental Logic*）から得ていた。そして、それを用いて右のように「生活」と「教育」の関係を説明したのである。

## （2）「生活」――創造的進化の顕現

さらに、及川は、「生活」はベルクソンのいう「生命の創造的進化」の顕れである、と説く。及川は、「私は、実在は創造的進化たることを信ずるものである。生活とは如実の行動を組織することで鑑識批判の連続であると思ふ」（及川　一九二三、一六九頁）と述べている。彼によれば、「鑑識」は「批判」に先行する。すなわち、何らかの選択のための分析的思考である「批判」は、「生命」の「自由運動」に根ざす直観的思考である「鑑識」を前提にしている。「鑑識」の営みは、「生命が理由を考へずに自由運動することであり「何故に」の問題なき進行である」（及川　一九二三、一六六頁）。及川によれば、「鑑識」が体現する「本然的価値」のうちで最高に価値あるものの営みが、「生活」である。より善く生きることを学びつつ生きるという意味での「生活」は、すべての本然的価値のうちで「至高価値」であり（及川　一九二三、一六七頁）、その至高性の淵源は、「生命の創造的進化」という事実にある。及川は「行動組織を基として見れば、意味の脈絡の全体を世界といひ」、「生命を基として言へば、世界は創造的進化である」と説いている（及川　一九二三、一七二―一七三頁）。

また、及川は「生存と生活とは区別して考ふべきである」（及川　一九二三、一七三頁）とし、「生命の創造的進化」の顕れである「生活」を、ダーウィン的な進化論が語る適者生存とは区別すべきだと説く。なぜなら、「生存」は「生活」とちがい、「調和統一」から無縁だからである。「調和統一」は、価値を創造し行動を組織する人間の存在様態である。たとえば、及川は「自我」を「地位［（＝情況）］における統一」と捉え、「如何なる自我も調和の出来てゐない多くの態度習慣衝動を其の中に含んであるから、この複雑不安定な要素が徐々に強調し連合して、或る形の統一を取るのである」と説明している（及川　一九二三、二八頁）。同じように、「人格」は、何らかの「価値創造［の営み］」であり、「個性」は、固有な「行動組織［の形成］」であり、「価値創造」も「行動組織」も、ばらばらになっている事物を用い、より善い状態を創出すること、つまり「調和統一」の過程であるという。（及川

一九二三、一七三頁）。

### （3）「生命」の三つの特徴

及川の教育思想においては、「生活」を支え「調和統一」を創出する「生命」は、三つの特徴をもっている。その第一は、「生活」によって高揚する動態性である。及川はベルクソンの生命思想に基づいて、「生命とは熱烈冷却のリズムなり」（及川　一九二三、二四頁）という表現を用いている。(5)「熱烈」とは「夢中になる」こと、「歓迎する」こと、「現存を続けようとする」こと、「楽しむ」ことであり、先にふれた「鑑識は高揚せる熱烈になれる経験である」（及川　一九二三、三五頁）。これに対して「冷却」とは「鑑識」とともに「批判」も喪われるような惰性の状態、されるがままの状態である。この「冷却」の状態は、長くは続かない。人は生きているかぎり、「熱烈」を取り戻そうとするからである。及川は、「吾々の生活は生命の遮断を回復する運動なり」と説明している（及川　一九二三、二五頁）。

第二に、「生命」は現在の身体（たとえば、自分の身体）を足場としつつも、持続的な広がりを前提にし、かつ創出している。及川は、「生命」が自分だけのものでなく、過去からの伝承・遺産と未来への企図・帰結とつながっていると捉えている。

「生命は身体に束縛されないけれども、身体に局限される。身体は、吾々の活動の中心で始めと終［わり］とを有つてゐる。最も之は絶対の始［め］ではない。何となれば祖先の集積した過去の芽から起るから［である］。又、［終わりも］絶対の終［わり］でもない。何となれば次の時代に生命の流れを通ずるから［である］。」（及川　一九二三、二五頁）

現在、存在しているものは、過去に存在していたものとつながっており、将来存在するであろうものにつながっている。及川は、こうした現在と過去・未来の連なりをベルクソンの言葉を用いて「持続」と呼ぶ。

「あるところのものは、あつたところのものであり、なりつゝあるものである。是れ［は］世界が生きてゐることを示す。生きるとは連続的増成である。持続である。運動である。之れをベルグソンは生命と名づけた。」（及川　一九二三、一五二頁）

そして及川は、この「持続」としての「生命」を、ベルクソンにならって「神」と呼んでいる。彼は、ベルクソンの『創造的進化』の第三章「生命の意義」の一部を引用して、次のように生命と神との関係を説明している[6]。

「神は流れる時間を超越せる永劫ではない。生の衝動を神と呼ぶなら、与へられたものを概括する統一でもない。既成の何ものでもない。永久に完備した完成でもない。変化なき無限でもない。神は止まざる生命、動作、自由である。」（及川　一九二三、一五三頁）

第三に、「生命」は生体的であると同時に、倫理的である。「生命」は、生物学的な生命であるだけでなく、倫理的な生命でもある。及川によれば、「科学的」にみれば「生命から起る動作は生命を保存するは疑［い得］ない事実である。……生命は生命たる限り連続活動をするといふ自明の真理に過ぎない」（及川　一九二三、二七頁）。しかし、この事実のみを信じるならば、「寛仁な心から出た行動までも利己心の題目の下に」おかれてしまう。すなわち、「自我として活動する事実を自我のために活動する事実に間違へ」てしまう、と及川は指摘する（及川 一九二三、二七頁）。自己利益を度外視し、無条件に真理を探究し、道徳的にふるまい、美を感じることは、生きることと一体なのである。

「生命が自己を滅ぼす価値をつくる筈がないから、［生命が命じることは］真実に考へる、善良に行ふ、美しく感ずる［こと］、纏めて言へば、価値的に生きることで［ある。ここでいう］価値は生きる様式の名である。生きるといふことゝ価値とを引離して価値のために生きるとしてはならない。」（及川 一九二三、三三頁）

及川は、「生命」が命じる「生活」は、無条件に「歓迎」すなわち歓び迎えることであるから、「善い」ことだという。「鑑賞＝善の経験は直接的、発動的、無認識的態度である」（及川 一九二三、三八頁）から、私たちが歓び迎える真理の思考・道徳的な行動・美の感覚、たとえば、芸術作品の「鑑賞」（＝鑑み、愛で、愉しむこと）は、私たちが無条件にそうするかぎり善である、と。及川にとって、「直接経験の善は生命の原初の価値創造であるし、批判はそれを与件として真・善［＝道徳］・美を創造するのである。「生きる」とは斯ういふ生活をいふ」のである（及川 一九二三、五四頁）。

このように、及川においては、動態的・持続的・倫理的であることが、「生命」に裏打ちされた「生活」の基本的特徴である。これら三つの特徴に通底することは、「超えていく」ことである。人びとの善き活動は、時間がたつと、固定した制度となってしまうが、「生命」に支えられた「生活」は、その制度の縛りを超えて、再び善き活動を生みだす。この善き活動は、個人の身体から離れられないが、その身体を超えて、過去の文化遺産や、未来の文化創造につながっている。そして、善き活動の生き生きとしたさまは、個人の生体に支えられているが、その生理学的メカニズムを超えて、より善く生きることに向かっている。つまり、及川が「動的」と呼ぶことは、突き詰めていえば、このような「超えていく」という生命の様態である。それを及川は「超越」と形容している（及川 一九二三、一五五頁）。

## 5　教育者の「生命の躍動」

### (1)　自由に向かう生命の力

カリキュラムを「学びの道程」と把握した先駆者である及川の教育思想は、以上にみてきたように、デューイの教育論を踏まえつつ、ベルクソンの「生命」の概念に基礎づけられている。及川の「学びの道程」は、一人ひとりの子どもが、自分自身の人生に備えることであるが、そのために習得される知識技能は、子どもの生活世界と地続きである。そして、子どもが自分の置かれている情況を拡大し深化すればするほど、子どもが習得する知識技能は拡大し深化していく。そしてついには、情況は「調和統一」している「世界」として把握されるに至り、この「世界」を生きる自分は「生命」の力の顕れとして把握されるに至る。

及川のいう「生命」の力は、自由につながっている。動態的・持続的・倫理的という超越的な生命活動が拓くものは、自由な人間であり、自由な世界である。その自由は、個人主義的な自由、とりわけ自己利益を得るための自由ではない。その自由は、他者の自由と共にある自由であり、過去と未来と共にある自由である。そのような自由は「高遠な自由」である。及川は、規範的な哲学を、「自ら型をつくり、自ら型にはまるが自由なりとは、何と浅い狭い自由かな。ベルグソンの語を借用すれば、［それは］栄螺《さざえ》の生活である」（及川 一九二三、五五頁）と批判し、そうした「浅薄な自由を捨て丶、生命の自由といふ高遠な自由に突進して教育するがよい」（及川 一九二三、八頁）

と主張する。及川においては、「生命」は「高遠な自由」に向かう動態的・持続的・倫理的に生成する諸力全体に与えられた名前である。こうした及川の「生命」の力は、ベルクソンが「生命の躍動」と呼んだ動態に等しい。

及川が用いる「生活」の概念が、デューイのいう「生活」の概念と共通性を持ち、同時にベルクソンのいう「生命」の概念によっても支えられているということは、あらためて検討されるべき思想史的課題を示唆している。それは、「生活」「生命」をめぐり、デューイとベルクソンが思想史的に連関しているという可能性、すなわち、デューイの「生活」の概念は、ベルクソンの「生命」の概念に通じているのではないかという可能性である。

## (2) 及川の「生命の躍動」

及川が語った「生命」の力は、及川自身によって体現されていたといえるだろう。及川の人生自体にも、ベルクソンのいう「生命の躍動」、そして他者を共鳴させ、その心を揺さぶる力を見いだせる。農家の出身で尋常師範学校しか卒業していない及川は、独力で欧米の教育情報を収集し、新しい教育思想を展開した。その教育研究活動は、現場の教師たちの心を大きく動かした。彼の難解な著作が教育書のベストセラーとなり、明石女子師範学校附属小学校に多くの教育関係者が訪れたことは、その証左であろう。及川の思想に接する教育者は彼に触発され、教育の探求者・研究者として抱くべき問いを抱くようになったのではないだろうか。それは、教師とはいかなる存在であるのか、教師とはたんなる「教授の機械」なのか、効率的に知識技能や価値規範を子どもに伝える機械でよいのか、教師は「理想への導き手」ではないのか、子どもたちと共に未来を切り拓く探求者となるべきではないか、といった問いである。及川の存在自体がこうした問いを生みだし、教育者に教職の意識を覚醒させていったといえよう。

たしかに、カリキュラムを「学びの道程」と意味づけようとした及川の試みは、一般化することなく歴史のなかに埋もれていった。彼が語ろうとしたカリキュラム理論の基底にある思想、すなわち子どもにも学問にも含まれている「生命の躍動」という考え方は、教育界にほとんど理解されることなく忘れ去られた。そして、歴史が示しているように、及川の教育思想、さらには大正・昭和初期の新教育運動が喚起したであろう教育への探求心は、当時の国家主義教育という体制全体を変えるような成果をあげることがなかった。しかし、そうした成果があがらなかったということは、その試みが無意味であったということではない。つねに真の教育とは何かを問い続けること、よりよい未来へ向かって現状に問いを付すこと、こうした教育への探求心こそが、教育学研究の本質ではないだろうか。

注

（1）従来、及川がデューイの影響を受け、かなり早い時期にそれを試行的に実践していたことは指摘されており、これにふれた研究については枚挙にいとまがない。しかし、それらは、デューイの影響を受けたという事実を指摘することに留まっており、及川がいつ、何を通じて、どのような影響を受けたのかという受容のプロセスを明らかにし、及川教育思想の構造的把握に至ったものはほとんどない。

（2）拙稿「及川平治「分団式動的教育法」の系譜——近代日本におけるアメリカ・ヘルバルト主義の受容と新教育」（『教育学研究』七二―二、二〇〇五、二二〇―二三二頁）、同「一九二〇年代明石女子師範学校附属小学校における生活単元カリキュラムの開発——近代日本における単元論の受容に関する一考察」（『カリキュラム研究』一八、二〇〇九、一―一五頁）、同「及川平治における生活単元論の形成——欧米新教育情報の影響を中心に」（『教育学研究』七六―三、二〇〇九、三〇九―三二一頁）など、筆者による一連の及川研究を参照されたい。

（3）『分団式各科動的教育法』の第七章第二節「「既成教材」対「児童の経験」問題」は、『子どもとカリキュラム』のほぼ全訳である。欧米教育視察以前の及川の「動的教育論」は、一九二三年に刊行された『動的教育論』において哲学的に完成されたとみることができる。本章においては主として『動的教育論』によって及川の生活／生命観の分析を行った。

（4）『動的教育論』の第三章第二節「評価《バリエシヨン》過程＝鑑識《アップレシエシヨン》（鑑賞）と批判《エバリユシヨン》（価値判断）」は、デューイの *Essays in Experimental Logic*（1916）の第一四章「The Logic of Judgment of Practice」を抄訳したものである。ただし、同章における「生活」と「生命」に関する記述については、デューイの原文にはなく、及川が挿入したものである。

（5）　ベルクソンは、『物質と記憶』（一八九六）において、心と身体を持続の緊張と弛緩の両極に位置するものと捉え、その双方が持続のリズムを通じて相互に関わりあうことを論証した。そして、『創造的進化』（一九〇七）において、その考えを生命論・宇宙論へと拡大した。及川は、「生命とは緊張弛緩のリズムなり」というベルクソンの言葉を引用したうえで、身体活動が意識の持続のリズムを通じた生命の顕現であることを、具体的な比喩を用いながら説明している（及川　一九二三、二三―二五頁）。

（6）　及川自身は、ベルクソンの著作のうちの何を読んでいたのかを語っていない。少なくとも『創造的進化』を読んでいたことは間違いないが、当時刊行されていた日本語の翻訳書とは違う訳語を用いている。及川は、英語版の *Creative Evolution*（1911）を読んでいたのではないかと考えられる。

## 引用・参考文献


Bergson, Henri 1911 *Creative Evolution*, translation by Arthur Mitchell, New York: H. Holt.

Dewey, John 1916 *Essays in Experimental Logic*. Chicago, IL: Chicago University Press.

Dewey, John 2008 *The Child and the Curriculum*, in *The Collected Works of John Dewey, 1882-1953*, ed., Jo Ann Boydston. Middle Works, vol. 2, Carbondale, IL: Southern Illinois University Press.

及川平治　一九一六（一九一二）『分団式動的教育法』訂正一二版、弘学館書店

及川平治　一九一六（一九一五）『分団式各科動的教育法』訂正一二版、弘学館書店

及川平治　一九二三『動的教育論』内外出版

及川平治　一九二八「学級経営の実際」『心の玉』四五

及川平治　一九三四「新カリキュラムの精神と方法の変化」『教育論叢』三二―六

佐藤学　一九九八「学びの文化領域」佐伯胖ほか編『岩波講座　現代の教育　三――授業と学習の転換』岩波書店

佐藤学　二〇〇〇『授業を変える　学校が変わる』小学館

田中智志　二〇〇九「カリキュラム」田中智志／今井康雄編『キーワード　現代の教育学』東京大学出版会

田中智志・橋本美保　二〇一二『プロジェクト活動――知と生を結ぶ学び』東京大学出版会

西口槌太郎　一九三〇『尋常一学年生活単位の教科構成と其教育』弘学館

橋本美保　二〇一二a「及川平治」沖田行司編『人物で見る日本の教育』ミネルヴァ書房

橋本美保　二〇一二b　「及川平治の生涯と著作」『及川平治著作集』第五巻「解説」学術出版会
アンリ・ベルクソン　二〇〇七　『物質と記憶』合田正人／松井久訳、ちくま学芸文庫
アンリ・ベルクソン　二〇一〇　『創造的進化』合田正人／松井久訳、ちくま学芸文庫

# 第11章　国語——戦前戦後の言語研究におけるメンタリズムとメカニズム

渡辺　哲男

## はじめに

本章で注目するのは、戦前戦後のわが国における「国語」の創出をめぐる理論や思想の背後にあった言語研究の態度である。従来、近代日本において、「国語」という単一の言語が構想されたこと、そして植民地を領有して国境を拡大させるなかで、当地の人々の母語を奪って「国語」を強制したことなどが批判の対象とされてきた。しかし本章では、今日という高みからみたときによいか悪いか、という評価をするのではなく、「教育思想史」の立場から、「国語」が具体的にどのように構想されたのか、その歴史的事情に焦点を当ててみたい。すなわち本章で扱うのは、あるべき「国語」が創り出されるとき、どういった言語研究の態度がその背後にあるのかということである。「国語」の政治性や抑圧性をただ断罪するのではなく、どのように「国語」を創り出そうとしたのかを歴史的文脈との関連でみていくことによって、私たちが現在も用いている「国語」に向き合うための思想的武器を獲得できるはずである。

まず試みに、今日の国語科学習指導要領の目標をみてみよう。「国語に対する関心を深め国語を尊重する態度を育てる」という文言をみれば明らかなように、いまわが国における言語の教育がめざすのは、言語能力や言語感覚を養うことを通した「態度」の育成である。つまり、人間が言語を使用するという営みに必要とみなされる心理的側面が焦点化されているといってよいだろう。このことはすなわち、言語教育には、私たちの内面への何らかの感化が期待されていることにもなる。またこのことは、言語と人間の意識、ないしは心理的な面が一体であるという関係が前提となっていることを示している。おそらく私たちは、この指導要領の文言の背景に特に疑問をもたぬまま受容するか、あるいはかような言語教育の精神感化的側面に批判を加える、という歴史をたどっていると思われる。

いま私たちが言語とそれを使用する人間の関係をみようとする言語研究の態度を読みなおす（相対化する）ことは、こうした言語観に断罪を加えようというものではない。あるいは、こうした言語観や言語研究の態度が正しいのか、そうでない態度がよいのかを決めたいわけでもない。こうした言語観を私たちがどのように抱え込んだのかを検討することで、今日まで地続きとなっていながら、私たちが自覚していない問題を、浮き彫りにしてみたいのである。

本章では、こうした問題意識をもとにして、具体的には、言語研究におけるメンタリズムとメカニズムという二項図式をめぐって、戦前（一九三〇年代）において、あるべき「国語」という思想の裏づけとなるべく、メンタリズムに傾斜した言語研究の態度が共有されることを示し、戦後にそうした態度が問いなおされたといえる、時枝誠記（一九〇〇―一九六七）と服部四郎（一九〇八―一九九六）のあいだで行われた、「ラング」の実在をめぐる論争を検討する。ここでは、言語と人間の意識を一括りにして捉えるか（メンタリズム）、言語と人間を切り離して、言語をいわば物質として捉えるのか（メカニズム）という問題を、両者がどのように捉えていたのかが焦点となる。メンタリズムに傾斜した時枝を批判した服部も、結局は折衷的な立場をとることになるのだが、こうした服部の着地点をふまえながら、本章の最後では、言語研究の態度に関する議論を、言語教育の問題として捉えなおしてみたい。本章で扱うケースから、私たちは、「国語」が生み出される背景に存在する言語観を浮き彫りにすることの重要性と、そうした言語観がいまなお国語の授業に根深く残っていることを見出すことになる。

## 1　戦前の言語学・国語学におけるメンタリズム

ところで、「メカニズム」というのは、言語を客観的に分類、検討しようという態度のことであろうと察しがつくが、その一方で、「メンタリズム」とはどういった態度のことをいうのか。まずはこの用語について具体的な事例を用いて確認することから始めたい。たとえば、サンバ（たとえば三羽）、コンド（今度）、リンゴ（林檎）という三つの単語を発音してみよう。この三つの単語の「ン」という音は、皆同じだろうか、それとも異なるだろうか。音声を測定する何かの機械にかけてみれば、おそらく微妙な差異が出てくるだろう。さしあたり発音記号で表せるレヴェルでは、それぞれ〔m〕〔n〕〔ŋ〕と分けられる。にもかかわらず、私たちはこれらの音を一括して「ン」という文字（これは仮名の場合で、ローマ字ではmとnを使い分けることがある）で表記している。つまり、私たちが用いている「国語」音の同一性は、文字によって保証されていることになる。いくら多様に聞こえたとしても、文字としては一つしかないのだから、私たちは一つの音をいおうとしているのである、というように。そうであるならば、「国語」は、これから創るものではなく、「今あるべきもの」だということになる。

なかには、「正しい」発音をするための口の開き方を図像で確認させながら、人々に均質的な日本語の音を発音できるように指導したケースもあるが、戦前、とりわけ一九三〇年代以降に形成されていった「国語」の思想とは、ただ一つの「国語」が私たちの心のなかにあると措定され、あるいはそれを表現しているのだと前提するものであった。帝国日本の拡大のなかで、国内のみならず、植民地や占領地における母語が異なる人々にも、均質的な「国語」を獲得させるには、人々の心のなかに「国語」があり、あるいはそれを選択しているということがあらかじめ必要とされたのである。

これまで、多くの研究が政治的抑圧的な「国語」の側面を暴き出してきた（安田 一九九七など）。だが、筆者は、今日という高みから「国語」の抑圧性や政治性を槍玉に挙げるのではなく、むしろ今日もなお、今あるべき「国語」が生成されているということを引き受けながら、そもそもこうした思想がいかように形成されたのか、その因子を見つけ出す作業を行ってきた（渡辺 二〇一〇）。これによれば、一九三〇年代において、私たちの「いったこと」ではなく、「いおうとしたこと」が着目されたのは、「ヘボン式か、日本式か」という、ローマ字の表記法をめぐる熾烈な論争のなかで、日本式論者が正当性を確保するための理論的裏づけとした、メンタリスティックな「音韻論」の導入によるものであった。すなわち、この時代の言語研究におけるメンタリズムというのは、人間の「いおうとしたこと」に焦点が当てられることであり、そのために人間の意識と言語が一体の関係で捉えられることであった。以下では、渡辺（二〇一〇）をこうした視点から再度論じなおし、「国語」の創出に関わって、言語研究の態度にこのようなメンタリズムがこの時代に広まったことを、国語学者や言語学者らのテクストに拠りながら検討してみたい。

わが国の言語研究がメンタリズムに傾斜していくのは、一九三〇年代におけるソシュール（Saussure, F. de., 1857–1913）の言語学とその後継学派の流通が大きな役割を果たしている。一九二〇年代後半に結成された、ヤコブソン（Jakobson, R.O., 1896–1982）らを中心とする「プラハ学派」の言語学者たちは、ソシュール言語学を引き継ぎ、「ラング」と「パロール」の区分と相似をなすように、音声の弁別的特徴に注目した音韻論 phonology と、物理的現象たる音そのものを研究対象とする音声学 phonetics を区分し、前者の優位性を説いた。[1]わが国では前述のように、ローマ字表記の正当性を理論的に裏づけるために、日本式論者が音韻論を、ヘボン式論者が音声学に依拠するというかたちで、両者の学的対立が焦点化されることになった。彼らは、一九三〇年代に「臨時ローマ字調査会」において激しい論戦を展開したのである。

ただし、プラハ学派の音韻論がそのまま日本式論者によって広められたのかというと、そうではない。日本式論者は、「実際に発音するところのもの」（音声学）の研究に「発音してゐるつもりのもの」（トルベツコイ　一九三六［一九三三］、四頁）の研究を対置した、トルベツコイ（Trubetzkoy, N. S., 1890-1938）のメンタリズムに傾斜した「音韻論」を自らの理論の裏づけとして導入したのである（渡辺　二〇一〇、六八頁）。その導入の立役者とでもいえるのが、日本式論者の国語学者・菊沢季生（一九〇〇—一九八五）であった。彼は文字とは音声を写したものではなく、発音しようとしているもの（これを彼らは「音素 phoneme」[2]と呼んだことになる）を写したのだという理論を打ち立てて、発せられた音のすべてを文字に表記する必要はないと主張し、「言語意識の中に生きてゐる音声意図を取扱ふ」（菊沢　一九三二、三七頁）ことの正当性を論じたのである。たとえばタ行の「ti」は「ティ」と発音してしまうという批判に対しては、いおうとしているのは五十音図のタ行のイ段に該当する音だということを示せばよいから、これでよいのだということになる。こうした「発音しようとしているもの」という、心理的な音への着目は、独自の「音韻論」としてわが国に流通することとなった。「今あるべきもの」としての「国語」を理念的に創り出すのに、メンタリスティックな「音韻論」は極めて適合的だったのである。

時枝誠記は、こうした「音韻論」の広まりのなかで、そもそも「音声」と呼ばれているものこそ「音韻」と呼ぶべきなのだと考え、両者の対立を止揚した。冒頭の「ン」の事例は、時枝が論じていたものであるが（渡辺　二〇一〇、七五頁以下）、すなわち、「主体的な音声意識に即していうならば、国語の〔ン〕に三者の区別があるということは、意識されないことであるに違いない」（時枝二〇〇七［一九四一］、四三頁）のである。客観的には多様に分析されうる〔ン〕の音も、私たちの「音声意識」では、一つの〔ン〕のつもりでいっているのだから、〔ン〕はただ一つなのだということである。

他にも、国語学プロパーの釘貫亨が、時枝と、同時代に独自の音韻論を打ち立てた有坂秀世（一九〇八―一九五二）の接点を見出し、二人の重なりの背景にフッサールの現象学があることを指摘している（釘貫　二〇一〇ａｂ）。有坂は『音韻論』という主著を残した国語学者だが、「音韻観念」という術語を用い、「音韻」は、人々の音声現象を観察するなかであるべき姿が見出された、発音運動の理想（これを有坂は「目的観念」という）であるのだという。すなわち人々のなかには、現象としてはいかようであれ、心的には理想とする発音が存在するというのである。

「音韻を理解するとは、音韻の中に実現せられつつある理想、即ち音声現象の意味を把握することである。一層通俗的に言へば、話手が如何なる音韻を実現しようとしてその発音運動をなしつつあるのであるか、といふその目的を理解することである。」（有坂　一九五九、二五―二六頁）

有坂においても、「音韻／音素」は音声から抽象されたものではない。あくまで、「音韻の中に実現せられつつある理想」、すなわち、「発音しようとしているもの」への着眼であり、私たちが理想的な「音韻」の実現をめざしていることが前提とされているのである。

以上のように、日本式ローマ字論者、時枝、有坂といった人々が、こうしたメンタリスティックな「音韻論」のインパクトを受けて、「いおうとしたこと」に着目していたということは、人間の意識と言語を不離一体のものとして捉えようとしたのだということがわかるだろう。そしてこのことは、「音韻論」が流通する以前、すなわちわが国におけるソシュール言語学の導入の頃からも窺える動向であった。ソシュール言語学をわが国に本格的に紹介した言語学者・小林英夫（一九〇三―一九七八）は、ソシュール批判を繰り広げた時枝にとっては論敵である。にもかかわらず、彼がたどり着いた地点は、人間の意識と言語を不離一体のものと捉えるという部分においては重なり合う。彼は、自身の言語理論書『言語学通論』で次のように述べている。

「目的体系あるいは欲求体系の鏡である言語活動の事実を、人間の欲求体系を以て説明すること、これが言語学の究極の目標でなければならない。（中略）「言語学の独自且つ真正の対象は、直視せる言語であり、言語のための言語である」は、もはや支持することはできないのである。」（小林　一九三七、一四九頁、引用文中の下線は省略した）

この引用のなかの「直視せる言語であり、言語のための言語」を研究しようとしていたのがソシュールを指すということは、いうまでもない。ソシュール言語学をいち早く日本に紹介した小林は、紹介者でありながら、人間と言語を切り離した（と、少なくとも小林はみなした）ソシュールは支持できず、言語研究とは「人間の欲求体系」と「言語活動」を接続して論じなければならないと述べているのである。小林がこうした考えに想到し、その後一九三〇年代のわが国においては、ソシュールがその研究対象から除外した「ランガージュ」の訳語たる「言語活動」が広く流通する契機となったのは、彼がソシュールよりもその高弟シャルル・バイイ（Bally, Ch., 1865–1947）の「文体論」に共鳴し、フォスラー（Vossler, K.,1872–1949）やフィードラー（Fiedler, K., 1841–1895）らの美学、芸術学の影響を受け、私たちの言語による表現行為が現実を切り開き、新たな世界認識を獲得すると考えていたからであった（渡辺　二〇一三）。

すなわち、ソシュール言語学のわが国への導入というのは、人間の意識と言語を切り離さず、強く結びつけるべきだということがはっきりと宣言された瞬間でもあったのである。その後、先述したようなメンタリズムに傾斜した「音韻論」の導入によって、時枝における、あるべき「国語」の思想や、「いおうとしたこと」に着目した日本式ローマ字論者の思想が登場したのは、小林以来の系譜であったともいえる。さらには、臨時ローマ字調査会において「音韻論」を自らの理論的裏づけとして機能させた日本式ローマ字論者が実質的な勝利を収めたのは、こうした思想の正当性がある程度共有されていたことの証左であるともいえるだろう。

## 2　「メカニスティックなメンタリスト」——服部四郎における言語研究の態度

これから検討する戦後の「時枝・服部論争」は、東京大学言語学科教授であった服部四郎が、やはり東京大学の国語研究室教授となっていた時枝の、ソシュールに対する誤読を指摘し、それを言語過程説の欠陥であるとして、今日時枝言語過程説が学理的に正当性のないものであるという位置づけを決定的なものにしたことで知られている。服部は、時枝がソシュールを批判し、「ラング」の存在を否定したことに対して、実は時枝もまた「ラング」的なるものが存在すると自身で述べていることを指摘し、言語過程説の要諦であった、「ラング」は存在しないという主張を正面から批判した。この服部の批判のモチーフとして指摘できるのが、戦前から議論されてきた「音韻（音素）」をめぐる問題である。[(2)] 彼は戦前から引き継がれたメンタリズムに傾斜した言語研究のありように極めて懐疑的だったのである。

本節では、前節で考察した、戦前におけるメンタリズムに傾斜した言語研究の流通をふまえて、この論争を、次の点に着目しながら検討してみたい。すなわち、服部は、「メンタリズムかメカニズムか？」（服部　一九六〇［一九五八〕」において、自らを「メカニスティックなメンタリスト」（一〇八頁）だと称している。服部がアメリカの機能主義言語学を導入し、ブルームフィールド（Bloomfeild, L., 1887-1949）やトワデル（Twaddell, W.F.）らの影響を受けていることはつとに知られているが、服部は完全な「メカニスト」にはならずに「メカニスティックなメンタリスト」という「中道」を歩こうとした。このことが時枝とどういった対立を引き起こしたのかを考察してみたい。

時枝・服部論争は、一九五七年の服部の論稿「言語過程説について」（服部　一九六〇〔一九五七a〕）に始まり、時枝による応答「服部四郎教授の「言語過程説について」を読む」（時枝　一九五七）、さらに服部が反論した「ソスュールの langue と言語過程説」（服部　一九六〇〔一九五七b〕）の後、時枝が特に応答を行わなかったことでそのまま終息した。最近の研究では、松中完二が、本論争を二人の議論のみならず、同時代における他の国語学者、言語学者らによる言語過程説への異議、あるいは論争終息後の吉本隆明や三浦つとむへの時枝理論の批判的継承、丸山圭三郎の登場までを幅広く「論争」と捉えて、彼らのテクストをとりあげている（松中　二〇〇五、二〇〇七、二〇〇八）。以下では、同時代の動向は松中の研究に譲り、時枝と服部が直接主張を戦わせた上記三稿と、論争後に発表した「メンタリズムかメカニズムか？」という論稿をとりあげたい。まずは、論争に関連するテクストのなかでは時系列的に最後に書かれたものであるが、服部の「メカニスティックなメンタリスト」という立場がはっきり表明されている「メンタリズムかメカニズムか？」を検討してみたい。

この論稿の初出は一九五八年であるが、『言語学の方法』に収録された際に、時枝理論を批判的に論じた「別記」（服部　一九六〇〔一九五九〕）が追加されている。先に述べたように、時枝は、〔ン〕という音は、音声学的には、〔m〕〔n〕〔ŋ〕の類別が存在するかも知れないが、国語の文字としては「ン」しか存在しないのだから、〔ン〕の音は「ン」一つなのだと論じている。だが服部は、「私に従えば、この場合にも、観察的立場と主体的立場とが結論を異にすることはない」（同上、一二五頁）という。すなわち、彼の「音韻論」の立場からすれば、これらの異なる音は同一の音素に該当すると解釈するからである。このことを、彼は次のような研究手順をふむことによって論証できるという。

まず①話者が「ン」だと思っている音を客観的に観察すると、多様であることが確認される。次に、②たとえば、「ン」が［p］［b］［m］[3]の前にあるときに［m］の音になるなどの「排他的でかつ補い合う分布を示す」（同上、一二五頁）ことを確認し、③これらの多様な音は同一の音がそれぞれの環境に同化して変化していると見なし、したがってこれらの音は同一の音素／N／に該当すると仮定する。さらに④この解釈が「話し手の意識と矛盾しないことを確かめようと努力する」（同上、一二六頁）。服部は、③④の手続きを無視して話し手の意識と矛盾した結論に陥る「機械的メカニスト」にも否定的であると同時に、「主体的立場」からのみ研究するメンタリスティックな態度にも否定的である。彼は、①②を軽視することなく、④も合わせて用いる必要があるという。

その理由は、時枝の重視する「主体的」言語意識がきわめて曖昧だからである。服部は、「たとえば、国語の「ン」についていえば、上述の色々の音声を、一般の人々は同じ音と思っているのが普通だろうが、何かの機会にその差異に注意するようになると、その差異の存在を主張するようになる」（同上、一二六頁）と述べ、「ン」の音は一つだと今は思っていても、微妙な差異に気づいた人々が一つだと思わなくなるようになれば、この前提は容易に覆されるというのである。だから、彼は、音素をあくまで「仮定する」（同上、一二七頁、傍点原著）という[4]。

この「メカニスト」のように、発話者の「主観」を完全に無視するのではなく、ある音素の存在を「仮定」したうえで、先の④の作業に当たるものとして「我々は（外国人）informants に我々の発音や発話を聞かせてその徹底的批評・訂正を受けることが絶対に必要であるということである」（同上、一二八頁）という。こうした彼独自の「音韻論」には、音素の「仮定」という考え方が深く関わっていると思われる。それでは、服部が、こうした言語研究の態度を採った背景を、「メンタリズムかメカニズムか?」に戻って確かめてみよう。
服部は、観察対象が人類の行動である社会科学においては、観察者自身が人類の一員である以上、「その直接経験の〝主観的〟部分を完全に排除することは観察者にとって有利ではない」(服部 一九六〇［一九五八］、九四頁)という。異国の言語の研究でさえ、ある程度外国語の発音を私たちは真似ることができるわけだから、「純客観的」にならず、そのことを生かしたほうがずっとよい分析結果が得られるというのである。メカニストは、自身の言語を純客観的にみているように確信しているが、完全に客観的な研究などは存在せず、メカニストであっても話し手の意識を利用した研究を行っているのであり、そのことは正当性のあることだという。

「話し手たちの直接経験の主観的部分を利用することが言語学にとって有利であるというばかりでなく、これらの主観的経験が当該言語集団のすべての成員に共通であるという事を、あらゆる可能な手段(報告者が言葉で言い表す報告や説明を利用することを含む)によって確認しようと努力する限り、話し手たちの直接経験の主観的部分を利用することは決して非科学的ではない、と私は思う。」(同上、九五頁、括弧内原著)

このように、あえて主観的部分を意識的に「利用する」という点が、単なるメカニストと「メカニスティックなメンタリスト」を名乗る服部とを分かつのである。たとえば、アメリカの言語学者が、/hana/(花)は形態論的に/ha/と/na/に分けられ、この/ha/は/ha/(葉)と同じ形態素であると主張したことに対して、服部がこれに同意しなかったという事例が紹介されている。メカニスティックに発話断片のみを取り扱って分析すれば、そういった結論を得られるかも知れないが、服部からすれば、「現代日本語の/hana/は共時的観点からは/ha/と/na/とに分析され得ない」(同上、九九頁)のである。それは、「花」と発話する当事者の服部自身が、「花」の/ha/と、

「葉」の /ha/ とのあいだに何らの意味的類似を感じないからである。すなわちこの分析には服部自身の「主観」が導入されていることになる。

## 3　時枝・服部論争からみえてくるもの――「ラング」の実在をめぐって

このように、服部は、時枝の論じたことを全面的に否定したわけではない。メンタリズムを全否定せず、メカニスティックな研究をふまえながら、むしろ最終的には話者の意識との矛盾の有無を確かめるというメンタリストとしての側面も有していたわけである。そのために服部が案出したのが、音素を「仮定する」という考え方であった。［ン］が一つなのも、私たち話者の意識がそうであるうちは一つかも知れないが、それは暫定的なものであって、逐次確かめなければならないということである。

ところで、この「音素」が「ある」のでも「ない」のでもないという微妙な位置づけが、ソシュールの「ラング」のレヴェルで議論されたのが、時枝・服部論争であったといえる。この議論の焦点は、「ラング」が実在するか、しないか、という点であった。時枝言語過程説は、あくまで言語は心的過程であり、「ラング」は存在しないと主張してきたのだが、服部は、それが小林英夫の翻訳だけを頼りにしたソシュール理解に起因する誤解であると批判し、ソシュールの原典に依拠しながら、「ラング」を改めて位置づけなおそうとしたのである。服部は、「言語」は実在体ではないと述べた時枝に対して、そもそも実在体としての「言語」が存在するなどとソシュールが論じていたのかどうかを問題にした。そして、言語が話し手を離れては存在しないとソシュール自身が述べていることを示し、また、それにもかかわらず、「言語」は実在体であると述べた箇所が存在するのは、ソシュールが矛盾的であることを承知の上で用いた「比喩」的な表現であり、ソシュールは「言語」を実在体であるとは考えていないのだと結論づけた。そのうえで、私たちの「言語活動」が行われるには、何らかの「繰返し的特徴」（服部 一九六〇〔一九五七a〕、一五六頁）があり、こうした「習慣」があるからこそ、私たちの「表現行為」は「理解」されるのであり、この「繰返し的特徴」がソシュールのいう「ラング」に該当するのだと述べている（同上、一五七頁）。

こうして服部は、ソシュールと時枝の対立を超えた「第三の説」（同上、一六〇頁）にたどり着く。確かに彼は、「ラング」を認めている。ただ、それはあくまで「ラング的なるもの」である。ソシュールが「ラング」を個人の「言語活動」に先だって存在するものだと捉え、言語が言語たり得るのはどういうことなのかを「一般言語学」として説こうとしたことに対して、服部は、「音素」と同じように、「ラング」は「仮定」のものだという。

「一体、「共時態」（synchronie）という概念も、langue という概念も、同じような作業仮定に過ぎない。極度に厳密にいえば、音声言語現象に関する限り、物理的・生理的・心理的のあらゆる面において、——レコードや録音機のテープなどを除き——静止した現実はないからである。（中略）現実は常に流れているのだから、それを把握しない限り、我々はいつも真理の一歩手前にある。」（同上、一八七頁）

なぜ「仮定」なのかは、彼の「音素」の捉え方を参照すれば明らかであろう。「ン」の音が今は一つであっても、いつかそれが変化する可能性をふまえれば、メンタリズム一辺倒でただ一つと決めてしまうことに対する服部の違和が、前記の引用の、「静止した現実はない」という言葉に表れているのではないだろうか。ただし、これがソシュールとぴったり重なり合うものかというと、時枝の反論が興味深くみえてくる。時枝は、言語実在観はソシュールにおいて一貫していること、「型」というのは、発話される場面のことをさすのであって、服部のいう「習慣」

の類いのものではないことなどを説いている（時枝　一九五七）。さらに、「言語活動」にはラング的な「習慣」と「個人的特徴」がコインの両面のように見出せるとした服部に対して、時枝は、ソシュールは「言語活動 langage」の作用によって「言語 langue」が生産されると考えたのであり、服部のラング観は自身の研究に引き寄せすぎているのではないかと疑義を呈したのである[5]（同上、二七頁）。服部は時枝の反論に対して、個人的特徴だったものが多くの人々に認められることによって社会的特徴と認められるようになることがある（服部　一九六〇［一九五七b］、二一五頁）と述べ、ソシュールと自らの差異に言及し、そのうえで自らの説の優位を主張している。

以上のように、服部は時枝の言語観に見出せるメンタリズムへの傾斜に異議申し立てを行った。ただし、服部も時枝も、言語を使用する人間／人間に使用される言語という、ソシュールが考察の対象からは外した要素も言語研究の視野に入れたという点では、重なり合う。それは、時枝が、ソシュールの「ラング」を「言語活動によって働きかけられるものと規定」（時枝　一九五七、二七頁）していたと捉えていることからも明らかなのではないだろうか。この点、大橋保夫が評したように、彼らのラング観は、ソシュール的な「合理主義のラング」ではなく「経験主義のラング」である（大橋　一九七三b）。

## 結びにかえて――言語教育におけるメンタリズムとメカニズムをめぐって

それでは最後に、本章で論じてきた、言語研究におけるメンタリズムとメカニズムをめぐる議論を、言語教育の問題として捉えなおしてみよう。まず時枝は、本章で論じたように、メンタリスティックな「音韻論」の影響を受けた側面もある、言語過程説という独自の言語観を、戦後は独自の国語教育論の理論の裏づけとした。詳細は別稿で論じたが、時枝は言語の表現過程を「個物の一般化」であると論じ、理解過程はその「個物」を「逆推」することだと考えている。甲が「花」といったときに、ある具体的な花が一般化されるが、乙がそれを理解するとき、甲と同じ花を「表現行為の追体験」によって得られるかどうかはわからない、いやむしろ困難だというのが時枝の「伝達悲観論」であり、だからこそ、「伝達の成立」をめざす、いわば言語的倫理が必要なのだと論じたのであった（渡辺　二〇一三）。

時枝は「読者を鑑賞的立場に誘ふのではなく、読者の行動的立場に、ある示唆を与へ、行動を促す機能を持ち、そこに作者としての喜びも戒心もあるとしたのである」（時枝　一九六三、一一九頁）と述べている。このことは、「読む」場合、作者との「伝達の成立」を試みるということは、読者のその後の言動に、いわば何らかのインスピレーションが与えられるということを意味する。服部が時枝を批判したのは、「主体的」言語意識がきわめて曖昧だからということだったが、曖昧だからこそ、その「逆推」の確度が高いかどうかという範疇のなかで、「個物」に何を読みとってもよいという「自由」が保障されたのである。

次に、このことをふまえて、服部の論じたことを言語教育の問題として捉えなおしてみよう。まず一つには、メンタリズムに傾斜した時枝の理論と対比すれば、言語と人間をいったん切り離して、「物質としての言語」を学習するという可能性が見出せるだろう。私たちは国語の授業で、作者や登場人物はどう思ったか、何をいいたかったのか、などといったことが多々問われる。これは冒頭に述べたように、言語と人間の意識を一体の関係で捉えていることがその背景にあるといえる。しかし服部の考えを採用すれば、「何をいいたかったのか」ということを問う前に、まずある言葉がそれ自体どういった自律性をもっているのかを検討することから始まることになる。このことは、服部のいう「社会習慣的特徴」の相対化であり、私たち（のレヴェルは、「国家」や「地域」など、多様であろうが）が共通してもっている世界観（これは単なる「辞書的意味」ではない）を確認することであろう。服部は、独自の音韻論を「文」のレヴェルに敷衍した意味論についての論稿も書いており（服部　一九六八）、そのなかで、直観力や観察力に優れていると服部が評価していた若いモンゴル人教師を、日本のデパートに連れて行ったとき、その教師がモンゴルでの自分の生活に有用な品物ばかりに注目していたというエピソードを示し、こうした世界観の違いは「我々の言語、すなわち日本語と蒙古語の語彙に反映しているに違いない」（同上、三三五頁）と述べている。そして、そうした世界観は、まぎれもなく言語によって形成されるのだと服部はいう。

今日のさまざまな教育場面で「差異」が強調される動向（たとえば、「学びの共同体」）は、特定の世界観の教え込みに対する異議申し立てとして、既存の世界認識からの解放をめざしたものであったともいえる。時枝の伝達論においては、服部のいう「社会習慣的特徴」が何かということ自体を推論する（ところに大きな価値が置かれている）ものであるので、結果的に私たちの共有する世界観を確認することは棚上げにされているともいえる。重要なのは、時枝が正しいか、服部が正しいかということではなく、こうした言語研究におけるメンタリズムとメカニズムをめぐる両者のずれが、こうした二つの可能性を提示しているということである。

服部のテクストから示唆されるのは、「差異」の強調のまえになすべき、共有される世界観の確認と、その世界観が私たちの言語にいかように反映しているか考えることを、言語教育の一つの課題として設定しうるのではないかということである。ただし、結局服部が「メカニスティックなメンタリスト」を自称したということは、少なくとも、わが国においては、言語と人間とを切り離し、自律性を有するものとして捉えるということの困難を如実に示しているということも指摘できる。完全に「ソシュール」になりきることの難しさは、冒頭に挙げたように、ソシュールを紹介した小林英夫自身がソシュールとの訣別を宣言したことからも、明らかであろう。わが国においてその特徴が顕著な理由を今ここで述べる余裕はないが、いずれにしても、本章の検討からみえてきたものは、従来の国語教育論の背景にある言語観を乗り越える可能性と、その限界の双方であったということになる。

最後に一つだけとりあげておきたいのは、服部における「音素」や「ラング（的なるもの）」の「仮定」という考え方である。彼がこれらの概念を「仮定」としたのは、冒頭で述べたように、たとえば「ン」の音が一つでなくなる可能性をふまえていたからである。時枝は「ン」の音は一つしかないと断じたが、服部は、それはあくまで暫定的なのだと考えた。「個人的特徴」が「社会習慣的特徴」を変容させることもありうると服部は論じていたが、この発想を言語教育の問題として捉えなおしたとき、どのような問題が浮かび上がるだろうか。私たちが「ラング」を「仮定」するとしたとき、その更新を言語教育のめざすところとするのか、言語が言語たるゆえんを「ラング」として取り出し、その普遍性をみることこそ言語教育のめざすところとするのか。今のところ後者はわが国には「不似合い」なようであるが、この点についての検討やこうした言語観を背景とした言語教育のありように関する具体的な議論は今後の課題としたい。

注

(1) プラハ学派の音韻論の動向とわが国への流通については、釘貫（一九九六）の第一章を参照のこと。

(2) 亀井孝は、phoneme の訳語の変遷として、まず「音素」が用いられ、ついで小林英夫によって「音韻」が流通し、その後服部四郎の影響によって「音素」が復活していると述べている（亀井　一九五六、一頁）。本章で登場する「音韻」「音素」はともに phoneme の訳語であると考えてよいだろう。

(3) 時枝は〔　〕を用いていたが、服部は［　］を用いているので、それに従う。

(4) あるいは、服部は『音声学』において、「音韻論でいう「音素」は、上に説明した単音族或は音とは異なる概念を表わす。音素とは一つの言語（最小言語集団）の音声的構造の観察並に考察によって解釈的に抽象される仮説的単位である」（服部　一九五一、五七頁）と述べている。

(5) 大橋保夫は、服部が「実在体」の解釈を誤っていることを指摘し、そもそもソシュールは「この言語にとって本質的なものは、個人ないし個々の言行為（acte de parole）から切りはなしてそれ自体が実在するものとして扱おうという態度をとっている」（大橋　一九七三a、一二頁、傍点原著）のだといい、唯名論的な服部の理論を実在論的なソシュール理論に接近させるのは無理があり、ソシュールはメンタリストそのものであるのに、服部がソシュールを誤解し、ブルームフィールド的メカニズムにソシュールをむりやり適合させたことからそうした無理が生じるのだと論じている。そのうえで、時枝や服部のソシュールに対する誤解が起きる要因を、「実念論的立場や合理主義に徹した思想はわが国では非常に理解されにくい。多神教を信じ、漢詩や数のない言語を話し、言霊思想を持つことと無関係ではないだろう」（大橋　一九七三b、二二頁）と述べている。



## 文献

有坂秀世　一九五九［初版一九四〇］『音韻論（増補版）』三省堂
服部四郎　一九五一『音声学』岩波書店
服部四郎　一九六〇［一九五七a］「言語過程説について」『言語学の方法』岩波書店
服部四郎　一九六〇［一九五七b］「ソスュールの langue と言語過程説」『言語学の方法』岩波書店
服部四郎　一九六〇［一九五八］「メンタリズムかメカニズムか?」『言語学の方法』岩波書店
服部四郎　一九六〇［一九五九］「別記」『言語学の方法』岩波書店
服部四郎　一九六八「意味」『岩波講座　哲学』Ⅺ 言語、岩波書店
亀井孝　一九五六「「音韻」の概念は日本語に有用なりや」広島大学国語国文学会『国文学攷』第一五号
菊沢季生　一九三二「日本式ローマ字綴り方の立場に就て（二）」『学士会月報』第五三〇号
釘貫亨　一九九六「有坂秀世『音韻論』の成立」『古代日本語の形態変化』和泉書院
釘貫亨　二〇一〇a「時枝誠記「言語過程説」と有坂秀世「音韻論」をつなぐ現象学の系譜」田島毓堂編『日本語学最前線（研究叢書四〇四）』和泉書院
釘貫亨　二〇一〇b「近代日本語研究における教養主義の系譜」斎藤倫明・大木一夫編『山田文法の現代的意義』ひつじ書房
小林英夫　一九三七『言語学通論』三省堂
松中完二　二〇〇五、二〇〇七、二〇〇八「時枝・服部論争の再考察（Ⅰ）（Ⅱ）（Ⅲ）——言語研究の原点的問題として」『敬愛大学研究論集』第六九、七〇、七四号
大橋保夫　一九七三a、b「ソスュールと日本　服部・時枝言語過程説論争の再検討」（上）（下）『みすず』第一六六、一七七号
時枝誠記　二〇〇七『国語学原論』（上）［一九四一］岩波文庫
時枝誠記　一九五七「服部四郎教授の「言語過程説について」を読む」京都帝国大学国文学会『国語国文』第二六巻第四号

時枝誠記　一九六三『改稿国語教育の方法』有精堂
トルベツコイ　一九三六［一九三三］「現代の音韻論」小林英夫訳『音声学協会会報』第四三号
渡辺哲男　二〇一〇『「国語」教育の思想――声と文字の諸相』勁草書房
渡辺哲男　二〇一三「言語論的転回と言語の教育をめぐる思想――ソシュール言語学の日本への導入と「読む」ことの教育をめぐって」森田伸子編『言語と教育をめぐる思想史』勁草書房
安田敏朗　一九九七『帝国日本の言語編制』世織書房

〔付記〕旧字体は新字体に改めた。

# 第Ⅲ部　人間

# 第12章　人間学
## ――京都学派人間学と日本の教育学との失われた環を求めて

矢野　智司

### 1　問題としての京都学派の人間学と日本の教育学

日本の教育学研究は、海外の教育思想の「送迎展示」にとどまり、自ら独自の教育学を生みだすことはなかったという説がある。明治維新後、学校制度構築のための欧米の教育学の輸入から始まり、ヘルバルト主義の導入、その後のヘルバルト主義を批判し大正期における新教育を先導するデューイら諸学説の導入、アカデミズム教育学でのナトルプらの新カント学派それに続くディルタイ学派の諸教育学説の導入、ヘーゲルの国家論やクリークの教育学説をもとにした戦時期の国家主義的教育学の影響、そして戦後における教育科学の拡がり、といった教育科学へと収束する学説史を正統と見なすならば、たしかに「送迎展示」という言葉には説得力があるようにも思える。しかし、このような物語を描くことが可能なのは、引用されている文献に目を奪われ、これらの思想を選択し位置づける教育学者の主体的な問題意識と思想的基盤とに無関心だからである。

本章の目的は、大正期の新教育の時期そして戦時期、さらには戦後期、年代でいえば一九一〇年代後半から五〇年代にわたる日本の教育学説史を、西田幾多郎と田邊元、そしてこの二人の哲学の影響を深く受けた京都学派の哲学者たちの哲学思想とりわけ人間学を中心にすることによって、描き直す試みである。ここに登場するのは、篠原助市・長田新・小原國芳・赤井米吉・土田杏村のような大正新教育に関係する教育学者や教育者、木村素衞・森昭ら京都学派の中心に位置づく教育学者、そして近藤壽治・竹下直之といった文部行政と直結した国家主義的な教育学者たち、城戸幡太郎・山下徳治・海後勝雄・勝田守一のような戦後教育学を方向づけた教育科学の教育学者、さらに戦後教育政策の思想的ブレインとして活躍した天野貞祐・務台理作・高坂正顕ら京都学派の哲学者たちである。

私の仮説的な見通しはこうだ。①大正新教育における教育学のなかで新カント学派とみなされてきた思想は、むしろ西田幾多郎の自覚論を基にしているのではないか。そしてこの時期「自覚の教育学」と名づけてよい教育学が存在したのではないか。②三〇年代から五〇年代にかけての日本の教育学は、西田哲学（行為的直観）―田邊哲学（種の論理）とそれに基づく京都学派の人間学を中心に捉えることで、一見して対立するように見える教育学説が相互に共振する運動態として捉えることができるのではないか。また戦時期に「自覚の教育学」は「国民的自覚の教育学」へと転回したのではないか。③最後に、以上の仮説が妥当性をもつとするなら、個々の教育学者や思想家のテクストのこれまでの解釈や評価は、京都学派のテクストとのつながりから再検討される必要があるのではないか。

半世紀にも及ぶその対象とする期間の長さと、また取りあげる哲学者や教育学研究者の数が多いために、その論述や論証は極めて簡略化し、議論は図式的なものとならざるを得ないが、むしろその制限があるために思想間の微細な差異にではなく、その思想をつなぎ合わせているそれぞれの思想家が前提とする論理や問題意識の共通性を見ていくことで、構図の明快な学説史図の叙述が可能ともなる。もとより、このような研究には詳細なテクスト分析に基づく論証が不可欠なことは言うまでもないことだが、それは別の機会に譲り、本章では全体の概略図の提示を目指す。

## 2　大正新教育における「新カント学派」西田幾多郎とその弟子

一九一〇年代の京都帝国大学で哲学の教鞭をとった桑木厳翼・朝永三十郎・左右田喜一郎、そして初期の西田幾多郎は、いずれも日本における新カント学派の代表的な思想家と見なされている。京都帝国大学は日本の新カント学派研究のメッカとみなされていたのだ。この時期の西田の研究は、後年「西田哲学」として理解されるような「絶対矛盾の自己同一」ではなく、『善の研究』（一九一一）から出発し『自覚に於ける直観と反省』（一九一七）の執筆時期にあたる。生の哲学のベルクソンの「直観」概念と新カント学派のリッカートの「反省」概念とを、フィヒテの「事行」概念を手がかりに「自覚」を論じていた。ちょうどこの時期に、西田の元には東京高等師範出身の篠原助市・務台理作・土田杏村が学生として在籍し、西田の直接の弟子ではないが、広島高等師範出身の長田新そして小原國芳らが西田の授業に出ていた。西田が京都帝国大学に赴任したのは一九一〇年である。一二年には長田が、翌年には篠原が、そして少し遅れて一五年には小原・土田・務台が入学し、お互いが重なるように同時期に京都帝国大学文学部哲学科で机を並べて学んでいる。また同時期に西田の甥である赤井米吉は広島高等師範の学生だったが、西田からの薫陶をえていた。彼らが西田から学んだのは、新カント学派の批判的応答によって深められた人間存在を「自覚」概念で捉える思想であった。この時期まだ「京都学派」は成立してはいない。三木清が『善の研究』に感動し一高から西田を慕って京都帝国大学に入学するのは一九一七年のことである。

篠原は新カント学派の教育学者と考えられているが、西田が『自覚に於ける直観と反省』を講義し執筆している時期に、西田の指導によって卒業論文「自由」（一九一六）を完成させている。論文は一見するとフィヒテと新カント学派の哲学に基づいて論じられているように見えるが、西田の純粋経験論とその発展系の自覚論とを新カント学派の用語で捉え直したものである。大学院に進学するとき、篠原は小西重直のもとで教育学を学ぶ道を選ぶのだが、それ以降も西田との学問的交流は続いた。『教育の本質と教育学』（一九三〇）は京都帝国大学に提出された学位論文だが、そこでも篠原の思想基盤は二〇年代に深化した西田の自覚論に負っている。有名な「自然の理性化」とは、新カント学派に基づいた理性による自然的衝動の秩序化の原理などではなく、「自己が自己に於いて自己を見る」という西田の自覚論に基づいた原理であり、生命の力（生の哲学）と客観的価値（新カント学派）という相対立するものを統一する「自覚の教育学」の一形態であった。

たとえば篠原は次のようにいう。「純粋自我は個我ではないが、個我の中に見出され個我の中に実現せられる最高普遍の自我である。再び言ふ、最高普遍の純粋我を内に実現すること、自己の最高本質に帰ることによつて、人は始めて人となる。人となるとは、経験我としての時間的生活の延長でも、増大でもなく、まさしくは、経験我を否定し、否定を通して普遍に帰ることである。そして是が『死することによつて生きる』といふ語の真義である」。この引用文では「自覚」という言葉は使用されてはいないが、人間と動物との差異を「我々の自覚 Selbstbewusstsein から導いて見たい」と述べており、「純粋自我」をめぐる一連の議論が自覚論であることを示している。このような「自覚」は「死することによつて生きる」という語が示すように、たんなる「延長でも、増大でもなく」否定を介するわけだから、非連続な飛躍を有していると考えるべきであろう。ちなみにこの「死することによつて生きる」というフレーズは、西田がしばしば好んで使用した思想的な鍵となる表現でもある。西田哲学で論じられている「死することによつて生きる」という自覚論を、新カント学派の用語群で置き換え、篠原は自分の立場を表明しているのである。

篠原が縦横に引用しているナトルプを始めとする多数の哲学者・教育思想家の名前やテクストを一端括弧に入れ、

また「篠原助市＝新カント学派」という先入観も括弧に入れ、ただ篠原の理論展開だけに集中し、引用が選択され配置される思想基盤に焦点化して篠原のテクストを読み直すとき、篠原の理論展開の図式は生の哲学と新カント学派、そしてフィヒテの自覚概念への接近という西田の図式と同型のものであることがわかる。従来より主著と目されてきた『理論的教育学』（一九二九）の序において、篠原自身が「本書に挙げた一々の根本概念に対する哲学的基礎と、教育学の科学的性質とについては続いて刊行せらる、『教育の本質と教育学』に於てかなり精説して置いた」と述べているように、『教育の本質と教育学』の方が『理論的教育学』よりも篠原教育学の哲学的基盤を捉えるには適切なテクストである。このテクストを通すことで、篠原の教育学の根本原理が西田の自覚論に基づいていることが明らかとなる。さらに後期の著作『教育学』（一九三九）に新たに登場する「個人の歴史化」の概念は、西田の「行為的直観」の原理にしたがい、人間存在を歴史によって作られると共に歴史を作る主体として捉える。しかしこの西田自覚論の新たなバージョンは、時代的制約のなかで「国民精神」の自覚という教育学（「国民的自覚の教育学」）に回収されてしまう。

これほど深い思想的影響を受けていながら、篠原のテクストにはなぜ西田のテクストからの引用がないのか、また自伝『教育生活五十年』（一九五六）にもこのことになぜ言及しないのか、奇妙に思うかもしれない。篠原が西田からの影響を意識的に隠そうとしているのではない。それというのも西田の影響を受けた京都学派の他の弟子たちにおいても同様だからだ。たとえば、後期の西田は自覚論をさらに鍛えあげ、「行為的直観」という用語で言い表すようになるのだが、それにたいして、西田の影響を受けて同様の議論を、三木清は「行為的自覚」、高山岩男は「行動的自覚」、木村素衛は「形成的自覚」あるいは「表現的自覚」といった用語でもって論じている。それぞれが独自の用語を切りだすとき、彼らは西田のテクストを引いたり、あるいは西田の哲学に言及することなどしてはいない。その意味で、篠原が西田に言及することなく西田の哲学用語を変更しながら、自分の教育学を展開していることは何ら特別なこととはいえない。

それでは長田新の場合はどうだろうか。初期の長田教育学は小西重直、新カント学派そしてディルタイ学派の影響下にあり、篠原の場合のように、西田哲学や京都学派の哲学の直接的な影響を指し示すことは容易ではない。しかし論文「教育学の人間観」（一九三八）は明らかに西田の論考「人間学」（一九三二）を下敷きにしたものであるし、さらに『国家教育学』（一九四四）では、西田哲学ならびに京都学派の人間学と長田の教育学とのより強い直接的なつながりを見いだすことができる。この著作がどのような思想家の影響下にあるかを明らかにするとき、長田自身が小西重直・西晋一郎とともに西田・田邊の名前をあげている。「序」において「人間学としての教育学より国家学としての教育学への転回」といった文が見られるのだが、それは京都学派の人間学からの転回ということではない。このとき京都学派の人間学は、ハイデッガーや西田への批判を通して、田邊元が「人間存在」を「存在的存在論的」に捉え、さらに「種の論理」によって「社会存在」として捉えたことの影響を受けて、国家を主題に捉える原理となっていた。つまりこの長田の「転回」は京都学派の人間学の「転回」と対応しており、それは戦後にも継続される。

戦後出版された『教育哲学——教育学はどこへゆく』（一九五九）は、戦時期の自己に対する真摯な反省を明言し、さらにその反省を踏まえて自己の思想的立場の転回を公言したテクストである。そこで長田は「理想主義の立場から、ディルタイ学派の生命哲学の立場へ、その生命哲学の立場からさらに社会科学の立場へ」と述べているように、教育学研究における社会科学の重要性を指摘するとともに、独自のヒューマニズム論から社会主義社会の建設の重要性を論じている。ここではもはや長田教育学と京都学派との思想的関係は断ち切られていると考えるかもしれないがそうではない。長田は「『人間は歴史によって作られて、歴史を作る存在である』というのが、私の教育学の基礎としての人間学だ」と述べ、このことの「具体的な、現実的な、生命的な把握」は社会科学の立場でなければできないというが、しかし、この歴史的存在としての人間学こそ西田のものであり、篠原が『教育学』で西田の行為的直観を基に論じた「個人の歴史化」の出発点と同じ人間学なのである。この人間学の命題ともいうべき「人間は歴史によって作られて、歴史を作る存在である」のフレーズは、『教育哲学』のなかで繰り返し登場する。それと関連してこのテクスト内で語られる「現代のヒューマニズム」は、長田のあるべき人間像を明示し、戦後の長田教育学のなかでも重要な役割を果たすものだが、この「現代のヒューマニズム」論は務台理作の「第三ヒウマニズム」論を下敷きにしている。そしてこの務台のヒューマニズム論は西田から来ている。つまり一九四〇年代から五〇年代の長田教育学は、西田─田邊哲学そして京都学派の人間学との関係のなかで展開されてきたのである。

千葉師範附属小学校の手塚岸衛の思想と実践に影響を与えた篠原助市、大正自由教育において指導的役割を果たした成城小学校の長田新、同小学校で活躍しその後玉川学園を創設した小原國芳、自由大学運動を推進した土田杏村、また小原と同じく成城小学校で活躍しその後明星学園を創設した赤井米吉、彼らの思想と実践とは西田哲学と結びついている。彼らの思想と実践が大正新教育において重要な役割を果たしたことは、これまでの大正新教育の研究で繰り返し述べられてきた。彼らによって新教育のうちに西田の自覚論に基づく「自覚の教育学」が展開されただけでなく、彼らの活躍を通して、西田の哲学は哲学研究者や学生や知識人を超えて、広く教育現場の新しい自由の精神の息吹に開かれた教師にまでもたらされることになった。小原國芳の自伝によれば、小原は西田の『善の研究』を成城でも玉川でも教師との講読会で教科書にし続けて「何万冊も買った」という。その影響力を過小評価すべきではない。地方の新教育の指導的教師のなかには、西田の哲学研究会に参加するために京都にかよう者までいたのである。

## 3　京都学派教育学の誕生と展開

一九三〇年代から四〇年代にかけて、西田はどのような思想的課題と向かいあっていたのだろうか。京都学派が形成されて西田の思索も、この哲学サークルの動向ともはや無関係ではなかった。京都学派という学問共同体に生産的な相互批判の思想的ダイナミズムをもたらした契機は、西田の後継者とみなされていた田邊元からの西田哲学批判「西田先生の教を仰ぐ」（一九三〇）である。西田はそれまでにも新カント学派に立つ高橋里美や左右田喜一郎から批判されてきたが、今回は地平を共有してきた仲間からの内在的な批判ともいうべきものであった。この批判からまず田邊の人間学は大きく飛躍し転回をとげる。「綜合と超越」（一九三一）さらに「人間学の立場」（同）において、田邊は表向きはハイデッガーへの批判を通して、そして暗には西田への批判を通して、人間存在の身体性さらに共同性を捉える「弁証法的なる存在的存在論的自覚」を方法とする人間学を提唱する。この論文の背後に、マルクス主義をどのように評価するのかという田邊の問題意識があったことは間違いないだろう。田邊は自身の人間学の立場を「弁証法的人間学」と呼び、この「弁証法的人間学」における身体概念が、「存在的存在論的」に問うという方法論と共に、三木清や高山岩男といった京都学派における身体性の議論にとどまらず、京都学派の人間学の構想全体に影響を与えた。

さらに田邊は、「種の論理」の立場を明らかにした記念碑的論文「社会存在の論理――哲学的社会学試論」（一九三四）において、ベルクソンの『道徳と宗教の二源泉』（一九三二）や西田の論文「私と汝」（一九三二）の理論を論難しつつ、「社会存在の哲学」を論じる。我と汝の交互相関の論理が未だ理性的人間の人間学の立場に立ち、自然法の社会理論を脱することができないことを批判しつつ、田邊は我と汝の相互の対立を含み込む絶対合理者の媒介組織として国家・社会を捉え直すべきだとし、個人の個と人類の全とに対しこの「種」の立場から論じるのである。田邊はこの論文の冒頭で次のように言っている。「社会の原理探求は現代哲学の中心課題をなす。単なる人間存在の存在論と人間学とは、此の見地からすれば既に過去に属する。人間は社会に於て、人間存在は社会存在に於て、始めて具体的たり得る。社会存在の哲学こそ今日の哲学でなければならぬ。哲学的人間学でなくして、哲学的社会学が今日の要求であらう」。翌年には西田批判を一層先鋭化させた「種の論理と世界図式——絶対媒介の哲学への途」（一九三五）を発表することになる。

西田は田邊の批判に応える形で、すでに論文「場所の自己限定としての意識作用」（一九三〇）、「私の絶対無の自覚的限定といふもの」（一九三二）を発表していたが、論文「論理と生命」（一九三六）では前年に出た田邊論文「種の論理と世界図式」の批判に応じつつ、「行為的直観」をキーワードにして、「歴史的世界」のなかで、身体を持ち、道具でもって物を作り、その反対に「作られたものから作るものへ」という歴史的行為によって、「歴史的世界」を作り作られる人間存在の在り方を明らかにした。このような歴史的行為を西田は「表現」と呼んでいる。西田の論の特色は、制作行為において身体を道具と結びつけて論じ、世界によって作られるとともに世界を作る歴史的制作の主体として人間存在を捉えているところにある。

一九三二年に戸坂潤によって批判的意図をこめて命名された「京都学派」の人間学は、シンプルに図式化すれば、この西田と田邊という緊張関係を有した二人の哲学を中心とし、絶対無の概念を基にして、ハイデッガーの存在論とマルクス主義の社会哲学を批判的に受容し、多様な形を生みだした思想的系のことである。このような京都学派の人間学的成果をもとに、教育学として最も深い形で表現したのは木村素衛であったろう。木村は西田の弟子として美学を研究テーマとし、他方でフィヒテ研究者としても将来を期待された人物である。木村の教育学こそは、西田の「論理と生命」における行為的直観そして歴史的身体の課題を踏まえたものであった。木村は美学研究者ということもあり、論文「身体と精神」（一九三八）において、世界に働きかけ作ることで作られる人間存在のダイナミズムを論じた優れた論文を執筆し、西田からも高く評価された。木村教育学は『形成的自覚』（一九四一）に見られるように、西田哲学の行為的直観の理論を基にした「自覚の教育学」の一形態として、歴史的身体を組み込んだ教育学理論を構築した。しかし、戦時体制のなかで木村教育学は田邊の「種の論理」の影響下、「国民的自覚の教育学」として国家と教育との関係の論理的解明に精力が注がれるようになる。木村教育学については、大西正倫による包括的な研究書が出ているので、ここではこれ以上述べない。もう一人の京都学派の教育学者、田邊人間学の嫡子としての教育学者森昭について論じておこう。

森昭は、一九四一年に意欲的な論文「教育的現実――教育哲学基礎論」を、京都哲学会の『哲学研究』に発表している。このとき森は若干二五歳、卒業論文においてすでに「教育的現実の学」と「教育的人間学」と「教育的関係を把捉する学」の三つの部門からなる教育哲学を構築しようとしていた。この論文で、森は田邊元の「種の論理」を敷衍しながら、新たに教育的現実の構造を明らかにしようとする。論文の章立ては「序論・〔一〕教育的現実―教育哲学・〔二〕自然的生命・〔三〕種的共同体―共同的心性・〔四〕結合社会―自立的個人性・〔五〕現実的主体の実存的自覚（教育実践への転換）」となっている。類としての人間の自覚発展史を描こうとした高山の「哲学的人間学」に対して、森は個としての人間の「成長発達進歩向上」を「教育的人間学」として捉えようとする。ところが「〔五〕現実的主体の実存的自覚（教育実践への転換）」にいたって、副題がそれまでの「教育哲学基礎論」から「現実的主体の実存的自覚」に突然変更されてしまう。そして、最後にはこの「現実的主体の実存的自覚」は「絶対的国家愛」へといたる。この〔五〕（第五節）の冒頭から引用しておこう。

「私は以上三節の長きに亘つて、歴史的社会的現実に生き、行動・生活・労働により成長発達進歩向上する、人間の本質的構造連関を、発展を中心的観点とする教育的人間学の見地より解明し、これを学的形態に於いて客観的に表現せんと努力し来つた。それは飽く迄現実的人間の構造連関であるが、然し猶勝れて人間的現実の過去的契機の構造連関であつた。而してこの過去的なる歴史的社会性を媒介しつゝ、建設的未来に向つて実践的に転換せんとする正にその現在の境位に於いて、遂に最早過去の一方的限定を以てしては超克し難き人間的生命乃至は歴史的社会的現実の原本的自己矛盾に撞着するに至つた。この自己矛盾は、それを超克せんとすれば却つて従来の思考態度そのものを根本的に転換し思考と同時に自己自身が根底より新生する事を要求する不可避的限界境位である事を、私に自覚せしめずには措かぬものであつた。」

文体に漲る異様な緊張感は戦争からくるものだ。「教育的人間学」は「現実的人間の構造連関」の発展を中心的観点として考察するものである。それは「客観的」に表現されたものであったが、ここにきて「現実的人間」ではなく「現実的主体」の、つまり「私」自身の、「実存的自覚」に関わる考察へと「転換」するのである。この「転換」が［五］にいたって副題が変更された理由である。この変更以前と変更後の二つの境位の転換の在り方は、森の戦後の著作である教育現象を外部から総合的包括的に捉えようとした『教育人間学』（一九六一）と、生きる人間の生に密着して主体的に教育事象を捉え直そうとした『人間形成原論（遺稿）』（一九七七）の間に生じた転換の原型ともいうべきものである。森には、この時点から二つの「境位」を論じなければならないという課題意識があった。ここでは、「教育的人間学」がこのような意味で使用されていること、そしてそれだけでは「教育的現実」を十全に捉えることはできず、「現実的主体の実存的自覚」が要請されるということが重要である。森によれば、この「現実的主体の実存的自覚」とは、小さな個が死に大きな生命である国家の生命に生まれ変わるということであるという西谷啓治などと同形の議論がなされ、「現実的主体の実存的自覚」は最終的には国家への奉仕に回収されていくのである。森のこの論考もまた、田邊哲学と京都学派の人間学をもとにした「国民的自覚の教育学」の試みの一つということができるだろう。注目すべきは、この戦時期における教育の人間学的研究の構想が戦後も継続されたことである。森の仕事はこれまでドイツの教育哲学研究とデューイ研究の成果に基づいていると理解され、その背後にある京都学派の人間学からの影響については、長い間ほとんど考慮されることはなかったが、それは森自身が京都学派からの影響を否定してきたからでもある。戦後日本の教育人間学を代表する大著『教育人間学』も、京都学派の人間学の成果なしには書きえなかったのであるが、それについてはすでに別のところで詳しく論じた。

## 4　京都学派人間学の「日本教育学」的形態

西田―田邊哲学そして京都学派の人間学は、京都学派の教育学を生みだすにとどまらず、さまざまな立場の教育学者にインスピレーションを与えた。そのなかで具体的な教育政策と直結しているということでは、文部省の役人として教育政策を先導した近藤壽治への影響は、学校現場への影響力ということを考えるとき無視できない。近藤は、『国体の本義』（一九三七）の制作や日本諸学振興委員会や教学錬成所の所長として運営に携わるなど、「教学刷新政策」の中枢に位置した人物として知られている。近藤は、西田の直接の弟子ではないが、京都帝国大学で学んでいる。近藤もまた新カント学派の教育学から出発しているが、京都学派の人間学の影響を受け、『人間学と国民教育』（一九三三）という人間学と教育学とを結びつけたテクストを書いている。

近藤は京都帝国大学への学位論文『日本教育学』（一九三五）の「序」において、欧米から「移植」された「個人主義、功利主義、自由主義教育学」への批判から出発する。「日本教育学の研究は、この主旨に立脚して、道を修むることによって日本人を形成する教の本質が、特殊な日本教育として存しながら永遠なるもの、無限なるものの顕はにされつゝある姿を把握し、同時にこれによって個人主義、功利主義、自由主義教育学を止揚して、天壌無窮なる日本人の真理の発揚と文化の創造力とを陶冶する原理の探究を志したものである」。しかし、このテクストを読み進めてみると、『日本教育学』といういかにも超国家主義的な響きをもつ表題とは裏腹に（「日本教育学」は当時の流行で多くの教育学者が同様の著作を執筆している）、学問としての手続きを踏まえて論じようとしていることがわかる。「特に教育学の研究を目的から出発すると言ふことは、その目的に従つて人間を教育し得ることの可能を予定し寧ろ教育はこの目的を実現する手段であるとする技術としての教育学に終るのではあるまいか」。『人間学と国民教育』と同様、近藤は教育の道具化・手段化を否定し、人間を自覚的存在と捉え外部からの強制を否定する。その意味では「軍国主義教育」のイメージから遠い。従来形作られてきた戦時期の教育イメージのように、自由主義的な新教育の成果が否定され軍国主義教育一色へと転回するといった単線的で単純な図式では、このような近藤のテクストは理解できない。京都学派の人間学の中心概念である「自覚」は、このような外側からの強制的な教化・訓練を否定する原理である。もっとも「強制」ではなく「自覚せしむる」という主体化の在り方にこそ、より高度で巧妙な生全体を支配する生の政治原理を読み取るべきかもしれない。ここで問われるのは、新カント学派のような普遍妥当な人間の形成原理などではないのだ。

「（教育とは）共同的な全体を媒介として個々人の人格を形成することであり、我と汝とが相対立しながら、共同なる全体の精神的媒介によって魂を改造し、新生を獲得し、甦生する作用である。／それ故に教育学の所与は対象的孤立的な児童でもなく、個人の精神構造でもない。人間と人間とが関はる具体的な生活、我と汝とが対立しながら互に行為し帰還する、我と汝との否定転換の原理としての主体的実践的な共同社会――国民である。……新しき教育学の出発点は具体的歴史的な存在原理――道の研究と獲得から出立せねばならぬ。……かくて新しき教育学は対象と方法とによる科学でなしに主体的形成作用の哲学であり、社会存在――国民甦生の哲学でなければならぬ。」（近藤『日本教育学』、括弧内は引用者）

この近藤の引用箇所の議論は、『日本教育学』出版の前年に発表された、「種の論理」の立場を明らかにした田邊の論文「社会存在の論理」に基づいている。「人間存在の存在論は過去に属する」という近藤の学問認識は田邊の理論から来ている。また引用文の「否定転換」という用語は、「社会存在の論理」のなかでも使用されており、田邊哲学にとって中心的な用語の一つである。『日本教育学』が、田邊のテクストから「社会存在」という中心的概念のみならず、多くの哲学用語を借り受けていることを論証することは困難ではない。しかし田邊が「国家の絶対性」を語るとき、それは「国家の構造理念に属するものであつて、現実の国家が凡て此理念を十分に実現すると言ひ難きものなることはいふまでもない」といっている点を近藤は無視している。田邊の国家論は、自由主義への批判であるとともに全体主義への批判でもあるのだ（しかし、その田邊も一九四〇年には、日本には閉鎖的種族的な統一を開放的人類的な立場へ高める原理を体現している天皇がいるので、その日本で「歴史に於て個人が国家を通して人類的な立場に永遠なるものを建設すべく身を捧げる事が」重要だと述べるようになる）。

「日本人」の陶冶を主題とするのが「日本教育学」であり、「日本教育学」は「国民教育学」であるという。近藤の言う「国民教育学」とは、「具体的な歴史人を作ることであり、各個人をして自己の歴史的使命を果し得るが如くに形成する教育の学である」。このような「具体的な歴史人」という設定、そして「歴史的使命」という在り方に、時局との関係があるのは言うまでもなく、この立場は篠原や長田そして木村の立場とそれほど遠いわけでもない。このように京都学派において展開された人間学は、植民地政策や世界戦争の課題遂行に向けて、具体的な歴史的社会的人間学に基づく「国民的自覚の教育学」を構築しようとするとき、帝国主義的国家主義的な教育学を生みだすことになった。つまり、カント的道徳的主体の自覚論が、西田哲学（行為的直観）―田邊哲学（種の論理）を経て、国民的自覚論へと深められることによって、主体的に戦争を遂行する国民形成の原理に途を開いたのである。

同時期このような教育学者は近藤にとどまらない。同じく文部省で活躍した竹下直之は、一九二八年に京都帝国大学文学部哲学科を卒業し、田邊の人間学の影響を受け日本で最初の人間学の単著『人間学』（一九三五）を書いた人物である。第五高等学校教授を経て文部省に入り、勝田守一と同様、図書監修官となり、『国民学校精神』『道義の世界観と教育』などの国家主義的色彩の強い教育学の著作を表している。彼らは京都学派の哲学著作から多くのアイディアや用語やレトリックを借り受け、戦争遂行にとって必要な国家教育学を構築していくことになる。そして「国民科修身は教育ニ関スル勅語ノ趣旨ニ基キテ国民道徳ノ実践ヲ指導シ児童ノ徳性ヲ養ヒ皇国ノ道義的使命ヲ自覚セシムルモノトス」（一九四一年公布「国民学校令施行規則」）といったように、「使命を自覚せしむる」ことが教育の課題となる教育学を展開していく。

## 5　京都学派三木清の技術論と「教育科学」の成立

篠原が『教育学』を発刊した年、第二次世界大戦が開始された一九三九年という年は、「戦後教育学」の誕生を記する年でもあった。それというのも、この年は海後勝雄の『教育技術論』、城戸幡太郎の『生活技術と教育文化』、山下徳治の『明日の学校』が続けて出版された年でもある。城戸・山下・海後、彼らは戦後教育学の発展に大きく貢献した「教育科学」を創設した中心的人物たちである。重要なことは、これらの著作は三木清の技術論と協同体論の強い影響下で書かれており（戸坂潤の影響も無視できないが）、その三木の技術論は西田の「行為的直観」の原理に思想的影響を受けていることである。

たとえば『生活技術と教育文化』において、城戸は「教育は国民に国民としての生活技術を教える技術であり、その技術が国家的に組織されたものが教育文化である」と述べ、また別の箇所では教育を「技術の技術」と定義している。技術とは「自然の法則を利用してそれを人間の生活する形態につくる」ことである。この「形態」とは三木の言う「かたち」のことであり、城戸は「構想力の論理」による主観と客観の統一、パトスとロゴスの統一としての「かたち」を産出する「技術」を論じた三木の技術論にしたがっている。三木によれば、技術とはそのような「かたち」を生みだす表現的行為に他ならない。三木は「人間は自己の行為によつて絶えず社会を変化し、かく変化された社会から絶えず新たに生まれる」といい、人間存在を端的にこの「行為的自覚」の立場から捉えるのである。このように考えるなら、城戸の技術の教育学は、三木の「行為的自覚」論を間におくことで、木村の「形成的自覚」論とつながるのである。

城戸による三木の自覚論—技術論に基づく教育学的思考の展開は、同時期の教学刷新評議会による「国体の明徴」や「日本精神の宣揚」のスローガンと結託した精神主義的・国家主義的な教育思想に対抗する合理主義的議論を構築しているように考えられる。しかし、この立場がそのままで状況に対する積極的な抵抗でありえたわけではない。それというのも、城戸の立場は、戦争遂行のもう一つの原理、「総力戦」を設計し効率的に戦うテクノクラートの合理主義の立場に立つものでもあったからである。城戸と海後の教育思想と三木との関係は、川津貴司の研究において詳細に検討が加えられているので参照してほしい。

## 6　京都学派人間学と戦前戦後の「国民道徳」論の行方

京都学派の人間学と教育学的研究との関係はたんに教育学説との関係だけではない。この問題を論じるときに忘れてはならない重要な主題の一つは「国民道徳」論である。「国民道徳」とは、もともとnational moralityの訳語として使用されたが、明治維新以後の急速な西欧化のなかで、キリスト教のような宗教的な共通の基底をもたない「日本人」の価値の空洞化を埋める必要から、明治政府は国民道徳を必要とした。国民道徳とは国民統合のための道徳体系であるが、日本の場合、「教育勅語」（一八九〇）が教育における徳目にとどまらず国民道徳の中心をなしていたため、国民道徳の議論は教育と直接結びつく重要な主題である。このため「教育勅語」の内容をどのように理解し解釈するかは、国家にとって重要な意味をもっていた。この解釈が国家から哲学者・教育学者らに科せられ、その主要な役割を東京帝国大学教授の哲学者井上哲次郎が果たしていたことはよく知られている。勅語の公定解釈書である『勅語衍義《えんぎ》』（一八九一）は、井上が草案を作り、井上毅・中村正直・加藤弘之などが修正意見を出し、その上で井上自身が修正し作成したものである。

ところがその井上は『我国体と国民道徳』（一九二五）において、現存している三種の神器のうち鏡と剣とが模造品であると論じたことで不敬問題に問われ公職を辞することになった。そのため、「国民道徳」を主導する職務が、井上の教え子で長女の婿でもある東京帝国大学教育学講座の最初の専任教官である吉田熊次と、そして京都帝国大学の藤井健治郎・和辻哲郎らのもとに回ってくる。吉田は『国民道徳と教育』や『教育的皇道倫理学』など数多くの関連図書を執筆し、他方、藤井もまた『国民道徳論』などを執筆し、さらに『改版　国民道徳論』（一九二七）を和辻に贈り、和辻が国民道徳論を発展させることを望んだといわれる。和辻の人間学の大著『倫理学』（一九三七―四九）の構想は、井上―吉田らの国民道徳論との緊張関係に由来している。さらに吉田ら東京帝国大学の教育学者のグループと、和辻ら京都学派のグループとは、それぞれに陸軍と海軍が後ろ楯につき、「国民道徳」をめぐる「意味の争奪戦」をさまざまな局面で演じた。この京都学派の人間学と「国民道徳」論と教育（学）の三者の関わりは、教育学説史研究としてこれまで十分に論じられたことがなく、これからの研究課題といえるが、重要なことはこの組み合わせが戦後も続くことである。

戦後教育学における最重要な教育学的カノンは、「教育基本法」（一九四七）であるにちがいない。この「教育基本法」は、文部省から独立した教育刷新委員会の羽渓了諦・天野貞祐・務台理作・森戸辰男・関口鯉吉・芦田均・島田孝一・河井道らが中心メンバーとなって作られた。複数の人間の総意によって作られた「基本法」であるから、ここに哲学者の純一な思想表現を読み取ることはもとより困難であるが、天野や務台といった京都学派の哲学者が加わっていたことは考慮されてよい。

天野は京都学派の人間学を強く感じさせる思想には乏しいが、『純粋理性批判』をはじめて翻訳したカントの優れた研究者で、第三次吉田内閣のときに文部大臣となった。教育基本法が制定され教育勅語が失効したとき、吉田内閣の意向を受けて文相天野は、教育勅語に代わる国民道徳の基本を「国民実践要領」（一九五一）として示した。言論界がこれに強く反発したため、天野文相は白紙撤回したのだが、この「国民実践要領」は天野が高坂正顕と西谷啓治と鈴木成高とに執筆を依頼したものである。「国民実践要領」は戦前の「国民道徳」の復活ともいえるものであり、その内容は教育基本法を基にしつつも田辺や和辻らの人間学の影響を色濃く受けたものであった。たとえば前文では次のように描かれている。「われわれのひとりびとりもわれわれの国家もともにかかる無私公明の精神に生きるとき、われわれが国家のために尽すことは、世界人類のために尽すこととなり、また国家が国民ひとりびとりの人格を尊重し、自由にして健全な成育を遂げしめることは、世界人類のために奉仕することとなるのである。無私公明の精神のみが、個人と国家と世界人類とを一筋に貫通し、それらをともに生かすものである。」国家のために奉仕することが世界人類のために奉仕することだという論理は、戦時期に繰り返された田邊の「種の論理」の文部省バージョンを、戦後用に改訂したものである。

この「国民実践要領」の課題は「期待される人間像」に引き継がれることになる。高坂正顕の教育に関わる仕事では、戦後の京都大学教育学部での講義をまとめた人間学の立場に立つ『教育哲学』（一九七〇）という著作があるが、アカデミックな研究よりもむしろ「期待される人間像」の作者としての影響が大きい。これは一九六六年の中教審答申「後期中等教育の拡充整備について」の「別記」として発表されたものであるが、特別委員会主査であった高坂の思想が色濃くでたものと理解されている。第二部第四章の「正しい愛国心をもつこと」は次のような文章で始まる。「国家は世界において最も有機的であり、強力な集団である。個人の幸福も安全も国家によるところがきわめて大きい。世界人類の発展に寄与する道も国家を通じて開かれているのが普通である。国家を正しく愛することが国家に対する忠誠である。正しい愛国心は人類愛に通ずる」。「国民実践要領」では「無私公明の精神に生きるとき」という留保が国民だけでなく国家にも課せられていたのだが、「期待される人間像」ではこのような留保はなくなり、「日本の使命を自覚」することが求められ、ダイレクトに国家への忠誠と人類への貢献とが結びあわされている。また国民の側には、「国家を正しく愛すること」というように、「愛する」在り方に方向が課せられている。個人と国家と人類との関係が、戦時期と同様の原理で示されていると言えよう。ここでも重要なのは個人と国家と人類の関係づけである。

「期待される人間像」が発表された同じ年、宗像誠也編『教育基本法――その意義と本質』（一九六六）において、務台理作は第一条「教育の目的」の解説として、論文「教育基本法　教育の目的」を発表している。このなかで務台は、「人類主義に裏づけられた人格としての個人、開かれた民族連帯としての国家、誠実で真理と正義を愛する国民という三つの概念が、いったいどういう形で国民教育の中で結合するかという問題の提起」として捉え直している。ここで務台が問題にしているのはとくに民族の位置である。それというのも一方で「教育基本法」は没民族的であるという批判があり、他方で民族主義（ナショナリズム）は社会主義と相容れないという批判があるからである。務台は、教育基本法が人類主義、世界主義から出立し、開かれた民族の概念を定めているのは、戦争による荒廃への反省という日本の特殊性・現実性そのものに由来していると主張する。また、後者の問題については、「開かれたナショナリズム」は社会主義との「相互媒介」が可能であり、「平和で文化的な国家」の建設を志すかぎり、この人類に向かって「開かれたナショナリズム」と「開かれた社会主義」に向かうのだと述べている。長田と同様に、この務台の社会主義への楽観的な評価については「時代」の雰囲気を感じさせるものだろう。本章で重要なことは、この個（人格）と普遍（人類）と特殊（民族）とが、「相互媒介」という論理で理解されていることである。これは田邊の「種の論理」に基づいており、同じ「種の論理」にしたがっていながら、類へと開く在り方が弱く民族国家へと回収される危険性を孕んだ「期待される人間像」への哲学的批判となっている。

このように「教育基本法」をめぐる根本的理解が、京都学派の哲学思想のなかでなされ、またこれと関わり、「国民道徳」論の関係で戦後の道徳教育が方向づけられてきたことを理解するなら、戦後の教育学と教育の理解と批判のためにも、戦前・戦時期における京都学派の哲学の理解が不可欠なのである。

## 7　京都学派の人間学と日本の教育学の失われた環

極めて簡潔に日本の教育学と教育を京都学派の人間学との関係で捉え直してみた。このときに生じる率直な疑問は、もしここで述べたとおり、一九一〇年代後半から五〇年代にかけて日本の教育学が京都学派の人間学の強い影響下にあったとするなら、どうしてこれまでこのことが一度として指摘されてこなかったのかということであろう。

その理由についてはいくつか考えられる。本章のなかでも述べたことだが、テクストの著者は自身の土台となる哲学について言及しない（明言しなくても同時代の人間には推測でき、先生筋からの思想的影響はわざわざ言うには及ばない）ということがあろう。また篠原らへの西田哲学の影響を明らかにするためには、自覚論成立期における西田とフィヒテの自覚論の異同を明らかにする必要があるのだが、西田研究自体にこの蓄積が十分ではなく、この時期の新カント学派との差異を明確に分けることができなかったことも大きい。しかし、それ以上に大きな理由は、戦争協力をめぐる議論、ならびに戦後においては保守の思想としてなお強力であった京都学派の哲学者たちと、戦後の教育学研究を指導してきた革新派教育学者との思想闘争によるものであったろう。「近代の超克」は近代主義に立つ戦後教育学にとっては認めがたいものであった。さらに京都学派の影響下で教育学を構築してきた教育学者の負債感も大きな理由の一つだろう。戦時期に教育学者も戦争協力への要請のなか国策にしたがったテクストを生産したが、その時期のテクストについてはできるかぎり沈黙を守りたかったであろう。そして京都学派のテクストが個人全集以外ではほとんど手にはいらない状態が長く続き、教育思想研究者に共有される基礎知識から消えてからは、戦前の教育学テクストの隠された京都学派の哲学という土台が見えなくなった。以上がこれまで京都学派とつながる環が指摘されなかった理由である。

最後に西田幾多郎の『日記』から引いておこう。「一九四三年三月二十九日（月）篠原助市来訪。唐木、中村光夫来訪。近藤壽治来訪、これには随分思ひ切つたことを云つた。学士院へパスの願書。三月三十日（火）〔予記欄に〕午前十時長田新、午後近藤壽治。長田引率にて広島卒業生十八九名来訪」。近藤壽治は前年度から思想統制の中心ともいうべき文部省教学局長となっていた。偶然ではあるがこの両日にわたり篠原助市と長田新、そして近藤壽治という当時の日本を代表する教育学者が西田の家を尋ねていた。また同年一二月九日付の長田への手紙では、『隠者の夕暮』贈呈のお礼とともに、「私の書物御研究下さる由　私など攻撃の的となり居るものにていかになり行く〔か〕しれませぬが　論文集の三四　最も御熟読願ひ度」と書き送っている。長田は『国家教育学』の執筆について、西田宅に訪問したときにその本の内容に触れたのかもしれない。この著書の序に西田の名前が出ていることはすでに述べた。西田の名前を出すことで、国粋主義者から厳しく攻撃される事態がすでに起こっていた。西田が亡くなるのはこの二年後の一九四五年敗戦の二カ月前のことである。西田、田邊そして京都学派の哲学と日本の教育学との関係についての研究は、まだ始まったばかりである。

**文献**（本章で取りあげた文献は多数にわたるため、ここでは研究書・論文のみを提示する）

足立淳　二〇一一「一九二〇年代日本におけるドルトン・プランの批判的摂取——赤井米吉の宗教的教育思想に着目して」『教育学研究』第七八巻三号、二五一—二六二頁
家永三郎　一九七四『田辺元の思想史的研究——戦争と哲学者』法政大学出版局
川津貴司　二〇〇九「戦時下における海後勝雄『教育技術論』の対抗的位置」『教育科学研究』第二四号
川津貴司　二〇一一「モダニズムとしての教育技術論——ハリー・ハルトゥーニアンの歴史理論を手がかりとして」『教育科学研究』第二五号、一—一二頁
駒込武・川村肇・奈須恵子編　二〇一一『戦時下学問の統制と動員』東京大学出版会
大西正倫　二〇一一『表現的生命の教育哲学——木村素衞の教育思想』昭和堂
関口すみ子　二〇〇七『国民道徳とジェンダー』東京大学出版会
上田閑照　一九九五「西田幾多郎——『あの戦争』と『日本文化の問題』」『思想』第八五七号
矢野智司　一九九六「生成の教育人間学再考——森昭『教育人間学』の射程」和田修二編『教育的日常の再構築』玉川大学出版部

# 第13章　倫理的基礎——教育を支える愛

田中　智志

## 1　教育実践の基礎とは何か

### 教育実践の倫理的基礎

教育実践は、教師と子どもとのさまざまな相互活動のなかに位置している。たとえば、子どもたちの「協働学習」を中心とした授業では、教師の働きかけは、子どもたちの「協働学習」を下支えすることである。またたとえば、子どもたちの反復練習を中心とした授業では、教師の働きかけは、子どもたちの反復練習を個別化したり最適化したりすることである。どちらの場合でも、教師の働きかけは、暖かい激励をふくむこともあれば、厳しい命令をふくむこともある。ほめることもあれば、しかることもある。どのような働きかけ方をするのか、その判断は、子どもの様子、子どもの置かれた情況を勘案しながら、その学びを喚起し促進するという見地から、行われる。

こうした教育実践は、それがどのような形態・方法をとろうとも、倫理的に基礎づけられているのではないか。本章の目的は、教育実践を可能にしているはずの倫理的基礎を思想史的に明らかにすることである。ここで「道徳的」といわずに「倫理的」といったのは、「道徳的」という言葉を「善に向かう個人の義務（責務）」（たとえば「親を大切にしなければならない」「命を大切にしなければならない」「正直でなければならない」などの規範）に従う態度を形容する言葉として用い、「倫理的」という言葉を、この「道徳」の存立条件・存立基盤を形容する言葉として用いているからである。すなわち「なぜそうしなければならないのか」、その理由・論理を形容する言葉として用いているからである。つまり、ここでいう倫理的基礎は「……しなければならない」という「道徳」（規範）を支えている何かである。その意味で、倫理的基礎は、道徳を超えている何かである。もっとも、このような「倫理的」という用法がどのくらい受け容れられるのか、心もとない。あとで述べる「倫理」という言葉の語用史を考えても、一般的とはいえそうにないからである。

## 生の倫理的基礎

ともあれ、ここで明らかにする、教育実践の倫理的基礎は、すそ野が広く、いわば日常的な生の存立条件と通じている。すなわち、たわいもなく、当たり前で、何の変哲もない、日々の営みを存立可能にしている礎でもある。それは、たとえば、何のとまどいもなく「私は……」と語ることの礎であり、見知らぬ人が倒れていれば、思わず「大丈夫ですか」と声をかけることの礎であり、あとであれこれと文句をいいながらも、音楽や映画などを楽しめることの礎である。そしていろいろと行き違いながら、ときにつながりを断つことがあっても、だれかをかけがえのない人として心から慈しみ愛することの礎である。

こうした日常的な生の倫理的基礎は、これまでにも語られてきた。一九世紀末期以降についていえば、そうした思想の一つは、いわゆる「生の哲学」（Lebensphilosophie / philosophie de la vie）である。ニーチェ（Nietzsche, Friedrich Wilhelm 1844-1900）、ディルタイ（Dilthey, Wilhelm 1833-1911）、ジンメル（Simmel, Georg 1858-1918）、ベルクソン（Bergson, Henri-Louis 1859-1941）、ボルノー（Bollnow, Otto Friedrich 1903-1991）の思想である。もう一つの思想は、キリスト教的存在論である。たとえば、ティリッヒ（Tillich, Paul Johannes 1886-1965）、ブルトマン（Bultmann, Rudolf Karl 1884-1976）、マルセル（Marcel, Gabriel 1889-1973）、リクール（Ricoeur, Paul 1913-2005）などの思想である。たとえば、ボルノーのいう「存在信頼」（Seinsvertrauen）は、日常的な生の倫理的基礎である。それは「特定の存在物への信頼、特定の存在者への信頼……の背後にある、そうした個別的信頼を可能にする、世界と生への信頼」である（Bollnow 1979（1955）: 25=1969: 21-2 訳文は私訳）。それは、いいかえれば、この世界・自他を敵視せず、無視せず、この世界と共に、他者と共に、自分が生きることを喜ぶという情動である。

本章では、晩年にカトリシズムに傾いたベルクソンの思想をとりあげ、彼が語った生の倫理的基礎の中身を確かめてみよう。そこでは、ベルクソンのいう「生命」が「隣人への愛」という情動につらなることがわかるはずである。そしてその「隣人への愛」がまた教育実践を支える倫理的基礎であることが明らかになるはずである。まず先に「道徳」と「倫理」の言葉の由来を確かめておこう。

## 2　道徳を超えるもの

### 道徳と倫理

日本語の「道徳」も「倫理」も、moral（英語）/ moral（フランス語）/Moral（ドイツ語）と ethics（英語）/ ethique（フランス語）/ Ethik（ドイツ語）の翻訳であるが、moral/moral/Moral も ethics/ethique/Ethik も、さかのぼれば、個人の特徴としての「習性（傾向）」、集合の特徴としての「慣習（習俗）」を意味している。moral/moral/Moral は mores（mos の複数形）というラテン語に由来し、ethics/ethique/Ethik は ethica（［êthos にかんする」という意味の形容詞）というギリシア語に由来し、mores は êthos のラテン語訳として使われてきたからである。たとえば、アリストテレスの『ニコマコス倫理学』（*Ethica Nicomachea*）における ethica は、さまざまな含意をともないつつも、基本的に「……しなければならない」という「義務命題」（当為命題）ではなく、「……することになっている」という「慣習」という意味で用いられている。そして、人に体現された ethica（習慣）のうち、人間の本性にふさわしいものが virtus（徳）と呼ばれ、ふさわしくないものが vitium（悪）と呼ばれている（稲垣 一九七九、一八八頁）。

しかし、語源は同じでも、moral/moral/Moral と ethics/ethique/Ethik は、中世から近世にかけて、後戻りしながらも、しだいに使い分けられるようになった。英語の moral/ethic（s）についてのみいえば、英語の moral が最初に使われたのは一三四〇年であり、この moral は「善悪にかんする性格・習性」を意味している。すこしのちに moral philosophy（1387）、moral law（1380）といった言葉が使われるようになり、moral philosophy はのちに現れる「ethics」と同義であり、moral law は「実定法・制度法に対立するもの」で「正しく virtuous な行動にふさわしい要請」を意味する。単数形の ehtic は「moral の学」という意味で、一三八七年に最初に使われ、一五八一年に「morals にかんする」という意味（形容詞）に転用されている。複数形の ethics は、一六〇二年に「moral の学」という意味で最初に使われている。

こうした簡単な語源史からもうかがえるように、中世から近世にかけて、一つの傾向としてであるが、moral の意味は「慣習」という集合の特徴よりも、「習性」という個人の特徴に傾き、ethics の意味は moral についての「学」に傾いていった。ちなみに、ティリッヒは、一九六三年に「ethics を moral についての学と定義したい」と述べている。「ethics という言葉は、moral の理論のために留保し、……moral は、その基本的意義において、moral の行為そのものを記述するために用いる」と（Tillich 1995: 22=1999: 17）。フランス語、ドイツ語についても、ほぼ似たような傾きを見いだせるだろう。

## 「個人の善義務」としての道徳

そして、善／悪を判断する個人の「習性」としての moral/moral/Moral は、およそ一八世紀以降、大きく変化していった。すなわちそれは、全体の「慣習」に由来する個人の「習性」から、「個人がみずから従うべき善い義務」（以下、たんに「個人の善義務」）という規範命題へと、変わっていった。これにともない、ethics/ethique/Ethik も「個人の善義務」についての思考へと、変わっていった。一般に「道徳」といわれるときの「道徳」がそれであり、また「生命倫理」といわれるときの「倫理」がそれであろう。私たちの多くは「道徳」を「習性」と思っていないし、「倫理」を「慣習」と思っていない。おそらく、共同体的な慣習をゆるがす近代社会の機能的分化という社会構造が、「個人の善義務」を必要としたためだろう、一八世紀以降、moral/moral/Moral は「個人の善義務」に傾斜し、ethics/ethique/Ethik は「個人の善義務」にかんする思考に傾斜していった。このような moral/moral/Moral、ethics/ethique/Ethik は、たとえば、カントが『人倫の形而上学のための基礎』（Kant 1968, GMS）において語っている Moral であり、Sitten（「人倫」［「道徳」とも訳される］）である。

ここで、フーコーが——おそらくベルクソンを踏まえながら——用いた「規則性」（régularité）／「規範性」（régle）という区別を用いてみよう。規則性は、成員のあいだにおのずから生じている秩序であり、規範性は、成員が共通の法に従っているという秩序である（Bergson 2008: 129=2003, I: 192; Foucault 1969: 188）。この区別を用いると、「習性」も「慣習」も、規範性をともないつつも、おもに規則性の構成につらなり、「個人の善義務」は、規則性をともないつつも、おもに規範性の構成につらなっている。「個人の善義務」は、恣意的なものではなく、だれもが果たすべき普遍的な善義務だからである。つまり、「習性」から「個人の善義務」へ、「慣習」から「個人の善義務についての思考」という変化は、規則性から規範性への重心移動である。

## 道徳を超えるもの

ここで注目したいことは、この規則性から規範性へという重心移動の背後で、ますます見えにくくなっていくものである。それは、規則性・規範性を支えている基礎（私の用語法でいう「倫理的基礎」）である。さかのぼれば、アリストテレスの ethica の基礎は、人びとの「善き生」（「エウダイモニア」eudaimonia/eu zen）への「願い」である。「善き生」は、カントの定言命法のような「強制」すなわち「命令法」のなかにあるのではなく、「願い」すなわち「希求法」のなかにある。リクールは、この「善き生」は、ハイデガーのいう「気遣い」につながっているという。すなわち「互恵性という奇跡」、いいかえれば「諸人格がほかならぬ交換のなかで互いに代替不可能な者として承認されること」（Ricœur 1991=2009: 205）、つまるところ、存在論的な「共存在」につながっていると。

さきほどふれた生の哲学とキリスト教的存在論においては、道徳規範の倫理的基礎はどのように考えられているのか。ここでは、ベルクソンの思想をとりあげて、確認してみよう。ベルクソンの思想は、ドゥルーズに従えば、「持続」「記憶」「生命の躍動」という三つの段階をへて展開されているが（Deleuze 1966: 1=1974: 3）、ここでとりあげるのは、最後の「生命の躍動」である。この「生命の躍動」論においては、ジャンケレヴィッチが論じているように、道徳を超出し、それらを変革する力（Jankélévitch 1959=1997）、すなわち既存の社会・組織・共同体の秩序の根本問題を直観し析出し超克する力が語られている。その力は、規範から区別され、規範を超出するものであるが、規範を根底的に支えているもの（支えていたはずのもの）でもある。たしかにベルクソンは、道徳を二つに区別したり、生成／存在、情動／知性、直観／分析を対立させたりしている。しかし、以下に示すように、ベルクソンの思想はたんなる二元論ではない。ジャンケレヴィッチは、ベルクソンの思想を「二元論」と評することは「よくある間抜けな非難」であると述べている（Jankélévitch 1959=1997: 266）。

## 3 ベルクソン――愛という力

### 「開かれた道徳」

ベルクソンは、一九三二年の『道徳と宗教の二源泉』において、道徳を二つに分けている。「閉じられた道徳」ないし「静的な道徳」すなわち「社会的義務」としての道徳と、「開かれた道徳」ないし「動的な道徳」すなわち「社会的義務」を超える道徳である（Bergson 2008: 57-58, 286=2003, I: 81, 2003, II: 215-216）。「閉じられた道徳」は、それへの違背に対する処罰が生みだす「威圧」（pression）によって人の言動を方向づける。「開かれた道徳」は、もっとも優れた人間への「憧れ」（aspiration）によって人の言動を方向づける（Bergson 2008: 48=2003, I: 69）。「聖人や英雄は、他者に向かって何も求めない。なのに、彼らは獲得する。彼らはあれこれ諭す必要もない、彼らはただ存在するだけでよい。彼らがいることが、そのまま呼びかけ（appel）となる。……十全で完全な道徳には、呼びかけがある」（Bergson 2008: 30=2003, I: 44）。この「呼びかけ」は「憧れる」と一対である。

その「呼びかけ」は、実際に聞こえなくても、私たちの心に届いている。「彼らの声が、私たちの耳にはっきりと聞こえなくても、私たちが呼びかけられていることに変わりはない。そして私たちの魂（âme）の奥底には、その声に応える何かが存在している」（Bergson 2008: 67=2003, I: 96）。この「魂」への「呼びかけ」は、いわゆる「良心の声」と重ねられるだろう。そして、この「呼びかけ」は、聖人や英雄の魂にも届いている。「呼びかけ」る者は、すでに「呼びかけ」られている。この「呼びかけ」の規範命題化、たとえば、カントの定言命法の定立は、この「呼びかけ」の源泉を覆い隠してしまう。いいかえれば、「道徳そのものの基礎」を覆い隠してしまう。つまり、この「呼びかけ」がここでいう「倫理的基礎」である。そして、以下に述べるように、この「呼びかけ」の本態が、ベルクソンのいう「愛」であり、「生命の躍動」である。

## ベルクソンの愛

「開かれた道徳」（「閉じられた道徳」の倫理的基礎）は、具体的にいえば、「同胞愛」（fratanité この言葉はこれまで「博愛」「友愛」と訳されてきた）である。ベルクソンにとってそれは、「自由・平等・同胞愛」から構成されるデモクラシー概念の、もっとも重要な要素である。「同胞愛」は、端的に「愛」（charité）である。ベルクソンは次のように述べている。デモクラシーは「自由を宣言し、平等を要求する。そして対立するこの二つの姉妹を、彼女たちに姉妹であると想起させ、同胞愛をすべての上に位置づけることで、和解させる。……自由と平等の間の、しばしば指摘されてきた矛盾は、同胞愛によって止揚される。同胞愛こそが必須である。デモクラシーは、エヴァンジェリカル［＝福音書的］であり、愛を動因としている」（Bergson 2008: 300=2003, II: 235）。

ここで語られている同胞愛は、自由と平等を結びつける営みでもある。まずこの愛は、「愛国心」とちがい、強いられる営みではない。それは自ずから出来する営みである。同胞愛は、私たちの意志や努力によって生みだされるのではない。したがって、この愛は自由を暗示する。この愛はまた、平等を暗示する。愛する者と愛される者とは、どちらも愛にふさわしいからであり、相互に相手を自分よりも大切に思うからである。このような同胞愛の起源は、新約聖書の言説に見いだされる。そこでは、愛が具体性として顕れ、また普遍性として顕れているからである。すなわち、「隣人」が具体的な愛の対象として語られ、またどれもが「隣人」になりうると説かれたからである。ベルクソンのいう同胞愛は、キリスト教的な「隣人への愛」（charité fraternelle）である。すこし敷衍しよう。

新約聖書において、イエスは、ユダヤ教の律法のなかでもっとも重要なものは「神への愛」（dilectio Dei）と「隣人への愛」(dilectio proximi) であるといい (マタイ 二二・四〇)、パウロは「隣人への愛」が重要であると述べている (ガラティア 五・一四)。聖書の「隣人への愛」の「隣人」は、実際に隣にいる「隣人」でなく、「あなたを愛している」「あなたのことが気がかりだ」という生き生きとした関係性のなかの「あなた」である。したがって「同胞」は、生地・国籍・民族を同じとする近き人ではなく、基本的にだれでもありうる。つまり、「隣人への愛」においては、先に「隣人」がいるのではなく、さきに「愛する」という営みがある。すなわち、自分のことよりも相手の傷みを気遣い、相手のより善い生を無条件に希求するという営みがある。この営みの相手が「隣人」である。したがって「隣人」すなわち「同胞」は、制度・規範・場所によって限定されない他者である。

## 愛の知性

ベルクソンのいうこうした愛は「情動」(émotion) に位置づけられるが、「知性」と結びついている。「愛」は、人の魂を振るわせ、行動へと駆りたて、人の知性を働かせ、表象へと向かわせる (Bergson 2008: 46=2003, I: 67)。「情動、感情 (sentiment)、感受性 (sentibilité)」といった「情感」(affection) を表す言葉は、「表面の動揺」を指すこともあれば、「深部の湧出」を指すこともある。前者のそれは「観念や表象された心象の結果」であるが、後者のそれは表象によって規定されず、しばしば不意に到来し湧出するものである。すなわち「知的な状態の原因であって、その結果ではない」(Bergson 2008: 40=2003, I: 59)。つまり、前者の情感は「知性依存的」(infra-intellectuelle) であるが、後者の情感は「知性高進的」(supra-intellectuelle) である (Bergson 2008: 41=2003, I: 60)。

愛による知性高進は、知性に「生命を賦与する」ことである (Bergson 2008: 43=2003, I: 62)。このとき、知性は「直観から生まれた固有な情感の焔で燃やされる」。いいかえれば、このとき、精神は「言葉のなかに込められ、固定され、社会から渡された諸観念を配合しながら、怜悧に活動する」のではない。このとき、「知性によって形成された諸事物［という形象］は、溶けあい」、この溶けあっている諸事物が「精神それ自体によって何らかの観念としてあらたに形成され、固定される」。「このとき、努力は惨苦に満ち、成果は冒険を要する。しかし、精神が自分を創造者と感じ、また信じうるのは、この場合にかぎられる」（Bergson 2008: 43-44=2003, I: 63-64）。

## 愛の躍動

人間は、愛によってこそ、不断に「進歩」しつづける。「未来は、あらゆる進歩に開かれているはずであり、とくにそれは、今すぐに実現されそうにない、おそらく考えられもしないような、さまざまな形態の自由と平等が可能になる条件の創造に開かれている。どうしてそうした自由や平等の精確な定義が求められるのか。それらはただ輪郭が描かれるだけである。ただ同胞愛が与えられるかぎりにおいて、その内容はよくなっていくのである。『愛せよ、そしてあなたの欲することを為せ』（Ama, et fac quod vis）」（Bergson 2008: 301=2003, II: 236）。最後に引かれているラテン語の言葉は、『ヨハネの手紙第一への注釈』におけるアウグスティヌスの言葉である。原典から引用すれば、dilige et quod vis fac であるが（Augstinus 2006: Tractatus 7, 8）、意味するところは同じである。重要なことは、愛するという不断の躍動がすべての知的な言動に先行しているという事実である。

「愛」の躍動は、ベルグソンの「静的／動的」という区別の「動的」である。ベルクソンの「静的／動的」という区別は、「静的宗教／動的宗教」の区別に具体的に示されている。「キリスト教は、ユダヤ教の根本的な転形であった」（Bergson 2008: 254=2003, II: 164）というベルクソンにとって、ユダヤ教のモーセの言説は「静的宗教」であり、キリスト教のイエスの言説は「動的宗教」である。「静的宗教」は、共同体を個々人の放縦・恣意から保全することを目的としているが、「動的宗教」は、そうした共同体の保全を否定しないが、何らかの「真理」に向かう営みを本態とするため、その営みにそぐわない共同体を開放する。イエスにおける「真理」は「隣人への愛」である。

つまり、「静的宗教」は「知性」の言葉によって語られるが、「動的宗教」は知性を超える「愛」の言葉によって語られる。この「愛」の言葉は「生命」の顕現である。

### 「愛」という「生命」の顕れ

何かを教え説くことは、「情動」の営みではなく、「知性」の営みであるが、「愛」を具現化することは、「知性」の営みではない。なるほど、「愛」を具現化するために、「知性」がある方向を指して「これが最短の道だ」ということはできるが、すぐに経験が「そっちに道はない」というだろう。「愛」を具現化する道は、困難を困難と思わない「敢然な態度」(héroïsme) によってのみ、開かれる。「愛は、ただそれが［だれかによって］体現されることによってのみ、具現化されうる。［愛を具現化する］敢然な態度は、それがただ在るということだけで、他の人を［愛へと］駆りたて動かすことができるからである」。というのも、愛を具現化する「敢然な態度」は、それ自身が生命の躍動への回帰であり、創出の営みを支える情動に由来するからである (Bergson 2008: 51=2003, I: 73)。

愛は、「生命」の「根源性」(principe) の顕れである。「人間性 (humanité 人間全体・人類) を愛する力」は「人間という種を創出した根源性」にふれることで、喚起されるものである。その愛は、人の「魂の全体を取り込み、それを再活性化する」(Bergson 2008: 52=2003, I: 75)。愛へ向かう「敢然な態度」の「呼びかけ」に応え、人が「閉じられた道徳」を超えることは、人が「生命の躍動」(élan vital) を体現することである (Bergson 2008: 55=2003, I: 79)。「生命の躍動」は「衝迫」として到来し、人を突き動かす。この「生命の衝迫 (poussée vitale) は厳然と存在している。それは待つことを受け容れず、障害を認めない。生命の衝迫は、事件や事故といった、行く手を阻む不確定なものすべてを無視する。それは、躍動によって前進し、目的のみを見ている」(Bergson 2008: 145-146=2003, I: 215)。「生命の衝迫は楽観的である」(Bergson 2008: 146=2003, I: 217)。その衝迫のなかにある聖人や英雄にとっては、「他人のために死ぬことは、『こんにちは』『こんばんは』と挨拶するくらいに、簡単なのである」(Jankélévitch 1959=1997: 328)。

## 生命の根源性

「生命全体の根源性」(principe de la vie en général) は、さまざまな生命体全体に通底する、生きるという躍動それ自体である (Bergson 2008: 265=2003, II: 180)。「存在するのは、[生命全体という] ただとてつもなく巨大な躍動である。魂は、その力に押され、抗うこともできない」(Bergson 2008: 246=2003, II: 151)。この生命全体の躍動は一命への、そして生命全体への愛として顕れる。ベルクソンのいう la vie は、「生活」「生命」「生存」を意味しているが、愛として顕れる la vie は、根源的な力としての「生命」を意味している。「動態化された魂は、他のすべての魂と、そしてすべての自然と共鳴共振するという、強い傾向性をもっている」(Bergson 2008: 50=2003, I: 72)。「開いた魂」の「愛は、動物、植物、そしてすべての自然に広がっている」。そして、この愛は「ひたすらに愛である。自分を惹きつける相手にまっしぐらに進み、そのうちに腰をすえる」。この愛は、Give and Take などという、自分の利害計算という正義とは無縁である。この愛は、「(相手) を通りこすことによって、相手にいたる」(Bergson 2008: 34, 35=2003, I: 50, 51)。すなわち、人は、眼前の相手の向こうにひろがる生命全体、そこに満ちている躍動に突き動かされながら、眼前の相手を愛するのである。

人間の存在を根本的に支えているのは、この愛すなわち他者がよりよく生きることへの無条件の献身である。その営みは「完全な活動であり、不断の湧出である」(Jankélévitch 1959=1997: 355)。人間を支えつつ人間を超えるものを「神」と呼ぶなら、この愛の営みこそが神である。すなわち、愛し愛されているという生命の営み全体が、神である。ベルクソンは、聖書のなかの「神は愛である」(Deus caritas est)(ヨハネの手紙 第一　四・一六) という言葉をそのまま引いているのだろう、次のように述べている。「神は愛である。そして愛の対象である。……この二つの愛について、神秘家が語り終える日は来ない。……記述されるべきことが表現を許さないからである」。それでも明らかなことは「愛が神それ自体であることである」（Bergson 2008: 267=2003, II: 183）。つまるところ、ベルクソンは、生命全体に存在論的な「存在」を直観しているのだろう。ベルクソンにとって「命が存在すること」は「命が愛すること」である。存在は愛である。そしてそれが、「一瞬の閃光」「呼びかけ」として顕現する、「道徳そのものの根底」である（Bergson 2008: 287=2003, II: 217）。

こうしたベルクソンの愛／生命の思考は、それをキリスト教的存在論の系譜に位置づけて見るなら、少しも特異な思考ではない。それは、たとえば、トマス・アクィナスの存在論を思い起こさせる。坂口によれば、トマスは「存在それ自体」（ipsum esse）という概念で、人間をふくむすべての生命体を支えている力を暗示している。トマスにおいては、すべての生命体に満ちあふれ、それぞれを生かしているその力、彼が「純粋な動〔態〕」（actus purus）と呼ぶ力は、神の贈与すなわち神の愛である（坂口　二〇〇八、四八頁）。端的にいうならば、パウロにまでさかのぼりうるキリスト教的存在論においては、生き生きとしていること、それは神の愛であり、その愛を生き、その愛を体現すること、それが人の生である。こうした愛／存在の思考は、ベルクソンの愛／生命の思考と相同的であるように見える。ともあれ、最後に、教育論への含意を述べよう。

## 4　実存への篤信

### カイロスと日常

先述のように、ベルクソンの愛は、知性を超えながら、知性を支え、道徳を超えながら、道徳を支えている。そして、この愛は、どのような時代においても、どのような文化においても、いうならば「カイロス」の瞬間に、すなわち時計で計られる時間である「クロノス」から区別される、より善い思考が出来する時熟のときに、知性と道徳を刷新し、あらたに創出する主要な契機である。たとえば、パウロがユダヤの律法の規範性に抗い、ルターがローマの教会の規範性に抗い、その希求の思想を展開したように。たしかに「隣人を愛せ」という彼らの言葉は、すべての人間を服従させる無条件の命令として語られるが、それは、すべての命令を棄却する「呼びかけ」である。

いわゆる「道徳」は、「閉じられた道徳」であり、それをいくら拡張しても、それを人間全体への無条件の愛へと変えることはできない。「家族愛」「親族愛」「郷土愛」「愛国心」と、いくら同心円的に愛を拡張しても、人間全体への愛にはならないのである。もしもそのように拡張できると考えるなら、ジャンケレヴィッチが述べているように、人間全体への愛は「利己心の最上級」である（Jankélévitch 1959=1997: 252）。同心円的拡張の中心は自分だからである。「隣人への愛」は、いわゆる「道徳」によって可能になるのではない。「開かれた道徳」である「隣人への愛」を可能にするのは、唯一「隣人への愛」の体現である。「隣人への愛」の活動、その躍動こそが、他者のなかに「隣人への愛」の活動、その躍動を喚起する。前述のように、この喚起という現象を、ベルクソンは「呼びかけ」と呼んだ。それは愛を呼びかける愛である。

## 養育の愛、教育の愛

このような「隣人への愛」は、その愛が無条件であるかぎり、きわめて困難な愛である。しかし、愛を呼びかける愛は、聖人や英雄にのみ可能な特異な愛ではなく、だれにでも可能な普通の愛でもある。すくなくとも、幼い子どもは、親に対しては無条件の愛を抱くことができる。多くの私たちも、幼い子どもに対して無条件の愛を抱くことができる。その意味で、無条件の愛は、日常的な養育・教育のなかに見いだされる愛でもある。この愛については、あらためて説明する必要もないだろう。親が子どもに求めなくても、子どもは親を愛する。親は、あれこれと子どもを諭す必要もない。親は、親としてただ存在するだけで、子どもに愛される。親であることが、そのまま子どもへの「呼びかけ」となる。親にしても、大概においては、同じように子どもを愛している。親密性を基礎とする親と子の情愛的関係性における親と子の立ち位置は、分析し表象し算定する知性に媒介されていない。親は子どもにとって愛の体現者であり、子どもは親にとって愛の体現者である。

「隣人への愛」はまた、教師と子どもの関係性のなかにも見いだせるが、この愛については、いくらか説明が必要だろう。教師が子どもに求めなくても、子どもが教師を愛することは、一般的事実ではないからである。教師は、教師としてただ存在するだけで、子どもに愛されたりしない。教師であることは、よほどのことがないかぎり、そのまま子どもへの愛の「呼びかけ」とはならない。それは、始まりのときにおいて、教師と子どもの間には、親子の情愛的関係性の基礎となるような親密性がないからだけではない。教師は、親とちがい、知識技能の体現者ないし伝達者として、その立ち位置を確保しているからである。教師の立ち位置が、知性に媒介されているからである。愛と背反する怜悧な要素によってはじめて、教師は教師でありうるからである。つまり、知識技能の体現者・伝達者としての教師は、その知性が分析し表象し算定するかぎり、愛から隔てられる。教師が子どもにとって愛の体現者ではなく、子どもが教師にとって愛の体現者でもないときに、教育の愛なるものはいかにして可能なのか。いいかえれば、教師が、知的であるままに、子どもにとって愛の躍動であることは可能だろうか。もしも不可能なら、教師は、道徳も倫理も教えることはできない。

## 実存への篤信

愛から隔てられている知性の体現者である教師が、知識技能を教える教師でありながら、愛を体現することは可能か。可能である。愛は、知的な言動に先行するからである。いいかえれば、愛は、その「敢然な態度」に表れているように、知性を巻き込んで冒険するからである。具体的にいえば、教育における愛の体現は、教師が、子どもたちの実存を篤信することで、可能となる。実存への篤信とは、あれこれと分析したり、客観的に表象したり、可能性の多寡を算定したりせず、端的に相手の倫理的な高まりを信じること、相手がより善くなる可能性を信じることである。それは、語源的な意味で「外に・向かう」（ex-istanz）一命に対し、すなわちベルクソン的な意味で「動的」である――デューイ的な意味で「成長」し、ルーマン的な意味で「自己創出」する――子どもに対し、その子どもがより善い状態になるためには何をすればいいのか、その固有な応答可能性に専心することである。

教育という営みは、曲がりなりにもより善くなろうとしている教える者が、学ぶ者のなかに同じような――むしろより純粋な――より善くなろうとする実存のベクトル、すなわちベルクソンが「生命の躍動」というベクトルを無条件に想定しているからこそ、それ以外のさまざまな未熟・欠如がはっきりと見えるにもかかわらず、成り立つのではないのか。それは十全に語りうるものではなく、ただ信じうることだろう。この実存への篤信と一体である無条件の気遣いを「教育愛」と呼ぶことにためらいを覚える人もいるだろう。「愛」を支配の道具にする教育者がいたからであり、そして今もいるからである。しかし、その教育における気遣いを「愛」と形容することは、その「愛」をパウロ的な「隣人への愛」の概念に近づけて理解するかぎり、正当である。パウロそしてベルクソンが暗示しているように、この「隣人への愛」は、自由が可能にする唯一無二の倫理的営みであり、おそらく自由を可能にする主要な倫理的営みでもあるだろう。ようするに、教育を支える主要な倫理的基礎は、生命の本態としての「隣人への愛」であり、その具体的な現れが、実存への篤信である。

近代教育思想は、その事実を知っていたのかもしれない。ふりかえってみれば、フレーベル、ペスタロッチを端緒としつつ、カント、ヘルバルトなどの近代教育思想は、子どもの「完成可能性」（perfectibilité）、「陶冶可能性」

(Bildsamkeit)、「教育可能性」(educabilité) を、実証可能な命題ではないと知りつつも、前提にしてきた。それは、たんにキリスト教の神を篤く信じることというよりも、子どもの実存を端的に信じることではなかったのか。すくなくとも自分の魂の救済を願うことではなく、他者の生存の歓喜を祈ることではなかったのか。彼らは、自分のために願う者ではなく、他者のために祈る者ではなかったのか。あらためて論じるべきであるが、この実存への篤信の起源は、ヘレニズムではなく、キリスト教のなかにある。これらの近代教育思想の可能性概念は、たしかに一八世紀末期以降において語られるようになったが、長きにわたるキリスト教思想系譜の末端に位置している。すなわち、これらの可能性概念は、たんに近代科学的な実現可能性に還元されるのではなく、カイロスの可能性すなわち時熟の可能性に由来する。すなわち、実現可能性を度外視して待つという姿勢に。

## 潜在のテロス

現代社会は、私たちの日常的な生の基礎を掘り崩し、さまざまな問題を生みだしながらも、規範性でそうした問題に対処しようとしているようにみえる。たとえば、他者の気持ちを慮ることがたんに自分の保身のためであったり、社会への貢献が自分の会社の利益増大のためであったりするという現実が、いびつな現実であると気づきながら、そうした問題に「モラル」や「規範意識」を叫ぶことで対処しようとしているように見える。養育の場においても、学校教育の現場においても、「教育愛」という道徳規範で問題に対処するように求められるなら、養育・教育の現場はますます、生き生きとした生の基礎を失うことになるだろう。必要なことは、実存への篤信を内実とするような倫理的基礎へと向かう思考であり感覚である。

ベルクソンのいう愛という生命の本態は、そうした倫理的基礎である。この愛という生命が何に由来するのか、その「根源性」とは何か、それはわからない。それは、私たちが愛に向かうとき、直観されるだけである。経済的・科学的・行政的……といったさまざまな目的合理性の言葉を超えて、私たちが愛に向かうとき、そのときが、ささやかながら、時熟のとき（カイロス）、より善い自己創出のときである。私たちが「悪」（evil）に対峙するとき、その契機が訪れる。傲慢・強欲、妬心・猜疑、虐待、頽廃・堕落、驕慢・虚飾、暴行・殺人など、人間の悪に直面するとき、つねに私たちのなかの一命への畏敬、生存への肯定という情動が呼び覚まされるからである。ベルクソン流に考えるなら、その「生命の躍動」が指し示す方向へ向かうためには、ただそう意志すればいい。「どんな場合でも、説明を要するのは、止めた理由であり、動く理由ではない」から（Bergson 2008: 333=2003, II: 281）。

ベルクソンのいう愛という生命の本態は、いわば、潜在のテロスである。どこかに潜んで働いているが、ほの見えるだけで、これこれであると特定されえないテロスである。アリストテレスの「エウダイモニア」がそうであるように。あるいはまた、アウグスティヌスの「ペルソナ」がそうであるように（坂口　二〇〇八、四一頁）。そして「理念」を語るデューイは、愛という生命の本態を語るベルクソンとそう遠くないところにいる。デューイは、私はなぜ「事実的存在としての人格のなかにすでにある価値」で満足しないのか、つまり、なぜ過去の歴史や現在の価値観が教えてくれる価値だけから出発しないのか、と問い、それらの価値が既存の悪から決別しようとしていないからである、と答えている。そうだからこそ、今ここにない「理念」が必要である、と。「理念としての目的や意味が重要なのは、それがまさにあの事実に密接に結びついているからである。すなわち、生きることは、私たちにとって悪であるさまざまな事象に直面することだからである」（Dewey 2008, CF, lw. 9: 31）。したがって、愛を内在させるはずの人間がなぜ悪をはたらくのか、と問う必要はない。かつてストア派やパウロが語った「完全性」とおそらく同じように、愛は、潜在のテロスだからである。人間の悪と人間の愛とは、別のカテゴリーに属している。人間の悪に対立するもの、すなわちそれと同じ地平にあるものは、いわゆる道徳規範であり、報復すなわち交換の円環のなかにある応報の正義である。それらが、ときにまさに悪しきものとして機能してしまうように。

## 文献


Augstinus　2006　*In Epistolam Ioannis ad Parthos Tractatus Decem, in Documenta Chasolica Omnia.* Cooperatorum Veritatis Societas. [http://www.documentacatholicaomnia.eu]

Bergson, Henri　1998　*L'evolution créatrice.* Paris : Presses Universitaires de France.

Bergson, Henri　2008　*Les deux sources de la morale et de la religion.* Paris : Presses Universitaires de France. ＝ 二〇〇三 ベルクソン（森口美都男訳）『道徳と宗教の二源泉』I・II 中央公論社

Bergson, Henri　2009　*La pensée et le mouvant.* Paris : Presses Universitaires de France. ＝ ベルクソン　一九五五（河野与一訳）『思考と動くもの』I·II·III 岩波書店

Deleuze, Gilles　2004　*Le bergsonisme.* 3 édn. Paris : Presses Universitaires de France. ＝ ドゥルーズ　一九七四（宇波彰訳）『ベルクソンの哲学』法政大学出版局

Dewey, John　2008　*The Collected Works of John Dewey, 1882-1953.* ed., Jo Ann Boydston. Carbondale, IL : Southern Illinois University Press (Early Works = ew / Middle Works = mw / Later Works = lw).

CF ＝ *A Common Faith* (1934 lw. 9).

Foucault, Michel　1969　*L'archéologie du savoir.* Paris : Gallimard.

Jankélévitch, Vladimir　1959　*Henri Bergson.* Paris : Presses Universitaires de France. ＝ ジャンケレヴィッチ　一九九七（阿部一智／桑田禮彰訳）『アンリ・ベルクソン』増補新版 新評論

Kant, Immanuel　1986　*Kant Werke: Akademie Textausgabe.* Berlin : Walter de Gruyter.

GMS ＝ *Grund legung zur Metaphysik der Sitten,* Bd. 4.

Ricœur, Paul　1991　*Lecture I: Autour du politique.* Paris : Éditions du Seuil. ＝ リクール　二〇〇九（合田正人訳）『レクチュール——政治的なものをめぐって』みすず書房

稲垣良典　一九七九　『トマス・アクィナス』勁草書房

金森修　二〇〇三　『ベルクソン——人は過去の奴隷なのだろうか』ＮＨＫ出版

坂口ふみ　二〇〇八　『信の構造——キリスト教の愛の教理とそのゆくえ』岩波書店

# 第14章　臨床——教育理論における臨床性志向の意義と課題

田中　毎実

今日では、教育関連諸分科において、日常性や日常性を生きる人々のありようへ強い関心が向けられている。この関心のありようを、「死の床に望む」（クリニコス）という原義を援用して「臨床的」（clinical）と呼ぶなら、われわれが直面しているのは、教育関連理論における臨床的な関心の高まりである。本章ではこの関心の高まりの現状、歴史的由来、意義と課題について議論する。

## 1　教育理論における臨床性への関心の高まり

今日の教育関連理論では、臨床性への関心が、きわめて広範囲に認められる[1]。教育社会学領域では、マクロレベル・アプローチをとる構造機能分析に対抗して、フィールドノートやビデオ撮影などを用いるエスノグラフィー、エスノメソドロジーなどの研究手法が採用されて、教育的日常性に関する臨床的研究が広く展開されてきた。この欧米の趨勢から刺激を受けて、我が国でも一定の成果が積み上げられてきた。心理学領域では、臨床心理学の圧倒的な隆盛が、臨床性への高い関心を象徴的に示している。本来の心理学領域でも、学会レベルで当該分科の存在意義に対してくりかえし深刻な疑義が語られ続けたあげくに、認知論革命や言語論的転回などをうけて、「質的研究」や「ナラティブアプローチ」などの理論の実践化臨床化が推し進められてきた。教育史や教育社会学などの領域では、社会史からの強い影響が認められるが、これを日常性への臨床的関心として括ることができる。哲学領域でも「臨床哲学」が標榜され、これが教育哲学領域へ一定の影響を及ぼしている。教育制度学や教育工学の領域でも、教育的日常性や臨床性への関心が顕著に認められる。教育学全般に関しても、さまざまな出自をもつ臨床教育学や臨床教育人間学などが研究会や学会として組織され、一部の大学では講座や学科として制度化されている。

それにしても、この臨床性への関心の高まりは、何によってもたらされているのか。これについて考える手がかりとして、臨床性への関心の出現と展開について一つの典型を示している大学教育研究をとりあげてみよう。大学教育研究の領域で臨床的研究が出現したのは、一九九〇年代以降のことである。この臨床的研究の出現は、大学進学率を基準としてエリート段階（一五％まで）、マス段階（五〇％まで）、ユニバーサル段階（五〇％以上）を区別するトロウ・モデルによって、説明することができる(2)。

エリート段階では、教員たちと選ばれた学生たちの双方が、アカデミックな文化の価値を承認している。教員と学生とのこの共有文化を介する安定した結合が、大学を明確な境界によって社会から区切り、しかも堅固な構造（「研究と教育の一致」に拠る学問教育共同体）を構築する。このいわゆる「象牙の塔」は、進学率がマス段階に至ってアカデミックな文化の相互承認が揺らぐにつれて、崩れ始める。この崩れをあからさまに示したのが、六〇年代末の大学紛争である。大学の構造と境界の動揺を契機として、ジャーナリズムでもアカデミズムでも大学が問題として扱われ、一九七二年には広島大学にマクロレベル・アプローチをとる大学研究センターが設置された。しかし進学率は、七〇年代半ばから三五％水準で停滞した。この二〇年に及ぶ停滞期を経て、進学率が再び上昇しユニバーサル段階を超えようとした九〇年代から大学教育の臨床的研究が出現し、ミクロレベル・アプローチをとる教授学習センターとしての大学教育センターが神戸大学（一九九二年）、京都大学（一九九四年）、名古屋大学（一九九八年）に相次いで設立された。もはやエリートとして括ることのできない大量の大衆化された学生たちを迎えて、大学の境界と構造は大きく崩れ、教育的日常性そのものが安定性を失った。教育的日常性に強い関心をもつ大学教育の臨床的研究が展開され教授学習センターが出現したのは、この事態を受けてのことである。

ところで、トロウのいうエリート／マス／ユニバーサルの三段階は、教育関係のモダン／ポストモダン／ポスト・ポストモダンの変容に対応している。モダンにおける非対称的教育関係は、ポストモダンにおける関係の「流動と変化の普遍化」によってじょじょに動揺し、ポスト・ポストモダンにおける「流動と変化の常態化」によって大きく突き崩された。トロウ・モデルは、この変容に対応している。とすれば、教育理論における日常性や臨床性への関心は、ポスト・ポストモダンにおける関係の流動と変化の常態化、それによる日常的な教育関係の動揺への理論的な反応であると考えることができる。この反応の典型例が、大学教育の臨床的研究の出現である。

我が国では、一九六〇年代の急速な経済成長に対応して一九七〇年代までに初等中等教育において単線型学校システムが一応完成し、さらに、これと（児童少年関連施設・制度、受験産業などの）学校教育補完制度、家族、地域社会、行政、産業・企業など関連諸組織が総掛かりでもたれかかりあい癒合して、「学校複合体」とも名付けるべき巨大システムを作り上げてきた。この巨大システムは、第二次世界大戦の総動員体制下での単線型学校システム計画の現実化であった（田中　二〇一二、四〇頁以下）。この複合体のシステム化は、システムの下位レベルでの専門分化、分業化、協業化などと相互促進的に進行し、一九八〇年代までに高度大衆教育システムを成立させた。教育関係のモダン的形態に即した制度化である。

しかし、この巨大システムは、わけても一九九〇年代以降の経済的停滞とともに、自生的に内側からさまざまな教育問題を析出してきた（田中　二〇一二、一〇一頁以下）。これは、ポストモダンからポスト・ポストモダンへいたる関係の流動と変化の普遍化・常態化が教育的日常性にもたらした帰結である。経済的停滞の下では、システムの内部問題をシステムの拡大によって解決するという、それまでの手法はもはや期待できない。養育と教育の理論は、経済成長との幸福な癒合から切断されて、もっぱらシステムの内部問題・日常問題に拘泥することを強いられる。求められるのは、状況の特異性や個別性への鋭敏な「臨床的」な認識である。臨床性への学問的関心は、学問内在的発展がもたらしたと考えるよりも、このような学問外部の変化が学問にもたらしたものと考えるべきである。今日の教育理論における臨床性への強い関心は、状況変化に由来するものと考えられる。

ところで、教育の理論の歴史的な出自は、実践や臨床との関連が深く、その制度化もまた、中等教育機関の教員養成との関連でなされた（Flitner 1985）。しかしこの臨床関連性は、教育理論生産部門の制度化、さらに関連理論の無機的な細分化によって、着実に失われてきた。今日では、細分化された教育諸分科の「専門的な」成果は、巨大な学校複合体の構成要件である理論産出システムによって大量に、しかもいくぶんか自動的かつメカニックに生み出されている。不断に産出される成果の大半は、自家生産的自動運動の所産であって、今日切実に求められている臨床性（教え育てる人たちの日常性）の深さや人間学（教え育てる人たちの存在と生成の全体についての自己認識）の広がりなどは、とうていもちえない。

求められているのは、教え育てる人たちの日常的な自己認識と教育的公共性の生成に協働できる人間学的で臨床的な理論である。この「理論」は、歴史的な拠り所をもたないわけではない。この拠り所をたとえば、京都学派、京都学派教育学、森昭の教育人間学・人間形成原論という一連の展開過程にみることができるのである。

## 2　臨床的・人間学的な教育理論の展開――一つのモデル

### （1）教育人間学から人間形成原論へ――森昭の理論展開

森昭の主著『教育人間学』（一九六一）と遺著『人間形成原論』（一九七七）との間には、大きな断絶がある。前者が教育領域での人間の全体的自己理解をめざして巨大な階層論的統合論を展開しているのに対して、後者においては、当初の構想であった階層論が、死に瀕した森自身による「生命鼓橋の作り渡し」に関する切実で臨床的な自己理解の試みによって、内から破られている。この人間学的な自己理解と臨床的な自己理解との交代にみられる両者の拮抗ないし緊張は、京都学派に内在する同様のダイナミックスを直截に引き継ぐものである。この点を見るために、まずは師である田邊元と森とのやりとりを振り返ることから始めよう。

森の『教育人間学』は、田邊との密接な連絡のもとに書かれた。これについて今日入手可能な証言は、わずかに田邊元全集第八巻「月報」に掲載された森の「田邊先生の書簡から」（一九六四）のみである。森によって引用された田邊の書簡によれば、『教育人間学』への肯定的評価は、森の人類生物学的議論――これは全体（八四六頁）のわずか一五％（一三〇頁）にすぎない――のみに集中している。さらに次の三点が読み取れる。

①森は『教育人間学』を〈「人間存在論」から区別された「人間生成論」〉と規定している。この「区別」には、森の〈教育学に従事する哲学者〉としての自負（「人間存在論に対抗して人間生成論を展開する教育学者／哲学者である自分」）が賭けられている。しかしこの論点には、田邊はさほどの注意を向けてはいない。

②森の仕事は、田邊が「種の論理」に関連して「論理的に展開した所」に「人類生物学という実証的基礎」を与えた点で、評価されている。教育人間学は、たんに哲学に「実証的基礎」を与えるものとして価値づけられてい

るにすぎず、それゆえにこそ森には田邊から実証的理論を越えた原理的理論の展開が課題づけられている。

③ 森の「個体発生が系統発生を創造する」とする論点が肯定的に評価されているが、これは、「種の矛盾対立の間から、個がそれを超えて、対立を統一する類の象徴として自らを実現する」という田邊の「種の論理」の「弁証法」の立場からの評価である。森は「系統発生を創造する」個の実存的営為に焦点づけているのだが、田邊からすればこの焦点づけは、個・種・類の弁証法的連関から力動性や全体性を抜き去るものである。森へ「実存主義哲学からの脱却」という課題が提起されるゆえんである。

森によれば、人間はその生物学的基礎の逆説性によって、行為を通して世界と自己とを規定し「生産的人格」へと自己生成することを強いられた存在である。森のいう生成とは、人間が生物学的、社会文化的、人格的な階層を次々と突破していく自己超越である。人間存在を行為し生成する存在とみる点で、森と田邊は一致する。しかし田邊の見るところ、森においては、行為や生成を組み入れる文脈の全体性が十分に把握されておらず、しかも行為や生成のさしむけられる方向（すなわち理念）が分明ではない。つまり、生成が、類・種・個の弁証法的連関において把握されていない。これが、田邊の批判である。

田邊から森に与えられた課題（実存主義哲学の克服、類・種・個の弁証法的把握）は、『人間形成原論』によって応えられたのか。少なくとも応えようと努められたのか。『原論』での森の応答は、実存主義哲学の克服ではなく、むしろ孤独な個の自己投企としての「生命鼓橋の作り渡し」について論ずる実存主義哲学の徹底である。森は、田邊に逆らう仕方で田邊の課した課題に応えたことになる。それればかりではない。種を媒介とする個と類との弁証法的運動についていえば、『原論』における〈異世代間の生命鼓橋の相互的な作り渡し〉という議論は、個と個の相互性について語るにとどまる。『教育人間学』における個の実存的自己生成から『人間形成原論』における異世代間の相互性への理論展開をもたらした契機は、弁証法的なダイナミックスなどではなく、きわめて強靱で健康であった著者にとっては思いがけなかったはずの発病（網膜剥離）や孫の出生などをきっかけとする日常的生活世界への臨床的な転回ないし回帰である（田中　二〇一一）。この森の理論にみられる人間学的全体的な自己理解と臨床的な自己理解との間の緊張は、京都学派ないし京都学派教育学に一貫して認められる緊張を直截に継承するものである。

## （2）人間学と臨床性——京都学派と京都学派教育学

森が折々に記した伝記的記述や関連文献（大島　一九七八）などによって、森の理論構築に関与する人々を特定することができる。この人々は、通常思い描かれる「京都学派」の中核をなしている。「京都学派」をこのようにルーズに規定するとすれば、この「学派」は、生の哲学、現象学、解釈学、実存哲学、人間学などを爆発的に展開しつつあった欧米、わけてもドイツ哲学の（船便で書籍の届く一ヵ月というタイムラグをもつ）ローカルな、仏教などの伝統的思想と眼前の生活の貧困窮乏とに根差した一分派とみることができる。この学派の理論の世界水準の豊かさと理論が根差す生活現実の貧しさとの間には、目眩のするような乖離がある。半身は前近代に、半身は近代に属し、さらに半身はローカリティに、半身はユニバーサリティに属する。この境界性（marginality）が、翻って、前近代／近代、ローカリティ／ユニバーサリティのいずれをも相対化しその対象的把握を可能にする。しかし境界性の今ひとつの特質は、不安定や動揺である。とすれば、境界性に根ざすこの学派は、理論的アイデンティティをどこにどう見出すことができたのか。

たとえば、この学派の二つの焦点である西田幾多郎と田邊元は、互いに強い緊張のもとにありながら「絶対無」などに含意される生成論的・生命論的発想を共有している。かれらはともに、生きて活動する存在として生きて活動する存在をまるごとに把握しようとする。さらに、かれらは、人間学という形での人間存在の全体性の自己理解への統合論的原理的関心、理論の土台としての経験性・臨床性への関心を共有している。これについて少し詳しくみてみよう。

まず、「人間学」への関心について。京都学派は、ドイツでの人間学の展開から間を置かずに理論構築を進めた。一九三一年における西田、田邊の人間学の展開は、シェーラー、プレッスナー、ハイデッガーの関連文献の公刊（一九二八―九）を受けている。第一次大戦後の経済破綻と社会的政治的混乱をへてナチスの勃興に至る激動期のドイツで「人間とは何か」という人間の根元的な自己理解への問いが問われたのは、必然的とも思われる。この時期の我が国もこの激動という意味では世界同時性のうちにあるから、京都学派の人間学への関心もまた、時代状況から説明できる。一九三一年の端緒的な人間学の仕事は、三八年の高山、九鬼、西田の幾分か体系化された本格的な哲学的人間学の仕事へと展開される。西田の「論理と生命」（一九三六）以降のマルクス主義との対質をきっかけとする新たな展開を含めて、京都学派の人間学はすべて、人間が自身の存在と生成の広がりと深さの全体に向ける自己認識・自己理解であり、この意味での全体性・統合性と自省性とを特質とする原理論である。それらは多くの場合、全体的把握に適合的な階層論的構成をとっている。

次いで、「臨床性」への関心について。生活世界の具体的日常性への関心を「臨床的」と規定するとすれば、この意味での関心を、西田、田邊、木村素衞、森昭の理論に、一貫してみいだすことができる。「今（ここといま）」における人間の存在と生成の全体への関心である。「今」は、その根柢において、（そこから時間や世界や世代などが立ち現れる）「永遠の今」に、さらにいえば「絶対無」に触れている。「永遠の今」の自己限定（西田に拠ればこれは「人格的生命の自己限定」でもある）によって、過去や未来や世界が生ずる。臨床的関心の見出す「ここといま」という理論にとっての生成的基盤は、「永遠の今」に到るまでの垂直次元の「無限の深さ」と水平次元の「世界ないし環境あるいは〈於てある場所〉」の広がりとからなる（西田　一九三二）。

三木（一九三六）は、「永遠の今」という考え方が行動や変革とは背反するのではないかと疑うが、「永遠の今」はむしろ、行動や変革を「超越論的」（transzendental）に導く――つまり、現実を距離化しそこから新たな行為や変革を生み出し支える――母胎である。このような深みと広がりをもつ「今」（ここといま）は、西田の場合、「純粋経験」から「現実」をへて「現在」へと変遷し、さらに「場所」、「行為的直観」、「歴史的身体」などさまざまなタームを産出してきた（田中 二〇一一）。主客未分の「純粋経験」、直観経験と反省の同一である「自覚」、自覚の自覚としての「絶対自由意志」、絶対自由意志を可能にする根拠としての／一切のものを自己の内に包み、また自己自身の内に映して見る「絶対無の場所」、形而上学的な絶対無の場所の自己限定としての「弁証法的世界」と、名付け方はたしかに次々に変遷したが、まさにこのような「いま」を把握しようとする立場、すなわち「すべてがそこからそこへ」という「何処までも直接な、もっとも根本的な立場」（西田 一九三九）は、西田にとっては終始一貫している。

「臨床性」において把握されるのは、（そこから時間や世界が立ち現れる）「永遠の今」に触れる「ここといま」における人間の存在と生成のありようである。これを、三木清の用語法を援用して「パトス」と呼ぶこともできる（田中 二〇一二、六〇―六一頁）。「永遠の今」との接触を支えに自己状況にリアクトしつづける受苦的情熱的で応答的な人間のありようである。臨床においてみいだされるのは、日常的生活世界における人間であり、ここといまにおけるパトスとしての人間である。木村素衛を嚆矢とする教育理論の流れを「京都学派教育学」と呼ぶとすれば、これもまた、京都学派に共有される生命論生成論的発想、人間の全体性への人間学的関心、臨床性への関心を土台としている。これをみてみよう。

「哲学工房」としての京都学派は、教育理論をも産出した。京都学派教育学の発端には、木村素衛の「一打の鑿」（一九三三）と西田の「教育学について」（一九三三）があり、末尾には、森昭の『人間形成原論』における「生命鼓橋」論がある。木村と西田の発端は、この学派が本格的に人間学を展開しはじめる時期と重なっている。

西田が小論「教育学について」を書き記したのは、すでに大西が指摘しているように（二九九九、二九―三〇頁）、その執筆時期を勘案すると、弟子である木村を広島文理科大学における美学担当から引き抜き、京都大学の教育学講座に就かせ、美学から教育学の世界へといくぶんか強制的に送り出すにあたって、木村へエールをおくるためであったと考えることができる。この論考の中心タームは、美的形成にも教育的形成にも共通する「天地の化育に賛す」という理念である。これに対して、ほぼ同時期に執筆された木村の「一打の鑿」においては、人間の「プラクシス・ポイエーシス」――中期西田哲学に由来するこの複合語では対人的「相互行為」と対物的「労働」とは区別されず、「彫刻」と「教育」もまた区別されない――は、（「天地の化育」という言葉こそまだ直接に使われてはいないが）「絶対無の表現」の一端を担う人間の営為であり、しかもこの営為によって人間は、自己表現する絶対無（ないし化育する天地）と動的に宥和するものとされている。木村は「一打の鑿」において西田の「天地の化育に賛す」という理念をその実質において、しかもプラクシス・ポイエーシスにおいて先取りし、これを自らの教育学の成立根拠として、形而上学的色彩と臨床理論的色彩とを同時にもつ教育理論の体系構築に着手したのである。西田の「教育学について」と木村の「一打の鑿」に共通するのは、「絶対無の表現」ないし「天地の化育」という発想に示されている生成的で生命論的な存在論・生成論である。

木村は「一打の鑿」で、中期西田哲学の「行為的直観」を芸術的創作に向かう人間のありようとして受けとめ、「場の論理」に拠る臨床的かつ形而上学的な教育行為論・学習論を展開した。木村は、「一打の鑿」を出発点とし、当時焦眉の課題であった国家と教育との関連の問題を解くために京都学派の「世界史的国民」論などを引き受けて、遺著『国家に於ける文化と教育』（木村　一九四六）で、京都学派教育学の一応の体系を示した。しかしこの体系性は、「一打の鑿」では顕著であった臨床性志向が後退することを代償として、獲得されている。人間学の全体的自己理解志向・体系志向と臨床性志向とはうまく両立せず、どちらか一方にアクセントが置かれたからである。この二つの間で何とかバランスを取ることが、森の理論構築の深部にある関心だと考えることもできる。

### (3) 教育人間学から人間形成論へ

敗戦による年長世代の研究者たちの公職追放や木村の思いがけない死などによって、当時三〇歳代そこそこであった森は、にわかに一人前の教育学者として振る舞わなければならなくなった。ここでかれが直面した課題は、一方では、徹底的な「教育の学への懐疑」から出発して、理論を人間存在論・人間生成論にまで溯って原理的に基礎づけることであり（森 一九四八）、他方では、教育実践へ（指導するのではなく）連帯しつつ臨床的に関わること（森 一九五〇）であった。当事者を二股に割きかねないこの人間学的／臨床的関心の表明は、森のその後の「教育人間学」から「人間形成原論」へ至る学問的苦闘を先取りしている。

森によれば、敗戦後には子どもたちの教育も徹底的な合理性に基づいて、しかも子どもたち自身の経験や自発性を最大限生かしつつ、社会の再建のために再組織されなければならない。この森の議論は、戦中期に国民の「自発性の調達」を論じた京都学派の総動員論（高坂ほか 一九四三）と微妙な形で重なり合っている。森の議論にしたがうかぎり、教育は経済戦争に向けての総動員体制の一環をなすことになるからである。森の「建て直し型」（中井 一九八二）の認識傾向は「復興」の時代とみごとに適合する。美を抜いた真と善、聖と遊を抜いた俗の世界が、『教育人間学』に到るまでの森の理論的世界であるが、これは経済的な総動員体制としての我が国の戦後世界の理論的写し絵である。

しかし森の地道な「建て直し」路線は、『教育の実践性と内面性』（森 一九五五）の「補論」以来じょじょに、統合学的で原理論的な教育人間学の構築をめざすという、単色の学術的色彩を帯びてくる。高度経済成長が軌道に乗り巨大な学校複合体が輪郭をあらわしつつあるこの時期に、森は、敏感に自分自身の軌道を修正し、新たな途方もなく巨大な社会的現実に拮抗できる全体的理論の構築に着手した。爆発的な制度化へと自動回転する現実に直面して、教育の理論には、もはや実践との臨床的な協同などではなく、巨大な教育現実に拮抗できる人間の統合的自己理解が求められた。森は、「教育以前」の生物学的な事実から出発して「教育以上」の実存的人格的な問題にまで及ぶ壮大な階層論的統合理論『教育人間学』を構築して、巨大な社会的現実に対抗しようとしたのである。

この「学術的な」『教育人間学』は、経済戦への総動員体制にまきこまれた戦後教育体制からも、「五五年体制」という先鋭化された政治対立からも距離をとっている。『教育人間学』の刊行は、五五年体制からもこの体制にはめ込まれた戦後教育学の主流からも距離を取ろうした「教育哲学会」の発足と時期的に符節を合わせている。政策論議を離れた理論の統合化全体化と臨床化は、森らの理論構築の基本的方向であるばかりではなく、むしろ過度に政治化された戦後教育学へ対抗する人々が採用した戦略でもあったのである（田中　二〇一二、四七頁以下）。

しかしすでに見たように、『教育人間学』における人間学志向は、森の思いがけない発病や孫の出生などをきっかけとする日常的生活世界への回帰によって遺著『人間形成原論』における強い臨床性志向へと転回した。この転回は、モダンからポスト・ポストモダンへと急速に変容する時代状況への反応である。ともあれ、京都学派の人間学志向と臨床性志向は、発端における木村の臨床性志向から人間学志向への転回、そして末端における森の臨床性志向、人間学志向、そして臨床性志向への転回に到るまで、京都学派教育学の理論構築を根柢から駆動した。今日の教育諸分科の臨床性志向は、このような文脈に位置づけて論ずることができるのである。

## 3　教育理論における臨床性への転回の意義と課題

教育理論における臨床性への転回をどのようにうけとめるべきだろうか。

まず、ここでの「臨床」の意義は、さしあたってはいたってシンプルである。「臨床」は、“clinic”のギリシャ語の原語（klinikós）の原義を活かして、「死の床」などの具体的状況に「臨む」ことを意味する。臨床的認識には、第一次的と第二次的の二つが区別される。第一次的な臨床的認識は、実践者たち自身の自分たちの実践に関する自己認識ないし自省である。しかし、自己認識・自省の獲得自体が、認識し自省する自分自身をダイナミックに変容させ生成させる。臨床的な認識は、主体の生成なのである。実践状況にコミットする研究者たちの第二次的な臨床的認識もまた、この生成の循環のうちにある。臨床的人間形成論など教育の臨床的研究は、教育実践についての相互的な自省・自己認識と相互的な自己生成とにコミットしつつ、自らを自省し構成するのである。自己認識・自己生成に先行する体験と自己認識、自己生成、臨床的研究の関係を図示するとすれば、図14－1のようになる。

この図の示している「自己認識」と「臨床的研究」との関連について、たとえばシュッツは、「社会諸科学が行うもろもろの構成は、二次的な構成であり、すなわち、社会科学者がその行動を観察し説明すべき当の行為者たちが社会場面で行う構成の構成（constructs of the constructs made by actors）である」（1970 p.272）と述べている。臨床的研究は、自己認識と臨床的研究、二次的解釈と一次的解釈などのダイナミックな相関（生成的循環的相関）のうちにある。(3)

前節での京都学派の臨床性規定をうけとめるとすれば、臨床性は、たんに具体的な状況に臨む人間のありようであるばかりではなく、「（そこから時間や世代や相互性などが立ち現れる）「永遠の今」と触れる「ここといま」におけ

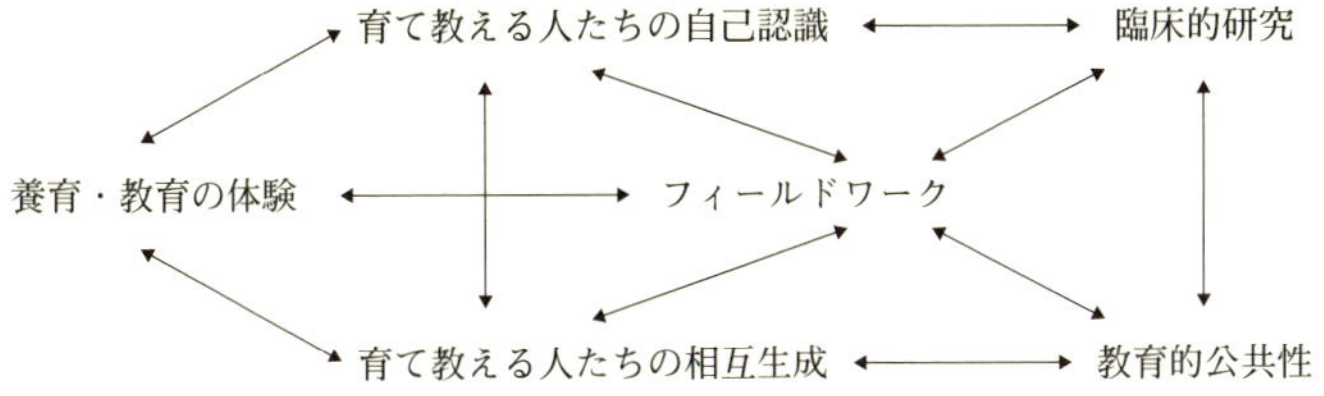


**図14-1　体験、臨床的研究、教育的公共性の生成的循環**

るパトスとしての人間の存在と生成のありよう」である。ここでの「パトスとしての人間のありよう」とは、三木清の用語法を援用するとすれば、「こといま」において自己状況にリアクトする受苦的情熱的で応答的な人間の存在と生成の様態である。[4]

ところで、今日の巨大な学校複合体の内部では、不可避的に官僚制とテクノクラート支配が進行するが、これとともに、システムの内部では、意味や価値への問いを直接的間接的に排除する「没人格的な」（Weber.M.）「技術的合理性」が支配的となる。[5]技術的合理性支配の進行とともに、関係する人々は、専門家・素人の区別なく誰でもすべて、意味や価値の担い手や創造者などではなく、システムのたんなる機能要件へと物象化される。技術的合理性の支配のもとでは、人間存在は、あらかじめ設えられた目的の実現に向けて自発性を調達される受容的存在ではあっても、能動的で活動的な状況構成的主体ではない。ここでは、関係するすべての人々が、状況に応答する生成性ないし活動性を貶められる。まさにこのパトスとしての人間の存在と生成の貶価によって、教育の実践や理論は、今日の深刻な教育問題を克服すべき人間的諸力と結合する回路を見失うのである。

養育と教育の関連領域で求められるのは、専門家と素人との分化を超えた実践者どうしの臨床状況における連携であり、さらには研究者と実践者との間での連携であり、専門家集団と素人集団との連携である。つまり、実践者たちの臨床状況における連携、研究者たちと実践者たちの連携、専門家たちと素人たちとの連携などによる公共性——わけても教育的公共性、世代継承的公共性——の構築が求められる。否応なく専門家と素人とを分化させる専門化の抗しがたい趨勢に対して、たとえば半専門家としてのディレッタントどうしの連携を対質させることも必要である。たしかに、このような連携もおうおうにして高度大衆教育システムの枠内での制度化された関係にとどまり、場合によっては素人と専門家の分化を補完する機能を担わされる。しかし前著（田中　二〇〇三）でも繰り返し指摘したように、このようなディレッタントどうしの連携による日常的な活動こそが、今日の学校複合体にほとんど唯一残された「希望」なのである。

巨大な高度大衆教育システムの制度化という事態を前にして、今日の教育理論には、二つの課題が課せられる。第一の理論的課題は、このシステムのもとで膨大な規模の社会的実践となってきた養育・教育活動の担い手たちと臨床状況において連携して、担い手たちが相互的組織的自己認識を獲得し、それによって相互生成を達成し、やがては教育的な公共性を生み出すことを援助することである。教育の理論は、教える人たちの相互的な自己認識と教育的公共性の構築を支援しなければならない。公共性の生成に強く臨床的にコミットする理論が、求められているのである。

第二の理論的課題は、巨大な養育と教育のシステムの基本的な理念となっている技術的合理性の支配を何とかしてとらえ返し、あらためて人間存在の主体的・能動的応答性（パトス）を根底に据える理論を構築することである。養育と教育の理論と実践は、人間存在の根源的存在様態としての応答的な生成性・活動性、つまりはパトスに、うまくコミットできていない。このことこそが、養育と教育の実践や理論が今日の深刻な問題にうまく対応できない理由の一つであると考えることができる。求められているのは、このようなパトスを根底に据えた臨床的・人間学的な理論の構築である。

私たちは、この二つの理論的課題に応える教育理論を臨床的人間形成論と名付ける。この新たな分科は、比較的堅固な理論的拠り所を歴史的にもちながらも、なお理論構築の端緒的な段階に留まっている。[6] これをさらに進めることが、私たちの当面の課題である。

注

（1）以下の教育関連理論における臨床性への関心については、すでに多くの論稿で考察してきた。たとえば、教育社会学領域については、拙稿「教育可能性論の人間形成論的構想」（一九八三）および「学校における“Mutual-Regulation”」（一九八七）を、臨床心理学および臨床教育学については、拙著『臨床的人間形成論の構築』（二〇一二）の第四章を、参照されたい。

（2）トロウについては、Trow（1972）を参照。大学教育研究における臨床的理論の出現については、杉谷祐美子編（二〇一一）を参照。トロウの三段階論が我が国の高等教育にとってもつ意義、さらに、大学教育研究において臨床的理論が出現する歴史的社会的メカニズムについては、詳しくは、拙著『大学教育の臨床的研究』（二〇一一）、わけても第一章を参照されたい。

（3）ここでの自己認識と臨床的研究、一次的解釈と二次的解釈との相関は、臨床的人間形成論にとってもっとも重要な方法論的な問題である。これについては、拙著『臨床的人間形成論の構築』（二〇一二）のわけても第三章を参照されたい。

（4）京都学派の臨床性規定については前掲拙著『臨床的人間形成論の構築』二五―三〇頁を、三木の「パトス」については、同書六〇―六一頁を参照。

（5）「官僚制」、「テクノクラート」、「技術的合理性」は、拙著（二〇〇三、二〇一一、二〇一二）の中核概念である。この規定については、かなりの議論を展開する必要がある。本章では以下の議論の程度に留めておく。詳細については、拙著（二〇一二）を参照されたい。

（6）堅固な歴史的拠り所とは、京都学派および京都学派教育学である。なお、本章では十分に議論できなかったが、人間形成論は、在来の教育理論の「発達」と「教育」という中核概念を、「ライフサイクル」と「相互生成」に書き換える。これは、森（一九七七）や森田尚人（一九九五）らによる中核概念の見直しの理論的成果をうけるとともに、家庭や学校の教育機能障害という状況的問題に応える仕事である。これについては前掲拙著（二〇一二）で可能なかぎりの議論を行ったが、まだ残された多くの問題がある。

たとえば、「発達」を「ライフサイクル」として再把握すると、これまでは理論的視野に入らなかった老いや死が主題化されてくる。ここから見直すと、教育が死と深く結合していることがわかる。教育は、死に行く世代が残される世代へ応答しようとする営みであり、しかもこの応答には、残される世代への応答を通じて、すでにない世代、いまだ現れていない世代の「声なき声」へ応答するという意味が込められている。教育は、このような意味での世代継承性への応答の試みであり、この応答には死が不可欠の契機として込められている。

かつて西平直は、進行性麻痺によって死を必然づけられている子どもへの教育の意味について問いを投げかけた（田中　一九九四）。ここでは、「準備」や「社会化文化化」といった「教育」の浅い意義はすっかり剥ぎ取られ、教える側と学ぶ側の〈死に媒介されたそのつどの生の充実〉という教育の根底的層が露出する。さらに、私は先日、勤務校の学生の特別支援学校での教育実習で、脳性麻痺のこどもたちの算数と理科の授業を参観した。意図的な教育が成立するぎりぎりの限界点にあって、教育が〈死に行く世代の残される世代への祈りに満ちた応答の営み〉であることが、いわば裸形で示された。教育は、死に行く世代の祈りとしての後続世代の社会化文化化であり、さらに社会化文化化を超えた死に行く者たちと残される者たちとの互いの生命を燃焼させる相互生成である。教育は、さまざまな世代による死に媒介された世代継承性への応答という相互生成的な営みである。この死と教育、老いと教育については、拙著（二〇〇三）で端緒的な考察を加えたが、まことに不十分なままに留まっている。これを若干とも前進させることが、今後の重要な課題の一つである。

## 文献


Cassirer, E. 1944 An Essay on Man — An introduction to a philosophy of human culture.

Flitner, W. 1985 Wissenschaft und Schuhlwesen in Thüringen von 1550 bis 1933.（Wilhelm Flitner Gesammmelte Schuriften 5.）Schöningh

Heidegger, M. 1951 *Kant und das Problem der Metaphysik. Klosterman.*（＝木場深定訳　一九六七『カントと形而上学の問題』理想社）

Heidegger, M. 1962 *Die Technik und Die Kehre.* Verlag Gunther Neske.

Scheler, M. 1949（1.Aufl.1927）Die Stellung des Menschen im Kosmos. Nymphenburger Verlagshandlung.（亀田裕他訳　一九七七「宇宙における人間の位置」『シェーラー著作集　一三』白水社）

Schutz, A. 1970 *On Phenomenology and Social Relation.* University of Chicago Press.

Trow, M. 1972 *The Expansion and Transformation of Higher Education.* General Learning Press.（天野郁夫他訳　一九七六『高学歴社会の大学――エリートからマスへ』東京大学出版会）

Wilson, S. 1977 The use of ethnographic techniques in educational research.in: *Review of Educational Research* vol.47 No.1.p.256.

木村素衛　一九三三「一打の鑿」（木村素衛『表現愛』こぶし文庫　一九九七所収）

木村素衛　一九四六　『国家に於ける文化と教育』岩波書店
高坂正顕ほか　一九四三　『世界史的立場と日本』中央公論社
九鬼周三　一九三八　「人間学とは何か」（人間学講座　全集　第三巻、理想社）
三木清　一九二六「パスカルに於ける人間の研究」（三木清全集　第一巻、岩波書店）
三木清　一九二七「人間学のマルクス的形態」「マルクス主義と唯物論」「プラグマティズムとマルキシズムの哲学」「解釈学的現象学の基礎概念」（全集　第三巻）
三木清　一九三三　「哲学的人間学」（～昭和一一年（一九三六年）／全集　第一八巻）
三木清　一九三六　「西田哲学の性格について」（『思想』第一六四号「西田哲学特集」／全集第一〇巻）
森昭　一九四八　『教育哲学序論――教育哲学への限界状況』蕉葉書房（森昭著作集　第一巻、黎明書房）
森昭　一九五〇　『今日の教育原理』黎明書房
森昭　一九五五　『教育の実践性と内面性』（著作集　第三巻）黎明書房、
森昭　一九六一　『教育人間学――人間生成としての教育』黎明書房（著作集　第四、五巻）
森昭　一九六四　「田邊先生の書簡から」月報（田邊元全集　第八巻付録）筑摩書房
森昭　一九七七　『人間形成原論』黎明書房（著作集　第六巻）
森昭編　一九七三　『幼児　人間のための教育一』日本放送出版協会
森田尚人　一九九五「近代教育学における発達概念の系譜」（近代教育思想史研究会『近代教育フォーラム』第四号）
西田幾多郎　一九三一「人間学」（西田幾多郎全集　第七巻、岩波書店　二〇〇三）
西田幾多郎　一九三二「私と汝」（『無の自覚的限定』一九三二所収、全集第五巻　二〇〇二）
西田幾多郎　一九三三　「教育学について」（全集第七巻　二〇〇三）
西田幾多郎　一九三六　「論理と生命」（『哲学論文集　第二』岩波書店（『西田幾多郎全集　第一三巻』））
西田幾多郎　一九三八　「人間的存在」（『哲学論文集　第三』全集　第八巻）、
西田幾多郎　一九四〇　「序文」（高山岩男『西田哲学』）
大島康正　一九七八　「森昭君のこと」森昭著作集　第三巻　月報六、黎明書房
大西正倫　一九九九「木村素衛――実践における救いの教育人間学」皇紀夫・矢野智司編『日本の教育人間学』玉川大学出版部
杉谷祐美子編　二〇一一　『大学の学び――教育内容と方法』リーディングス　日本の高等教育二、玉川大学出版部

田中毎実　一九八三「教育可能性論の人間形成論的構想」愛媛大学教育学部教育学科『教育学論集　一〇号』
田中毎実　一九八七「学校における“Mutual-Regulation”――人間形成論的試論」『愛媛大学教育学部紀要第一部』第三三巻
田中毎実　一九九四「西平直『エリクソンの人間学』」『教育のなかの政治　教育学年報三』世織書房
田中毎実　二〇〇三『臨床的人間形成論へ――ライフサイクルと相互形成』勁草書房
田中毎実　二〇一〇「『聞き書　村井実、上田薫　回顧録』を読む」教育哲学会『教育哲学研究』一〇一号
田中毎実　二〇一一『大学教育の臨床的研究――臨床的人間形成論　第一部』東信堂
田中毎実　二〇一二『臨床的人間形成論の構築――臨床的人間形成論　第二部』東信堂
田邊元「西田先生の教を仰ぐ」（田邊元全集　第四巻）
田邊元　一九三二［一九六三］「人間学の立場」（田邊元全集　第四巻）筑摩書房
和辻哲郎　一九三四「人間の学としての倫理学」（全集　第九巻）

# 第15章　発達——戦後教育学のピアジェ受容

下司　晶

## はじめに——教育学の心理学受容を問う

「心」は教育の規範たりえるのだろうか？[1]

ポスト冷戦期の日本の教育動向の一つに、「心理主義化」をあげることができる（下司　二〇〇六）。心理学は教育制度設計／教育実践レベルでは、当為の学として期待が寄せられており、学校カウンセリング制度の開始や「心のノート」の配布、特殊教育から特別支援教育への転換などの教育改革が断続的に行われている。他方で研究レベルでは、心理学の主務は事実の解明であって、当為を語ることではない。その教育現実への寄与は、せいぜい特定の教育方策を、小さな実証的データによって補強する程度のものであり、教育に関連する心理学研究は膨大に蓄積されているが、その多くはグランドセオリーを欠くか、それについて無自覚である。

にもかかわらず、心理学の知見をベースにした教育改革は、心理学／行政の側からその必要性が説かれ、その有効性を証明するのにも当の心理学／行政による調査が用いられるというように循環論法的になされるため、財政上の問題をのぞけば原理的に歯止めがきかない。しかもこの間、心理学が規範科学でありうるか否か、教育の規範を提出可能か否かという問題は不問に付されたままである。

しかしそもそもなぜ、子どもの心の理解や、子どもの発達に応じた教育が必要なのだろうか。

ここで改めて考えるべきは、現代教育の心理主義化は、戦後教育学の一つの帰結に他ならないのではないか、という点である。戦前の教育への反省から出発した戦後教育学は、子どもの発達の理解と、それに相応しい教育の提供を理想と措定した。その代表者たる堀尾輝久は、「社会的文化的諸事象を、子ども・青年の人間形成の視点から、いわば『発達と教育の相』においてとらえようとする教育的価値の視点は、教育を他の社会的事象から相対的に自律させ、同時に、教育学を、独自の学として自立させる根拠であった」とのべている（堀尾　一九七九a、二九三頁）。だが、森田尚人が『教育学年報』創刊号（世織書房、一九九二）の巻頭論文で詳細に検討しているように、勝田守一が提唱し堀尾が継承した「教育的価値」の概念こそ、「教育学を他の学問的営為から孤立させ、この学問内部の亀裂を増幅させる契機」に他ならなかった（森田尚　一九九二、四頁）。森田の指摘から二〇年以上を経た現在、このことはすでに常識化されているといってもよいだろう（例えば、鈴木　二〇〇七）。

とはいえ、私たちにはまだ課題が残されている。現代の教育の心理主義化の原因を、他ならぬ戦後教育学の心理学受容の形態のうちにも求めるとすれば、問題はどこにあったのか。これを、「発達」と「教育的価値」との関係から問うことである。

本論は以上の問題意識から、ジャン・ピアジェ（Jean Piaget, 1896–1980）の理論と、戦後教育学のピアジェ受容を検討する。

論をピアジェに限定するのは、それがおそらく戦後の教育／教育学に最も影響を与えた「心理学」理論だからである（ピアジェ理論を「心理学」と整理してよいか否かという問題は本論で検討する）。もっとも、現代日本の教育の心理主義化を問うためには、例えばフロイト、ユング、ロジャーズらの臨床心理学／カウンセリング理論を扱うべきとの意見もあるかもしれない。しかしそれらが一般へ波及するための素地は、他ならぬ教育学がつくったのであり、そのため教育学の心理学受容を問い直さねばならない、というのが本論の立場である。(2)

そして教育学では、堀尾輝久の「発達教育学」構想（堀尾　一九九一）を問い直さねばならない。発達理解にもとづく理想の教育という構想は、新教育的理念の徹底に他ならないが、戦後のある時期までは、リアリティを持って受け入れられた。その帰結が、現代の心理主義なのではないか。森田尚人がのべているように、「われわれが厳しい方法論的反省に基づいて心理学に対峙しない限り、人間に対する操作可能性の増大を一貫して追及してきた心理学的理性の地平を超え出ることはできない」（森田尚　一九九二、一六頁）。堀尾らの心理学受容は、この姿勢を欠いていたのではないか。

本論の展開を予示すれば、以下の通りである。

(1)　戦後初期のピアジェ受容の特徴を論じる。波多野完治による紹介に触れた上で、小川太郎、勝田守一の読解が吟味される。

(2)　戦後教育学の代表者たる堀尾輝久のピアジェ受容が検討される。堀尾はピアジェを論拠に、教育を受ける権利、発達の保障を理論化したが、彼のピアジェ読解に問題はなかったのだろうか。

(3)　戦後教育学／心理学が受容しなかったピアジェの側面を論じる。ピアジェ理論の前提である「自然の秩序」を忘れ操作主義に落ちいったのが、現代の心理主義である。

# 1　価値としての発達――戦後日本のピアジェ体験

## （1）戦後教育改革の基礎として

日本へのピアジェ導入の嚆矢は、一九二七年から一九二九年にかけて波多野完治が発表した一連の論文に求められるが、その一般への波及は、同じく波多野の著書『児童心理学』（一九三一）にはじまるといってよい。本邦初のピアジェ紹介書となる同書では、『子どもにおける言語と思考』（一九二三）、『子どもにおける判断と推理』（一九二四）、『子どもの世界観』（一九二六）、『子どもにおける物理的因果性』（一九二七）といったピアジェの初期著作が取り上げられている（波多野　一九三一）。

波多野はすでに一九三九年に、『子どもにおける知能の誕生』（一九三六）と『子どもにおける実在の構成』（一九三七）の原本を入手していたが、戦中にこれらを紹介することはできなかった。周知のようにこの二冊は、『子どもにおける象徴の形成』（一九四六）とともに三部作をなし、発達心理学としてのピアジェ理論の一つの到達点を示している。

戦後、波多野が再度ピアジェに触れたのは意外にも、一九四七年の「学習指導要領」（試案）を通してであった。ピアジェの発達理論は、アメリカ主導の戦後教育改革の背景をなす理論として、日本に再輸入されたのである。

「戦争中はピアジェについてはまったく知ることがなかったわたしは、戦後、占領軍がきて、民間情報教育局ができ、その指導のもとに、「学習指導要領」（試案）というものがつくられたのをみて、まったく驚いた。［……］ピアジェが第一線に躍りでているではないか」（波多野　一九九〇、三三二―三三三頁）

## (2) 社会問題としての発達

戦後直後のピアジェへの関心は、当時盛んだった児童研究にもみいだすことができる。小川太郎は一九五二年の『日本の子ども』において、ピアジェの発達研究と日本の子どもたちとの比較を行っている（小川　一九六〇、一五四頁）。

だが小川の論は、心理学的というよりは社会学的である。彼は、農漁村の子どもの実態、今だ克服されていない児童労働や貧困等の子どもをとりまく環境の劣悪さ、換言すれば日本の後進性を描き出す（小川　一九六〇、一六頁）。ここでは、発達問題はすなわち社会問題に他ならない。

「日本人が十二歳の少年であるといわれたのは、〔……〕日本の社会の支配者であった絶対主義権力が、教育をとおして日本の子どもたちにいつまでも従順の性質を強制したことがひとつの原因になっている」（小川　一九六〇、二一二頁）

小川の指摘した社会問題としての発達という観点は、実は波多野にも共有されていた。波多野は、一九六五年にパリでピアジェに面会し、日本の子どもの発達がピアジェの図式通りに行かない旨を本人に告げているが、その理由を「天皇制」という前近代の残滓と説明している（波多野　一九九〇、三四三頁）。

## (3) 教育学的課題としての発達

発達を社会問題として理解する観点は、勝田守一にもみられる。後の教育学を方向付けるメルクマールとなった『能力と発達と学習』（一九六四）で勝田は、「ピアジェの主題」が「いわゆる文明社会の中で育つ子どもの精神発達」に限定されていると指摘する（勝田　一九六四、一〇六頁）。したがって――小川が示したように――日本の後進的地域の子どもたちはその図式の通りには発達しないのだ。

しかし同時に、勝田にとって発達は、社会問題である以上に教育学的な問題であった。勝田によれば、ピアジェは都市と農村の子どもたちの発達の差に気づいていながらも、それを教育の問題として十分に受け止めていない。したがってこれを展開することは教育学の責務であり、それこそピアジェの本意にかなうことなのだ。「子どもの自発的な心的発達を組織的に利用して、科学的概念の発達をはかることを教育学的に重要だとしたのはピアジェの主張なのである」（勝田　一九六四、一〇九頁）。

教育学的課題としての発達――このシェマは、勝田の後継者である堀尾に受け継がれていく。

## 2　規範としての発達――戦後教育学のピアジェ受容

### （1）教育権論の背景としてのピアジェ理論

堀尾輝久の『現代教育の思想と構造』（一九七一）が、「国民の教育権」論として、戦後教育学の一つの到達点を示すことは今さらいうまでもあるまい。だがここで着目すべきは、この理論的背景にピアジェがあったことである。

堀尾は同書でピアジェによる世界人権宣言第二六条の解説である「現在の世界における、教育を受ける権利」（一九五〇、一九四九執筆）に触れながら、「世界人権宣言第二十《ママ》六条の教育を受ける権利の規定」は、「教育を受ける権利を子どもの成長の即した学習の自由（権）として、教育学的に深める方向を示している」という（堀尾　一九七一、一六四頁）。後に回顧しているように「このピアジェの論文は、義務教育観の転回を主張しようとした私［堀尾］の論旨を、発達論的に支えてくれる有力な援軍であったのである」（堀尾　一九八二、二六頁）。

堀尾は、兼子仁との共著『教育と人権』（一九七七）[3]でも同様の論を反復する。

「世界人権宣言はその第二六条で、すべての国民が教育を受ける権利をもつものと規定している。ユネスコの依嘱を受けて、ピアジェはこの条項を解説したが、そこでは、教育を受ける権利とは、発達の権利の保障として位置づけられている」（堀尾・兼子　一九七七、六〇頁）

確かにピアジェは同論にて、「教育をうけるという人権を肯定すること」は、「本当の意味ですべての子どもに彼らの精神的機能の全面的発達と、それらの機能を現在の社会生活に適応するまで行使することに対応する知識ならびに道徳的価値の獲得とを保証してやることである」と述べている（Piaget 1950a: 30＝一九六三、一五七頁）。その意味で、堀尾の説はピアジェのパラフレーズに過ぎないといえるかもしれない。

## （2）事実なき権利概念

ところが、堀尾の論とピアジェの論を比較してみる時、私たちは、両者の異同に気づかされる。堀尾の論は、奇妙なまでに社会的現実を看過し、理念・権利のみを語っているのである。

まず、世界人権宣言の第二六条を確認しておこう。

「一　すべての人には教育をうける権利がある。教育は、すくなくとも初歩的かつ基本的な教授にかんしては、無償でなければならない。初等教育は義務的である。技術教育、職業教育は普及されねばならない。高等教育に接する機会はすべての人にその能力に応じて完全に平等に開かれていなければならない。

二　教育は人間的個性の完全な開花と基本的な人権および自由にたいする尊敬の強化とをめざさなければならない。教育はすべての国民、すべての人種的および宗教的集団のあいだの理解と寛容と友好、ならびに平和の維持のための国際連合の活動の発展を促進しなければならない。

三　親は自分の子どもたちにあたえられるべき教育の種類を選ぶ権利を優先的にもつ」（Piaget 1950a: 23＝一九六三、一五〇頁）(4)

ピアジェはこの条文を解説するなかで、「事実」と「権利」を区分し、教育の普及をいくつかの段階に分けて考えている。

「事実として存在しているとおりの教育と、教育をうける権利が合意しているものとを隔てている深淵は［……］、段階を追ってしか埋められない。まず、各国が承認してはいるが実施はまだ広大な地域でこえがたい困難につきあたっている初等教育をうける権利と、まだ各国が認めていない中等教育をうける権利とを区別することが重要である。つぎには、組織された学校に通学する権利と『個性の完全な開花』が前提するすべてを学校に見出す権利とを区別することが問題になるだろう」（Piaget 1950a: 31＝一九六三、一五八頁）

ところが堀尾は、ユネスコ／ピアジェがまず問題としているのは途上国の現状であることを捨象する。さらに堀尾は、「事実」としての教育と「権利」としての教育を区分せず、「教育を受ける権利」と「個性の完全な開花」とを一足飛びに結びつける。全ての学校において子どもの権利が守られるのが当然であり、権利としての教育が実現していなければならない、と。

「教育が人間の可能性の開花のための営みであり、その人間は歴史的・社会的存在としての規定を受けているものであれば、人間の生存と生活の基底そのものが豊かであり、社会的諸関係が人間の発達を保障するにふさわしいものでなければ、その可能性の人間的価値を実現する仕方での発現は保障されない」（堀尾　一九七九a、二九七頁）

だがここで当時の社会状況を確認しておくならば、高度経済成長期を経た日本では、「教育を受ける権利」は、形式的にはほぼ充足されていた。高校進学率は、一九五〇年の四二・五％から年々上昇し、一九七〇年には八二・一％、一九八〇年には九四・二％となった。大学進学率は、一九五五年の七・九％から一九七六年には二七・三％となった。(5) 堀尾らが問題視する「激化する受験競争」や「非行の増加」等は（堀尾・兼子　一九七七、vi頁）、現在からすれば「学校化」の帰結であり、日本が欧米先進諸国と同様の問題を抱えるようになった証といえる。

ところが堀尾は、このような現実を看過し理念のみを語る。日本の教育問題は、「人権」・「権利」尊重の不徹底に起因するものなのだ、と。ここでは、小川／波多野／勝田に共有されていた社会問題への視点が見事なまでに欠落し、現実は常に理念との対比によって語られる。

「現代の学校と教育は『人権としての教育』の実感からはほど遠く、子どもの権利は守られ国民の権利としての教育は実現しているのか、その不可欠の条件としての教師の人権は守られているのかと問い直させる事実にこと欠かない」（堀尾・兼子　一九七七、vi頁）

ある。

## （3）発達の規範化とその入れ子構造

堀尾の「発達」理解も同様に、過度に理念化されたものであった。

その第一の問題は、発達の規範化である。発達が、それ自体過度に価値付与されたものとして用いられることである。

教育実践における発達は、大きく二つに整理できるだろう。まず第一に、眼前の事実としての発達、すなわち現在の子どもの状態を示すものとしての発達である。そして第二に、教育目的ないし規範としての発達、つまり現在の子どもに今後適切な教育が与えられた場合に、彼が進んで行くであろう方向性としての発達である。

むろん、科学的「事実」を探求するはずの心理学研究でさえ、発達概念には価値が入り込みやすい。発達心理学者の浜田寿美男が指摘しているように、実はピアジェ自身も「事実」としての発達と「権利」としての発達とを混同している部分がある（浜田　一九七八、五〇六頁）。

しかし堀尾の議論では、発達はむしろ積極的に価値化され、教育学はその実現に寄与するものとされる。つまり心理学の提出する「事実」を、「価値」（規範）に置換して受容しているのである。

「教育学は、人間の成長・発達にかかわる固有の論理の発見と固有の価値の実現を通して、人間的諸価値の実現に寄与するのである」（堀尾　一九七九a、二九七頁）

発達の規範化という上述の問題はさらなる第二の問題に連関する。

堀尾は教師に、子どもの発達（事実）の理解を求め、また教育目的（規範）として、相応しい発達の筋道の把握を求める（堀尾　一九七九a、二九七頁）。

ところが堀尾によれば、教育における「人間把握」は、「すでに一定の価値的方向性をともなっている」（堀尾一九七九a、三〇七頁）。つまり、眼前の事実としての発達の理解にさえ、価値付与がなされるべきだという。この価値づけは、観察の理論付加性というレベルをはるかに超えるものである。

以下に引用する長文は、堀尾の理論的混乱をそのまま反映しているようである。

「子ども・青年の人格の全体に働きかけ、その人間的発達を保障する任務を負う教師は、人間の発達が、歴史的・社会的に規定された文化との接触のなかでとげられること、他方で、発達には、生理的成熟と結び合って発達の節ともいうべき一定の段階があり、これを無視した教育は押しつけ教育（教化）に転化すること、従って、教師が教師であるためには、教育内容（教材）研究と子どもの発達研究が不可分であり、それらの研究の当否は、創造的な教育実践を通してその価値が検証され、そのことによって研究も新たに発展すること、従って、教師が教師であるためには、その目はつねに学問の進歩へと開かれ、子ども・青年の発達、その人格の内面にまで向けられており、その実践が教育学的実践として行なわれることが求められている。そして、この教育学的教育実践を通して、子ども・青年の人間的発達の事実がつみ上げられ、その法則的すじ道が次第に明らかになっていく。教育的働きかけは教育学的働きかけであり、その働きかけを通して、教育的働きかけと発達の事実が蓄積されていく」（堀尾　一九七九a、二九七頁）

しかしこの議論は、発達と教育実践の関係について、二重の意味で論が循環していないだろうか。まず、子どもの発達の事実や法則を解明するには発達に即した教育実践が必要なのだが、その教育実践の妥当性を担保するのは子どもの発達の事実や法則とされる。次に、発達を評価する際には、すでに先行してそれに影響を与えている教育作用を無視できないため、教育には発達が含まれ、発達には教育が含まれる。

この理論構成では、発達と教育は、相互循環的な入れ子構造を示す。事実としての発達にも、規範としての発達が入り込むため、発達の「事実」それ自体を抽出することは出来ない。発達は過度に理念化されるがゆえに、常に到達不可能な目標として、イデアのごとく君臨し続ける。現実の発達は、理念としての発達と比較されるために、常に欠如体として語られざるを得ない。

一九九〇年代以降の教育の心理主義化において力を持ったのが、発達の「失敗」へ対応する臨床心理学であったことは、堀尾のこうした理論構成と無縁ではないだろう。

## 3　秩序としての発達――ピアジェと失われた「自然」

### (1) 認識の生物学的解明

ここで私たちは、ピアジェ理論自体を検討しなければならない。

発達心理学者の中垣啓は、グランドセオリーを欠いたまま個別研究が方向性なく蓄積されているという今日の発達心理学の状況の責を、ピアジェの継承の失敗にみている。


「今日の発達心理学にはグランドセオリー（パラダイム）はなく、領域固有的なミニ理論、ミニモデルの寄せ集めと化している。こうした事態を招いたのは［……］、今日の発達心理学がピアジェの研究遺産をその核心部分において継承し損なったからではないだろうか」（中垣　二〇一一、二〇頁）

では、今日の心理学や教育学が継承し損なった、ピアジェの遺産の「核心部分」とは何だろうか。先取り的に本論の立場をのべてしまえば、それは「発生的認識論」にみられる「自然の秩序」である。

迂遠ではあるが、まずはこれをピアジェのルソー評価から検討していこう。よく知られているように、新教育期の教育学者や心理学者の多くは、ルソーを自分たちの思想的源泉と考えた。ピアジェも、「科学的教育学を創《はじ》めるのにルソー主義に欠けていたものは精神発達の心理学である」（Piaget 1969b: 192＝一九七五、一三二頁）とのべている。この発言を踏まえて堀尾は、ピアジェを「現代のルソー」と呼ぶ。それは彼が「新しい心理学」に基礎づけられた教育を構想し、「ルソーが近代への入り口において発見した子ども像と発達観に、そして新教育の運動に、科学的な根拠をあたえた」からである（堀尾　一九八二、一一頁）。

しかし、現代の教育学の研究蓄積からいえば、ルソーの子ども観と新教育のそれには、大きな断絶が存在する（森田伸　一九九二、一九九四）。ルソーはむしろ、「一九世紀末以降にもたらされた心理学研究の新たな知見を媒介にして」、「新教育思想の先駆者として再発見された」（森田尚　二〇〇〇）のである。

以上を踏まえるならば、ルソーとピアジェの相違は、単に「方法」や「技術」、「心理学」の有無（堀尾　一九八二、一一頁）ではありえないし、ピアジェの教育論を「方法主義的・心理主義的新教育観」（堀尾　一九七九b、三〇三頁）と理解するのは、事態の半面もとらえていない。

そもそもピアジェ理論は「心理学」なのか？　ピアジェは「心理学者」なのだろうか？

## （2）個体発生と系統発生

ここにおいて、ピアジェの「発生的認識論」を再評価する必要が生じる。

「発生的認識論」とは、知の個体発生としての認知発達と、知の系統発生としての科学史を重ね合わせて考察することによって、人間の認識の全体過程をその発生から明らかにしようとする壮大な試みである（Piaget 1969a: 4＝一九七五、三〇頁）。

ピアジェは一九五〇年、『発生的認識論序説』全三巻を刊行する。第一巻「数学思想」、第二巻「物理学思想」、第三巻「生物学思想、心理学思想、社会学思想」と題されたこれらの研究の主題は、上述の各学問の歴史的展開を、人間の認識の発展に重ね合わせて論じることだ（Piaget 1950b＝一九七五、1950c＝一九七六、1950d＝一九八〇）。ピアジェは一九五五年、ジュネーブ大学に発生的認識論研究国際センターを設立し、没年の一九八〇年までこの研究に従事することになる。

発生的認識論が成立するには、反復説、すなわち「個体発生は系統発生を繰り返す」というヘッケル（Ernst Heinrich Philipp August Haeckel, 1834-1919）主義の理論が、その前提として必要である。生物学者のS・J・グールド（Stephen Jay Gould, 1941-2002）は、ピアジェが「ヘッケル流の反復説の絶頂期の古生物学者としての訓練を受けた」ことを指摘し、「ピアジェの見解には、ヘッケル主義者的な響きがあるように思える」という（Gould 1977: 144＝一九八七、二一七頁）。ピアジェは、ヘッケル流の反復説のメカニズム自体は否定しているものの、「個体発生と系統発生の平行関係は信じていた」し、反復説にもとづいて子どもを原始人と等値する主張をたびたび行ってきた（Gould 1977: 144-45＝一九八七、二一七―一八頁）。グールドが引用する箇所を、ピアジェ自身の文章からひいてみれば――

「発生的認識論は、その根本的仮定として、知識の論理的、合理的体制とその知識を作りあげてゆく心理的過程との間に、ある種の並行関係があると考える。こういう仮定に立って研究する場合、もっとも生産的で、もっとも明白な研究領域は、人間の歴史を、すなわち、有史以前の思考の歴史を、この仮定に立って再構成してみることであろう。残念なことに、われわれはまだ、未開人の心理について十分な知識をもっていないが、われわれの周囲にいる子どもたちを研究することによって、論理的知識や数学的知識や物理的知識の発達について研究を進める最良の機会をもっている」（Piaget 1969a: 4＝一九七五、三〇頁、s.a. Gould 1977: 144-45＝一九八七、二一七―一八頁）

グールドに触発され、ピアジェの他の著作を紐解いてみるならば、彼が、子どもの発達を研究することによって人類の過去における人間精神の形成を解明できると繰り返し述べていることが理解できる（e.g. Piaget 1965: 80＝二〇〇二、七〇頁、Bringuier 1977: 39-40＝一九八五、三四―三五頁）。

ピアジェは『自伝』にて、青年期にＨ・ベルクソン（Henri Bergson, 1859-1941）の「創造的進化」の思想を知ったことによって、「生物学による認識の説明」に生涯を捧げようと決心したと振り返っている。若きピアジェは、「神と生命とは同じ」であれば「精神をも含めた森羅万象が、生物学によって説明できる」と確信したという（Evans 1973: 111＝一九七五、一六一頁）。

そもそも、ピアジェが子どもの発達に着目したのは、人類の認識の発生を解明するためだった。むしろ「心理学者ピアジェ」とは、発生的認識論における系統発生的側面を捨象したからこそ成り立つ理解に他ならないのである。

### （3）失われた「自然」

もちろん、現代の生物学は反復説は支持していないし、ピアジェが前提とした個体発生と系統発生の平行説は信じられていない。そのためこれまでの教育学や心理学は、ピアジェの反復説的前提、発生的認識論における個と類の平行関係は説得力に欠けるとして捨象してきた（堀尾　一九八二、中垣ほか　二〇一一）。だが、こうした統一的な秩序抜きには、ピアジェの論は理解できない。

ここで私たちは、西洋教育思想史における「自然」概念の再検討を迫られる。「自然」がギリシア以来の西洋哲学の鍵概念であることは今さらいうに及ばない。そして近代以降の教育思想の背景を通底するのも、キリスト教神学の影響を強く受けた「自然」概念であった（梅根　一九六六）。

先に触れたピアジェのルソー論、そして次に扱う彼のコメニウス論はピアジェが近代の教育思想家たちと「自然」という前提を共有していたことを端的に示している。というのも、「自然」こそ、ピアジェが発生的認識論で理解しようとしたものであり、また（ピアジェの理解によれば）、コメニウスが汎知学によって描き出そうとしたものに他ならないからである（Piaget 1957: 14–15＝一九六三、一二五頁）。彼らは、「自然」には何らかの秩序が存在し、その秩序を特定の学問であきらかにできるという期待を共有していた。個と類は、同一の法則に支配されており、それを解明することは、森羅万象を理解することにつながる。

ピアジェはのべる。コメニウスは、「人間と自然との平行論」に立ち、個人と社会の両者を含む世界の全てを一つの統一的知（「汎知」）のもとに理解する（Piaget 1957: 17＝一九六三、一二八頁）。「一言でいえば、コメニウスが提案している教育の体系はその本性そのものによって普遍的である。すなわち、彼がいうように、『汎知学』的である」（Piaget 1957: 27＝一九六三、一四一頁）。

コメニウスやルソーと同じく、ピアジェは「自然」の信奉者であった。ピアジェにとって精神発達の法則は、壮大な自然の秩序の一部をなしているものであり、所与として私たちが当然したがうべき論理、いやむしろそれに反することができない必然だった。

しかし両者の目標は類似しているにもかかわらず、ピアジェは、コメニウスの方法を問題視する。現代において壮大な知の秩序に近づくためには、コメニウスのように形而上学ではなく、科学が用いられるべきなのである

(Piaget 1957: 16＝一九六三、一二七頁)。

この意味で、堀尾の理解とは異なり、ピアジェは「心理学主義」ではなかった。彼の「心」の理解には「自然」が、人類の発展史が含まれているからである(6)。仮にピアジェが「現代のルソー」(堀尾)だとするならば、それは単に子どもの「心」を理解したという点においてではなく、子どもの「心」が、世界の秩序の一部であり、両者は連関しているという点においてなのである。

こうした「自然」の秩序は、二〇世紀中葉にはいまだ信頼の余地があった。R・ローティ(Richard Rorty, 1931-2007)の言葉を借りれば、「たとえばチョムスキーやピアジェ、レヴィ＝ストロース、マルクス、フロイトといった人々によって構築されたさまざまな分類体系が、ある日すべて一堂に会して、〈自然に関する一つの巨大な普遍言語〉をつづりはじめるだろうという前提」(Rorty 1979: 249＝一九九三、二八一頁)が、存在したのである。ピアジェもその一翼を担った「構造主義」運動の一部は、この観点から理解できる。ピアジェは、「個人的主体の活動の源であるメカニズムは決して彼の意識のうちにはなく、行動は何らかの『構造』の存在を前提していて、この『構造』のみが行動の理解可能性を説明する」という(Piaget 1968: 119＝一九七一、一四一頁)。

だが、世界の背後には何らかの秩序が見いだせるという理論的前提は、ポストモダン思想によって無効とされた(Burr 1995＝一九九七)。

否、それ以前に心理学も教育学も、ピアジェの思想のうち発達心理学的な面のみを摂取し、その前提をなす「自然」は受容しなかったのである。

現代の心理主義の氾濫の背景には、「自然」の喪失がある。カナダの教育学者K・イーガン(Kieran Egan)は、心理学は教育の改善に寄与できないという。「心理学理論は、それがわたしたちの本性がしたがうべきことを記述できる場合にかぎって、教育に対して有効であることができる」。しかし「いかなる心理学理論も、現在、わたしたちの本性がしたがうべきことを記述していない」。「だから、心理学理論は、現在、教育に対して、いかなる示唆もしめしえない」(Egan 1983: 151＝一九八八、一五一頁)。

心理学はしたがうべき自然＝本性(nature)を示し得ないため、教育の規範を示すことができない。また、自然という歯止めがないからこそ、グランドセオリーを欠いた個別研究に終始せざるを得ない。

私たちは何かを失った。だが、その失われた何かを、完全に名指すことはできない。「統一的秩序」を復活させようとする試みは、常に挫折せざるを得ない。

「真理としての心」に至る自然の扉は、今や閉ざされたのである。

## 結びにかえて——発達教育学から臨床心理学へ

本章を執筆中に、大阪維新の会・大阪市議会議員団による「家庭教育支援条例(案)」のニュースが飛び込んできた(平成二四年五月一日発表、批判を受けて五月七日白紙撤回)。「発達障害、虐待等の予防・防止の基本」と題されたその第四章第一五条は、「乳幼児期の愛着形成の不足が軽度発達障害またはそれに似た症状を誘発する大きな要因であると指摘され、また、それが虐待、非行、不登校、引きこもり等に深く関与していることに鑑み、その予防・防止をはかる」とされている。(6) 児童虐待は当然予防されるべきだとしても、発達障害を育児の失敗に求めるこの暴論を、私たちは決して許容できない。かつてB・ベテルハイム(Bruno Bettelheim, 1903-1990)は、自閉症の原因を育児の失敗に帰する「冷蔵庫マザー」理論を提示して多くの親たちを苦しめたが、これに根拠がなかったことはすでに明らかになっている(Bettelheim 1967＝一九七三／一九七五)。

だが、堀尾の発達教育学構想が、政治的立場は全く異なるはずの「大阪維新の会」の上記条例案と調和し共鳴するのはなぜだろう。

「もし発達の初期に、生理的成熟に見合った学習と発達が保障されないなら、以後の発達に、とりかえしのつかない欠損となって現われてくる。一つ一つの段階における十分な発達の保障こそ、つぎのステップの確かな実りを約束するのである」（堀尾・兼子　一九七七、四四頁）

堀尾が『現代教育の思想と構造』（一九七一）で描き出した西欧教育の発展史は、あまりにも理念化され過ぎており、歴史学的検証に耐えうるものではないと批判された（森田尚　一九七二）。それと同様に、堀尾による発達心理学の受容もまた、過度に理念化されたものだった。

そもそも、全ての子どもの発達課題に即した教育を与えることなど、ユートピー思想としても無理がある。発達をイデア化した発達教育学は、その実現不可能性ゆえに、かえって私たちの教育現実を貧困にみせてしまう。その理想と現実の空隙に浸透するように力を増してきたのが、発達の「失敗」に対処する臨床心理学であり、発達の「特例」を扱う障害児教育学だったことは不思議ではない。「発達」は今や、教育のグランドデザインではなく、常態的な「欠如」として語られることによって、新たな対処を求める権力の一機構をなしている。

では今日、私たちあるいは教育思想史には何ができるのだろうか。

最後にピアジェの言葉を引いて結びに代えよう。

「心理学者の役割は何よりもまず、教育学者が使える事実を与えることであって、教育学者の席について、教育学者に忠告することではないのです。私たちが提供することをどのように用いることができるのかをみるの

は、教育学者の仕事です」（cf. Bringuier 1977: 194＝一九八五、一八六頁）

### 注

（1）本章は、平成二二～二四年度日本学術振興会科学研究費補助金・基盤研究（B）「社会理論・社会構想と教育システム設計との理論的・現実的整合性に関する研究」（研究代表者・広田照幸日本大学教授、課題番号：二二三三〇二三六）研究会での発表「心理学は規範科学でありうるか」（二〇一二年五月一二日、於 東京大学本郷キャンパス）を圧縮・改稿したものである。当日の議論は同科研費の第二次報告書『教育の設計と社会の設計』（二〇一三）に収録予定である。

（2）もちろん、ある理論が単独で教育に影響を及ぼすことは実際にはない。教育思想史研究の方法論に関してここでは詳述できないので、さしあたり拙著『〈精神分析的子ども〉の誕生』（下司　二〇〇六）を参照して頂きたい。

（3）同書よりの引用は、全て堀尾執筆部分。

（4）「三」の親による教育の優先的選択権については、堀尾は教師の教育権と読み替えて「国民の教育権」論の基礎にしているが、ここでは問わない。

（5）「平成七年版 科学技術白書」第一部第一章二（http://www.mext.go.jp/b_menu/hakusho/html/hpaa199501/hpaa199501_2_005.html）

（6）堀尾の理論は個人主義的傾向を示しているが、類／社会との関連が全くないわけではない。堀尾（一九八一）を参照。

（7）http://osakanet.web.fc2.com/kateikyoiku.html

### 参考文献

Bettelheim, Bruno 1967 The Empty Fortress: *Infantile Autism and the Birth of the Self*, New York, Free Press.＝一九七三／一九七五『自閉症――うつろな砦（Ⅰ）（Ⅱ）』黒丸正四郎他訳、みすず書房

Bringuier, Jean Claude 1977 *Conversations libres avec Jean Piaget*, Paris, R. Laffont＝一九八五『ピアジェ晩年に語る』大浜幾久子訳、国土社

Burr, Vivien 1995 *An Introduction to Social Constructionism*, London, Routledge.＝一九九七『社会的構築主義への招待――言説分析とは何か』田中一彦訳、川島書店

Egan, Kieran 1983 *Education and Psychology: Plato, Piaget and Scientific Psychology*, New York: London, Teacher's College. ＝一九八八『教育に心理学は役立つか――ピアジェ、プラトンと科学的心理学』塩見邦雄訳、勁草書房

Evans, Richard I. 1973 *Jean Piaget: the man and his ideas*, E.P. Dutton. ＝一九七五『ピアジェとの対話』宇津木保訳、誠信書房

Gould, Stephen Jay 1977 *Ontogeny and Phylogeny*, Cambridge, Mass.: Belknap Press of Harvard University Press. ＝一九八七『個体発生と系統発生――進化の観念史と発生学の最前線』仁木帝都・渡辺政隆訳、工作舎

Piaget, Jean 1950a "Le droit à l'éducation dans le monde actuel," in Unesco (ed.), *Les droits de l'esprit: six études sur les aspects culturels de la déclaration universelle des Droits de l'Homme*, Liège, Sciences et Lettres & Paris, Librairie du Recueil Sirey, 21-72. ＝一九六三「現在の世界における、教育を受ける権利」『ワロン・ピアジェ教育論』竹内良知訳、明治図書出版、一五〇―二〇五頁

Piaget, Jean 1950b *La pensée mathématique: Introduction à l'épistémologie génétique t.1*, Paris, Presses universitaires de France. ＝一九七五『発生的認識論序説（1）数学思想』田辺振太郎・島雄元訳、三省堂

Piaget, Jean 1950c *La pensée physique: Introduction à l'épistémologie génétique t.2*, Paris, Presses universitaires de France.＝一九七六『発生的認識論序説（2）物理学思想』田辺振太郎・島雄元訳、三省堂

Piaget, Jean 1950d *La pensée biologique: la pensée psychologique et la pensée sociologique, Introduction à l'épistémologie génétique t.3*, Paris, Presses universitaires de France. ＝一九八〇『発生的認識論序説（3）生物学思想、心理学思想、および社会学思想』田辺振太郎・島雄元訳、三省堂

Piaget, Jean 1957 "L'actualité de Jean Amos Comenius," in Unesco (ed.), Jean Amos Comenius, 1592-1670, pages choisies, Hommage de l'Unesco à l'occasion du trois centième anniversaire de la publication des Opera Didactica Omnia 1657-1957, Paris, Unesco, 11-30. ＝一九六三「ヤン・アモス・コメニウスの現在的意義」『ワロン・ピアジェ教育論集』竹内良知訳、明治図書出版、一二〇―一四九頁

Piaget, Jean 1965 *Sagesse et illusions de la philosophie*, Paris, Presses universitaires de France. ＝二〇〇二『哲学の知恵と幻想（新装版）』岸田秀・滝沢武久訳、みすず書房

Piaget, Jean 1968 *Le structuralisme*, Paris, Presses universitaires de France.＝一九七一『構造主義』滝沢武久・佐々木明訳、白水社

Piaget, Jean 1969a "Genetic Epistemology," Columbia Forum, 12: 4-11.＝一九七五「発生的認識学について」宇津木保訳、in

Evans 1973 = 一九七五、三〇―四八頁
Piaget, Jean 1969b *Psychologie et Pédagogie*, Paris, Denoël/Gonthier. = 一九七五『教育学と心理学』竹内良知・吉田和夫訳、明治図書
Rorty, Richard 1979 *Philosophy and the Mirror of Nature*, Princeton, Princeton University Press. = 一九九三『哲学と自然の鏡』野家啓一監訳、産業図書
下司　晶　二〇〇六『〈精神分析的子ども〉の誕生――フロイト主義と教育言説』東京大学出版会
浜田寿美男　一九七八「ピアジェ発達理論の展開」ジャン・ピアジェ『知能の誕生』谷村覚・浜田寿美男訳、ミネルヴァ書房、四八五―五一五頁
波多野完治　一九三一『児童心理学』同文館
波多野完治　一九九〇（初出一九八一）「ピアジェ思想の展開」『波多野完治全集　第四巻　ピアジェ――人と思想』小学館、三一五―三五〇頁
堀尾輝久　一九六〇「教育を受ける権利と義務教育」堀尾輝久　一九八七『天皇制国家と教育――近代日本教育思想史研究』青木書店
堀尾輝久　一九七一『現代教育の思想と構造――国民の教育権と教育の自由の確立のために』岩波書店
堀尾輝久　一九七九ａ「現代における子どもの発達と教育学の課題」大田堯他編『岩波講座　子どもの発達と教育1　子どもの発達と現代社会』岩波書店、二八五―三二二頁
堀尾輝久　一九七九ｂ「世界の教育運動と子ども観・発達観」大田堯他編『岩波講座　子どもの発達と教育二　子ども観と発達思想の展開』岩波書店、二九九―三五九頁
堀尾輝久　一九八一「個人の発達と歴史の発展」村上陽一郎編『時間と進化』東京大学出版会、一九七―二二四頁
堀尾輝久　一九八二「ピアジェと教育思潮」稲垣佳世子編、波多野完治監修『ピアジェ理論と教育』国土社、七―三〇頁
堀尾輝久　一九九一『人間形成と教育――発達教育学への道』岩波書店
堀尾輝久・兼子仁　一九七七『教育と人権』岩波書店
勝田守一　一九六四『能力と発達と学習』国土社
森田尚人　一九七二「教育理論における主観主義――堀尾輝久『現代教育の思想と構造』によせて」『構造改良』七号、五〇―六

〇頁
森田尚人　一九九二「教育の概念と教育学の方法――勝田守一と戦後教育学」森田尚人他編『教育学年報1』世織書房、三―三四頁
森田尚人　二〇〇〇「児童中心主義」教育思想史学会編『教育思想事典』世織書房、三四二―三四六頁
森田伸子　一九九二「教育学的言説の彼方へ」『近代教育フォーラム』創刊号、三一―三八頁
森田伸子　一九九四「ルソーにおける「根源」としての子ども」『近代教育フォーラム』第三号、五一―七三頁
中垣　啓　二〇一一「企画の趣旨」中垣啓・杉村伸一郎・小島康次・加藤義信・大浜幾久子・繁桝算男　二〇一一「ピアジェ没後三〇年記念シンポジウム―ピアジェの遺産をどう受け継ぐか」『教育心理学年報』五〇（〇）、二〇―二一、二〇頁
小川太郎　一九六〇『日本の子ども』新評論（初版一九五二、金子書房）
鈴木京一　二〇〇七「自省する「戦後教育学」」『朝日新聞』二〇〇七年五月一二日、三五面
梅根　悟　一九六六「近世教育思想史における自然概念及び合自然原理の発展」梅根悟『教育史学の探究』講談社、一一―二〇七頁

# 第16章　注意——教育的介入を亢進させる虚焦点

今井　康雄



## 1　「注意」——現代教育論の隠れた焦点？

フランソワ・トリュフォー監督の映画「野生の少年」（一九六九年）は、「アヴェロンの野生児」に関するイタールの報告（Itard 1994［1978］）をかなり忠実に映像化している。一八〇〇年に南仏アヴェロンで発見され、高名な精神科医ピネルによって教育不可能と診断された獣のような少年。イタールはこの、彼が後にヴィクトールと名づける少年を何とか教育しようと試みる。彼の実践報告は、障害児教育の古典であるとともに、「教育可能性」発見の原風景ともなっている。

映画「野生の少年」を見る者は、「注意」が、イタールの試みにとっていかに重要な意味を持っていたかに気づかされるだろう。背後で扉が閉まる大きな音には何の反応も示さない少年が、鏡に映ったリンゴを目で追い（つまり、対象に正しく注意を向け）、手で取ろうとする。イタールがヴィクトールの教育可能性を確信したのはこのときであった。やがてイタール——映画では監督のトリュフォー自身が演じている——は、ヴィクトールの好物を使って注意を操作し、教育的に利用することに成功する。伏せた状態の銀製のカップが三つ。そのうちの一つにクルミを入れ、そのままカップをずらして位置を入れ替える。どのカップの下にクルミがあるかを言い当てられれば、出てきた好物は「彼の注意に対するささやかなごほうび」(Itard 1994: 28［1978: 43］)となるのである。第一報告の末尾あたりで、イタールは彼の実践を以下のように総括している。

「注意の能力がない(incapable d'attention)と信じられていた人間が、わずか九ヵ月という短い期間に、このような好ましい変化を遂げたということは重要な点として認められるだろう。そして、教育は可能だと結論できるだろう。」(Itard 1994: 56f.［1978: 75f.］)

この「注意(attention, Aufmerksamkeit)」という概念を、現代教育を「読む」ための好個の視点として提示すること——これが本章のもくろみである。イタールの時代とは違って、現在、「注意」という概念は、「興味」「関心」「意欲」といった隣接する用語が教育界を跋扈しているのとは対照的に、教育の場で積極的な役割を果たしているとは言えない。しかし、この概念は、教育をめぐる現代の議論においても、その隠れた焦点となっているのではないか。そう思える徴候を思いつくままにいくつか挙げてみたい。

まず思い浮かぶのは「ADHD」である。近年教育の場でも頻繁に登場するこの語には、言うまでもなく「注意」という概念が含まれている。その正式名称は「注意欠陥・多動性障害(Attention Deficit/Hyperactivity Disorder)」である。障害学で言う障害の「社会モデル」(星加　二〇〇七、三六頁以下)を敷衍すれば、こうした「障害」のカテゴリーは、単に個々人に関わる特性記述の束なのではなく、当該社会で求められる有能性との対比において、その言わばネガとして括り出されたものと解釈できるだろう。「ADHD」を含め、対人コミュニケーションに困難を来すような人格上の諸特性が「発達障害」として括られる。「ちょっと変わった子だけど……」「偏屈な人ではあるが……」などと鷹揚に構えるだけでは済まなくなり、治療とは言わないまでも専門的な対処が、そうした人たちに対して必要だと考えられるようになってきた。その背景には、対人コミュニケーションのより繊細な制御を求める現代社会の要請があると考えられる。要請されるコミュニケーションのレベルが上がり、またその要請自体も強くなったために、なだらかに統合されていた部分が「障害」として括りだされたということである。このように見れば、「ADHD」流行の背後に、「注意」に対する社会的要請の高まりを想定できるかもしれない。

実際、私たち自身の日常生活を振り返っても、「注意」は明らかに希少な財になりつつある。携帯電話や電子メールを日常的に使っている人にとって、一つの事柄に長時間注意を集中することは至難の技であろう。現代の中高校生にとっては、ケータイメールに瞬時に返事を返すことが友情の一つの印になるらしい。授業が成立するためには注意の集中が必要なのに、ケータイを野放しにすれば生徒の注意は散漫になってしまう。したがって授業中にケータイを使うことは厳禁ということになる。しかし皮肉なことに、ケータイメールに即時対応するという行動は、対人コミュニケーションのより繊細な制御という、先に述べた現代社会の要請へのある種の順応なのである。――ここには、注意をめぐる技術的・社会的・教育的条件の輻輳を想定できるだろう。注意を希少な財にするような技術的な条件が生まれ、このことがなおさら注意の社会的な価値や必要性を際立たせる。しかも注意――より正確には、教える側の意図に従って学ぶ者の注意を操作すること――は、少なくとも学校教育に関して言えば、イタールにとってと同様、依然として教育成立の条件となっているように見えるのである。

こうした日常的な状況とは一見かけ離れた徴候もある。発達心理学や認知心理学における「注意」への着目である。発達心理学の領域では、親が見ている対象に子供も注意を向けるといった「共同注意（joint attention）」が、一九七〇年代後半以降、乳幼児の発達の重要な要因として注目され研究されてきた（大藪 二〇〇九参照）。他者の意図を理解して注意を向ける乳幼児の対人面での有能さ――ピアジェによる幼児の自己中心性の想定とは裏腹の――が浮き彫りにされ、〈自己―他者―対象〉という三項関係のなかでの認知発達や言語獲得のメカニズムが研究されている。他方、認知心理学の領域では、「選択的注意（selective attention）」が、心と世界を結びつける不可欠の要因として研究対象になっているようである（cf. Pylyshyn 2011: 59ff.［2011: 93ff.］）。知覚心理学の入門教科書が紹介するところでは、長い歴史を持った雑誌『知覚と精神物理学（*Perception and Psychophysics*）』が、創刊五〇年目に当る二〇〇九年に『注意・知覚・精神物理学（*Attention, Perception, and Psychophysics*）』とタイトルを変更した（Hagendorf et al. 2011: v）。「注意」が重要な研究対象として浮上している様子をうかがい知ることができるだろう。

以上のような雑多な徴候は、たしかに「注意」が現代の教育論の隠れた焦点となっている可能性を示唆してはいる。しかし目の前に広がる事態はあまりに錯綜しており、「注意」という視点から教育論の現状を見通すことは容易ではない。事態を多少とも見通し可能にするために、本章では時間軸を導入し、歴史的展望のなかで現状を捉え返すことを試みたい。すでに冒頭で、私たちは一九世紀初頭の「アヴェロンの野生児」の物語に手がかりを求めた。しかし「注意」をめぐって現在につながるような教育論の布置が成立してきたのは、それよりも後の一九世紀後半以降のことと考えられる。以下では、まずそうした歴史的な経緯を概観し（第二、三節）、続いて、より具体的なケースとして一九一〇―二〇年代ドイツの映画教育論を取り上げたい。

一九世紀末に出現した映画という新しいメディアに対しては、教育的見地からの反撥が世界各国で起きた。とりわけドイツではそうした反撥が「映画改良運動」と呼ばれる社会運動にまでなり、そこから映画と教育の関係をめぐる原理的考察が展開していった（今井　一九八九、一九九二参照）。この映画と教育をめぐる議論において、無視できない役割を終始演じたのが「注意」の概念であった。注意を希少な財にする技術的・社会的条件の成立と教育論における注意の焦点化という、現代的状況の一つの原型を、われわれは一九一〇―二〇年代ドイツの映画教育論から取り出すことができるだろう。

## 2　「注意」の歴史的文脈

### (1)「注意」に関する哲学的考察

西洋における「注意」概念の歴史を概観すると（Neumann 1971）、この概念をめぐっては大まかに二つの対立する見方が形成されてきた。注意の起源を主観の内部に見るアウグスティヌスに由来する見方と、外部に見るデカルトに由来する見方である。「注意」に関する哲学的考察の起源は、普通アウグスティヌスに求められる。アウグスティヌスによれば、感覚印象の意識的な知覚はそれが記憶と結びつけられることで成立するが、この結合を可能にするのは意志の働きであり、この働きが注意なのである。注意を内発的な意志の働きと見るこのアウグスティヌスの主意主義的な見解を西欧中世の哲学は引き継いだ。

これに対して注意の別の側面に光を当てたのがデカルトであった。『情念論』における「驚き」——それは六つある基本的な情念のうちの一つである——についての考察で、デカルトは次のように述べる。「「驚き」とは［……］精神をして、まれで異常なものと見える対象を注意して見ることに向かわせるものである」（Descartes 1967: 447［§ 70］）。たしかに、何かに驚いたとき、われわれの注意は、意志の働きの介在なしにその何かに引きつけられている。ただしデカルトは、こうした「驚き」が新たな知識を獲得する出発点になることを認めつつ、新奇なものに目移りして終わるというその欠点をも指摘する。そこで必要となるのが注意の意志的なコントロールである。「われわれの意志は悟性を強制して特別な反省と注意とに向かわせることがいつでもできる」（Descartes 1967: 450［§ 76］）からである。このように、デカルトにおいては、注意を外発的なものと見る感覚論的な「注意」概念と、内発的なものと見る主意主義的な「注意」概念とが併存しているのである。

デカルト以後の「注意」概念の歴史は、デカルトにおいて併存していたこの二つの見方が、それぞれ独立に展開して行く過程として再構成可能である。主意主義的な側面を展開させたのがスコットランド学派やメーヌ・ド・ビラン、感覚論的な側面を展開させたのがコンディヤック、ヘルバルトらである（Neumann 1971: 637–643）。展開の過程では両者が接近する局面も見られる。また、両者の統合の試みもなされる。たとえばライプニッツの「統覚（apperception）」という考え方――それはカントやヘルバルトにも受け継がれる――は、そうした統合の試みである（ibid.: 642）。統覚は、知覚に注意を向けることによって成立する知覚の意識的把握であり、内発的であるという点で主意主義的な側面を持つ。同時に、統覚はあくまで知覚に随伴する働きであり、知覚の生起なしにはそこへと向かう注意もない。したがってそこには感覚論的な側面も保持されているのである。

以上のように、デカルト以後の「注意」概念の展開は、注意の起源を主観の内部に求めるか、それとも外部に求めるか、という二分法的な図式に従っている。「統覚」による統合の試みも、やはりこの二分法を前提にした上で両側面の結合を試みているのである。「注意」は、一貫して意識と世界の接合部分に位置づけられてきた（「選択的注意」に関する現代の研究もこれを受け継いでいる）。しかし、まるでそこに切り立った分水嶺が走っているかのように、「注意」に関する考察は意識の側と世界の側とにたえず分断されてしまう。

### (2)　一九世紀における「注意」の意味転換

一九世紀後半になると、前項で述べた伝統的な二分法の図式を破るような「注意」の構想が浮上してくる。その経緯を鮮やかに描き出したのがクレーリーの『知覚の宙吊り』（Crary 1999 [2005]）である。この大著は、前著『観察者の系譜』（Crary 1990 [1997]）と並んで、注意に関するその後の（思想）史的研究に大きな影響を与えているように思われる。以下、クレーリーの研究をもとに、多少の私見を交えつつ、注意をめぐる現代的状況の成立を粗描したい。

クレーリーによれば、「注意」をめぐる新たな構想が浮上してくる前提には、一九世紀前半に進行した、視覚のカメラ・オブスキュラ（暗箱）モデルの崩壊がある。内界のスクリーンへの外界の映像の射影として視覚を捉えるのがカメラ・オブスキュラモデルである。ところが、視覚的イメージは、一八三〇年代にヨハネス・ミュラーが示したように、現実の光とは無関係に電気刺激や化学薬品によっても引き起こすことができるのである。こうした現象は、外界の内界への射影としての視覚という前提そのものを崩してしまう。「視覚のカメラ・オブスキュラモデルの崩壊と、生理光学の出現とともに、次第に、知覚は外界イメージの相対的に受動的な受容能力の問題ではなくなり、知覚の形成に貢献する観察者による編成や、その能力の問題になった」(Crary 1999: 155＝二〇〇五、一五二頁)。

一九世紀後半の心理学が「注意」を主要な研究対象として発見していったとき、注意はまさにそうした主観の側の能力の中軸をなすものとして捉えられていたと言えるだろう。心理学者たちは、この注意という移ろいやすい対象を、実験によって取り押さえ厳密に測定しようとした。たとえば瞬間露光装置タキストスコープを使って複数の文字や数字を瞬間的に見せ、記憶や推論といったあらゆる夾雑物を取り除いた純粋な注意の範囲——人はどの程度のものに同時に注意を向けることができるか——を測定することが試みられた。タキストスコープは、「主観の心理生理学的能力が定量化可能だというイメージを許すようなデータを産出」してくれるがゆえに、「統制された実験という理想の、模範例となった」(Crary 1999: 305＝二〇〇五、二八七頁)。

注意を固定的なものとして定量的に測定するために投入されたタキストスコープは、いくつかの点で逆に注意の可変性や不安定性を露わにしているように思われる。第一に、タキストスコープに託された注意の定量的測定の試みは、「知覚を合理化し、注意状態の管理を可能にする知を獲得するための、多岐にわたるプロジェクトの一環」

（Crary 1999: 306＝二〇〇五、二八八頁）であった。注意に関する定量的研究は、労働の合理化と生産性の向上――注意を集中させ反応速度を上げるために労働環境をいかに整備し労働者をいかに訓練すべきか――のためのデータを提供する。これによって「注意と反応における特定の病理学的な欠陥」（Crary 1999: 309＝二〇〇五、二九〇頁）があぶり出されることにもなる。注意の定量的測定の試みは、注意の可変性（向上・訓練の可能性）と不安定性（病理的欠陥の可能性）を露呈させるのである。

第二に、タキストスコープに「連結」させられ反応を測定される被験者の姿は、主観の側に想定された注意という能力が、実は機械装置によって浸透されているという事態を象徴的に示しているだろう。その姿は、カイザーパノラマの箱の中を覗き込んで異国の風景などに目を凝らす観客の姿を彷彿とさせる。「カイザーパノラマも［連続写真によって運動を分析した］マイブリッジの作品も、外部によってコントロールされる変数によって注意反応の選択とリズムが決定されるというモデルを表していた」（Crary 1999: 147＝二〇〇五、一四三頁）。ここには、ヴァルデンフェルスが現象学的な観点から注意を「中間現象（Zwischengeschehen）」と呼んだ事態が如実に表われている。

「われわれの注意を引く何かに支えを求めることも、注意を向ける側の誰かに支えを求めることもできず、したがって、客観的なデータにも主観的な行為にも十分な根拠を見いだすことのない、中間現象としての注意は、経験を可能にするような中間審級に依存しており、また依存し続ける。」（Waldenfels 2004: 137）

経験を可能にする「中間審級（Zwischeninstanzen）」として、ヴァルデンフェルスは「技術とメディア」を挙げている（ibid.）。中間審級による注意の生成・操縦は、二〇世紀に入って、映画という大きな影響を持った社会現象として現われることになった。いずれにしても、注意は、主観の側の能力と技術やメディアとの相互浸透を示す典型例なのである。

第三に、このように機械装置と相互浸透した注意は、その反対物であったはずの散漫（distraction, Zerstreuung）とほとんど区別のつかないものとなる。タキストスコープは被験者に、経験の持続から切り離された一瞬の刺激を与える。ところが、そのような「ショック」的知覚とそれによって引き起こされる自動的な反応こそ、注意と統覚によって統合された人格の全体性を脅かすものとして都市化・産業化された現代生活のなかに確認されていった、まさにその特徴なのである。その同じ特徴が、注意を集中させようとする実験的状況のまっただなかに顔を出す。結局のところ、注意と散漫は、対立物というより、一対のものとして通底し合っている。「現代の散漫は、数世紀にわたって存在してきた持続的で価値を担った知覚という、安定的な、あるいは「自然」な種類の知覚の崩壊なのではなく、人間主観のなかに注意状態をつくりだそうとする多くの試みの帰結であり、多くの場合その不可欠の要素なのである」（Crary 1999: 49=二〇〇五、五四頁）。――注意と散漫とのこうした通底し合う関係に、われわれは映画教育をめぐる議論においても出会うことになろう。

## 3　教育における「注意」概念

「注意」は、もはや意識と世界とに引き裂かれた領域ではなく、むしろ両者が浸透し合う「中間現象」の領域として現れる。注意という現象に着目することで、外界からの作用の結果と考えられてきた知覚が主観の能力の側から捉え直されるが、これが言わば呼び水となって、逆に外界（たとえば機械装置の作用や合理化の強制）が主観の内部に浸透する。注意はまさにこの相互浸透の場となる。「一九世紀後半における注意という問題と、それ以前のヨーロッパの思想における注意の位置とのあいだには、歴史的な断絶がある」（Crary 1999: 19=二〇〇五、二八頁）ということになろう。もはや「統覚」の概念で注意の問題を捉えることはできない。むしろ「統覚」が、つまり主観の作用の超越論的な統一という想定が信憑性を失うことによって、現代的な意味での「注意」が浮上する、という関係になるだろう。——以上のような「注意」の布置の変化は、教育の領域にどのように反映している（あるいは、していない）のだろうか。

哲学史において顕著であったような二分法的な図式は、教育的場面においては最初から骨抜きになっていたと言えるかもしれない。一八世紀後半以降、自己統御という啓蒙主義的理念と結びついた「注意」への関心の高まりがあり、それと連動して教育論——たとえばバゼドウの『初等教科書』——においても「注意」は重要な役割を演じた（Hagener 1998: 278; Thums 2008: 10）。こうした状況は一九世紀初頭においても持続した。「一九世紀初頭、注意［……］に関する体系的な考察は、教育に関する実践的・理論的反省の中心に位置づいている」（Prondczynsky 2007: 120）。たとえばヘルバルトにとって、「注意の緊張と維持は一般にあらゆる教育の重要な前提問題（Präliminarproblem）」（Herbart 1873 [1802]: 115）なのであった。ここで、ヘルバルトと同時代のフランスでヴィクトールと格闘していたイタールの場合を想起してみよう。彼の場合も、注意は教育可能性の前提条件として位置づけられていた。しかしイタールは、まさにこの教育の前提条件を見出すために教育的働きかけを行うという、言わば論点先取の試みを敢行していたのである。ここに、単なる診断で終わった精神科医ピネルとの違いがある。イタールは自らの試みの理論的前提を当の試みによって実践的に構築しようとしていたと言えるだろう。この試みのために用いられたのが、銀のカップでありヴィクトールの欲しがるクルミであった。その後イタールは、文字板やはめ込み用の図形板など、ヴィクトールの注意を引き出し利用するために様々な道具を工夫した。こうした「技術とメディア」——ヴァルデンフェルスの言葉を借りれば——において、「中間現象」としての注意はすでに実現されていたとも言えるだろう。

しかし、このような教育的場面における注意の「中間現象」的働きが、理論的な反省の対象となったとき、注意はふたたび伝統的な二分法図式に従って理解されていったように思われる。一九世紀のドイツ教育学における「注意」概念の変遷を跡づけたプロンジンスキーによれば、一九世紀のすでに早い時期から、注意をめぐる議論は、注意を脅かすような時代状況を憂う文化批判的な要素を含んでいた。一八三〇～四〇年代には子供たちが接する感覚的刺激の過多が問題とされており、注意と散漫に関わる心理学的問題――それは一八八〇～九〇年代に都市化・産業化の経験と関連づけて世間一般の問題となる――が、教育の文脈ではすでに世紀前半期に認知されていたのであった(Prondczynsky 2007: 124-126)。現代においても皆無とは言えないこうした文化批判的な見方は、注意をもっぱら内的な意志の状態と捉えて外的な条件に対抗させるものであり、二分法図式を顕著に示している。

一九世紀末から二〇世紀初頭にかけて、注意の二分法的理解を越えるような見方が理論的反省のレベルにも現われてくる。たとえば注意に関するデューイ、そしてモンテッソーリの議論がそれである。まずモンテッソーリから見てみよう。モンテッソーリの教育論の構築にとって、彼女が「子供の家」で幼児のうちに観察した「注意の一極化現象」は決定的な意味を持った。このことが詳述されるのは『初等学校における自己教育』(Montessori 1916: 1990)においてであるが、『科学的教育学の方法』(Montessori 1964［1974］; 1909)でも同様の現象が報告されている。大きさが段階的に変化する一〇個の穴にぴったりと収まるように一〇個の円柱をさしこむ、というさしこみ台の課題に、二～三歳の幼児が熱中し、何十回と訂正を繰り返すのが見られた。「この自己訂正は、大きさの差異についての子供の注意を強化することに導き、さまざまな円柱を比較することに導く。まさしくこの比較の中に、心理的―感覚的練習が存する」(Montessori 1964: 171［1974: 136］; 1909: 134)。モンテッソーリが強調するのは、この訂正が教師の介入によってではなく「自己教育」として、つまり教具との関係のなかで子供自身によってなされる、という点である。モンテッソーリは、イタールが様々な道具を工夫することで実践的に実現していた「中間現象」としての注意を、理論的反省のレベルにすくいあげていると言えるだろう。これは決して偶然ではない。モンテッソーリは、イタールと、イタールの試みを受け継いで知的障害児教育の理論と実践を展開したセガンに深く学んだ。しかも、セガンがイタールの感覚論的前提を批判して積極的な意志の構築に障害児教育の核心を見た——つまり注意に関するイタールの構想を主意主義的な方向へと展開したのに対して、モンテッソーリは逆にセガンがイタールから受け継いで発展させた教具にもっぱら関心を寄せたのである（山内　一九九九参照）。

　デューイの場合はどうか。「注意」に関するデューイの考察は、時期的には相前後するが、モンテッソーリの見方を包摂するとともに越えているように見える。『学校と社会』で、デューイは、子供が対象の側に引きつけられて没頭するという自発的（spontaneous）で無意的（non-voluntary）な注意——モンテッソーリの言う「注意の一極集中」はこのレベルに位置づけられるかもしれない——から、知的に注意を向けることのできる主意的（voluntary）な注意への発達を描いている（Dewey 1976［1899］: 100f.［1957: 153f.］）。これだけであれば、デカルトの「注意」概念が含んでいた感覚論的側面と主意主義的側面を時間軸上に展開しただけ、と言えなくもない。しかしデューイの場合、主意的注意において問題となるのは単なる内発的な意志ではない。十分な意志さえあればどんな教材にも注意は向けられるはずだ、といったありがちな見方をデューイは退ける。重要なことは、主意的な注意が同時に「反省的」でもあること、つまり、子供が「自分自身の問題をもっており、その問題を解決するための関係材料を探求し選択することに能動的に従事し、その材料の意義と関係を——すなわちその問題が要求するような解決の道を考察すること」（ibid.: 103［1957: 157］）なのである。デューイはここで、問題解決という能動的な活動に注意を言わば溶け込ませることによって、伝統的な二分法図式を解体しているのである。

　注意という問題は、実際にデューイが考えたとおりに能動的活動によって解消されたのだろうか。その後の教育学は大要デューイの方針に従ってきた——言い換えれば、新教育的な教育思想がその後の教育論の地平を形成してきた（今井　二〇〇九、二八二頁以下参照）――と言えるだろう。子供が「自分自身の問題」を持てるように、教える側が適切に子供の能動的活動を組織できれば、注意という教育の前提問題はおのずから解消される、と想定してきたのである。したがって注意はもはや独立した問題としては教育論のなかに顔を出さなくなる。注意が、冒頭で示唆したように現代の教育論の隠れた焦点となっている状況はこうした経緯の帰結とも言える。しかし、もし注意が現代の教育論の――隠れた、とは言え――焦点をなしているのだとすれば、注意の問題は実は消え去りはしなかったのである。モンテッソーリが提起していた問題は、越えられたのではなく置き去りにされてきただけなのかもしれない。主意的・反省的となる以前の注意の働きを、教育はどのように捉え処理するのか、という「心理的―感覚的」レベルの問題がそれである。能動的な活動さえ実現できればそうした受動的・自動的なレベルの注意は事実上無視できる、という想定は、創造的で反省的な活動というデューイの理想像にも、多くの教育（学）者の願望にも合致していただろう。しかし現実には、前項で見たとおり、まさにそうした想定を危うくするような事態が注意をめぐっては進行していたのである。新教育的な想定の水面下で、注意をめぐっていかなる事態が進行していたのかに探りを入れてみる必要があろう。以下では、一九一〇―二〇年代ドイツの映画教育論を対象として、受動的・自動的なレベルの注意が教育学的な問題設定のなかにどのように食い込んできたかを例示してみたい。

## 4　映画教育論における「注意」

### （1）映画への教育的関心――一九一〇年代の議論

ドイツにおける映画教育論は、先にも触れた「映画改良運動」のなかで展開されて行くが、この「運動」の起点となったのが、一九〇七年にハンブルクで出された『「活動写真」委員会報告書』（Dannmeyer 1907）である。「愛国的学校制度・教育制度友の会」——一八〇五年設立の伝統ある教育団体である（cf. Bolland o.J. [um 1955]）——に提出されたこの報告書は、その後の映画教育論の基調となる主張をすでに定式化している。一方で委員会は、現状の映画が「醜いもの、堕落させるもの、道徳的に悪影響を与えるもの」を多く含んでいるため、映画に行くことは「子供にとって危険」であり、「学校は教育的見地から対抗措置を講ずべき」だとする（Dammeyer 1977: 38f.）。しかし他方で、「技術的・内容的に問題のない映画による表現は［……］教示と娯楽の優れた手段となりうる」として、「特別に子供に適した良質の映画上映」を積極的に推進すべきだとも主張する（*ibid.*: 39）。ここに見られる対照的な主張、つまり映画の現状への批判と映画の教育利用への期待が、その後の映画教育論の基調を形作る。

映画批判／映画利用という映画教育論の双面構造は、子供の保護・育成という、『報告書』でも示された教育的関心から、自動的に帰結するわけではない。そこにはおそらく二つの前提がある。一つは、映画を現実再現のための装置として見るという、映画についての基本的了解である。こうした基本了解ゆえに、一方では映画、特に劇映画による現実の歪曲が批判され、他方では最強の直観手段としての映画に期待が寄せられることになる。映画改良運動は、映画というそれまで教養市民層の視野の外にあった新現象を、教養市民層の関心の射程に引き込み馴致する試みだったと言える（今井　一九八九参照）。映画改良運動の映画批判に見え隠れするのは、ますます劇映画中心になっていく映画を、その本道たる実写（Naturaufnahme）へと連れ戻すという遠大な目論見である。「映画の本質的課題」は「自然のままの運動の、人間の手や神経によってできるかぎり捏造されていない、できるかぎり現実に忠実な再現」にある（Häfker 1913: 12）、というのである。今日の時点から見れば、現実離れした映画観であり目論見だったと言えるのかもしれない。しかしそこには、映画の可能性がまだ混沌として確定していなかった初期映画の状況（小松　一九九一、ガニング　二〇〇三参照）が反映しているだろう。また、こうした「映画改良」の試みのなかから映画を真剣に受け取る映画批評が誕生したことも事実なのである（Diederichs 1986）。

教育的関心を映画教育論の双面構造へと架橋するもう一つの前提は、映画の映像が観客に対して強力な作用を及ぼす、という了解である。映画は、歪められた、あるいは再現された現実を、単に観客の閲覧に供するのではない。ここには本章の関心事である「注意」の問題が深く関わってくる。映画は、一方では魔術的と言えるほど強烈に観客の注意を引きつけるが、また他方では、絶えず変転する映像によって注意の散漫をもたらすというのである。教育的関心から見たとき、一方は利用への渇望を、他方は不信の念を――今日ケータイに対して持たれているのと同様の、と言えば言い過ぎであろうか――引き起こす。代表的な「映画改良」論者の一人ヘルヴィッヒによれば、映画が提供する「即座に通りすぎ、突然切り替わる、きわめて多種多様な印象」ゆえに、特に子供の場合、「注意を特定の対象に向けることが映画館の外でも一定程度不可能になり、授業や作業において不注意となり、判断能力が弱体化し、皮相性へと向かう傾向が顕著に高まる」危険がある（Hellwig 1914: 66）。心理学を標榜する立場からも同様の見解が示されている。「青年心理学と映画」と題する論文によれば、「映像のせわしないテンポ［……］は刹那的な見方・観じ方に向かうようにと子供をそそのかす」。その結果「子供は皮相性や注意の散漫・散逸へと教育されるが、これは教育や授業が得ようと努力しているものの反対物である」（Götze 1911: 67）。

映画のこうした特質は、都市化・産業化された現代生活の特質と重ね合わせて論じられることも多かった。映画についての、おそらく最初の社会学的研究をものしたアルテンローによれば、映画とその観客はともに「絶え間ない多忙と苛立った不安を特徴とするわれわれの時代の典型的な産物」である。「一日中仕事で緊張を強いられた人間」は「映画につかの間の気散じ（Zerstreuung = 散漫）や気晴らしを求める」。演劇であれ音楽であれ絵画であれ、芸術作品に参入するためには「ある程度の閑暇と意志の緊張」が必要となるが、「こうした集中を映画は求めない。映画はぐったりと弛緩した神経さえかき立てるほどに強力な手段をもって作用する」（Altenloh 1914: 55f.）。――ここには、散漫と注意の通底関係が、それと意識されぬままに、しかし端的に表現されているであろう。気散じを求めてきた観客の欲求に映画は応える。しかしそのとき映画は、強力に注意を喚起するような作用を観客に対してふるっているわけである。注意と散漫の対比を鮮明にせずにはいない社会的条件——注意への増大する強制がもたらす精神的疲労と、それを癒すためにいっそう希求される気散じ——を背景に置くことで、むしろ注意と散漫の間の通底関係ないし反転図形的関係がより明瞭に浮かび上がってくる。

「ぐったりと弛緩した神経さえかき立てる」ような映画の注意喚起作用は、教育的関心から見て大きな魅力であった。「映画改良」論者の中でも映画の教育利用に比較的積極的であったゼルマンは、一方で映画の映像が「すばやく過ぎ去ってしまうばかりで熟考や感情的な共感の時間をまったく許さない」(Sellmann 1912: 26) 点に憂慮を示しつつ、映画によって「授業がよりいっそう魅力的になる」点を強調する。映画館に行って、「いかに子供たちの目がむさぼるように映像に釘付けになるか」を見ればよい。「この装置（Apparat）は明らかに偉大な教師であって、同時に何百人もの生徒を、息を飲む緊張のなかに何時間も留めることができるのである」(*ibid.*: 46)。——子供たちの注意を引きつける手段を使って授業をより魅力的なものにするというのは、教育的関心からすればまことに自然な試みである。しかしこのことによって、受動的・自動的な注意の次元が教育論の中に取り込まれてもいる。映画の導入によって期待されているのは、散漫な精神状態をさえ「かき立て」て人工的に注意を喚起するような映像の作用だからである。タキストスコープに即して例示された注意をめぐる現代的な状況、つまり注意という主観の側の能力と想定されたもののなかに技術的メディアが浸透するという状況が、映画を介して教育論の中にも顔を出したと言える。忌避し遠ざけようとした当の事態を、「映画改良」論者が自ら呼び込んでいるわけである。

注意をめぐるこうした問題含みの事態との本格的な取り組みが映画教育論に表れるのは——第一次大戦中の映画とプロパガンダの問題をめぐる議論にその萌芽は見られるものの（今井　一九九二参照）——一九二〇年代に入ってからである。「映画改良」的な映画教育論は、現実再現としての映画という基本了解にいつでも支えを求めることができた。映画は、その作用の特性など云々することなく、最強の直観手段として正当化可能であった。しかし一九一〇年代も後半に入ると、映画をめぐる基本了解自体に変化が生じる。カットとモンタージュによって物語を構成する映画の「古典的システム」（小松　一九九一、一八頁以下）が成立し、実写を映画本来のあり方と見るような「映画改良」的な主張はもはや信憑性を持たなくなる。映画を直観手段と見る見方はその後も強力に残るが、その主張を支えるものはもはや実写を映画本来のあり方と見るような映画理解ではありえない。正当化のためには教育に特化した理由が求められる。映画の作用をいかに教育学的に理解し統御するかが、映画教育論において本格的に問われることになるのである。

### （2）教育への映画の馴致と抵抗——一九二〇年代の議論

一九二〇年代の議論の重要性は、映画に関する教育学的な反省の深化に求めることができるだろう。この時期、映画利用の現実的条件は一〇年代とほとんど変っていない。講演会など社会教育的活動での映画利用は進んだが、個々の学校が映写機器を持つことは技術的・財政的条件から困難であり、教師が映画を利用しようとすれば映画館を借りるのが通例であった。学校での映画利用の技術的条件が整うのは、扱いやすい難燃性フィルムや一六ミリフィルムが普及する三〇年代、利用が実際に進展するのは手厚い財政的・組織的支援がなされるナチス政権下のことになる。私たちが一九二〇年代の議論に着目する意味は、実用化前夜であるがゆえにかえって深められた理論的考察を瞥見することにある。

この時期の多岐にわたる映画教育論を概観しようとした場合、一九二三年に創刊され三五年まで続いた月刊誌『ビルトヴァルト』（*Der Bildwart* 直訳すれば「映像の番人」）が信頼のおける典拠となる。『ビルトヴァルト』は、ベルリン、ミュンヘンをはじめとするドイツ各地の映画教育関係団体やその機関誌を糾合する形で創刊された。

「この共通の雑誌によって［……］学校映画運動全体にとっての統一的な機関誌の創出がなされた」（Ruprecht 1959: 85）のであった。以下では、この『ビルトヴァルト』誌を主な典拠としながら、一九二〇年代の映画教育論がどのように「注意」をめぐる問題と取り組んだかを探ってみたい。

二〇年代の映画教育論の重要な軸線として、一方で映画の作用を積極的に――既成の教育理解を結果的に揺るがすことになるとしても――教育に導入しようとする試みがなされ、しかし他方ではこれに対抗して映画の作用を既成の、主に新教育的な教育理解の枠内に馴致しようとする試みも強まる、という対立がある。前者の突出した例として挙げられるのがクリューガーの「映画学校」（Krüger 1923）である。これは、以下の一節にも見られるように、ゼルマンが注目した映画の注意喚起作用をそのまま授業に導入しようとした試みと言える。

「「生」を直観化することが問題になるところならどこでも映画の出番だ、ということは常に強調されてきた。これに対して、教師が望む一定の道筋へと生徒の精神的活動を導くのに映画が適している、ということについてはまだほとんど考慮されていない。私の知る限り、この目的に向かっているのはこれまでのところ数学映画のみである。［……］ここでは映画は直観の手段ではなく授業の原理なのである。」（*ibid.*: 81）

クリューガーが言及している「数学映画」については、ハンス・パンダーが『ビルトヴァルト』誌上で詳細な紹介を行っており概要を知ることができる（Pander 1927）。それは一種のアニメーション映画であり、当時スイスで盛んに製作されていたという。フィルムの尺はせいぜい四メートル程度、上映時間は一二～一三秒である。幾何の証明の手順や比例式などが映像化されており、これをループ状にして繰り返し見せることになる。生徒の思考過程を映画の映像に言わば同期させることが目指されていたと言ってよいだろう。こうした目論見が実際に達成可能であったかは、パンダーが批判するように（ibid.: 836）、映像の稚拙さから考えて疑わしい。クリューガー自身はより具象化された場面、たとえば、猫が三匹いるところにもう二匹現われる、という場面で3＋2＝5を理解させる、一〇人ずつ整列した人間を登場させ、その動きから65＋8＝73を理解させる、といった――「セサミストリート」を彷彿とさせないでもない――場面を提案している。しかしいずれにしても、数学映画に見られるような受動的・自動的レベルでの注意の喚起を、クリューガーは教育に導入すべき映画独特の作用として積極的に評価しているわけである。

クリューガーのこの論文はライヘ「映画学校か作業学校か?」（Reiche 1923）で厳しく批判されることになった。ライヘによる批判は、「映画が注意問題の解決のための最適の手段なのか」（ibid.: 188）という疑問に集約される。〈映画―子供〉という二項関係では注意を教育的に制御できない、というのである。猫の映像を見た子供はその数よりも猫の姿に注目するだろう。「まさに映画が、生徒の注意を本質的なものから［……］逸らせてしまう」（ibid.: 186）のである。ライヘがこれに対置するのは、「子供を自己活動へと刺激し、しかも子供の思考活動を特定の道筋へと導く」（ibid.）ことを可能にする、たとえばおはじきを使った作業である。ここで批判の対象となっているのは「映画学校」がもたらす子供の受動性だけではない。ライヘは教師が状況をコントロールすることの重要性を強調する。

「教師は映画によって、まったく決められたままの方法的道筋に縛り付けられてしまう。誰がこの道筋を決めているのだろうか。［……］完全な方法的自由においてのみ、教師の芸術家精神は展開可能となる。映画はその精神を鎖につないでしまうのである。」（ibid.）

ライへは授業での映画利用それ自体を否定しているわけではない。たとえば「郷土科の直観授業」でなら映画は利用可能だという（ibid.: 188）。〈映画―子供〉という二項関係に教師が従属するのではなく、この関係を教師が自ら主導権を握ってコントロールできる状況を作ることが重要なのである。これは、子供に対する映画の作用を、「作業」に代表されるような教育学的な枠組みの内に馴致することを意味するだろう。

こうした馴致の試みを、おそらく最も洗練された形で推進したのがウィーン大学の教育学教授であったリヒャルト・マイスター（cf. Derbolav 1987）である。『ビルトヴァルト』への寄稿「学校映画問題の現状について」（Meister 1925）で、マイスターは、映画利用をめぐる推進派と批判派の間の対立関係を指摘しつつ、この対立を「学校映画の教授学」の構想へと収斂させる。映画批判の正当性にせよ映画利用の可能性にせよ、その「真の範囲は［……］整備された学校映画の教授学の枠内において初めて明瞭になる」からである（ibid.: 722）。そして、「授業映画の教授学の入り口には、映画表現に固有の教育的作用への問いと、授業過程へのその接合可能性への問いという、二つの問いが立っている。」――こうした出発点の問題設定において、すでに馴致のための二重三重の枠が設けられていることが分かるだろう。まず、教育と映画の関わりが「教授学」の枠内に限定される。そしてこのように限定された意味での「教育的作用」が、授業過程への「接合可能性」によってさらに限定されるのである。映画の「固有性（Eigenart）」は「運動の、そして運動による、直観の伝達」（ibid.）にあり、「授業にとっての映画表現の本来の価値は、直観的に経験可能な対象に関する観念在庫の豊富化［……］にある」（ibid.: 723）とされる。したがって授業における映画の役割は、授業時間で扱われる対象の説明もしくは提示なのである（ibid.）。映画の特性や教育利用についての主張に新味があるわけではない。そうした主張が完全に教育学的な枠組みの内でなされていることが重要である。一九二六年にウィーンで開催された「映像週間」での講演「授業映画、その教授学と方法学」（Meister 1926）で、マイスターは、「教育映画（Lehrfilm）」を「研究映画」や「劇映画」から区別し、さらにこの「教育映画」を「文化映画」「プロパガンダ映画」「授業映画」等々に区分した上で、「授業映画（Unterrichtsfilm）」に対象を限定してその「教授学と方法学」について論じている。ここでも、概念体系の整備によって映画が教育、とりわけ学校の授業という専門化された領域に囲い込まれるわけである。この講演の影響は大きく、「その後の学校映画の教授学に関する理論的考察全体の基盤を形成した」（Ruprecht 1959: 90）と言われる。当時アカデミズム教育学の理論家が映画教育について専門的な議論を展開することは異例であった（おそらくマイスターが唯一の例外である）。マイスターの試みは、アカデミズム教育学が得意とする概念操作によって映画を「教育」という枠組みの内に馴致するものであったが、この試みはライへの議論に表われているような「現場」の要請に応えるものでもあった。

映画教育論の「現場」には、しかし教育学が設置した枠をすり抜けて映画の生々しい作用が姿を見せていた。一九二〇年代の映画教育論の対立軸として普通描かれるのは、ベルリンの中央教育研究所に付設された映像センターで長年センター長を務めたフェリックス・ランペと、ハンス・ベルストラー、フランツ・ブルンナーらミュンヘンの教師たちとの対比である（cf. Ruprecht 1959; Paschen 1983; Degenhart 2001）。ランペが映画による知識伝達を重視した――彼の立場は二〇年代の映画教育論の正統であり、マイスターの概念枠組みの土台ともなっている――のに対して、ベルストラーらは新教育的な考え方により近く、映画によって引き起こされる体験や表現を重視した、というのである。しかし、映画の作用という観点から見るなら、両者はともに、「現場」に近い場面での映画との取り組みを通して、「直観の伝達」には収まりきらない映画の作用を教育学的な枠組みのなかに導き入れていたと言える。以下では、まずベルストラーに焦点を合わせて新教育的な教育理解と映画教育論との関係を探ってみたい。

ベルストラーの映画教育論は、子供の活動や教師の主導権を重視する点で先に見たライへの主張と軌を一にするが、子供の活動も教師による統御も、ともに映画体験と不可分のものとして構想する点で、映画と教育の間の関係を一段と深めている。これによって彼の構想は映画を新教育的な教育理解の核心部分に導き入れていると言える。

「映画授業」と題する一文で、ベルストラーは以下のように主張する。

「映画が、単に感覚を刺激し素材への不健全な飢渇を生み出す以上のことをなすべきであり、精神と魂を目覚まし揺り動かすべきだとすれば、生を模倣し生を指し示すその映像の流れの背後に、本物の生が感じ取られねばならないし、生き生きした精神と活動する魂が素材を通して子供たちに語りかけねばならない。映画は体験とならねばならないのである。しかし映画が体験となるのは、教師が素材の召使いに、つまり解説者になるのではなく、素材の主人に、つまり理念を担った解釈者・造形者となる場合に限られる。」(Belstler 1923: 71)

映画がこうした「体験」となることで、映像は単に受容されて終わるのではなく、表現活動へとつながって行くことになる。これによって、「子供の造形的な諸力を解き放つ」こと、ひいては「表現能力の方面に向けての能力形成、個人的力量の発達」が可能になる (ibid.)、というのがベルストラーの構想であった。ベルストラーは注意と散漫の通底関係がもたらす問題――それは「単に感覚を刺激し素材への不健全な飢餓を生み出す」おそれがある――を意識していた。彼はこれに映画の「体験」化で対抗しようとした。注意の両義性を突き抜けてその背後にある「本物の生」に遡及することで、「体験」が可能になり「能力形成」が可能になると考えられたのである。

ベルストラーのこの構想は、「注意」をめぐる映画の作用の両義性、言い換えれば注意と散漫の通底関係ないし反転関係を、感情の次元に遡って解消するという方向を指向していたように思われる。感情の次元での映画の作用の重要性については、僚友ブルンナーがベルストラー以上に明確に主張している。「ビオス、つまり生は認識されえない。それは体験されうるのみである。したがって、映画の本質的な部分は、一義的には知性に向かうのではなく、生の感情に向かう」(Brunner 1923: 26) というのである。同様の感情の次元の強調は、ベルストラーの実践報告「鉄──映画による意味付与の授業実験」(Belstler 1924) にも見られる。この「授業実験」でベルストラーは、鉄鉱石の採掘からその精錬・製鉄までの過程を追った、それ自体としては即事的な一連の映画を子供たちに見せ、教師の語りによってそれに感情的な意味を付与することで映像の「体験」化を試みた。映画の映像に「素材の主人」としての教師の活動が加わるわけである。そのことによって引き起こされる「精神と魂を目覚まし揺り動かす」ような感情は、映像の背後に「本物の生」を感じさせることを可能にする。感情の次元が、受容した映像を「体験」へと転化させるスプリングボードの役割を果たしていたと言えるだろう。

感情の次元での映画の作用については、知識伝達を重視したと言われるランペも実は注目していた。たしかにランペは「教育映画は主に認識能力に働きかけ、劇映画は主に感情に働きかける」(Lampe 1924: 23) としており、この点ではミュンヘンの教師たちとは対照的である。しかしランペは、映画の作用が、マイスターが言うような「直観の伝達」で完結するとは考えていなかった。右に引用した一文に続けて彼は以下のように述べている。

「しかし、良質の教育映画がその直観素材によって引き起こす観念は、言語によって引き起こされる観念に比べて、より感情が強調されたもの (gefühlsbetonter) になるのであり、これは [言語とは] 比較にならないほどの映画の感覚的明瞭性による。それはまた、静止した映像によって引き起こされる観念に比べても、より感情が強調されたものになる。時間的に進行する運動は、静止した映像において本領が発揮される状態的なもの以上に、感情生活を刺激するからである。」(*ibid.*)

劇映画へと押しやったはずの感情への作用が、言わば逆流してきて教育映画の領域へと流入している。しかもこの感情への作用は教育的観点から見て決して否定的に評価されてはいない。映画への教育的関心のなかで、感情の次元での映画の作用が強く意識されていくという傾向を、一九二〇年代の映画教育論の、目立たないが重要な底流として取り出すことができるかもしれない。

## 5 「注意」の位置価

多岐にわたった議論から、本章の目論見にとって重要と思われるいくつかの論点を取り出してまとめとしたい。

第一に、映画教育論のなかには、「注意」をめぐる新教育的な方針――子供の能動的活動への注意問題の解消――に抗う異物のように、自動的・受動的な注意の問題が浮上していた。映画を見る者の注意は映像に、そのことの是非を判断する以前に引きつけられ釘付けになる。これは、「中間現象」として注意を考えれば注意のまったく正常なあり方であろう。しかし教育的文脈、とりわけ新教育的な教育理解においては、このことが深刻な問題として現われる。なぜなら――ライへのクリューガー批判を想起してほしい――子供の自己活動を統御する主導権がそのことによって教師の手から奪われてしまうからである。映画の注意喚起作用は能動的活動に常に先回りしており、能動的活動によって事後的に「無かったこと」にするわけにはいかない。自動的・受動的な注意が、何に対して子供がそもそも能動的になるかをあらかじめ決定づけてしまうかもしれないのである。

第二に、したがって新教育的な映画教育論はこの自動的・受動的な注意を教育の統制下に組み込もうと試みるが、そのことによって感情の次元が教育の対象領域として、教育によって「作りうる」対象として浮上してくる。それまで半ばブラック・ボックスであった――教育がそれに依拠したり、あるいは影響を及ぼそうと試みることは大いにあるとしても――感性や感情の領域に、教育が本格的に介入していくことになる。介入の試みのこうした亢進を条件づけていたのは、映画において典型的に現れる注意の両義的な性格だったように思われる。一方で、映画は観客の注意を映像に釘付けにし集中させる。したがってそれは教育にも利用可能であるように見える。しかし他方で、映画観客の心理状態はあくまで気散じ（Zerstreuung ＝散漫）であり、教育が得ようと努める集中状態とは異質である。クレーリーが示していたように、「注意」はもともとそのように両義的な、取り押さえようとすれば常に反転して逃れ去るような何か、として歴史的に構築されてきたのである。両義性の背後にあるはずの注意の本体に到達しそれを統御しようとする熱心な試みが、介入の亢進を条件づけることになる。

以上から最後に、「注意」という問題は、教育の基盤としてよりも、まさにそう思い込まれることによって作動する介入亢進のメカニズムとして意味を持つ、と考えられる。もちろん、生徒が教師の発言にまったく耳を貸さなければ、あるいは授業中にケータイメールに夢中になっていれば、授業は成立しないだろう。しかしこのことは、そうした事態を克服可能にしてくれる「注意」なるものを想定し追い求めねばならない、ということを意味しはしない。自動的・受動的な注意は、われわれの知覚の条件として不断に作動している。そうした遍在する注意を、教える側の意図に従って操作できる、あるいはしなければならない、と考えるがゆえに、遍在する注意は「散漫」へと反転し、介入亢進のメカニズムが作動することになる。現代の教育論において「注意」が隠れた焦点となっているとすれば、その背後に私たちはこうしたメカニズムを見通すことができるだろう。現代において再び、能動的活動のなかに簡単には溶解しない異物として「注意」が現われてきた。このことは、注意をめぐる技術的条件の変化とともに、注意を統御しようとする教育の側の条件の変化をも照らし出していると言えるだろう。

## 文献

Altenloh, Emilie　1914　*Zur Soziologie des Kino. Die Kino-Unternehmung und die sozialen Schichten ihrer Besucher*, Jena.
Belstler, Hanns　1923　Filmunterricht. *Der Bildwart*, 1 (2), 70–75.

Belstler, Hanns　1924　Eisen. Unterrichtlicher Versuch einer Singgebung durch den Film, *Der Bildwart*, 2 (1/2), 14–18.

Bolland, Jürgen. o.J. (um 1955). *Die 'Gesellschaft der Freunde' im Wandel des hamburgischen Schul- und Erziehungswesens*, Hamburg: Verlag der Gesellschaft der Freunde des vaterlandischen Schul- und Erziehungswesens.

Brunner, Franz　1923　Inwieweit läßt sich der Unterrichtsfilm in den Volksschul-Unterricht einbauen?, *Der Bildwart*, (1), 25–28.

Crary, Jonathan　1990　*Techniques of the Observer. On Vision and Modernity on the Nineteenth Century*, Cambridge, Mass./ London: MIT Press.（遠藤知巳訳　一九九七『観察者の系譜——視覚空間の変容とモダニティ』十月社）

Crary, Jonathan　1999　*Suspensions of Perception: Attention, Spectacle, and Modern Culture*, MIT Press.（岡田温司監訳　二〇〇五『知覚の宙吊り——注意、スペクタクル、近代文化』平凡社）

Dannmeyer, C. H.　1907　*Bericht der Kommission für "Lebende Photographie"*, Hamburg: Hermann Kampen.

Degenhart, Armin　2001　*"Bedenken, die zu überwinden sind ..." Das neue Medium Film im Spannungsfeld reformpädagogischer Erziehungsziele. Von der Kinoreformbewegung bis zur handlungsorientierten Filmarbeit Adolf Reichweins*, München: KoPäd Verlag.

Derbolav, Josef　1987　Richard Meisters kulturphilosophische Pädagogik und ihre wissenschaftliche Bedeutung, in: Benner, Dietrich (ed.) *Impulse europäischer Geistesgeschichte*, Sankt Augustin: Richarz, 281–291.

Dewey, John　1976 (1899)　The School and Society, *The Middle Works*. Vol. 1, Carbondale/ Edwardsville: Southern Illinois University Press, 1–109.（宮原誠一訳　一九五七『学校と社会』岩波書店）

Diederichs, Helmut H.　1986　*Anfänge deutscher Filmkritik*, Stuttgart: Robert Fischer.

Götze　1911　Jugendpsychologie und Kinematograph, *Zeitschrift für Kinderforschung*, 16, 416–417.

Häfker, Hermann　1913　*Kino und Kunst*, Mönchengladbach: Volksvereins-Verlag.

Hagendorf, Herbert / Krummenacher, Joseph / Müller, Hermann-Josef / Schubert, Torsten (eds.) 2011 *Wahrnehmung und Aufmerksamkeit. Allgemeine Psychologie für Bachelor*, Heidelbert: Springer.

Hagener, Michael　1998　Aufmerksamkeit als Ausnahmezustand, in: Haas, Norbert/Nägele, Rainer/ Rheinberger, Hans-Jörg (eds.) *Aufmerksamkeit*, Eggingen: Edition Klaus Isele, 273–294.

Hellwig, Albert　1914　*Kind und Kino*, Langensalza: Hermann Beyer.

Herbart, Johann Friedrich　1873 (1802)　Pestalozzi's Idee eines ABC der Anschauung, in: Willmann, Otto (ed.) *Johann Friedrich Herbart's Pädagogische Schriften*. Vol. 1, Leipzig: Leopold Voss, 109-224.

Itard, Jean　1994　*Victor de l'Aveyron*, Paris: Éditions Allia.（中野善達・松田清訳　一九七八『新訳　アヴェロンの野生児――ヴィクトールの発達と教育』福村出版）

Krüger, Johannes　1923　Die Filmschule, *Der Bildwart*, 1 (2), 81-82.

Lampe, Felix　1924　*Der Film in Schule und Leben*, Berlin: G.S. Mittler.

Meister, Richard　1925　Zur gegenwärtigen Lage des Schulfilmproblems, *Der Bildwart*, 3 (10), 720-724.

Meister, Richard　1926　Der Unterrichtsfilm, seine Didaktik und Methodik, in: Bergstein, Josef Ludwig/ Fuchsig, Heinrich/ Hübl, Adolf (eds.) *Die Wiener Bildwoche*, Wien: Österreichischer Bildspielbund, 59-79.

Montessori, Maria　1909　*Il Metodo della pedagogia scientifica applicato all'educazione infantile nelle Case dei Bambini*, Roma: Max Bretschneider.

Montessori, Maria　1916　*L'autoeducazione nelle scuole ellementari*, Roma: P. Maglione & C. Strini.

Montessori, Maria　1964　*The Montessori Method*, New York: Schocken.（阿部真美子・白川蓉子訳　一九七四『モンテッソーリ・メソッド』明治図書）

Neumann, O.　1971　Aufmerksamkeit, *Historisches Wörterbuch der Philosophie*. Vol. 1, Basel/ Stuttgarat: Schwabe, 635-646.

Pander, Hans　1927　45 mathematische Filme, *Der Bildwart*, 5 (12), 833-839.

Paschen, Joachim　1983　*AV-Medien für die Bildung. Eine illustrierte Geschichte der Bildstellen und des Instituts für Film und Bild in Wissenschaft und Unterricht*, Grünwald.

Prondczynsky, Andreas von　2007　"Zerstreutheit s. Aufmerksamkeit" : historische Rekonstruktion eines spannungsvollen Verhältnisses, *Jahrbuch für historische Bildungsforschung*, 13, 115-137.

Pylyshyn, Z.W.　2011　*Things and Places. How the Mind Connects with the World*, Cambridge/Mass.: MIT Press.（小口峰樹訳　二〇一二『ものと場所――心は世界とどう結びついているか』勁草書房）

Reiche, Eugen　1923　Filmschule oder Arbeitsschule? , *Der Bildwart*, 1 (6/7), 185-188.

Ruprecht, Horst　1959　*Die Phasenentwicklung der Schulfilmbewegung in Deutschland*, Diss. München.

Sellmann, Adolf　1912　*Der Kinematograph als Volkserzieher*, Langensalza.

Thums, Barbara　2008　*Aufmerksamkeit: Wahrnehmung und Selbstbegründung von Brockes bis Nietzsche*, München: Fink.
Waldenfels, Bernhard　2004　*Phänomenologie der Aufmerksamkeit*, Frankfurt a.M.: Suhrkamp.
デカルト　一九六七「情念論」野田又夫編訳『世界の名著　二二　デカルト』中央公論社、四〇九―五一九頁
ガニング　二〇〇三「アトラクションの映画――初期映画とその観客、そしてアヴァンギャルド」長谷正人・中村秀之編『アンチ・スペクタクル――沸騰する映像文化の考古学』東京大学出版会、三〇三―三一五頁
星加良司　二〇〇七『障害とは何か――ディスアビリティの社会理論に向けて』生活書院
今井康雄　一九八九「二〇世紀初頭ドイツにおける映画と教育（一）――映画改良運動の形成と展開」『東京学芸大学紀要』四〇、一九七―二一〇頁
今井康雄　一九九二「二〇世紀初頭ドイツにおける映画と教育（二）――雑誌『映像とフィルム』（一九一二―一九一五）の分析」『東京学芸大学紀要』、四三、四三―五五頁
今井康雄編　二〇〇九『教育思想史』有斐閣
小松弘　一九九一『起源の映画』青土社
モンテッソーリ　一九九〇『自発的活動の原理――続モンテッソーリ・メソッド』阿部真美子訳、明治図書
大藪泰　二〇〇九「共同注意研究の現状と課題」『乳幼児医学・心理学研究』一八（一）、一―一六頁
山内紀幸　一九九九「「自由から規律が生まれる」という物語――「モンテッソーリ・メソッド」の成立過程の分析から」『近代教育フォーラム』（八）、一七五―一八六頁

# 結　教育思想史から教育学へ、ふたたび

# 終章　教育思想史の方法論的反省

## ――「発達」概念の思想史の試みを軸にして

森田　尚人

### はじめに

教育学にとって思想史研究はどのような意味をもつのだろうか。ここでは思想史研究の研究史をたどるという迂回路を通って、この問題を考えてみたい。教育学はその研究対象が教育という事実であることによって性格づけられる学問分野（discipline）である。教育学は、教育という語の指し示す対象が多義多様であることに加えて、時代の提起する課題と向き合い、それへの対応を担わざるをえないという意味でのアクチュアリティをつねに問われてきた。このことはこうした教育現実への対応が一過性に終わらないためにこそ、理論研究がいっそう必要であることをわれわれに語りかけているように思う。だが、教育学の取り扱う教育現実の多様化・拡散化と、他の学問分野との積極的な交流によって、教育学において方法論を議論する機会は急速に失われていったようにみえる。あえて「方法論的反省」と題したゆえんである。

教育思想史の方法論の再検討にあたって、教育思想一般を対象に論じることも可能だろう。だが、それではテーマが拡散して、議論が上滑りする惧れがあるので、これまでの筆者の研究経験を踏まえて、「発達」という観念についての思想史的研究を具体例として引証しながら、思想史研究の動向をたどることにしたい。「発達」は、戦後教育学において教育目的とかかわる概念として、重要な位置を占めてきた。わが国の公教育のめざす教育の目的が教育基本法に立脚すべきとされるならば、旧法第一条〈教育の目的〉の「人格の完成をめざし、平和的な国家及び社会の形成者」を育成するという文言は、新法にもほぼそのまま受け継がれた。だが、その解釈にあたって、前半の「人格」にウエイトをおくか、あるいは「国家・社会の形成者」を強調するかは、国民の教育に対するまなざしの変化や論者の政治的立場の違いに応じるかのようにさまざまな議論がなされてきた。とりわけ六〇年代半ばに戦後教育学が「個性尊重」の方向に路線転換の舵を切ったことによって、子どもの「発達」に即した教育という観念が「人格の完成」という教育目的と照応するかのように、教育および教育学の世界を圧倒的に支配するようになった。

本章の関心は、あくまで思想史方法論の検討にあてられているが、それが目指しているのはなにより今日のわが国の教育界において自明の前提とされている、こうした教育目的論議を相対化して、もっと議論を開かれたものにすることにある。以下の議論は、これまでの筆者自身による教育思想史研究の歩みを報告するというかたちをとって、教育思想史研究が教育をめぐる議論にアプローチするためにどのような有効な道具だてを用意できるかを考えようとするものである。アクチュアルな課題に対しては、ときには言及されることがあるものの、つねに前面に現われているわけではない。この学問の本質からして、迂回した経路をたどらざるをえないからである。しかも、そうした迂回が教育学にとってはたしてどれだけの意味をもつかも、はじめから約束されているわけでないのである。

## 1　教育学における思想史研究の位置づけ

まず教育学において思想史研究が、これまでどのように位置づけられてきたかを検討することからはじめよう。戦後しばらくして梅根悟が『西洋教育思想史』全三巻（一九六八―六九）を刊行したとき、「日本人の手で書かれた西洋教育思想の通史的著作で、逐一原典に当たって書かれたものはいくらもない」ことを誇示して、先行研究としてわずかに入澤宗寿『欧米教育思想史』（一九二九）と篠原助市『欧州教育思想史』（一九五〇）の二つをあげた。[1]だが、バウスマの言をもじっていえば、このことは、戦前期から教育学が教育思想史に十分な関心を払ってこなかったことを意味するわけではなく、むしろほとんどの教育学者が教育思想史家でもあった、といえるだろう。[2]試みに教育学書を手当たり次第に手にとってみれば、ソクラテス、プラトンからはじまって、ルソー、ペスタロッチ、ヘルバルト、そしてデューイのような西洋の教育思想が登場しない著作は、見つけ出す方が難しい。

一九世紀末に近代的な大学制度が整備されたのにともなって、教育学は他の社会科学と同じように実証科学への傾斜を強め、近代学校制度のもとで生起する教育実践や政策課題と向き合うようになった。だが、心理学のように自然科学の方法的基準を取り入れることで親学問からの独立をはかった場合は別として、この時期に社会科学として自立するようになった経済学や政治学、あるいは社会学などと比較しても、当該学問における思想史研究の占める比重の大きさについて、教育学の特異性は際立っている。おそらくそれは、教育学の対象である教育という事象そのものの性格に起因する問題なのであろう。教育学は子どもの成長・発達に関わって、年長者の意図的な働きかけという行為を含む固有の研究領域をもっている。と同時に、教育という事象は特定の歴史的現実に規定され、重層的な社会的諸関係の影響のもとにおかれている。しかも、そうした社会的機能はあまりに多義的だから、何らかの目的をもって個々の子どもと向き合う教育的行為を、教育の社会的目的やイデオロギー機能と関連させて、一貫した論理のもとで整合的に説明することは難しい。このように価値観や目的意識を内在させた教育という事実を実証科学の方法にならって論証することが困難なことから、思想史的アプローチにそれを補完する役割を期待するようになったのではないだろうか。つまり、教育の本質や目的を論じる教育学は、すべてを実証科学に還元して説明するわけにはいかないから、その部分を過ぎ去った時代の教育思想でもって代替させるという学問スタイルが定着したということである。(3)

教育学にとっての思想史研究の役割をこのような視点から捉えるならば、その先の議論はかぎりなく教育本質論に接近していくことになるだろう。だが、こうした教育学に特有な事情は教育思想史研究をかえって思想史研究一般から孤立化させ、狭い解釈枠組に押しとどめることになった。教育思想史は、歴史学はもちろんのこと、哲学・文学・人類学・政治学・社会学などの学問分野を横断するかたちで展開してきたいわゆる思想史研究の動向とほとんど接点をもたなかった。おそらくこのことが教育思想史研究において方法論それ自体がほとんど論じられてこなかったことにつながるのだろう。先述の梅根『西洋教育思想史』は全巻あわせて九六〇頁を越える大著であるにもかかわらず、方法論をめぐる議論は意図的に避けられている。「教育思想史をどんな方法論的立場で書くかということは重要なことではあるが、私はこの本の方法論的立場といったものをここで理論的に整理して述べることはしない」。このように方法論の欠落を率直に認めて、梅根が「正直のところ私にはそのための十分な用意はない」と述べているのは、おそらく社会思想史家の水田洋・珠枝によって加えられた、教育学者による教育思想史研究に対する批判を意識してのことであったと思われる。(4)

水田らは、梅根が序章を担当した岩波講座「現代教育学」第四巻の『近代の教育思想』（一九六一）に対する書評のなかで、この本を含めた教育思想史の著作が与える印象について、「全体としてはわりきりかたが性急で、思想の総体的なひろがり、社会や歴史のこまかいひだが意識的か無意識的かはしらないがきりすてられてしまっている」と批判して、その理由を教育学の「実践的、あまりに実践的」な教育技術的な傾向によるのではないかと問うている。(5) しかしながら、方法論的立場が自覚的に論じられないからといって、梅根の著述を導いた方法論がなかったというわけではない。梅根の教育思想史は歴史上の偉大な思想家の教育論をできるだけ一次資料にあたって紹介するという人物列伝式スタイルである。そのかぎりで自らに先行する業績としてあげる入澤や篠原と変わるところはなかった。ただ、梅根は「教育思想あるいは教育論のブーム時代」があったとして、それを構成単位にして人物選定にあたったのであり、とりわけ時代像を描くにあたって政治史や社会・経済史との関連を重視した。(6) 梅根をはじめとする教育学者の思想史は、マルクス主義的色彩の濃かった社会思想史研究の影響を多分に受けていたのに加えて、さらに現実の教育問題の解決をめざすという実践的関心が前面に出すぎていたために、水田らが指摘するように、「歴史叙述はそれを正当化する手段にすぎなくなるし、他の問題との連関もきりすてられる」ことになったのである。(7)

いいかえれば、戦後教育学における思想史研究は社会思想史研究の影響を受けて教育を規定する社会・経済的要因に強い関心を向けるようになったにもかかわらず、教育目的や教育本質論の理論的分析の代替を思想史研究に求めるという教育学固有の伝統的体質に依然としてとらわれていたために、結局のところ教育思想史研究を狭い政治的思考の枠内に押しとどめることになったということである。歴史上の思想の解釈にあたって現代の課題を性急に読み込もうとする恣意的な方法論的枠組は、教育学に宿痾のようにとりついて離れなかった。水田らが、『近代の教育思想』のなかで「本格的な社会科学的思考訓練の痕跡を示す唯一の例外」(8) とした堀尾輝久「公教育の思想」もまた、イデオロギー過剰な教育学の学問的姿勢を再生産したに過ぎなかったのである。

教育思想史研究はいったんはこうした教育学の圏域を出る必要がある、というのがこれまでの私の基本的なスタンスだった。そのために欧米の思想史研究の動向を追いながら、特定の教育思想の読みなおしや、教育学の基礎概念を捉えなおす作業に携わってきた。いま振り返ってみれば、二〇世紀後半までに思想史研究はアカデミズムのなかに揺るぎない地位を占めるようになったが、時代状況の変化や論者の社会的立場の違いに応じて、また変貌する現代思想・哲学や文学理論などの影響を顕著に受けて、思想史研究の方法論をめぐる論議も大きな変貌をみせた。本章では、これまで教育学の領域ではあまり論じられてこなかった思想史方法論を主題的に取り上げることを通して、教育思想史の可能性と課題を考えてみることにしたい。ただ、先にも述べたように、方法論の議論は空中戦になりやすいので、これまで自分で手がけてきた「発達」概念の思想史的研究に言及することで、できるだけ具体的なレヴェルで議論できるように努めたい。

そもそも「発達」という概念は心理学の研究テーマではないかと言われるかもしれない。だが、教育学において子どもの成長・発達はとりわけ教育目的に関わる概念として関心が向けられてきただけに、教育思想史研究にとって重要な意味をもつといえる。一九六〇年代後半の家永・教科書裁判を契機にして、左派教育学は教育目的観を社会的なものから個人・心理的なものへと転換させた。原告側準備書面は勝田守一の所説を引いて、「教育とは、ひとりひとりの子供の能力の可能性を全面かつ十分に開花させるための意図的ないとなみ」というふうに教育の再定義を行なったが、(9) その思想史的源泉は近代、とりわけルソーによる「子どもの発見」に求められた。一九八〇年代になるとこんどは文部省が「自己教育力」「個性主義」「ゆとり教育」といったスローガンを掲げて、あたかも左派教育学に同調するかのように教育の個人化に向けて政策の舵を切ったとき、敗戦直後に問題解決学習が導入されたときと同じように、デューイの教育思想がその根拠として持ち出された。(10) 民主的・平和的な社会の建設をめざして出発した戦後教育学の理論的関心はいまや子どもの成長・発達に急速に収斂して、教育活動の目的は子どもの発達の援助にあるとする教育言説が国民的コンセンサスを得ているかにみえる。

しかしながら、近代公教育制度の成立史を振り返ってみればわかるように、子どもの発達を教育目的に措定する教育学説は決して目新しいものではない。「学制」の発令とともにはじまる明治の義務教育制度は全国の津々浦々にまで小学校を設立することになったが、それを支えた欧米の教育学説はいずれも「発達」という観念を教育実践を嚮導する目的とみなしてきたからである。欧米と日本とを問わず、ペスタロッチ主義の「人間性の調和的な発達をめざす」という教育目的観は、大衆教育の普及を後押しするイデオロギーとして公教育制度にはじめから組み込まれていたのである。今日みられるような個人主義的教育思想の浸透は、大正新教育というより、むしろ明治初期の公教育思想のリバイバルといえないこともない。

本章の主題は思想史方法論の検討にあるので、こうした「発達」観と教育の関係を直接に問うことはむしろ後景に退いている。以下の各節では思想史研究の動向を、ラヴジョイの「観念史」、フーコーの「考古学」、スキナーの「言説史」という三つの類型に分けてたどるなかで、発達という観念に込められた多義的な含意をどのように捉えることができるかを考察してみたい。教育学はそうした思想史研究の動向からどのような示唆を得ることができるかを、一歩さがったところで論じることがさしあたってのテーマである。

## 2　ラヴジョイ――「単位観念」の思想史

思想史（intellectual history）が独自な学問領域として出現したのは、二〇世紀のはじめに歴史における観念の果たす役割に関心が向けられるようになり、ディルタイやカッシーラー、あるいはマルク・ブロックといった人びとによって正統的な歴史学の方法が自覚的に適用されて、思想史というタームが用いられるようになってからのことである。ここで取り上げるラヴジョイの観念史（history of ideas）はそうした学問の流れのなかのアメリカ版ともいえるものであった。history of ideas（観念史）はふつう思想史と訳されてきたように、英語圏でも intellectual history（知性史）とほぼ同義に用いられ、用語上の区別がなされるようになったのは比較的に最近のことといわれる。しかし、両者はそれぞれに異なる学問のルーツをもち、その間の差異についてははやくから論及されてきた。クリーガーによれば、観念史は明確な概念として提示された文献上のカテゴリーを歴史研究の主題とするものであって、その思想を主張した個人やそれをとりまく社会的諸関係はあくまで前提条件として引証されるにとどまる。他方で、知性史はつぎの二重の意味で観念史より包括的なカテゴリーと考えられてきた。一方で、それが歴史的関心を寄せる対象は明確な観念だけでなく、「言葉にならない信念、漠然とした意見、そして言外に想定される前提」を包み込んでおり、他方で、その対象は観念それ自体というより、思想の担い手の生活圏を含む広範な社会関係におかれていることである。(11)

ラヴジョイの主著『存在の大いなる連鎖』は、観念史をひとつの学問領域として確立した記念碑的作品としていまなお言及される。マンデルバウムは、観念史と知性史が区別されるきっかけとなった論文で、ラヴジョイの思想史方法論の特徴を二点にわたって指摘している。ひとつは、ラヴジョイの観念史がなにより学際的な研究をめざしていたことである。『思想史雑誌』（*Journal of the History of Ideas*）創刊号に寄稿した論文「観念史についての反省」から、この雑誌の創刊意図がなによりも専門分化した学問研究の現状への批判にあったことがわかる。歴史的探求であれば、とラヴジョイはいう、いかなる分野であれ観念の歴史が研究範囲に含まれないことはない。しかも、「観念はこの世界でもっとも流動性にとんだことがらである」。にもかかわらず、高度に専門分化した学会の組織化が進行することによって、歴史研究は専門分野ごとに自閉し、孤立を深めている。ラヴジョイはすでに別の論文で、観念の歴史的研究が行なわれている領域を、哲学、科学、文学、経済、政治など一二数えているが、もちろん教育の歴史もそのひとつに入るものであった。ラヴジョイは、そうした学問分野ごとの歴史研究が他領域の研究動向に対して無関心でいることに強い危惧の念をもったのである。『思想史雑誌』は思想史研究で慣例化している境界線を横断して、研究の相互交流に貢献することをめざすものであった(12)。

もうひとつの特徴は、「単位観念」の概念である。ラヴジョイにとっての思想史とは、思想「体系」や「〜主義」、あるいはさまざまな思想家の時代的な影響力の交替を直接に論じることではなく、長い人間の思想の歴史のなかで多くの領域にまたがって見出される基本的要素ともいうべき、「単位観念」を軸に論ずべきものであった。

「観念の歴史ということで私が意味しているのは、哲学史よりは個別的でありながら、同時にそれよりも限定的でないものである。その違いは主として、それが関心を向ける単位の性格による。観念史は大部分、思想史の他の部門と同じ資料を取り扱い、先行研究に大いに依拠しているが、その資料を特有な方法で分割し、諸部分に新たなグループ分け、新たな関係づけをおこない、特有な目的の視点から捉えようとする。最初の手順は、こうたとえるのは危険をともなうが、分析化学の手順と類似しているといえよう。たとえば、哲学理論の歴史を論じるに際して、観念史は明確な個別体系に切り分けたうえで、自らの目的に沿って、それらを基本要素、つまり、単位観念といえるものに分割する(13)」。

『存在の大いなる連鎖』の冒頭ページからの引用だが、同書はこうした方法論がみごとに適用された具体例である。そこでは単位観念として相互に関連する三つの原理、「充満の原理」、「連続の原理」、「存在の連鎖」が取り上げられ、プラトン・アリストテレスからはじまって一九世紀初頭にいたる、そして、哲学・神学・科学・文学などの諸領域にまたがる西洋思想の歴史的展開のなかに、この観念内容の変遷がたどられる。

ところで、ながらく教育学の中心的観念であった「発達」を「単位観念」とみなして思想史を構想することができるとしても、『存在の大いなる連鎖』のストーリーをそのままなぞるわけにはいかない。というのは、ほんらい発達という現象への着目は「存在の連鎖」の時間化にともなって、永遠に完全で静的な世界が終焉したときにはじまると考えられるからである。ラヴジョイが描き出したのは、二千年にわたって西洋思想を支配してきたプラトンの永遠のイデアの世界が、「存在の連鎖」という宇宙の概念のもとで、中世を通じて、さらに一八世紀後半にいたるまで、多くの哲学者、科学者、および教養あるほとんどの人びとによって受け入れられてきたという歴史的事情であった。「存在の連鎖」が生成・変化を含意する発達の観念の対極に位置づくことは、つぎの引用から知られよう。

「『存在の大いなる連鎖』という宇宙の概念は、はかり知れない数の、あるいは——厳密であるが、めったにその論理が厳格に適用されたことのない連続性の原理によれば——無限数の鎖の環から構成されていて、下は非存在であることをかろうじて免れるようなとるに足りない類の実在物から、「あらゆる可能な」段階をたどって、もっとも完全なるもの（ens perfectissimum）——つまり、もうちょっと正統派的な見解では、最高の被造物とされるもの、ただそれと絶対者との間の格差は無限であると考えられているもの——へと上昇していくような階層的秩序とされるものである。その環のひとつひとつはすぐ上の存在と、そしてすぐ下の存在とも最小限の相違しかないような宇宙の概念と考えられている(14)」。

しかしながら、生成・変化の観念は哲学への関心の芽生えとほぼ時を同じくして生まれていたから、われわれは発達の思想史を古代ギリシャにまで遡らせることができる。したがって、『存在の大いなる連鎖』が「永遠のイデアの世界、つまり、唯一至高のイデアのほかに、なぜ生成の世界が存在するのか」というプラトンの問いからスタートしたのに対して、発達の思想史は、アリストテレスによってもたらされた「連続性の原理」が博物学に導入されたことからはじまることになる。[15] 哲学思想の歴史的記述の古典的な範例がアリストテレス『形而上学』に求めることができるように、[16] アリストテレスは『動物発生論』で発達に関する先行学説を前成説と後成説との対立として定式化してみせた。

「すべての部分が同時にできるのか、それとも『オルペウスの詩』と称するものにあるように、つぎつぎとできていくのか。ところで、同時にできるものでないことはわれわれの感覚に訴えてみても明らかである」[17]。

発達ははじめから形成されている成体のひな型がたんに量的に拡大するものとみなす立場を前成説とし、それに対して、発達は未分化な素材としての胚に何らかの力が働くことによって異質な構造へと逐次形成される観点を後成説と呼べば、アリストテレスは後成説の立場を取って、アナクサゴラスやヒポクラテス派の前成説に対峙したのである。そして、この対立が発達の観念に関するその後長く続く論争の基本的枠組となった。発達の思想史の構想にとって、この対立をひとつの論争枠組として捉えることが重要なのは、前成説は一八世紀にいたるまで、観察されたあるがままの事実を論証するうえで有力な科学的理論として、とりわけその一バージョンとしての入れ子説はキリスト教の原罪の教義に科学的証明を与えるものとして広く受容されていたからである。前成説は、やがて自然科学の発展にともなって後成説によってのりこえられる、奇妙な学説にすぎなかったというわけではない。

論争の経過をごく簡単に述べればこうなるだろう。一七世紀の顕微鏡の発明は発生初期の卵の観察を可能にしたが、マルピーギやレーウェンフークといった顕微鏡学者たちは、有機体の諸組織があらかじめ胚のなかに実在するとみなす前成説を主張することになった。それに対して、血液循環の発見者としても知られるハーヴェイは、個体発生の後成的な過程を説明するために、生物には〈形成力〉が内在するという生気論的立場をとった。アリストテレス主義者だったハーヴェイにとって、その内発的原理はアリストテレスのいう〈形相〉に相応するものであった。

一八世紀には同様な論争がヴォルフの後成説とハラーの前成説のあいだで繰り返された。両者の論争は、観察結果と理論構成のどちらを重視するかという科学方法論の問題とともに、科学的知見と信仰とをいかに調和させるかというキリスト教世界固有の問題をはらんでいた。ヴォルフの後成説が、単純なものから複雑なものが発生する観察事実の仕組みを説明するために、〈本質力〉という生気論的概念を導入しなければならなかった事情はハーヴェイと同じだった。それに対して、ハラーやボネの前成説は、一八世紀の科学の世界に圧倒的な影響力をふるったニュートンの機械論的世界観と強く結びついていた。当時、前成説が圧倒的な優位にたっていたのは、それこそが発達のメカニズムをたんなる量的拡大として機械論的に説明できるとともに、その極端なかたちである入れ子説はアダムとイブの卵のなかに人類の罪がすべて含まれていたとする原罪の教義を科学的に証明するものとして、宗教的信仰とも両立しうる唯一の理論と思われたからであった(18)。

だが、『存在の大いなる連鎖』で前成説に言及されるのは、顕微鏡学者たちをのぞくと、ライプニッツとその影響を受けたロビネとボネの場合である。もともと自然のなかに存在するすべてのものははじめに創られたという前成説は、先に引用したような自己充足した永遠に完全な「存在の連鎖」の観念と親和的だった。だが、ラヴジョイがロビネに注目するのは、そうした前成説論者のなかから、一八世紀のもっとも重要な思想上のできごとである存在の連鎖の「時間化」に向う動きが出てきたことを示す好例だからである。ロビネは「すべてのものの種子は自然のなかに潜在している」という前成説的観点を、フィロゾーフの「完成可能性」の観念を媒介にして、進歩に向かう傾向を含意するものへと拡大した。はじめから存在していた種子のなかに、無数の段階を通じてメタモルフォーゼを遂げながら「宇宙の梯子」を登るように駆り立てる内発的な発展の原理が含まれている。「自然はつねに新しい発達、新しい生成を成し遂げるという意味で、陣痛をともないながらも、つねに作用しているのである」[19]。ラヴジョイは、こうしたロビネやボネによる存在の連鎖の「時間化」の思想的淵源をライプニッツ哲学のなかに求めた。つまり、ライプニッツにはまったく両立しがたい二つの哲学体系が存在していたというのである。一方で、宇宙は神のイデアの永遠の秩序を模して造られた完全なものであるとする世界観があって、モナド論とそれが含意する前成説的発達観のもととなった。そこでは宇宙は本質的な構造からして不動とみなされる。他方では、実現されるべき価値は時間の経過とともにたえまなく増大するという、時間の経過こそが実在するもののもっとも重要な特徴であるとする宇宙観である[20]。

『存在の大いなる連鎖』ではダーウィン進化論そのものへの言及はみられないが、隠されたテーマが進化論にあったことは間違いない。それは逆立ちさせられた進化思想史といえるものであって、実際にラヴジョイの進化論への思想史的関心は、若い頃にダーウィン以前の進化論を主題にした数編のモノグラフを書いていることからうかがうことができる[21]。ラヴジョイがここで描き出したのは、プラトン以来のながい伝統をもつ「静的で永遠に完全な」世界観が存在の連鎖の「時間化」という「広い意味で進化論と呼べるような理論」にともなって、自らの重みで崩れ去っていく過程である。それは、宇宙における人間の地位の変化をもたらし、終わることのない普遍的な進歩としての人間の運命という対立観念を産み出していった思想の歴史にほかならない。じつはそうしたストーリーは思想史方法論を論じた序論から当然予想されるところであった。ラヴジョイはこう述べていたからである。「単位観念」の「哲学上の意義と歴史的作用は、対比によってのみ理解されうる」のであり、その対立は「最初は現われないもののいずれは明白になるところの、これらの観念とそれに対立する概念との間の相剋の物語である。しかも、敵対者のあるものはこれら観念が産み出した[22]」ものなのである。

しかしながら、進化思想を生み出す上で前成説が重要な媒介的役割を担ったとしても、そのプロセスはラヴジョイの描いたような直線的な思想史的展開のイメージとは大きくずれるものであった。もちろんダーウィン進化論の登場によって前成説に対する後成説の勝利が確定したという側面があったことは否定できない。しかし、ダーウィニズムは「前成説対後成説」という対立枠組そのものを無効にしてしまったのである。そして、それに代わって新たな発達観が、「遺伝対環境」という論争枠組をもって立ち現れることになる。われわれはラヴジョイのいう「単位観念」を自己完結した論理体系からなるものとしてでなく、その内部に理論的対立を孕んだ論争的概念として捉える必要があるのではないだろうか。その場合に、思想史研究にはそうした論争を成り立たせた共通の思想的基盤を探りあてることが求められることになる。論争において対立する両項は、見方を変えれば同時に相互補完的な関係にあるともいえるからである。前成説と後成説は、ともに発達という現象を捉えるに際して目的論的視点を共有していたからこそ論争が可能になったとすれば、「遺伝―環境」論争はそれとはまったく異なる理論的地平のもとでたたかわれることになる。われわれはそうした事情をフーコーの議論を手がかりにして考えてみたい。

## 3　フーコーの「考古学」と歴史の断層

前成説は後成説によってのりこえられるはずの非科学的な学説であったのではなく、両者は衝突しつつも同時代に共存していたという事情は、フーコーの「考古学」の手法によってよりうまく説明できるかもしれない。「考古学が示そうと試みるのは、生物不変説と『進化論』という二つの言明が、どのようにして、それらにとっての共通の場所を、種と属をめぐるある種の記述のなかに持つのかということ」[23]だからである。フーコーが「考古学」に課したのは、特定の時代を支配している「言説の諸実践」を統制する「諸規則」を発見し、そうした言説編制を統一する諸規則の形式が別の諸規則の形式へと変換することを記述するしごとであった。つまり、生物不変説と「進化論」、あるいは前成説と後成説といった諸論争は、それらを成り立たせるような、ある種の規則性をもった認識論的な秩序が下地として存在していたということを示すものなのである。フーコーは考古学の学問的性格をこう述べている。

「そうした分析は思想史や学問の歴史に属するものではなかろう。それこそ、むしろいかなるところから出発して認識と理論が可能となったか、どのような秩序の空間にしたがって知が構成されたか、あるいはただちにほどかれ消えさるためだったかもしれないが、どのような歴史的《ア・プリオリ》を下地とし、どのような実定性の本領内で、観念があらわれ、学問が構成され、経験が哲学として反省され、合理性が形成されるということが可能だったのか、そのようなことをあらためて見きわめようとする研究なのである(24)」。

ここでフーコーの批判のターゲットとなっている思想史モデルのひとつが、ラヴジョイの観念史であったことは疑えない。だが、フーコーが『知の考古学』で展開した執拗な思想（観念）史批判はかえって、両者を隔てる距離が思いのほか近かったのではないかと思いたくなるほどである。あらかじめ類似するところを二点指摘しておこう。第一は、思想の担い手としての主体の扱いについてである。ラヴジョイの「単位観念」は、思想というものを人間的欲求や社会的条件というより広範囲にわたるコンテクストから切り離して、理想主義の伝統を受け継いで観念の自律性を前提とするものだった。教育思想史に引きつけていえば、それは主体の独自な思想的営為をそれぞれの社会的コンテクストのなかで探求する、人物列伝史的スタイルの伝統から大きくかけ離れたものとなる。フーコーの考古学的方法は主体の役割をさらに極小化させる方向に徹底された。言説的事実を生きられた主体よって「内部から生を吹き込む秘められた言説」として描き出すのではなく、ただ不可視のままにとどまっていたそれらの諸関係

——言表的事実の共存、それらの継起、それら相互の働き、それらの相互決定、それらの独立的ないし相関的な変換——を分析によって明るみに出すことを課題とするのである。そうだとすれば、そこでは「語る主体、言説の主体、テクストの作者といった人間学的カテゴリー」はすべて消失することになるだろう。(25)

第二に、主要な対象とされた時代が共通していることである。『言葉と物』でフーコーが主題的に論じた古典主義の時代は、一七世紀の中ごろにそれまでのルネッサンス期からはっきりと区別されるようになるとともに、一九世紀のはじまりを発端とする「近代」ともはっきりした不連続性を示す時期で、いわゆる啓蒙の時代と重なる。周知のように、フーコーはこの時代の学問的知の一般的構造を言語学、経済学、博物学を例にとって詳細な分析を加えたのである。ところで、ラヴジョイがもっとも力を込めて論じたのも、「存在の連鎖」の観念が聖なるコトバとして大流行したこの一八世紀であった。そして、生物学を例にとってこの時代の思想的特徴を論じていることもフーコーと同様である。

しかしながら、フーコーとラヴジョイの思想史方法論の決定的な相違もまた生物学を磁場にして生じている。一八世紀に支配的だった前成説が、やがて存在の連鎖の「時間化」によって進化論に道を譲ることになったというように、ラヴジョイの思想史が思考のできごとをゆるやかに進化する連続的な線として叙述してきたとすれば、フーコーが強調するのは歴史の断絶であり、非連続性である。(26)発達観を構成する対立枠組が、「前成説対後成説」から「遺伝対環境」へと転換した際には、時代の転換に対応するかのようにはっきりとした断絶が見出されるのであって、われわれがフーコーに期待するのは、こうしたパラダイムの変換ともいうべき事情を分析する視点を与えてくれるのではないかということである。それは、フーコーが〈エピステーメー〉と呼んだ、学問的知のありかたについての新しい捉え方である。ある時代において世界の事物を秩序づける知識の体系は、それに先立つ時代の学問の発展の帰結として切れ目なく続いてきたのでなく、それとはまったく別の秩序の空間にしたがって構成される。

「エピステーメーという語によって指し示されているのは、以下のものである。認識論的諸形象や諸科学を生じさせ、場合によっては形式化された諸々のシステムを生じさせるような言説的実践の数々を、ある一つの時代において結び合わせることのできる諸関係の総体。〔……〕エピステーメー、それは、一人の主体、一つの精神、あるいは一つの時代の至上の統一性を、互いに大きく異なる諸科学を貫いて表明するような、認識の一つの形式もしくは合理性の一つのタイプではない。そうではなくて、それは、ある一つの時代の諸科学を言説的諸規則のレヴェルにおいて分析するとき、それらの諸科学のあいだに発見することのできる諸関係の総体なのだ」(27)。

ルネッサンス期の知のありようが類似性という古い網目構造によって支えられていたとすれば、古典主義の時代には比較（同一性と相違性の体系）という網目構造によっておきかえられることになった、とフーコーはいう。この時代の全体を通して、生物は目に見える構造によって認識され、分析されるようになる。いまだ生命という範疇は存在しておらず、実在していたのは生物だけであって、しかもそれらは博物学という知の格子を通して姿をみせるにすぎなかった。博物学は言語と物とがともに表象に依存することをその成立条件としているが、物と言語とがたがいに切り離されているがゆえに、博物学のなすべきしごとはその隔たりを短縮して、見られた物を言語によって可視化することである。「博物学とは〔……〕名ざすことの可能性を見こした分析によって表象のうちに開かれる空間にほかならない」(28)。そして、リンネの分類学がそうした知のあり方を端的に示すものであった。

たしかにこの時代にいくつもの大論争が生じた。たとえば生物分類の可能性をめぐる、リンネとビュフォンに代表される対立があった。一方は、自然がすべてひとつの分類法におさまると主張し、他方は、自然はそうした堅い枠組におさまるにはあまりに多様だと主張した者たちである。さらにフーコーは生殖過程の問題における前成説と後成説の対立をつけ加えている。「そこには前成説を支持するより機械論的な人々と、胚種の独自の発達を信ずる人々とがあった」[29]、と。ここで重要なことはこうした対立がどちらか一方の勝利によって克服されるような問題であったということではなく、ひとつの時代を特徴づける〈エピステーメー〉のなかで、つまり「認識論的台座」を共有していたがゆえ生じた論争であったということである。したがって、古典主義時代の一種の「進化論」は「自然の太古からの歴史とその連続性をつらぬく諸存在の深い推力を信じる」ものとして、たしかに「不変論」と対峙したが、一九世紀のダーウィニズムへと直接つながるものでない。「種と属の空隙のない網目の堅固さ（ラヴジョイのいう「充満の原理」にあたる＝引用者註）と、それをかき乱した一連の出来事（「存在の連鎖の時間化」にあたるだろう＝引用者註）とは、いずれも、しかもおなじレベルにおいて、古典主義時代に博物学のような知を可能ならしめた認識論的台座の一部をなしている」[30]。

それに対して、われわれの自明視している「遺伝対環境」という発達観の論争枠組はダーウィンの進化論と切り離して理解することはできない。フーコーにならって言えば、なによりそれは生命の科学としての生物学を成立させた近代の〈エピステーメー〉の所産として捉えるべきなのである。古典主義時代の博物学が眼に見える表象の分析と比較というレヴェルにとどまっていたのに対して、生物学は有機構成の概念によってひとつの機能として生命を捉えるようになった。生物の表面にあらわれる器官や機能はその深部にある眼に見えない内部関係を構成する構造とつながっている。つまり、有機構成とは生物の世界を階層的な高次の構造として描き出すのであって、それが「生体の各部分を一つの全体に組み合せ、生体を生命の要求に当らせ、生物界の中に形を分布させている」[31]。フーコーは、ダーウィン進化論への道を拓いたのがふつう言われるようにラマルクではなく、かえって種の「固定論者」であったキュヴィエであったことを力説する。それは、キュヴィエが古典主義時代の〈エピステーメー〉と訣別して、生命の科学としての近代の生物学を準備したからである。

「キュヴィエ以降、類別の外部的可能性を基礎づけるものは、それのもつ知覚しえぬもの、純粋に機能的なものにおける生命なのである。秩序の大きな連続面のうえには、もはや生きることのできるものという分類階級はない。生命の深層から、視線にとってもっとも遠くにあるものからくる、分類の可能性があるだけだ(32)」。

一九世紀末に心理学が哲学から独立し、代わって生物学に理論的基礎を求めるようになったとき、発達の概念は純粋に機能的なものとしての生命になぞられて構成されることになった。逆にいえば、生命を特徴づける諸要因が、個体発生のプロセスを分析する概念としての発達の観念を必然的に生み出したともいえよう。フーコーが主としてキュヴィエのしごとを引きながら、生命の特徴としてあげた次の二点は、発達の概念を思想史的に把握しようとする上で不可欠の視点を与えるものである。ひとつは、環境への注目であって、一九世紀になると生命が有機体とそれを取りまく外的諸条件との関係において機能する実在とみなされるようになったことである。フーコーはカンギレムに言及しながら、「一八世紀において『環境』という生物学的概念が実在しなかった(33)」ことを指摘している。キュヴィエが見出したのは、全生物界がたがいに隣接関係のある連続した系列としてではなく、まったく孤立した不連続な集団として存在していることであった。それに対して、連続性は、生体が存在の諸条件としての環境に応答するように調整されねばならないことにある。「生物は、それ自身との不連続性のうちに生物を維持している、そのおなじ力の働きと至上性とによって、生物をとりまくものとの連続的関係に従属せしめられている(34)」。

いまひとつは、時間性、ないし歴史性である。分類学的な拘束力から身を切り離した生物は、いまや環境からの働きかけを受けて、不連続な集団を形成して分散して存在する新しいひとつの空間を成立させる。そこで生命の分断された力は、それぞれの生活条件のもとにおいて生起する時間によって結びつけられる。表（タブロー）としてしか表現されなかった古典主義時代の空間が破壊されたことによって、「生命に固有の歴史性、すなわち、生活条件のなかにおける生命維持の歴史性を発見することを可能にする。キュヴィエの『不変論』は、歴史性がはじめて西欧の知のなかに露出したとき、その歴史性を省察する最初のやり方だったわけである」(35)、とフーコーは述べている。生物学に環境の概念が導入されたことと、生命の歴史性の発見が同時的に進行したことが、ダーウィンによって進化の観念がもたらされるための地ならしとなったのである。

心理学は、その誕生前後においては、必ずしも個人の発達過程を主要な研究主題にしていたわけではなかった。だが、こうした生物を環境との連続的関係において捉える生命という視点と、その生命の歴史性についての発見が、やがて個人の発達を種の進化のプロセスと内在的な関係において結びつける発達心理学という研究領域を生み出すことになる。現代の発達心理学の諸理論はきわめて多様な立場が競合しているとはいえ、そのほとんどすべてがダーウィニズムに思想的淵源を遡ることができるのは、だから偶然ではない。なかでも「個体発生は系統発生を繰り返す」というテーゼを発達心理学に持ち込んだスタンレー・ホールの反復説が最初の発達理論として、新教育運動を通して教育界に広く浸透した。そこでは個人の発達が種の進化のアナロジーで語られて、諸個人の発達段階は後成的に分化・出現するものとされたものの、知能や発達の到達レヴェルに関して決定的な役割を果たすのは後天的な環境条件ではなく、生得的な遺伝的要因であると考えられた。しかしながら、発達概念が遺伝的要因だけに還元されるはずはなく、その後遺伝的要因と環境的要因のどちらを重視するかをめぐって長い論争が繰り広げられ、やがて相互作用説が有力になっていったことはよく知られている通りである(36)。このことは、生物学が生命を有機的構成として発見したことに起因しているのであって、発達という概念には生命とほとんど同じ拡がりをもつ内容が込められていたということである。ジャコブは生物遷移説を有機的構成の視点からつぎのように述べているが、その論理は発達概念の特徴づけにそのまま転用できるはずである。

「生物遷移説を特徴づけるものは、生物そのものから出る推進力であって、それが、地球の移り変りを通して生物を単純なものから複雑なものへ導いていくのである。それは生物の形の間の常に不安定な平衡の産物である。それは生体と環境との間の相互作用の働きであり、自然の統合された歴史における、似ているものと異なるものとの弁証法である。要するに、生物遷移説は種の出現、その変異、血族の因果関係を示す理論である(37)」。

遺伝と環境というのはいずれも有機的構成としての生命そのものにとって不可欠な要因であるのだから、この両者を実体化して、どちらの要因が発達を規定する本質的な契機であるかを問うことは、そもそも解答不能な問いを発することであった。それはこの二つの要因を分かつ境界があいまいにならざるをえなかったこともあるが、実際にはこの論争において遺伝説も環境説もともに決定論という理論的地平のもとにあって、互いに他を必要とする相互補完的な関係にあったからである。つまり、「遺伝―環境」論争は、フーコーのいうある〈エピステーメー〉を下地としていたからこそ、つまり発達心理学が生命という有機構成を理論的前提としていたがゆえに、論争として立ち現われたということなのである。しかしながら、このことは教育学にとってシビアな理論的意味をもっている。われわれが発達観を生物学、およびそれに基礎づけられた心理学の科学的な知見のなかに求めることは、それは生命そのものを問うことと同じような拡がりのなかに拡散してしまうか、あるいはその概念内容を生命一般のなかに溶解させてしまう結果に陥ってしまうことを示唆しているからである。

## 4　スキナー――「言説」の思想史における主体の問題

一世紀あまりにわたって発達心理学が実証科学としての精度を高めてきたとしても、「遺伝―環境」論争の影響が科学的真理をめぐる学問領域にとどまることは不可能だった。いくらかでも遺伝決定論を含意する学説は、資本主義社会において避けがたい階級格差という既成事実を、科学の名によって正当化するものとしてただちに告発の対象となったからである。とりわけ「人種のるつぼ」といわれて多様な人種構成からなるアメリカでは、「遺伝―環境」論争は人種差別とかかわるだけに政治問題化することを免れなかった[38]。ところが平等主義的観念が根強く浸透していた戦後日本の教育風土のなかでは、「遺伝か環境か」という論争そのものが党派的な議論につながるケースは少なく、むしろ発達の概念それ自体が教育政策をめぐる政治的立場を正当化するための科学的な根拠として持ち出されることになった。その契機となったのが、先にもふれた一九六〇年代後半の家永・教科書裁判だった。原告側に立った教育学者たちは教育の本質を捉える視点を社会的なものから個人・心理的なものへと転換させて、子どもの成長・発達に焦点化した教育目的を強調するようになる。そこでは発達心理学の実証的な学問的成果を踏まえれば、子どもの発達についてより客観的な真理に到達できるはずだという科学観が広く抱かれていた。教員の自由が政府の干渉から守られなければならないのは、教育活動が子どもの発達プロセスにそって進められるべきだからであり、発達についての正しい科学的識見をもっている教師こそがそうした教育の担い手になるべきであった。発達に関する知見が教育活動の到達すべき教育目的の内実を規定するという主張は、左翼陣営にとって文部省の教育政策に対抗する上での有力なイデオロギーとなったのである。だが、クーンの『科学革命の構造』以後の思想史研究の状況からすれば、それは科学的知識の「客観性」と「連続的進歩」とに対するあまりに過剰な期待、あるいは素朴な信仰のようにみえる。われわれは戦後教育学によるこうした発達概念の受けとめ方を、むしろある政治的なコンテクストのなかで構成された「言説」のひとつとみなすような思想史研究のあり方を構想してみなくてはならない。

一九六〇年代半ばごろから思想史研究の領域に新たな動きが起こったようにみえる。クーンのパラダイム論のインパクトのもとで伝統的な科学観に揺らぎが生じたことで、学問研究のイデオロギー機能を問題化するような思想史方法論が展開されるようになる。それがフーコーの議論と重なるところが多いのは否定できない。野家啓一が言うように、「フーコーが『言葉と物』において目指したのが「人文科学の考古学」であったとすれば、クーンが『科学革命の構造』において目指したのがいわば「自然科学の考古学」と言うべきものであった」[39]からである。ここではクーン以後の政治思想史の領域で起こった動きを参照しながら、教育理論をひとつの「言説」として分析するための思想史方法論を検討してみたい。新たに展開された思想史研究において、ヘーゲル、マルクス、ディルタイ、フロイトなどの思想家は依然として権威あるものとして受けとめられてはいたものの、ガダマー、ハバーマス、フーコー、デリダ、さらにはオースティンをモデルにしてテクスト読解の新しい方法を確立しようとする動きが抬頭してきた。それはテクストを「言説」のなかに刻み込まれたものとして、さらにはコンテクストに結びつけて解読することをめざす思想史だった。スキナーとともにケンブリッジ・グループの一員として政治思想史研究を牽引してきたポーコックは、こうした歴史叙述に起こった変化を、「観念の歴史」から「言説の歴史」への力点の移行として特徴づけている[40]。ここでは欧米の思想史研究に大きなインパクトを与えたスキナーの「思想史における意味と理解」[41]（一九六九）を中心に、「言説」の思想史の提起した問題を、つぎの二つの論点を手がかりに考えることにしたい。ひとつは、ラヴジョイに代表されるような観念史に対する批判を通して、その思想史方法論を支えている哲学的根拠を明らかにすることであり、いまひとつは、同じ「言説の歴史」として括られがちなフーコーの「考古学」の方法と対比して、その思想史方法論の独自な特徴を探りあてることである。

スキナーはこの論文の冒頭で、最近の思想史研究が概念上の混乱や誤った経験的主張に満ちみちた状態に陥っているのは、思想史に関する二つの正統的な学説——ひとつは、テクストの意味を決定するのは「宗教的、政治的、経済的な諸要因」といったコンテクストであると主張し、もうひとつは、テクストの意味を理解するのに必要な唯一の鍵はテクストそれ自体であると主張する——のいずれもが、文学作品や哲学作品を理解するにあたって哲学的な誤りを犯しているからだという。(42) ラヴジョイ流の観念史は、もちろん後者の類型に属するものとして批判の対象とされる。それはある教義、つまり「単位観念」についてまず理念型を定めることから出発して、歴史のなかでさまざまな思想家によって受け継がれていった、その観念の発展過程を追跡しようとする。こうした観念の発展の物語が「成長する有機体」をイメージさせるように記述されるのは、古典的作者のテキストのなかに時代を超越した普遍的な観念がつねに存在しているとみなして、それがどれだけ現在のわれわれの状態に近づこうとしているかという観点から論じられるからである。「このアプローチに固有の危険性は」、とスキナーはいう、探求すべき教義（観念）が歴史のコンテクストからたやすく切り離されて、「あまりにも安易に実在そのものへと実体化されてしまうということにある(43)」。こうした教義の実体化がもたらす哲学的背理とは、われわれが歴史のなかに普遍的観念を見出したとされるとき、研究者が「発見しようと期待するものについての何らかの先入見なしにはそのような活動(44)」は不可能だということから生じる。このことに無自覚であることに潜む危険は、研究者が自ら論証しようとするテーゼをあまりにも安易に過去の思想家のなかにみてしまうことにある。

「理念型に近いものを求めようとする傾向は、後に成立した教義を『先取りするもの』がより前の時代にあったと指摘すること、そしてそれぞれの作者をこうした千里眼的視点から評価することだけをひたすら考え、およそ歴史とはいえない代物を生み出す[45]」。

この引用部分がわれわれにとって興味深いのは、教科書裁判において教育目的観の転換を主導した堀尾輝久の思想史方法論にそうした傾向が顕著に見出されるからである。堀尾はロックやルソーのような近代思想家の教育思想のなかに、普遍的な教育理念を見出そうとした。とりわけルソーによる「子どもの発見」が今日の教育実践の準拠すべき近代的教育的価値であると主張され、それはただちに子どもの発達への関心と結びつけて論じられた。「『こどもの発見』とはこどもの発達とその法則性への、さらには発達をうながす教育への着眼にほかならない[46]」。ここでの問題は、発達の概念内容についての理論的検討がなされていないことと、それがどのような歴史的コンテクストのなかで述べられたかの思想史的分析がまったく行われていないことである。現代に生きるわれわれが望ましいと考える教育目的論を「先取りするもの」を過去の時代に求め、翻ってそれを自らの主張の根拠に据えるという意味で論理が循環している。同時にこうした論法には、教育目的をめぐる論議を教育思想史でもって代えるという教育学に特有な思惟様式がそのまま貫かれているということもできよう。

スキナーの議論に戻ろう。観念史がテクストそれ自体に焦点を合わせて、それぞれの観念について作者の言うところを研究しなければならないという正統的学説に立っていたとすれば、スキナー独自の方法論的立場はそうした観念史批判を通してみえてくるはずである。観念史の誤りの第一は、観念の本質的な意味が同一であり続けると仮定したことにあるだけでなく、観念にはコトバという形態をとって、時代を超えて妥当する本質的な意味が存在するという、本質主義的な前提に立っていることである。それに対してスキナーは、探求すべき観念の意味とはコトバにあるのではなく、「さまざまな仕方で何事かに言及するためのその使われ方の中にあるのでなければならない[47]」と言う。第二は、このように観念の意味と使われ方の区別ができなかったことから、所与の観念を表示するコトバと、個々の主体がそれぞれの意図をもって陳述をおこなう場合のコトバの使われ方との区別ができないという、観念史の根本的な混乱がもたらされたということである。さまざまな作者が寄与した確定的な観念などは存在しない。

「存在するのはただださまざまな意図をもつさまざまな主体による、言葉をもってなされたさまざまな陳述にすぎないということを知るや否や、同じくわれわれは、書かれるべき観念史など何ら存在せず、存在するのはただ、観念を用いるさまざまな主体、および彼らがそれを用いたさまざまな状況や意図に焦点を合わせた歴史のみであるということを知るのである(48)」。

他方でスキナーは、思想をそれを産み出した歴史的・社会的状況に還元してしまう「コンテクストに即した読み」という方法に対してもきびしく批判的だった。テキストに述べられたこととコンテクストの関係が因果的な関係として記述されるとしたら、「歴史における観念の独立した生命が危殆に瀕するのは明らかである(49)」。こうしたスキナーの思想史方法論がコリングウッドの「問答倫理学」とオースティンの「言語行為論」に拠るものであったことはよく知られている。彼らの関心の焦点は問題状況におかれた作者の意図におかれていた。古典的テキストは実体から乖離した抽象的観念が対象化されたものでなく、それ自体が社会的行為なのであり、オースティンが「発語内的力」(illocutionary force) と名づけたもの、つまり、作者が何かを語るというかたちで遂行された行為なのである。所与の作家の実際の意図を再現する手段は、特定の社会的コンテクストのなかでそうした発言としてなされた行為について、それを統制する言語的慣習を再構成することである。つまり、コリングウッドのいうように、著者たちはつねに同時代の者たちのために書くのだから(50)、「思想史の適切な方法論が心を配らなくてはならないのは、何よりもまず、所与の場合に、所与の発言を発することによって、慣習上遂行されえたであろうコミュニケーションの全範囲を詳細に描き出すことであり、次いで、所与の作家の実際の意図を解読する手段として、所与の発言とこのより広い言語上のコンテクストとの関係を追跡することである」[51]ということになる。

ここにいたって、先にあげたもうひとつの問題が浮上してくる。「観念の歴史」から「言説の歴史」への転換において、スキナーはフーコーと歩調を合わせていたようにみえる。だが、思考する主体の位置づけに関して、両者はきわめて対照的である。思想史研究が対象とするような超時代的な永遠の観念など存在しないという哲学的観点をフーコーと共有しながら、テキストを作者の「特定の意図の具体的な表現」とみなすスキナーの方法論的視点は、あくまで言説を思考する主体の観点から読み解こうとするものである。ところがフーコーにとって言説とは、ゆるやかに進化してきた言語体系というパースペクティヴから考察されるものであって、そこに「一つの表現現象を見ることは断念される」べきものだった。むしろ言説のなかに見出されるのは、主体を位置づけるところの「規則性の領野」であり、「言説は、思考し認識してそれを語る一人の主体の厳かな表明ではない。そうではなくて、言説は逆に、主体の分散と主体の主体自身との非連続性が決定される一つの集合である」[52]。

主体の捉え方について、フーコーとの相違を際立たせるには、「政治言説史」という用語より、旧来からの「政治思想史」の方を選んだポーコックの議論を参看した方がいいだろう[53]。ポーコックは思想史研究の対象となるのは、統合された主体的人格としての男女の思考活動にほかならない、という。彼ら男女の用いる発話は自己を批評し、洗練して、理論、哲学、科学の水準に向かって上昇していく。こうした「主体、主体の行為および主体が行為した文脈」が思想史の研究対象を構成するのである。歴史のなかで主体は多価的（polyvalent）な言語システムを意識的に操作する。多価的ということは、個々の発話は言語システムのなかで、同時に「異なることがらを述べることができる、またことがらを述べる異なった仕方を好む」こともできるということである。したがって、歴史家のしごとは、「政治言説の多様な慣用句をかれが研究している文化と時代において利用可能であったように読んで理解するようになることである」[54]。

こうした思想史方法論は、観念史、あるいは言説史のいずれをも超えて、スキナーのいうところの「知的伝記」(intellectual biography)の可能性をあらためて問いなおす必要性を示唆しているように思われる。本節の課題に即していえば、「発達」概念をひとつの言説として、それが時代状況のなかで果たすイデオロギー機能にアプローチするような、つまり観念それ自体の歴史的展開をたどるような思想史研究のあり方から、さまざまな思想家によってそうした観念がどのように意味づけられ、それにもとづいてどのような実践がなされたかを思想史研究の対象に据えるということである。そして、彼らの発達観を同時代の教育をめぐる議論や学問研究の水準のなかに位置づけて相対化するとともに、個々の思想家や教育者がいかなる時代状況にどのように向き合って、そうした発達観を形成していったのかという足跡をたどることである。そうしたときにわれわれは、ポーコックがいうように、言語と経験の間の関係が、「通時的、両義的、問題提起的であること」を引き受けなければならない。「歴史家が理解を深めていく歴史において、経験に対する言語の通常の関係は、語は指示を行い、しかも同時に異なることがらを指示することが知られるという意味で両義的となる」[55]からである。われわれがテキストを読むということについて、ポーコックはこう述べる。

「暗示的なものを明示的にすること、他人の言語が依拠した想定に照明をあてること、原著においては発語されないでいたかもしれない意味と暗示を追及して言語表現すること、その言語で何が発話でき何ができないか、またどのようにして言語は、パラダイムとしてその使用者に発話したり考えたりするように奨励し、義務づけ、命令したかを示す慣習と規則性を指摘すること、以上である」[56]。

## おわりに

本章は、多様なジャンルにわたる思想史研究のなかで、論争の焦点になってきた方法論のいくつかを取り上げたとはいえ、ごく一部の論議にふれたにすぎない。ただ、わが国の教育思想史研究を支配してきた人物列伝式スタイルに代わる思想史方法論を求めて、観念史の方法でもって「発達」という教育学の基礎概念の歴史的展開をたどろうと試みた、筆者のささやかな研究の歩みを総括したものでもある。筆者が教育学を志したとき、先行業績として存在していた教育思想史研究の多くは他の学問領域から切り離され、教育学の世界に自閉しているようにみえた。そのことが、教育学の基礎概念を広い意味での思想史の研究動向のなかで捉えなおそうという動機につながった。しかしながら、教育学にとって中心的な概念と思われた「発達」でさえ、それを広く哲学・科学思想の歴史的展開のなかで読み解こうとしたとき、その内容は無限定に拡延して、ほとんど人間の本質そのものと重なってしまうように思われる。もともと発達に関する実証的研究は生物学や心理学の領域でなされてきたものであるから、その概念史的研究といえどもそのままでは教育学のテーマになりにくいという側面をもっている。教育学はこのことをどのように考えたらいいのだろうか。

たしかに近代教育学はその成立期にあって、それ自体で独自の対象と方法をもつ学問として生まれたわけではなかった。たとえば、ヘルバルトの教育学体系において、教育目的は倫理学に、方法は心理学にそれぞれ配属されていたし、デューイもまた教育学を心理学と社会学とから構成される学問として構想していたのである。だが、教育という事象が、諸個人の心理的発達と社会の再生産機能とが交差するところに成立するものだとすれば、そうした複合的な対象それ自体に直接アプローチするような方法論が探求されてもいいのではないだろうか。すなわち、教育思想史研究には、哲学思想や科学理論を主題にした思想史モデルとは異なる、独自な思想史方法論が求められている。たしかに「発達」に代えて、テイラーが『自我の源泉』[57]で試みたように、「道徳」についての考え方をテーマにして教育思想史を構想することができるかもしれない。しかし、われわれに求められる教育思想史は、こうした「単位観念」を基軸にすえた観念史の伝統から大きく離れたものとならざるをえないだろう。筆者の試みたラヴジョイ流の「発達の思想史」が壁に突き当たったとしても、教育学にとってやはり「発達」概念の教育学的分析をやめるわけにはいかないであろうし、また教育についての思想史研究は続けられるだろう。前者については、諸個人の心理的な成長・発達を自然科学をモデルにしてではなく、社会的・歴史的に構成されたものとみなす新たな理論潮流に、多くを期待することができるように思われる。後者については、マンデルバウムがつとに指摘していたことだが、学問の専門分野ごとの思想史研究が求められるようになったといえるかもしれない[58]。たとえば、ポーコックの『マキァヴェリアン・モーメント』[59]やスキナーの『近代政治思想の基礎』[60]に倣った、教育についての思想史が求められているように思われる。

注

（1）　梅根悟　一九六八―六九　『西洋教育思想史』（全三巻）誠文堂新光社、一頁。

（2）　William J. Bouwsma, 1990, *A Usable Past: Essays in European Cultural History*, Berkeley: University of California Press, p.337. バウスマは一九八〇年代の社会史研究の動向について述べているのだが。

（3）　こうした学問スタイルが戦前戦後を通じてみられたことは、教育学という学問分野の制度的な継承、つまり教育学者としての専門家集団の養成という視点から考えてみることができる。だが、それにとどまらずに、教育という事象そのものが価値や目的と切り離しては論じがたいという、この学問に固有な性格に起因している側面もある。教育目的論を教育思想の歴史的研究のなかに求めるというやり方は、すでに他の領域で顕著な学問的業績を達成した後に、教育学の領域にあえて踏み込んだ研究者の場合にもあてはまるからである。その例として、法学者としての田中耕太郎と、哲学者としての高坂正顕をあげることができる。田中耕太郎　一九六一『教育基本法の理論』有斐閣、高坂正顕　一九七〇『教育哲学』（高坂正顕著作集　第六巻）理想社。

（4）梅根　前掲書、五頁。

（5）水田洋・珠枝「近代の教育思想と社会思想——岩波講座『現代教育学　四　近代の教育思想』批判」『教育』一九六一年五月号、国土社、九七—九八頁。

（6）当時の社会思想史研究の動向を最大公約数的に示しているのが、高島善哉・水田洋・平田清明　一九六二『社会思想史概論』（岩波書店）だった。当時の学界でマルクス主義の影響がいかに浸透していたかをよく示している。

（7）水田　前掲論文、一〇〇頁。

（8）同上、九七頁。

（9）家永・教科書裁判の経緯について、詳しくは拙稿「家永教科書裁判の歴史的検討——イデオロギー闘争としての教育権論争」『日本教育政策学会年報』第一八号（日本教育政策学会、二〇一一年七月）で論じた。裁判での原告側書面のこの引用部分は、勝田守一　一九六六『現代教育学入門』（有斐閣）からである。

（10）一九八〇年代に入ると、文部省が左派教育学の論調を追うように教育の「個人化」のイデオロギーを前面に押し出すようになった事情は、拙稿「教育学の『個人化』はいかにしてはじまったのか」『教育哲学研究』第九二号（教育哲学会、二〇〇五年一一月）を参照。

（11）Leonard Krieger, 1973, "The Autonomy of Intellectual History," *Journal of the History of Ideas*, 34, p.500.

（12）Maurice Mandelbaum, 1965, "The History of Ideas, Intellectual History, and the History of Philosophy," *History and Theory*, Beiheft 5, p.7.

（13）Arthur O. Lovejoy, 1936, *The Great Chain of Being : A Study of the History of an Idea*, Cambridge, Mass.: Harvard University Press, p.3. 内藤健二訳　一九七五『存在の大いなる連鎖』晶文社、一二—一三頁。以下、邦訳の頁も示すが、訳文は大幅に変えてある。

（14）*Ibid.*, p.59. 邦訳、六一頁。

（15）*Ibid.*, pp.46, 56. 邦訳、五〇、五八頁。

（16）Philip P. Wiener, 1961, "Some Problems and Methods in the History of Ideas," *Journal of the History of Ideas*, 22, p.533.

（17）アリストテレス『動物発生論』七三四a　島崎三郎訳（一九六九『アリストテレス全集』第九巻、岩波書店）

（18）古代ギリシャから一七、八世紀にいたる前成説と後成説の論争について、拙稿「近代教育学における発達概念の系譜――思想史研究へのひとつの方法論的視角」『近代教育フォーラム』第四号（近代教育思想史研究会）を参照。
（19）Lovejoy, *op.cit.*, p.275. 邦訳、二九七頁。
（20）*Ibid.*, p.259. 邦訳、二七五頁。
（21）Daniel J. Wilson, 1980, *Arthur O. Lovejoy and the Quest for Intelligibility*, Chapel Hill : University of North Carolina Press, p.146. なお、ラヴジョイが若い頃に書いた進化論の先駆者に関する諸論文は、Bentley Glass, Owsei Temkin, and William L. Straus, Jr. eds., *Forerunners of Darwin, 1745-1859*, Baltimore: The Johns Hopkins Press, 1959. 谷秀雄監訳　一九八八『進化の胎動――ダーウィンの先駆者たち』（大陸書房）に再録されている。
（22）Lovejoy, *op.cit.*, p.22. 邦訳、二八頁。
（23）M・フーコー　一九六九（槙改康之訳　二〇一二『知の考古学』河出文庫）、二八八頁。
（24）M・フーコー　一九六六（渡辺一民・佐々木明訳　一九七四『言葉と物――人文科学の考古学』新潮社）、二〇頁。
（25）『知の考古学』六〇―六一頁。
（26）メギルは、フーコーによる歴史の不連続性の強調は、主体に対する攻撃の一部をなしていることを指摘している。「連続的な歴史、それは、主体の創設的機能にとって欠くことのできぬ相関物である」（『知の考古学』三〇頁）。Allan Megill, 1979, "Foucault, Structuralism, and the Ends of History," *Journal of Modern History*, 51, p.462.
（27）『知の考古学』三六〇頁。
（28）『言葉と物』、一五三頁。
（29）同上書、一四九頁。
（30）同上書、一七三頁。
（31）F・ジャコブ　一九七〇（島原武・松井喜三訳　一九七七『生命の論理』みすず書房、七五頁）。このジャコブの著作は、フーコーの視点を一九世紀の生物学にまで押し拡げたものといえる。
（32）『言葉と物』二八七―二八八頁。
（33）同上書、一七九頁。G・カンギレムは、「要するに、十九世紀冒頭の数年に環境という用語が生物学のなかに移入された」と述べて、つぎのように続けている。「そこから、分析的な科学的思考にたいする環境の観念の威光を理解することができる。環境は、個体化された有機的総合を、普遍的な要素と運動との匿名性のなかに溶解する普遍的な道具となる」（杉山吉弘訳

二〇〇二『生命の認識』法政大学出版会、一五二、一五四頁）。
(34)『言葉と物』二九四頁。
(35)同上書、二九六頁。
(36)筆者はダーウィンの進化論の影響のもとでの発達心理学の動向を、「遺伝―環境」論争という視点から論じたことがある。拙稿「ダーウィン進化論と発達概念の転換――『遺伝―環境』論争の思想的基盤」（上・中・下）『教育学論集』（中央大学）第三四、三六、四二集。
(37)『生命の論理』二三五頁。
(38)遺伝―環境論争の政治的なイデオロギー機能については、拙稿「発達観の歴史的構成：遺伝―環境論争の政治的機能」（森田尚人・藤田英典・黒崎勲・片桐芳雄・佐藤学編　一九九三『教育のなかの政治：教育学年報3』世織書房）で論じたことがある。なお、この種の論争について、従来とは異なる視点から論じたものに、ウリカ・セーゲルストローレ　二〇〇〇（垂水雄二訳　二〇〇五『社会生物論争史――誰もが真理を擁護していた』全二巻　みすず書房）があり、注目される。
(39)野家啓一　二〇〇八『パラダイムとは何か――クーンの科学史革命』講談社学術文庫、一四二頁。
(40)J・G・A・ポーコック　一九八五（田中秀夫訳　一九九三『徳・商業・歴史』みすず書房、二頁）。なお、思想史研究に与えた言説理論の影響については、John E. Toews, 1987, "Intellectual History after the Linguistic Turn: The Autonomy of Meaning and the Irreducibility of Experience," *American Historical Review*, 92。とくに、pp.889-893. および、Mark Poster, "The Future according to Foucault: The Archaeology of Knowledge and Intellectual History," in Dominick LaCapra and Steven L. Kaplan eds., *Modern European Intellectual History: Reappraisals and New Perspectives*（Ithaca: Cornel University Press, 1982）。
(41)Quentin Skinner, "Meaning and Understanding in the History of Ideas," *History and Theory*, 8（1969）. 同論文は、James Tully ed., *Meaning and Context: Quentin Skinner and his Critics*（Princeton: Princeton University Press, 1988）に収められている。引用は、その抄訳である、クェンティン・スキナー　一九九〇　半澤孝麿・加藤節訳『思想史とはなにか――意味とコンテクスト』岩波書店による。
(42)スキナー同上書、四七頁。
(43)同上書、五七頁。
(44)同上書、八〇頁。

(45) 同上書、五八頁。
(46) 堀尾輝久　一九七一『現代教育の思想と構造』岩波書店、二九七頁。なお、筆者はかつて堀尾の思想史方法論について批判したことがある。拙稿「教育理論における主観主義——堀尾輝久『現代教育の思想と構造』によせて」『季刊・構造改良』第七号、一九七二年六月。
(47) スキナー、前掲書、九六頁。
(48) 同上書、九八頁。
(49) 同上書、一〇三頁。
(50) R・G・コリングウッド、玉井治訳　一九八一『思索への旅——自伝』未來社、四八頁。
(51) スキナー、前掲書、一一三—四頁。
(52) フーコー『知の考古学』一〇八頁。
(53) ポーコックについて、David Harlan, 1989, "Intellectual History and the Return of Literature," *American Historical Review*, 94, pp.589-593. が参考になった。
(54) ポーコック『徳・商業・歴史』一四頁。
(55) 同上書、五二頁。
(56) 同上書、一七頁。
(57) チャールズ・テイラー、下川潔・桜井徹・田中智彦訳　二〇一〇『自我の源泉——近代的アイデンティティの形成』名古屋大学出版会。
(58) Mandelbaum, *op.cit.*, pp.42ff. グラフトンは、近年の諸学問分野の構造的変化がラヴジョイ流の学際的な思想史研究の可能性に疑問を投げかけていることについて論じている。Anthony Grafton, 2006, "The History of Ideas: Precept and Practice, 1950-2000 and Beyond," *Journal of the History of Ideas*, 67, p.19.
(59) J・G・A・ポーコック、田中秀夫・奥田敬・森岡邦泰訳　二〇〇八『マキァヴェリアン・モーメント——フィレンツェの政治思想と大西洋圏の共和主義の伝統』名古屋大学出版会。
(60) クエンティン・スキナー、門間都喜郎訳　二〇〇九『近代政治思想の基礎——ルネッサンス、宗教改革の時代』春風社。

# あとがき——教育学のパラダイム・シフト

「思想史」という回路を通すことで、私たちをとりまく教育現実をどのように理解できるのかを提示すること。いいかえれば、現代のアクチュアルな教育問題に即しながら、それを規定している歴史にまで思考枠組みを広げると、どのような新たな眺望が得られるのかを示すこと。本書でまず試みたのは、このような二重の作業である。そしてもう一つ心がけたのは、教育学の新たな動向が一冊で理解できる専門書でありつつも、同時に初学者に向けても新たな視点を拓く平易なテクストであることである。そのため、できるだけ現代的なトピックを中心として、その主題に教育思想史としてどのようにアプローチできるのかを示すよう心がけた。こうした試みが成功しているかどうか、読者諸氏の批評を待ちたい。

本書の企画をこのように立ててみたのは、次のような理由からである。

現代の教育には問題が山積しているといわれる。そしてそれらの教育問題は一見、即時的な対応を求めているかにみえる。しかし、早期解決という誘惑に駆られて足早に提供される解の多くは、かえって状況を混乱させる原因となってはいないだろうか。むろん、問題を放置してよいわけではない。しかし、視野をもう少し広くもってみるならば、選択の可能性も広がるのではないか。

教育現実に直接応答するのではなく、まず迂回路を経てからそれに戻ること。その際に私たちが手がかりとしたのは、「思想史」という方法であり、この二〇年ほどの間に台頭してきた「新しい教育学」である。

一九九〇年頃を境に、教育学の世界は大きく変わった。昭和から平成に変わるこの時期は、国際的にいえばソビエト連邦とベルリンの壁が崩壊した冷戦体制の終結期であり、国内的にも、大前提となっていた事前規制中心の福祉国家体制が解体へと向かう、時代の大きな転換期であった。

高度経済成長期から九〇年頃まで、日本の教育学をリードしてきた「戦後教育学」は、保守対革新、文部省対日教組、国家の教育権対国民の教育権という図式をつくって後者側に立ち、国家の文教政策を批判することを主な仕事としてきた。その際に主な論拠となったのは、(旧) 教育基本法、人権や発達等の西洋近代の理念、児童中心主義等の教育思想であった。しかし、冷戦体制の崩壊とマルクス主義パラダイムの失墜、社会の「ポストモダン」化と「大きな物語」の消失、新自由主義の台頭と自由競争による統制という新たな時代への移行によって、前述の二項対立図式は成り立たなくなり、戦後教育学は力を失っていった。何よりも戦後教育学は、「校内暴力」「不登校」といった新たな教育問題を、日本の教育の「遅れ」として説明するばかりで、近代的な教育システムそのものの機能不全としては理解できなかった。

一九九〇年以降に登場した新たな教育学研究は、戦後教育学の枠組みを問題視しつつ、それが依拠してきた近代的理念（人権、発達、啓蒙等々）の普遍性を問い直し、近代という時代を相対化するとともに、ますます複雑化する教育問題の新たな読み解き方を提示してきた。ここで示された近代は一枚岩のユートピアでも目指すべき理念でもなく、多様なアクターたちがヘゲモニーを競い合い、その言説が端的に今日の教育問題の原因となっているような複雑なものだった。こうした新たな研究の動向を、今井康雄は「戦後教育学」に対置させて「冷戦後教育学」と名付けた。

この「新しい教育学」を中心的に牽引してきたのが、本書の編者である森田尚人先生・森田伸子先生ご夫妻だと言えるだろう。くしくも同じ一九八六年に新曜社から刊行された尚人先生の『デューイ教育思想の形成』、伸子先生の『子どもの時代――「エミール」のパラドックス』は、新しい教育学の道しるべとなった。かたやジョン・デューイとアメリカ、かたやジャン＝ジャック・ルソーとフランスと、お二人の研究対象は異なってはいたが、問題関心には重なり合う部分も多かったと思われる。それは一つには、欧米の同時代の研究成果を踏まえた「思想史」という新たな方法を用いることであり、もう一つには、私たちがその延長線上にいる「近代」という時代を解明することによって、戦後教育学の枠組みを超えるという課題である。こうした着想をお二人は、青春期を過ごされた大学闘争の時代に得たように私たちには思われる。

森田先生ご夫妻が担ってきた「新しい教育学」の一例として、まず、原聰介氏らとともにお二人が一九九一年の創設に主導的な役割を果たした「近代教育思想史研究会」を挙げておこう。現代教育の淵源たる「近代教育」に「思想史」によってアプローチするというこの研究会のあり方は、まさにお二人の問題関心が反映されたものであった。一つの報告の後に一時間以上も討論の時間をとる研究発表。発表のまとめとなる報告論文に複数の「コメント論文」を付して公刊する機関誌『近代教育フォーラム』。近代教育思想史研究会のこうしたユニークな形式はおそらく森田尚人先生の発案だったのではないかと想像する。いずれにしても、徹底して対話と討論に開かれたこのスタイルがお二人の「趣味《テイスト》」に適ったものだったことは確実である。趣味に貫かれた形式が、そこに集う人々の思考や活動の内容をも案外深く規定するものだということを、私たちはこの、一九九七年に学会化して「教育思想史学会」となった思想運動のなかで経験することになる。創刊号は手作業で編集されたという『近代教育フォーラム』も現在では二一号を数え、創設二〇周年記念の別冊『教育思想史コメンタール』（二〇一〇）で会の足跡を振り返らねばならないほどの研究蓄積がある。また、研究会創設時から企画され一〇年の歳月をかけて刊行された『教育思想事典』（勁草書房、二〇〇〇）は、今や教育学の必須文献の一つとなっている。そしてなにより、森田尚人先生が一九九七―二〇〇〇年、森田伸子先生が二〇〇三―二〇〇六年にそれぞれ会長を務めたこの会で育ってきた多くの研究者たちは、森田尚人先生が現在、教育哲学会の代表理事を務めておられることから理解できるように、日本教育学会、教育哲学会、教育史学会等の大規模学会を中心的に支えるメンバーとなっている（その一部は本書にも執筆者として参加している）。

九〇年代以降の「新しい教育学」のもう一つの例として、藤田英典、黒崎勲、片桐芳雄、佐藤学の各氏とともに森田尚人先生が一九九二年に創刊した『教育学年報』（世織書房）が挙げられるだろう。同書は、二〇〇四年の第一〇巻をもって休刊となったが、戦後教育学とは異なる新たな教育学研究の領野と方法論を切り開いてきた。その影響力は編者の構成からも理解できるように、教育哲学・教育思想史にとどまらず、教育社会学、教育行政学、教育史学、教育方法学等の他領域にまで及ぶ。『教育学年報』は教育学内部の細かな仕切りを一挙に取り払い、新鮮な空気を流通させることに成功したのみならず、教育学という学問のプレゼンスを分野外に示すこととなった。この力業は、徹底して対話と討論へと開かれ、共通の議論の場へと人を誘わずにはいない森田尚人先生の研究スタイルと、そこから生まれる優れたエディターシップなしには、到底不可能だったのではなかろうか。（ちなみに、尚人先生の対話精神と優れたエディターシップは、最近の重要なお仕事である『聞き書 村井実 回顧録』『聞き書 上田薫 回顧録』でも遺憾なく発揮されている。）

『教育学年報』が教育学内の対話を切り開き、一分野としてまとまる作用を果たしたとすれば、教育学と他領域との交感は森田伸子先生のお仕事であった。早い段階からフィリップ・アリエスに着目していた伸子先生は、中内敏夫氏とともに『「教育」の誕生』（新評論、一九八三／藤原書店、一九九二）を編訳したのを皮切りに、バチコ『革命とユートピア――社会的な夢の歴史』（新曜社、一九九〇）、フランドラン『フランスの家族――アンシャン・レジーム下の親族・家・性』（小林亜子氏との共訳、勁草書房、一九九三）等の翻訳書を世に送りだしながら、ご自身の研究においても社会史の成果と思想史とを架橋し、新たな教育学のスタイルを提示し続けてきた。前述の『子どもの時代』は、アリエスを通してルソーを読む試みである。さらに『テクストの子ども――ディスクール・レシ・イマージュ』（世織書房、一九九三）では、社会史に加え文芸批評理論や「現代思想」を自在に駆使しながら、分析の対象を絵画や映画にまで広げた。それはまるで、従来の教育学の枠組みをはるか遠くの地表に置き去り、子どもをめぐる思考はどこまで高く、そして軽やかに飛翔しうるのかを示す実験飛行のようでさえある。

森田先生ご夫妻が教育学に与えたインパクトを示す例は、他にも枚挙にいとまがないが、平易なテクストでありながら教育思想史研究の新たな成果を提示するという意味で本書に先行する著作として、お二人が編集・執筆に関わっておられる以下の二冊を挙げておきたい。前者は西洋近代の教育思想を、後者は日本の戦後教育を問題としているが、いずれも、九〇年代以降の新しい教育学の「中間報告」の意味合いが強い。

原聡介・宮寺晃夫・森田尚人・今井康雄編『近代教育思想を読みなおす』（新曜社、一九九九年）

森田尚人・森田伸子・今井康雄編『教育と政治――戦後教育史を読みなおす』（勁草書房、二〇〇三年）

以上の二冊は両先生の問題関心が合致した例だが、むろんお二人は個別の研究も進めておられ、それらのいずれもが、新たな領域を開拓する役割を果たしてきた。

森田尚人先生は戦後教育学の批判的検討という初期からのモチーフを継続しつつも、明治期の教育学の成立にまで遡って考察を進めている（例えば「家永・教科書裁判の歴史的検討」『日本教育政策学会年報』第一八号、「旭丘中学事件の歴史的検証（上／下）」『教育学論集』第五〇号～第五一号、「近代日本教育学史試論」『教育哲学研究』第九七号、「伊澤修二の『進化原論』と『教育学』を読む」『彦根論叢』三八三号、「吉田熊次と〈現代〉教育学の誕生」『教育哲学研究』第一〇四号など）。

森田尚人先生ほど構想力豊かな研究者は教育学に他にいないのではないか。そう思わせるほどに、尚人先生は企画力に富み、またそれを現実化する人望に恵まれている。先には近代教育思想史研究会～教育思想史学会の例を挙げたが、近年では小笠原道雄氏、田中毎実氏、矢野智司氏らとともに、教育哲学会特定研究報告助成プロジェクト「戦後教育哲学の出発」（二〇〇七～二〇〇九年）を企画し、教育哲学の歴史を描き直したことも記憶に新しい。現在は教育哲学会の代表理事（二〇一〇年～）として、課題研究をはじめとする学会の企画立案と運営に携わっておられる。日本教育学会を中心として開催された教育学関連諸学会共同シンポジウム（二〇一二年一二月一六日）も、もとをたどれば森田尚人先生の発案である。

森田伸子先生は、私たちの「生」の謎を言語との関連から説き起こす原理的な問いかけを続けている。『文字の経験――読むことと書くことの思想史』（勁草書房、二〇〇五）では、読み書き能力が人びとをどれほど根源的に規定しているかを突き詰めて考察した作品である。同書をはじめとする言語と教育に関する伸子先生の一連の思想史研究は、多くの研究者を魅了した。その証左の一つは、先生の研究に触発されて、いくつもの学会発表が企画されたことだろう（教育思想史学会コロキウム「文字と教育の思想史」、「文字の〈拡張〉」、「言語と教育」、「教育と言語をめぐる思想史」など）。そうして醸成された研究成果の一部は、多くの若手研究者が集う編著『言語と教育をめぐる思想史』（勁草書房、二〇一三）としてまとまった。また、『子どもと哲学を――問いから希望へ』（勁草書房、二〇一一）では、子どもたちが直面し自ら語る哲学的な問いに着目し、言葉によって希望と勇気を育む哲学の可能性を論じている。読者に寄り添い、抱擁するかのような柔らかさと深さが特徴的である。育児や教育に悩む方々にぜひ読んで頂きたい。

本書は、二〇一三年三月をもって森田尚人先生が中央大学を、森田伸子先生が日本女子大学を、それぞれご退職される記念として、お二人に薫陶を受けた者たちが集ってできあがったものである。今回このような形で、多様な執筆者が一堂に会することができたのも、ひとえに両先生のおかげである。そもそも、お二人が新しい研究の動向を牽引するさまざまな研究集団をこれまで束ねてこられたのは、ご自身の研究の秀逸さはいうまでもないが、お二人の温かなパーソナリティに負うところも大きい。議論と研究を何よりも愛する誠実さと、けっして人を遠ざけることのないそのお人柄に、私たちはどれだけ助けられたかわからない。むしろそのようなお二人だからこそ、多くの研究仲間たちに恵まれ、教育学のパラダイム・シフトという大きな仕事を成し遂げることができたのではないかと思う。両先生には今後ともご指導ご鞭撻を賜りたい。

とはいえむろん、研究の新たな領野を常に批判的に切り開いてこられた森田先生ご夫妻のことだから、本書も金科玉条のように奉られることはよしとされないだろう。今後登場するであろう新たな教育思想史研究によって、本書の内容が批判的に刷新されていくことを願っている。

最後になるが、厳しい出版状況のなか本企画をお引き受け下さり、また丁寧な心遣いと配慮によって出版にまで導いて下さった勁草書房の藤尾やしお氏に、心からの感謝の気持ちを述べて筆を擱きたい。企画が立ち上がってからおよそ一年半、おかげさまで、森田先生ご夫妻のお名前による初めての著書を刊行できる運びとなった。本当にありがとうございました。

二〇一三年二月

執筆者を代表して　下司　晶

今井康雄

## 執筆者紹介（執筆順）

森田尚人（もりた　ひさと）　※編者　はしがき，終章

1944年生まれ。東京大学大学院教育学研究科博士課程単位取得退学

現在　中央大学文学部教授

主著　『デューイ教育思想の形成』（新曜社，1986），『教育学年報1――教育研究の現在』（藤田英典らとの共編著，世織書房，1992），『現代教育学の地平――ポストモダニズムを超えて』（増渕幸男との共編著，南窓社，2001），『教育と政治――戦後教育史を読みなおす』（共編著，勁草書房，2003）

森田伸子（もりた　のぶこ）　※編者　はしがき，第1章

1945年生まれ。東京大学大学院教育学研究科博士課程単位取得退学

現在　日本女子大学人間社会学部教授

主著　『子どもの時代――エミールのパラドックス』（新曜社，1986），『テクストの子ども――ディスクール・レシ・イマージュ』（世織書房，1994），『文字の経験――読むことと書くことの思想史』（勁草書房，2005），『子どもと哲学を――問いから希望へ』（勁草書房，2012），『言語と教育をめぐる思想史』（編著，勁草書房，2013）

小玉重夫（こだま　しげお）　第2章

1960年生まれ。東京大学大学院教育学研究科博士課程修了，博士（教育学）

現在　東京大学大学院教育学研究科教授

主著　『教育改革と公共性――ボウルズ＝ギンタスからハンナ・アレントへ』（東京大学出版会，1999），『シティズンシップの教育思想』（白澤社，2003）

松浦良充（まつうら　よしみつ）　第3章

1958年生まれ。国際基督教大学大学院教育学研究科博士後期課程博士学位候補資格取得・在学要件満了後退学

現在　慶應義塾大学文学部教授

主著　『教育学の基礎』（共著，一藝社，2011），『「教育」を問う教育学――教育への視角とアプローチ』（共著，慶應義塾大学出版会，2006）

山名　淳（やまな　じゅん）　第4章

1963年生まれ。広島大学大学院教育学研究科博士課程後期単位取得退学，博士（教育学）

現在　京都大学大学院教育学研究科准教授

主著　『「もじゃペー」に〈しつけ〉を学ぶ――日常の「文明化」という悩みごと』（東京学芸大学出版会，2012），『夢幻のドイツ田園都市――教育共同体ヘレラウの挑戦』（ミネルヴァ書房，2006）

松下良平（まつした　りょうへい）　第5章

1959年生まれ。京都大学大学院教育学研究科博士後期課程学修認定退学，博士（教育学）

現在　金沢大学人間社会学域学校教育学類教授

主著　『道徳教育はホントに道徳的か？――「生きづらさ」の背景を探る』（日本図書センター，2011），『道徳の伝達――モダンとポストモダンを超えて』（日本図書センター，2004），『知ることの力――心情主義の道徳教育を超えて』（勁草書房，2002）

執筆者紹介

江口　潔（えぐち　きよし）　第6章
1972年生まれ。中央大学大学院文学研究科博士後期課程単位取得退学，博士（教育学）
現在　芝浦工業大学システム理工学部准教授
主著　『教育測定の社会史――田中寛一を中心に』（田研出版，2010），「百貨店における教育――店員訓練の近代化とその影響」（教育史学会『日本の教育史学』第54集，2011）

綾井桜子（あやい　さくらこ）　第7章
1972年生まれ。日本女子大学大学院人間社会研究科博士課程後期単位修得満期退学，博士（教育学）
現在　十文字学園女子大学人間生活学部講師（2013年4月より准教授）
主著　『フランス教育の伝統と革新』（分担執筆，大学教育出版，2009），『言語と教育をめぐる思想史』（分担執筆，勁草書房，2013）

鳥光美緒子（とりみつ　みおこ）　第8章
1952年生まれ。広島大学大学院教育学研究科博士課程後期退学，博士（教育学）
現在　中央大学文学部教授
主著　「〈メトーデ〉試論――『ゲルトルートはいかにその子を教えるか』における言語陶冶論を中心に」（『教育学年報3』世織書房，1994），「レッジョ・エミリアの子どもたちはどのようにして測定の言語を学んだのか―象徴的言語を通しての学習の概念をめぐる一考察――「靴とメートル」プロジェクトのドキュメンテーションをてがかりにして」（『幼年教育研究年報』28号，2006）

北詰裕子（きたづめ　ゆうこ）　第9章
1975年生まれ。日本女子大学大学院人間社会研究科博士課程後期単位修得満期退学，博士（教育学）
現在　東京学芸大学教育学部講師
主著　『教育思想史』（分担執筆，有斐閣，2009），『言語と教育をめぐる思想史』（分担執筆，勁草書房，2013）

橋本美保（はしもと　みほ）　第10章
1963年生まれ。広島大学大学院教育学研究科博士課程後期退学，博士（教育学）
現在　東京学芸大学教育学部教授
主著　『明治初期におけるアメリカ教育情報受容の研究』（風間書房，1998），『プロジェクト活動――知と生を結ぶ学び』（共著，東京大学出版会，2012），『新しい時代の教育方法』（共著，有斐閣，2012）

渡辺哲男（わたなべ　てつお）　第11章
1977年生まれ。日本女子大学大学院人間社会研究科博士課程後期単位修得満期退学，博士（教育学）
現在　滋賀大学教育学部講師
主著　『「国語」教育の思想――声と文字の諸相』（勁草書房，2010），『言語と教育をめぐる思想史』（分担執筆，勁草書房，2013）

矢野智司（やの　さとじ）　第12章
1954年生まれ。京都大学教育学研究科博士課程退学，博士（教育学）
現在　京都大学大学院教育学研究科教授
主著　『自己変容という物語――生成・贈与・教育』（金子書房，2000），『贈与と交換の教育学――漱石，賢治と純粋贈与のレッスン』（東京大学出版会，2008）

田中智志（たなか　さとし）　第 13 章
1958 年生まれ。早稲田大学大学院文学研究科博士後期課程満期退学，博士（教育学）
現在　東京大学大学院教育学研究科教授
主著　『教育思想のフーコー――教育を支える関係性』（勁草書房，2009），『プロジェクト活動――知と生を結ぶ学び』（共著，東京大学出版会，2012），『教育臨床学――〈生きる〉を学ぶ』（高陵社書店，2012）

田中毎実（たなか　つねみ）　第 14 章
1947 年生まれ。大阪大学大学院文学研究科博士後期課程単位取得退学，博士（教育学）
現在　武庫川女子大学文学部教授
主著　『大学教育の臨床的研究――臨床的人間形成論 第 1 部』（東信堂，2011），『臨床的人間形成論の構築――臨床的人間形成論 第 2 部』（東信堂，2012）

下司　晶（げし　あきら）　第 15 章，あとがき
1971 年生まれ。中央大学大学院文学研究科博士後期課程単位取得退学，博士（教育学）
現在　日本大学文理学部准教授
主著　『〈精神分析的子ども〉の誕生――フロイト主義と教育言説』（東京大学出版会，2006），『変貌する教育学』（分担執筆，世織書房，2009）

今井康雄（いまい　やすお）　第 16 章，あとがき
1955 年生まれ。広島大学大学院教育学研究科博士課程後期退学，博士（教育学）
現在　東京大学大学院教育学研究科教授
主著　『メディアの教育学』（東京大学出版会，2004），『教育思想史』（編著，有斐閣，2009）

教育思想史で読む現代教育

2013年3月25日　第1版第1刷発行

編著者　森《もり》田《た》尚《ひさ》人《と》
　　　　森《もり》田《た》伸《のぶ》子《こ》

発行者　井村寿人

発行所　株式会社　勁《けい》草《そう》書房

112-0005 東京都文京区水道2-1-1　振替　00150-2-175253
（編集）電話 03-3815-5277／FAX 03-3814-6968
（営業）電話 03-3814-6861／FAX 03-3814-6854
本文組版 プログレス・平文社・青木製本所



ISBN978-4-326-25087-5　Printed in Japan



http://www.keisoshobo.co.jp